LUIZ OCTAVIO DE LIMA

OS ANOS DE CHUMBO

A militância, a repressão e a cultura
de um tempo que definiu o destino do Brasil

Planeta

PREPARAÇÃO: Tiago Ferro
REVISÃO: Andressa Veronesi e Carmen T. S. Costa
DIAGRAMAÇÃO: Nine Editorial
PESQUISA ICONOGRÁFICA: Daniela Chahin Barauna
CAPA: Departamento de Criação da Editora Planeta do Brasil
IMAGEM DE CAPA: Estadão Conteúdo

DADOS INTERNACIONAIS DE CATALOGAÇÃO NA PUBLICAÇÃO (CIP)
ANGÉLICA ILACQUA CRB-8/7057

Lima, Luiz Octavio de
Anos de chumbo: a militância, a repressão e a cultura de um tempo que definiu o destino do Brasil / Luiz Octavio de Lima. -- São Paulo: Planeta do Brasil, 2020.
448 p.: il.

ISBN: 978-85-422-1907-4

1. Brasil - Política e governo - 1964-1985 2. Brasil - História - 1964-1985 I. Título

20-1384 CDD 981

Índices para catálogo sistemático:
1. Brasil - História

EDITORA PLANETA DO BRASIL LTDA.
Rua Bela Cintra 986, 4º andar – Consolação
São Paulo – SP CEP 01415-002
www.planetadelivros.com.br
faleconosco@editoraplaneta.com.br

Às novas gerações

SUMÁRIO

PREFÁCIO

A capa deste livro talvez merecesse uma advertência, à semelhança das embalagens de medicamentos. Esta é uma obra muito bem escrita, de texto fluido, agradável e fácil de entender, mas que os leitores não se deixem enganar por isso. Sob o encantamento e a leveza do estilo literário de Luiz Octavio de Lima estão algumas perguntas incômodas, de cujas respostas dependem o sucesso ou o fracasso da construção do Brasil neste início de século XXI. Algumas das questões inevitáveis para quem se aventura pelas páginas de *Os anos de chumbo* dizem respeito à nossa índole nacional. Por que a tentação totalitária é tão forte entre nós? As ditaduras brasileiras são militares ou os quartéis apenas servem de instrumentos para um golpismo inerente aos civis, incapazes de construir consensos num ambiente de estabilidade institucional? Conseguiremos persistir na democracia e consolidar essa forma de regime político sem correr o risco de novas e traumáticas rupturas que tanto nos assombraram no passado? Seria possível superar as nossas grandes dificuldades atuais num clima de tolerância e respeito mútuo?

Ler este livro é, portanto, mais do que um exercício de entretenimento ou curiosidade a respeito de personagens e acontecimentos interessantes ou pitorescos do passado. É, principalmente, uma maneira de refletir sobre os significados mais profundos da jornada que percorrida até aqui, entender o Brasil do presente e vislumbrar os enormes desafios que nos aguardam no futuro.

Os anos de chumbo tem como cenário um Brasil que, ao longo de séculos, habituou-se a acumular passivos históricos por uma notável incapacidade de enfrentar seus problemas e adotar soluções nos momentos adequados. Entre os nossos dilemas ancestrais e complexos estão a própria ocupação do território, que teve por alicerce o latifúndio e o uso intensivo da mão de obra cativa. Maior território escravista do hemisfério ocidental, o Brasil importou, sozinho, quase cinco milhões de cativos africanos, cerca de 40% do total de 12,5 milhões embarcados para o continente americano ao longo de três séculos e meio. Foi também o último país das Américas a acabar com o tráfico negreiro, em 1850, e com a própria escravidão, em 1888. Viciado em comprar e vender pessoas, o Brasil nunca se preocupou em distribuir riquezas e oportunidades a todos os seus habitantes. Nunca deu prioridade à educação. Jamais se preocupou em construir cidadania.

Como resultado dessa acumulação, proposital ou preguiçosa, de passivos históricos, em meados do século XX – a época em que se inicia o enredo deste livro – o Brasil ainda tinha quase 50% de analfabetos. A população vivia isolada no campo, em condições precárias, muito parecidas com as do período colonial. Nas zonas rurais, a expectativa de viva não passava de 48 anos. No Nordeste, uma entre cinco crianças morriam antes de completar 1 ano de idade. O coronelismo, o voto de cabresto e a fraude eleitoral eram praticados sem pudores por uma oligarquia secularmente habituada a partilhar entre si o poder e os recursos do Estado.

Como Luiz Octavio de Lima demonstra muito bem na sua narrativa, foi nesse ambiente que, uma vez mais, as lideranças civis se revelaram incompetentes para criar consensos, negociar pactos e gerar soluções para os problemas nacionais pela via da democracia. Em vez disso, optaram pelo caminho da ditadura, como já tinha acontecido, por exemplo, em 1889, na implantação da república, e em 1930, na revolução getulista que desaguaria no Estado Novo sete anos mais tarde. Conseguiram assim impor goela abaixo da sociedade fórmulas com as quais nem todos os brasileiros estavam de acordo. Aos dissidentes restou o exílio ou a temerária opção pela luta armada, que, por sua vez, só deu mais pretextos para a radicalização da ditadura, enquanto os porões do regime ficavam manchados pelas denúncias de torturas e assassinatos políticos.

Seria o Brasil de hoje muito diferente daquele descrito em *Os anos de chumbo*? Obviamente, muitas coisas mudaram nessas últimas décadas. Atualmente temos uma sociedade urbana, com maior escolaridade e acesso a meios de informação rápidos e eficientes, como as redes sociais. A economia, antes rural e meramente exportadora de matérias primas agrícolas, sofisticou-se na área de serviços e manufaturas. O cenário internacional também é outro. Além da inapetência das lideranças civis pelo exercício da democracia, o golpe de 1964 teve como vetor a chamada Guerra Fria, que opunha, de um lado, o ideário liberal e capitalista dos Estados Unidos, e, de outro, o comunismo da União Soviética e da China de Mao Tsé-Tung. Temia-se na época que o Brasil se transformasse em uma grande Cuba sul-americana, possibilidade que levou o governo norte-americano a dar apoio decisivo ao projeto de ditadura militar. Hoje, provavelmente o ambiente internacional seria menos favorável a uma ruptura na ordem jurídica e institucional. Ainda assim, após três décadas de democracia, teríamos conseguido formar estadistas à altura dos nossos desafios? Seriam as novas lideranças civis capazes de enfrentar nossos difíceis problemas sem recorrer à proverbial tentação totalitária?

Consciente desses desafios, Luiz Octavio de Lima encerra sua obra com um capítulo intitulado "O Destino da Democracia". É como se fosse um mapa do caminho a ser percorrido daqui para a frente. Segundo ele, existiria hoje no Brasil uma certa frustração, bastante perigosa, em relação à nossa jovem e tumultuada democracia. Os sonhos de mudança alimentados por aqueles que lutaram contra o regime militar não se concretizaram plenamente. O perdão equânime para guerrilheiros e agentes da repressão assegurado pela Lei da Anistia, em 1979, abriu uma discussão que seria travada ao longo dos anos por juristas e entidades, sem nunca ter sido inteiramente resolvida. Entrevistas feitas pelo autor com alguns dos personagens dessa história revela que ainda hoje permanece muito vivo no Brasil o clima de ressentimento e desconfiança que gestou e alimentou os anos de chumbo.

O que fazer diante disso? Luiz Octavio não tem todas as respostas. Nem poderia ter. Mas (novamente à semelhança das bulas de remédios) arrisca-se a fazer alguns alertas importantes:

1 - Diferentemente do que se costuma imaginar, um regime ditatorial não assegura a implantação de um estado de ordem.

2 - A experiência dos anos de chumbo mostra que o movimento para os extremos produz uma situação de prejuízo legal, com agentes públicos fora de controle e violência exacerbada, o que deixa feridas não cicatrizadas tempo afora.

3 - O caminho da polarização, das aventuras populistas e da busca de soluções fáceis para problemas complexos costuma ser mau conselheiro, como testemunha a história.

Por isso tudo, este livro é muito atual para ser lido, relido e refletido por todos os que sonham com um Brasil melhor.

Laurentino Gomes
Fevereiro de 2020

APRESENTAÇÃO

A análise de episódios históricos costuma apresentar desafios tão ambiciosos quanto a pretensão de se dar a palavra final sobre eles. É necessário, portanto, precaver-se das ciladas que esse tipo de empreitada carrega consigo. Ao tratar de momento tão decisivo quanto conturbado da história recente do país, procurei, na medida do possível, apresentar seus elementos constitutivos sem privilegiar visões ideológicas dos grupos em conflito. A preocupação foi a de traçar um painel da época, inclusive com seus aspectos de efervescência cultural, dos momentos mais festivos aos mais agudos, sem deixar de expressar um entendimento sobre alguns deles quando julguei pertinente fazê-lo. Tentando, ainda, mostrar como, por meio de atuações firmes e responsáveis dos mais variados setores, chegou-se à redemocratização.

Os relatos sobre os anos de chumbo costumam ser feitos sob a forma de memórias do cárcere ou estudos de ciência política. O que se pretendeu aqui foi a imersão do leitor na época retratada, alternando a narrativa com a visão em primeira pessoa dos personagens que a viveram de perto, dando-lhes voz por meio de entrevistas realizadas especialmente para o livro, reportagens ou depoimentos registrados por órgãos oficiais e comissões de direitos humanos. Tudo para permitir acesso ao grande público a um retrato amplo e multifacetado do que se passou naquele Brasil.

Para que o objetivo fosse alcançado, contribuíram representantes de um grande espectro social e político do período – de auxiliares de figuras da repressão a integrantes da Comissão Nacional da Verdade; de líderes estudantis tornados guerrilheiros a participantes da conspiração pré-1964. Não deixaram de ser ouvidas personalidades controversas, como o cabo Anselmo, que transitou da mais revolucionária militância marxista e o treinamento em Cuba à colaboração com órgãos do regime militar. E ainda artistas, figuras da imprensa e do empreendedorismo. Testemunhos que, aliados a um amplo trabalho de pesquisa, sempre com foco na abordagem jornalística, ajudaram a compor o panorama aqui oferecido para a reflexão do leitor.

Por terem sido tempos de emoções contraditórias e de episódios marcantes, que despertam debates inflamados muito depois de seu final, os anos de chumbo merecem uma atenta revisita, sobretudo daqueles que não desejam repetir velhos equívocos, de onde quer que tenham vindo, mas buscam trilhar caminhos novos, evoluídos, conciliadores e revigorantes para a nossa sociedade.

I

PRÓLOGO: "A RENÚNCIA É UMA DENÚNCIA"

Na manhã de 25 de agosto de 1961, uma sexta-feira, Jânio Quadros seguia em avião de Brasília para São Paulo, mostrando-se ainda mais nervoso que o habitual em uma viagem aérea. Nunca escondera o pavor e a desconfiança de ser transportado em um aparelho que, segundo costumava dizer, "contraria as leis da natureza, por ser mais pesado que o ar" e no qual "passageiros precisam ser atados a uma cadeira". Lívido, consumia seguidas doses dos drinques servidos a bordo para tentar se acalmar. Havia esperado longa e inutilmente no interior do Vickers Viscount VC-90, da Força Aérea Brasileira (FAB), pelo gesto de algum político ou de uma liderança militar que contornasse o impasse que ele próprio desencadeara, ao entregar o cargo de presidente da República Federativa do Brasil. Finalmente, contemplando o vazio, e com uma voz que parecia relutar em desprender-se da garganta, ordenara a decolagem.

Apesar do bombástico pronunciamento na TV feito na véspera pelo governador do então estado da Guanabara, Carlos Lacerda, de que estaria em curso um golpe político, nada indicava no início daquele dia uma conjuntura que fugisse de maneira significativa aos padrões dos meses anteriores. Jânio chegara ao Palácio do Planalto às 6h30, conversara com alguns de seus ministros e saíra para participar da cerimônia do Dia do Soldado, sem dar qualquer sinal do que ocorreria logo em seguida. Sua expressão era serena ao passar em revista a guarda presidencial perfilada na Esplanada dos Ministérios. E chegou a sorrir ao condecorar os agraciados com a Ordem do Mérito Militar.

Ao retornar ao palácio, porém, chamou ao seu gabinete o ministro da Justiça, Oscar Pedroso Horta, e estendeu ao auxiliar um bilhete sucinto, redigido à mão, em que dizia:

> Ao Congresso Nacional.
> Nesta data, e por este instrumento, deixando com o Ministro da Justiça as razões de meu ato, renuncio ao mandato de presidente da República.

Mesmo impactado, Pedroso Horta não se mostrou inteiramente surpreso. Afinal, três dias antes, ele já recebera de Jânio um envelope contendo uma carta, mais extensa, para ser entregue ao presidente do Congresso, Auro Soares Moura Andrade, em que anunciaria seu abandono do comando do país, explicando vagamente as razões. Mas mantivera segredo, até por imaginar que a ameaça poderia não se concretizar. Diante daquela determinação, só lhe restou despedir-se do ainda chefe do governo, deixar o palácio e atravessar a Praça dos Três Poderes para cumprir a desconcertante missão.

Moura Andrade estava em seu gabinete no Senado quando Pedroso Horta chegou com as mensagens do renunciante. Após passar os olhos pelas páginas, o senador, com ar incrédulo e rubro de irritação, fez soar a campainha da Casa, convocando uma sessão extraordinária. Dirigiu-se ao plenário, rapidamente ocupado por dezenas de representantes dos estados, onde, em quatro minutos e meio, leu a carta, declarou vaga a Presidência e avisou que daria posse ao substituto constitucional, o presidente da Câmara, Pascoal Ranieri Mazzilli, do Partido Social Democrático (PSD), já que o vice João Goulart, primeiro na linha de sucessão, encontrava-se em missão oficial na China.

Instalou-se um clima de balbúrdia entre os parlamentares presentes, que reagiram aos gritos. Um deputado janista atirou-lhe um microfone e outro tentou arrancar-lhe a carta. Houve troca de empurrões. Ao final da tarde, acalmados os ânimos, foi oficializada a posse de Mazzilli, que, em seguida, anunciou a demissão de todos os ministros – exceto os militares. Para chefiar a Casa Militar, foi nomeado o gaúcho Ernesto Geisel, liderança em ascensão entre o generalato.

Muito longe de ser o capítulo final de uma fase instável da vida brasileira, a decisão de Jânio lançava combustível em um braseiro que era mantido em estado latente desde outro agosto – o de 1954, quando o retorno de Getúlio Vargas ao Palácio do Catete culminara em um trágico desfecho. Depois de ter governado o país por quinze anos em diferentes figurinos – líder revolucionário, pai dos pobres, paladino do trabalhismo, ditador –, Vargas venceu a eleição de 1950, a única que conquistou pelo voto popular, mas acabou enredado em escândalos envolvendo figuras de seu círculo próximo, que suscitaram furiosa reação oposicionista e o levaram a cometer suicídio.

Em solenidade no Palácio do Planalto, Jânio Quadros havia conferido a mais alta comenda nacional – a Ordem Nacional do Cruzeiro do Sul – a Ernesto Che Guevara, ministro da Economia de Cuba, reforçando uma relação com regimes socialistas que inquietava diversos setores da sociedade brasileira. Em 3 de agosto, trajando um informal *slack* branco, o presidente já havia condecorado com a Ordem do Mérito Aeronáutico o maior símbolo do triunfo soviético de então – o cosmonauta Yuri Gagarin, primeiro homem enviado ao espaço, em visita ao Brasil. Jânio também estivera na capital cubana em março de 1960, quando candidato à Presidência, atendendo um convite "para conhecer a revolução". Acompanhado por uma comitiva de 43 pessoas, foi recebido no aeroporto pelo primeiro-ministro, Fidel Castro, falou à rádio oficial, colocou chapéu de palha e tocou maracas em um conjunto folclórico local. Durante sua estada, também teve encontros com Guevara e com Raúl Castro, irmão de Fidel e ministro das Forças Armadas.

Em retrospecto, pode-se imaginar a jornada como parte de uma estratégia de Jânio para destacar-se como liderança latino-americana, mesmo que para isso fosse preciso desafiar a ordem mundial vigente. Vale lembrar que, em 1959, alguns dias após um encontro com o papa João XXIII em Roma, ele havia visitado a União das Repúblicas Socialistas Soviéticas (URSS) como pré-candidato. Não imaginava o quanto estava sendo monitorado ou que o intérprete designado para acompanhá-lo em suas perambulações moscovitas, Alexander Alexeyev, era um experiente espião da KGB, a central de inteligência da nação socialista. O agente russo teria um reencontro com Jânio já presidente, em 5 de maio de 1961, e receberia dele a garantia de que as relações diplomáticas do Brasil com a União Soviética, rompidas em 1947, seriam reatadas. No entanto, infiltrados da rede de espionagem tcheca StB, que haviam ajudado Alexeyev a conseguir a audiência, o aconselharam a desconfiar dos compromissos verbais: "Os brasileiros, ao contatar um estrangeiro, possuem a tendência de fazer uma grande quantidade de promessas, já supondo que não cumprirão nenhuma delas. São pessoas preguiçosas, ignorantes e bem levianas, com as quais não se pode contar", alertaram em memorando.

O governante brasileiro e o democrata norte-americano John F. Kennedy haviam chegado ao poder no mesmo janeiro de 1961. E, por razões diferentes, nenhum dos dois cumpriria o respectivo mandato até o fim. Era um período de crescente tensão política, de corridas armamentista e espacial e de disputa entre as potências pela hegemonia mundial – a chamada Guerra Fria. Um momento em que a União Soviética mantinha tentáculos sobre boa parte da Europa e expandia sua zona de influência para a América Central, dando suporte à implantação de um regime de inspiração marxista-leninista na vizinhança dos Estados Unidos. No Sudeste Asiático, a conquista da parte norte da Indochina pelo exército comunista de Ho Chi Minh e seu avanço para o Vietnã do Sul representavam "ameaças vermelhas" em outro *front*. Por isso, a perspectiva da aproximação do gigante sul-americano com Castro e os russos, com riscos de um efeito dominó pelo continente, era motivo para preocupações na Casa Branca. O episódio mais agudo no período seria a chamada Invasão da Baía dos Porcos, quando um grupo paramilitar formado por exilados cubanos, treinado e dirigido pela CIA, a central de inteligência norte-americana, tentou sem sucesso um golpe contrarrevolucionário na ilha.

A condecoração a Che Guevara, somada à presença de um vice-presidente – João Goulart – oriundo do trabalhismo e identificado com ideias de esquerda, fazia soar uma série de alarmes em Washington. Dias depois da entrega da honraria, o deputado republicano August E. Johansen se pronunciara em termos ríspidos acerca do namoro de Jânio com o bloco socialista, qualificando o governante brasileiro como "hipócrita e traiçoeiro". Internamente, a repercussão da homenagem também foi negativa. Os problemas já começaram na véspera, entre a oficialidade do Batalhão de Guarda, que ameaçou não formar as tropas defronte ao palácio para revista e a execução dos hinos dos dois países. Alguns militares cogitaram devolver suas medalhas em protesto.

Na prática, Jânio Quadros nada tinha de esquerdista. Em particular, dizia-se admirador de populistas latino-americanos como o argentino Juan Domingo Perón, e afirmava, sem muita lógica: "Governar é como dirigir um carro. Dá-se a seta para a esquerda, mas dobra-se à direita". Mais tarde, admitiria sua real intenção com as iniciativas provocadoras: "Havia uma simpatia mútua entre Fidel e eu, claro. Mas eu queria mesmo era assustar os Estados Unidos, que não prestigiavam o Brasil, para arrancar umas vantagens dos americanos".

O que Jânio provavelmente ignorava é que os esforços de relações exteriores cubanos integravam a política de "exportação da revolução", na qual o Brasil era um objetivo importante. Segundo documentos encontrados em 2001 pelo jornalista Mário Magalhães, da *Folha de S.Paulo*, dirigentes do Partido Comunista Brasileiro (PCB) mantinham na época contatos com autoridades da ilha, visando treinamento militar. Ainda que o 5º Congresso do "Partidão", em setembro de 1960, tenha rejeitado a tese da luta armada para tomar o poder no Brasil, pregando a mobilização das massas por reformas, alguns de seus dirigentes seguiram com a ideia do uso da força. Manoel Jover Telles, militante que esteve em Havana entre abril e maio de 1961, escreveu ao Comitê Central do partido: "Curso político-militar:

levantei a questão. Estão dispostos a fazer. Mandar nomes, biografia e aguardar a ordem de embarque". O líder das Ligas Camponesas, Francisco Julião, integrava o grupo e foi além, ao pedir armas ao governo de Cuba. Em seu relatório, Telles anotou: "Dei opinião contrária. Que discutissem o assunto com Luís Carlos Prestes (secretário-geral do PCB)".

Embora nascido em Campo Grande (hoje capital do Mato Grosso do Sul), Jânio havia passado a infância em Curitiba, no Paraná. Após a separação dos pais, ele viveu com a mãe, Leonor, em São Paulo, onde cursou direito e tornou-se professor no tradicional colégio Dante Alighieri. Culto e poliglota, escrevia e falava inglês, francês, espanhol e italiano. Com a discreta e submissa esposa, Eloá, teve uma filha, Dirce "Tutu" Quadros. Ao aventurar-se na carreira política, elegendo-se vereador em 1947, trocou o nome de batismo Jânio João Quadros por Jânio da Silva Quadros, com a intenção de se mostrar próximo do povo. Desde cedo desenvolveu um personagem populista, que gostava de circular pelas ruas comendo sanduíches de mortadela tirados dos bolsos de seus ternos desalinhados e exibia paletós cobertos de caspa, que os adversários diziam ser talco pulverizado estrategicamente sobre a roupa. Nos palanques, fazia discursos exaltados, cheios de mesóclises e expressões arcaicas, gesticulando de forma atabalhoada, agitando os cabelos e arregalando os olhos, que por vezes miravam em direções diferentes por detrás de óculos de aros pretos e lentes grossas. O tom era de um reformismo conservador. Essa retórica encontrava eco em uma sociedade cada vez mais concentrada nos centros urbanos, assustada pelo fantasma do comunismo e ansiosa por reagir às transgressões de uma juventude rebelde, embalada pelo ronco das lambretas e pelo ritmo do rock herdado da década anterior. Ainda estavam presentes na memória coletiva casos como o assassinato da jovem Aída Curi por três rapazes, que abusaram sexualmente da moça e a atiraram de um terraço de Copacabana, em 1958. Jânio também era famoso pelo consumo excessivo de álcool, algo de que ele próprio se vangloriava: "Sou como Churchill: o mais que bebo, mais brilhante fico".

O conjunto de singularidades e hilariantes *sincericídios*, aliado ao faro para identificar as demandas do eleitor, forjou uma personalidade política de ascensão meteórica. Em 1950, foi o deputado estadual mais votado. Em 1953, elegeu-se prefeito da capital paulista e, em 1954, governador do Estado. Em 1958, tornou-se deputado federal. Em 3 de outubro de 1960, chegou à Presidência pelo Partido Trabalhista Nacional (PTN), apoiado pelo Partido Democrata Cristão (PDC) e pela União Democrática Nacional (UDN).

Sua inegável habilidade em fazer uso do marketing mostrou-se um trunfo decisivo sobre os oponentes. Foi na sua campanha que surgiu a primeira propaganda eleitoral na televisão. Os principais motes eram o ataque à política tradicional e o combate à corrupção, denunciando contratos feitos pelo governo Juscelino Kubitschek para a construção de Brasília. Parte da população reagiu empolgada ao emblema da prometida limpeza – uma vassoura de palha, que ganhou até uma marchinha contagiante: "Varre, varre vassourinha/ Varre, varre a bandalheira/ Porque o povo está cansado/ De sofrer dessa maneira/ Jânio Quadros é a esperança/ Desse povo abandonado".

Como a legislação da época permitia candidaturas para presidente e para vice de forma isolada, elegeu-se com ele o gaúcho João Goulart, do Partido Trabalhista Brasileiro (PTB), que já havia sido ministro de Vargas, vice de JK e que, nessa disputa – por estranho que possa parecer –, estava originalmente coligado com o principal adversário de Jânio, o marechal Henrique Teixeira Lott, do PSD. Jango, como era mais conhecido, fora apenas a segunda opção de vice para o militar, após a morte do ex-chanceler Osvaldo Aranha, nome inicialmente escolhido para a chapa. De todo modo, na reta final da campanha já estava consagrada a improvável dobradinha "Jan-Jan" (Jânio-Jango).

As afinidades entre os dois terminavam na bem bolada junção dos prefixos de seus nomes. Desde o começo, pairava no ar a suspeita de que o intento do vice era ocupar a cadeira presidencial, mesmo que por meio de atalhos. Em seu livro *Tudo a declarar*, de 1989, Armando Falcão, ministro da Justiça dos governos JK e Ernesto Geisel, chegou a afirmar que Brizola e Jango teriam lhe apresentado a ideia de um golpe militar para derrubar Juscelino, ao final do mandato. Brizola negou ter feito a proposta e Jango já havia morrido quando o livro foi publicado. Verdade ou intriga, o fato é que já na década anterior o país era assolado por conspirações civis e militares. E que tramas envolvendo vices se constituíam em problema crônico desde o início da República.

No começo de seu governo, Jânio tomou medidas de impacto. Montou um ministério de alto nível; nomeou o primeiro embaixador brasileiro negro, Raymundo de Souza Dantas, para Gana; criou o Parque Indígena do Xingu, com 27 mil quilômetros quadrados; cortou gastos públicos; enviou ao Congresso projeto de lei antitruste e acabou com privilégios cambiais dos importadores. Mas na sequência vieram decisões controvertidas, como a legalização do jogo de carteado, a abolição de comerciais nas sessões de cinema, a proibição de rinhas de galo, de corridas de cavalo em dias úteis, da exibição de biquínis em transmissões televisivas e do uso de lança-perfume no Carnaval. Também tentou introduzir o traje safári – logo apelidado "pijânio" – como uniforme para o funcionalismo.

Governando por "bilhetinhos", equivalentes dos *tuítes* e torpedos do milênio seguinte, enviados a ministros e auxiliares, mantinha pouca articulação com o Congresso e com os partidos, o que o levou a um isolamento político, encontrando crescente resistência por parte da numerosa base oposicionista, formada pelo PSD, o PTB e o Partido Social Progressista do paulista Ademar de Barros. Além do mais, o clima entre presidente e vice piorou com uma devassa promovida por Jânio, que apontou Jango como suspeito de usar dinheiro público na campanha eleitoral.

A confusão mental do presidente, agravada pelo alcoolismo, foi captada com sagacidade pelo fotógrafo Erno Schneider em 21 de abril de 1961, quando Jânio estava para se encontrar com o governante argentino Arturo Frondizi, na ponte que liga Uruguaiana, no Rio Grande do Sul, a Paso de Los Libres, na Argentina. A imagem do brasileiro com os pés voltados para direções opostas traduzia perfeitamente as contradições entre as forças que disputavam o poder no país e o comportamento errático dele próprio no comando da nação. "Aqueles a quem os deuses querem destruir, primeiro os fazem presidentes do Brasil", queixava-se a amigos, criando uma versão para o ditado latino "Os deuses primeiro enlouquecem aqueles a quem querem destruir".

Em mais um fatídico agosto para a história política brasileira, o mandato de Jânio estava completando sete meses. Apesar das dificuldades em viabilizar tanto bons projetos quanto medidas excêntricas, seu governo mantinha forte apoio popular. No dia 3, o presidente testou mais uma vez a capacidade de surpreender até mesmo os colaboradores mais próximos, com uma desconcertante decisão: "Vamos invadir, ocupar e anexar a Guiana Francesa!", anunciou em reunião com a área militar. O objetivo era pôr fim à suposta exploração clandestina do manganês nos limites nacionais pelo território vizinho, de onde o mineral estaria sendo exportado para a Europa, causando prejuízos aos cofres brasileiros. O plano consistia em uma investida-relâmpago ao departamento ultramarino, situado além da fronteira norte do Brasil, e deveria mobilizar uma ação conjunta dos três ramos das Forças Armadas. A ofensiva iria contar com cinco brigadas do Exército, reunindo 2.500 homens, que abririam caminho no território inimigo até à capital, Caiena. Também contaria com uma força naval de fragatas e corvetas, e a Aeronáutica daria suporte às tropas terrestres. O plano já estava em andamento quando ocorreu a renúncia, sendo imediatamente abortado.

As resoluções intempestivas e o estilo janista de governar, pouco ortodoxo, não chegavam a causar trepidações na rotina da população. A recém-instalada capital federal, Brasília, distanciava o público da atividade política, preservando os círculos de poder de um escrutínio mais intenso. Como forma de compensação à mudança para o rincão afastado, parlamentares e integrantes da administração direta haviam recebido contrapartidas, entre elas um número maior de assessores e apartamentos funcionais, quando a cidade, inacabada, não oferecia opções de moradia – privilégio que se perenizou. Nos anos JK, o Brasil ganhara coberturas jornalísticas do mundo, não apenas como nação exótica, mas como lugar glamouroso, que atraía personalidades do *jet-set* internacional. Nenhum fim de semana se passava nas grandes capitais sem que ocorressem recepções de gala, públicas ou privadas, pelos mais diversos motivos – do aniversário de uma *socialite* a um baile de formatura, de uma premiação de cinema a um *vernissage* de artes plásticas. Concursos de misses e partidas de futebol galvanizavam as atenções populares. O Carnaval não se restringia aos desfiles de escolas de samba na avenida Presidente Vargas, no Rio. No famoso baile do Theatro Municipal, a frequência ia da classe média à *high society*, e era possível pular lado a lado com atores e atrizes de Hollywood. Tudo era registrado pelas revistas *Manchete* e *Fatos & Fotos*, do grupo Bloch, e pela *O Cruzeiro* de Assis Chateaubriand. A arquitetura modernista de Oscar Niemeyer, Lúcio Costa e Affonso Reidy influenciava as construções, com uso de concreto, vidro e madeiras nativas como cedro ou jacarandá. No interior das casas, predominavam móveis com os chamados pés de palito. Embora persistissem graves problemas sociais, era um momento de rara estabilidade entre épocas conturbadas.

O ambiente de crescimento acelerado e a abertura de estradas por todo o país haviam atraído diversas empresas automobilísticas estrangeiras na segunda metade da década anterior. Em 1956, a Volkswagen alemã colocara em produção a utilitária Kombi; três anos depois, o Fusca entrou na linha de montagem nacional. Na mesma época, a Vemag começou a fabricar no país sedãs e camionetas DKW, que conquistaram o apelido de "DeChaVê", trocadilho referente às portas dianteiras dos veículos, que abriam da frente para trás, revelando as pernas das mulheres de saias. Lançado para concorrer com o Fusca, o Renault Dauphine foi o primeiro automóvel de passeio produzido pela Willys-Overland do Brasil, que já fabricava a Rural e o Jeep. Sua fragilidade rendeu-lhe má fama junto ao público brasileiro, que logo o apelidou de "Leite Glória", laticínio em pó cuja publicidade tinha como *slogan* a frase "Desmancha sem bater". Alterações deram origem ao Gordini, cujo motor gerava "emocionantes 40 cv". O sonho de consumo da classe média era o elegante Aero Willys, que impunha respeito por onde passava. Ou o JK, sedã produzido pela Alfa Romeo via Fábrica Nacional de Motores (FNM). Símbolo da modernidade, fora lançado no dia

21 abril de 1960, feriado de Tiradentes, quando a capital federal passou a ser Brasília.

Com o impulso dado à diversificação industrial, às obras públicas e à atração de investimentos externos durante o governo Kubitschek, o crescimento do Produto Interno Bruto (PIB) brasileiro havia atingido a marca histórica de 10,8% em 1958 e se mantivera em patamares elevados – com 9,8% em 1959 e 9,4% em 1960. No ano seguinte, descendo a 8,6%, indicava uma tendência de retração. Mas o que preocupava era a inflação, que bateria os 47,8% naqueles últimos meses.

Em 13 de agosto de 1961, o vice-presidente João Goulart foi enviado em uma missão comercial à República Popular da China, com uma escala na União Soviética. Jânio lhe dera a incumbência argumentando que a aproximação com os chineses era uma forma de ampliar mercados, algo que o país precisava para aliviar o endividamento externo, além de reverter a trajetória de queda do PIB. Aproveitando a "carona" no avião oficial, a mulher, Maria Thereza, foi até a Costa Brava, na Espanha, acompanhada pelo irmão, João José Fontella, então diretor da Riotur, e os filhos, Denize e João Vicente.

Na passagem de três dias por Moscou, João Goulart e a comitiva foram recebidos pelo líder Nikita Khrushchev, que elogiou a política externa de Jânio e expressou o desejo da URSS de ajudar os países subdesenvolvidos. Apesar do clima cordial, Jango transitava por aquele território em um momento nevrálgico: as Forças Armadas do lado oriental da Alemanha, sob a esfera do poder soviético, haviam bloqueado as conexões para Berlim Ocidental, iniciando a construção do muro que dividiria o país – e de certa forma o mundo – por mais de um quarto de século.

Em Pequim, Jango discursou durante banquete que lhe foi oferecido pelo primeiro-ministro Chu En-Lai. Em Hangchov, encontrou-se com o líder da revolução chinesa, Mao Tsé-tung, a quem definiu como "um dos mais importantes personagens do mundo contemporâneo, renomado poeta, teórico e estrategista dos movimentos populares". A visita resultou na assinatura de um acordo comercial no valor de US$ 56 milhões. O vice-presidente declarou, já em Hong

Kong, que "a China Vermelha deveria ser admitida como membro das Nações Unidas".

No Brasil, um dos fomentadores do ambiente instável era o governador da Guanabara, Carlos Lacerda, que em 1960 havia sido um dos mais entusiásticos apoiadores da candidatura Jânio, especialmente por seus aspectos moralizantes. Nascido em uma família que respirava política, com ênfase nas ideias socialistas, fora batizado Carlos Frederico em homenagem aos prenomes de Marx e Engels e passou a juventude como militante do Partido Comunista Brasileiro (PCB). Tendo abandonado a faculdade de direito pela carreira jornalística, reunia uma cultura monumental. Convertido ao campo da direita, Lacerda já havia sido o pivô da crise de 1954, que levara ao suicídio de Vargas. Em 1955, unira-se a setores militares para impedir a eleição e a posse de Juscelino. Vencido, partiu para um breve exílio.

Empolgado com os planos de Jânio, a quem chegara a qualificar como "o homem dos bigodes de Nietzsche e os olhos de Bette Davis", o político carioca decepcionou-se rapidamente com a gestão do eleito. Fosse pela escolha do ministério, que considerou fraco, fosse pelas decisões presidenciais controvertidas, fosse pela condução da política externa, inclinada ao bloco socialista. Embora nunca tenham sido realmente amigos, Jânio e Lacerda rumavam, naquele momento, para a ruptura.

Em uma visita ao Palácio Laranjeiras, residência oficial do governador, Jânio fez observações que soaram a Lacerda como insinuações de que estaria tramando um golpe: "Carlos, você está conseguindo governar com esta Assembleia? Eu tenho a impressão de que vai ser muito difícil governar o Brasil com esse Congresso...".

Em 18 de agosto de 1961, Lacerda decidiu confrontá-lo sobre a questão. Diante da insistência do governador em vê-lo até o final do dia, o presidente liberou um jatinho da FAB para levá-lo a Brasília. Jânio o recebeu às 20h45 no Palácio da Alvorada, instalado na cabine de cinema, prestes a assistir a um filme.

— Já jantou? — perguntou ao convidado.

Visivelmente cansado, Lacerda respondeu que não.

— Lamentavelmente eu já jantei, e os empregados já se recolheram — disse Jânio, em seu tom entre o formal e o irônico, certamente por imaginar o teor da conversa e já pretendendo deixar o visitante pouco à vontade. — Posso lhe oferecer um sanduíche?

Lacerda aceitou e tentou não perder tempo para expressar suas preocupações. Fez uma introdução ao presidente, dizendo que vinha achando sua conduta estranha e que gostaria de saber quais suas reais intenções quanto ao governo e ao Congresso. A chegada do sanduíche, acompanhado de pipocas, castanhas de caju e uma garrafa de uísque, travou o diálogo. Em seguida, a tela acesa mostrou os títulos de abertura de uma comédia de Jerry Lewis.

— Não quero ver esse palhaço! — berrou Jânio ao projecionista. — Ponha um filme de bangue-bangue!

Aproveitando a troca de programa, o presidente deixou a sala para dar um telefonema a Pedroso Horta, ministro da Justiça:

— O Carlos está aqui. Chame-o à sua casa e veja o que ele quer.

De volta ao cinema, em uma encenação bem preparada, foi interrompido pelo ajudante de ordens Celino, que informou ao governador que Pedroso Horta desejava lhe falar ao telefone. Ao retornar, percebendo a manobra do presidente para evitá-lo, Lacerda mostrou-se contrariado:

— Jânio, não vim aqui falar com o Horta. Não tenho nada para falar com ele. Vim aqui falar com você. Vim falar de governador a presidente.

— Vá — insistiu Jânio. — Converse com ele sobre os problemas do seu estado. Depois volte aqui para continuarmos.

Às 21h30, Lacerda tocou a campainha da casa de Pedroso Horta. O secretário particular de Jânio, José Aparecido de Oliveira, o recebeu. Na conversa, regada a seguidas doses de uísque, Horta teria deixado escapar a Lacerda a intenção de Jânio apresentar um pedido de renúncia, em uma tentativa de pressionar o Congresso a aprovar as reformas que julgava necessárias para governar o país. Assim que o visitante pôs os pés fora da casa, Pedroso Horta telefonou ao ajudante de ordens de Jânio, com uma recomendação:

— Celino, o governador chega aí dentro de minutos. Apanhe sua mala e devolva-a. Ele vai pernoitar no Hotel Nacional.

Lacerda se viu perplexo ao chegar ao Alvorada e encontrar o funcionário com sua mala na mão:

— O presidente já foi dormir, disse que estava muito cansado e precisava viajar logo cedo para o Espírito Santo — disse-lhe o ajudante de ordens.

Percebendo que a viagem estava perdida, Lacerda foi para o hotel, de onde ligou furioso para Pedroso Horta:

— Não aceito essa afronta! — explodiu. — Não vim aqui para comer pipocas em uma sessão de cinema! Não quero compactuar com o que está ocorrendo neste país. Vou denunciar o que vocês estão fazendo!

Às 7h do dia seguinte, no Palácio do Planalto, Jânio – que não havia viajado, ao contrário do que Celino informara a Lacerda – condecorava Che Guevara. De volta ao Rio de Janeiro, em represália ao ato e em desagravo ao governo de Washington, do qual se tornara um profundo admirador, Lacerda entregou a chave simbólica da Guanabara ao líder anticastrista Manuel Antônio de Verona, declarando: "As portas da cidade estarão sempre abertas aos combatentes da liberdade cubana". Enquanto o encontro ocorria, o presidente, em Brasília, anulava autorizações outorgadas em favor da empresa Hanna, norte-americana, e restituía as jazidas de ferro de Minas Gerais à reserva nacional, contrariando mais um interesse dos Estados Unidos.

Em 24 de agosto, Lacerda pôs em prática suas ameaças e foi à televisão denunciar que estava em curso a trama para um golpe de Estado, vindo do Palácio do Planalto. No dia seguinte, seria um dos primeiros a ser procurado por Pedroso Horta, que, lacônico, lhe comunicou a renúncia de Jânio.

No documento deixado ao Congresso, o agora ex-presidente mencionava, sem especificar quais seriam, as "forças terríveis" – citadas naquela noite no *Repórter Esso* da TV Tupi como "forças ocultas" – que o teriam levado ao gesto extremo:

> Fui vencido pela reação e, assim, deixo o governo. Nestes sete meses, cumpri meu dever. [...] Mas, baldaram-se os meus esforços

> para conduzir esta nação pelo caminho de sua verdadeira libertação política e econômica, o único que possibilitaria o progresso efetivo e a justiça social a que tem direito o seu generoso povo. Desejei um Brasil para os brasileiros, afrontando, nesse sonho, a corrupção, a mentira e a covardia que subordinam os interesses gerais aos apetites e às ambições de grupos ou indivíduos, inclusive do exterior. Sinto-me, porém, esmagado. Forças terríveis levantam-se contra mim e me intrigam ou infamam, até com a desculpa da colaboração.

Em seu livro de memórias *Um Congresso contra o arbítrio*, Auro Moura Andrade reviveu a indignação sentida ao receber a notícia do abandono do cargo por Jânio: "Nem sete meses de governo! Não tinha condições de governar a Nação, de sacrificar-se pelo Brasil... Sentiu-se esmagado pelas responsabilidades que realmente pesam para ombros fracos!".

A queda de Jânio foi objeto de todo tipo de especulação. Imaginou-se que ele havia sido alvo de pressões militares ou externas, por insatisfações envolvendo a questão das jazidas de ferro mineiras; que havia sofrido ameaças de morte ou ainda que recebera um ultimato de sua base política, após o incendiário discurso de Carlos Lacerda na véspera. "A renúncia é uma denúncia", afirmaria, enigmático, a interlocutores, utilizando um *slogan* soprado pelo publicitário baiano e depois deputado João Dória. Em entrevista, diria sobre a decisão: "Deodoro da Fonseca renunciou; Ruy Barbosa renunciou; Getúlio renunciou. De modo que estou muito bem acompanhado num país em que não se renuncia a nada". Ou, como se tornou habitual citá-lo, parodiando suas singulares escolhas na colocação de pronomes: "Fi-lo porque qui-lo".

O mistério – de certa forma, um "segredo de polichinelo" do qual sempre se desconfiou – perduraria até o dia 25 de agosto de 1991. Exatos trinta anos após a renúncia, ele aceitou esclarecer as razões do seu ato, em um quarto do Hospital Israelita Albert Einstein, em São Paulo, onde se recuperava dos efeitos de um derrame cerebral. Seu neto, o economista Jânio John Quadros Mulcahy – que tentaria,

Arquivo Nacional, Rio de Janeiro

Presidente Jânio Quadros condecora o líder guerrilheiro Che Guevara dias ante de encerrar seu curto e errático mandato

sem êxito, um espaço na vida política –, tomou coragem para tocar no assunto pela primeira vez com o avô, que, afinal, se abriu com espantosa franqueza: "Você há de entender que era um inferno governar o Brasil com todas essas composições que se tem de fazer. O presidente é todo-poderoso e escravo ao mesmo tempo", começou. "A renúncia era para ter sido uma articulação: nunca imaginei que ela seria aceita. Foi uma tentativa de governabilidade. [...] Tudo foi bem planejado e organizado", detalhou Jânio ao seu ouvinte atônito.

> Mandei João Goulart em missão oficial à China, no lugar mais longe possível. Assim, ele não estaria no Brasil para assumir ou fazer articulações políticas. Escrevi a carta da renúncia no dia 19 de agosto e a entreguei ao ministro da Justiça, Oscar Pedroso Horta. Pensei que os militares, os governadores e, principalmente, o povo exigiriam que eu ficasse no poder. Jango era completamente inaceitável para a elite. Achei que seria impossível que ele assumisse, porque todos iriam implorar para que eu ficasse. [...] Renunciei no Dia do Soldado porque quis sensibilizar os militares e conseguir o apoio das Forças Armadas. Era para ter se criado certo clima político. Imaginei que, em primeiro lugar, o povo iria às ruas, seguido pelos militares. Que me chamariam de volta. Ao renunciar, pedi um voto de confiança à minha permanência no poder. Isso é feito frequentemente pelos primeiros-ministros na Inglaterra. Fui reprovado. O país pagou um preço muito alto. Deu tudo errado. Se não tivesse renunciado, a história do Brasil seria outra...

Talvez inspirado pelo presidente da França, Charles de Gaulle, que retornara ao governo com plenos poderes dois anos e meio antes, após um afastamento autoimposto, Jânio Quadros imaginava esperar somente algumas horas por uma aclamação. Sua decisão estaria tomada desde o início de agosto, já que o vice Goulart fora enviado à China no final de julho e a carta-renúncia fora redigida no dia 19, quase uma semana antes de o ato se consumar. Anos mais tarde, Auro Moura Andrade resumiria com uma insólita imagem a manobra do renunciante: "Jânio engravidara-se do poder e estava em gestação. Só que o feitiço voltou-se contra o feiticeiro!".

Enquanto a notícia de seu abandono da Presidência chegava ao Congresso naquele 25 de agosto de 1961, Jânio esvaziava as gavetas no Palácio do Planalto. Depois de queimar alguns documentos e empacotar outros, retirou-se para o Alvorada, onde se reuniu à sua mulher, Eloá, e dona Leonor, sua mãe, em companhia das quais se dirigiu ao aeroporto. Tendo feito as malas de forma atabalhoada, chegou a deixar para trás algumas peças de roupa e um par de sapatos.

Após horas de inútil espera por alguma reação política, militar ou popular em seu favor, pediu ao comandante que levantasse voo e seguisse para São Paulo. Observando o panorama de Brasília desaparecer pela janela do avião, sentenciou irritado:

— Cidade maldita! Nunca mais porei os pés aqui!

O Viscount presidencial pousou na base aérea de Cumbica, na capital paulista, onde o esperava o capitão Kulmann, do II Exército, incumbido de reaver a faixa presidencial que o já ex-presidente levava na bagagem. Alterado pelos drinques tomados no percurso, ele reagiu mal ao pedido do militar. O capitão argumentou que a faixa pertencia à Presidência, tinha quinhentos gramas de ouro e alguns diamantes que eram propriedade do país. A discussão passou a ser travada aos gritos até que, finalmente, Jânio se rendeu. Foi buscar a faixa e, com as mãos trêmulas, a entregou a Kulmann, fazendo-lhe uma recomendação com ar bastante grave: "Leve-a, capitão. Mas leve-a como eu a trouxe". Intrigado, o militar recebeu em seguida uma singular explicação, bem ao estilo dramático do político: "Aqui, sob a camisa, colada ao coração! Sobre a carne, capitão! Sobre a carne!".

II

UM BRINDE AO IMPREVISÍVEL

Jango recebeu a notícia da renúncia de Jânio Quadros na madrugada de 26 de agosto, quando se encontrava em Cingapura, um dos pontos de sua missão oficial. Seu secretário de imprensa, Raul Ryff, bateu forte à porta do quarto do hotel Raffles, onde se hospedavam, para lhe transmitir a alarmante novidade, até então não de todo confirmada. Pouco depois, o telefone da suíte disparou a tocar. A primeira ligação foi de um repórter da agência de notícias Associated Press, que ratificou a informação e tentou sem sucesso extrair algum comentário do vice-presidente. Seguiram-se chamadas de familiares, jornalistas de toda parte e políticos brasileiros.

No café da manhã, o senador Barros Carvalho, integrante da comitiva, sugeriu que abrissem uma garrafa de champanhe "para brindar ao novo presidente do Brasil". Cauteloso, um insone João Goulart observou que a situação ainda estava indefinida. E disse: "Se você quiser tomar champanhe, tudo bem. Mas não para saudar o novo presidente da República, e sim o imprevisível, o imponderável".

Ao abandonar o cargo, Jânio havia colocado o país em uma condição especialmente delicada. Embora oficialmente o poder tivesse sido entregue ao presidente da Câmara, a tutela do governo passara às mãos dos três ministros militares – o almirante Silvio Heck, o brigadeiro Grün Moss e o general Odílio Denys. Desde a primeira hora, eles deixaram clara sua oposição à ideia de ver Goulart na cadeira presidencial, embora fosse essa a determinação constitucional. A solução natural era vista com extremo desagrado, pelo temor de que o vice implementasse o programa considerado radical que nunca se acanhara em defender. Para as Forças Armadas e para as correntes políticas conservadoras, entregar-lhe o comando do país representava a perspectiva de implantação do que se chamava uma república sindical – na qual agremiações trabalhistas, ligas operárias e camponesas ditariam os rumos da política nacional. O presidente do Congresso, porém, insistia para que Goulart fosse empossado: "Eu estava determinado a fazer cumprir a Constituição, que não se rasga como mero bilhetinho de um presidente irrefletido e irresponsável!".

A ligação política, de ideias e até emocional entre Jango e o já falecido ex-presidente Getúlio Vargas era um fator agravante do quadro. Empossar o herdeiro político de quem por quase dezenove anos determinou os destinos do país, com uma incrível capacidade de mobilizar as massas, representava tudo o que a ala militar dominante e a conservadora UDN menos desejavam. Ainda jovem, João Belchior Marques Goulart havia integrado o gabinete do líder gaúcho em seu último retorno ao Catete. Dele recebera não apenas incentivo, mas também grande afeição. Na época, havia rumores maldosos de que o presidente da República seria o verdadeiro pai de Jango. A hipótese não era de todo absurda, dado o histórico de escapadas extraconjugais de Getúlio. A mãe de Jango, Vicentina, fora empregada na fazenda dos Vargas, em São Borja, próximo à fronteira do Rio Grande do Sul com a Argentina, e, segundo essa versão, teria engravidado antes de se casar com Vicente Goulart, estancieiro amigo da família.

Tendo se destacado menos nos estudos que nos esportes, Jango fora um excelente nadador e exímio lateral direito em campeonatos amadores de futebol. Mas, no tempo em que cursava a faculdade de ciências jurídicas na capital gaúcha, contraiu uma moléstia venérea que afetou para sempre o movimento de uma de suas pernas. Formado, retornou às atividades de pecuarista na São Borja natal. Sempre pela mão de Getúlio, elegeu-se deputado estadual pelo recém-criado PTB, que se expandiu em ritmo acelerado. E foi de sua estância, em abril de 1949, que Vargas anunciou ao país a candidatura ao pleito nacional seguinte – o qual venceu com facilidade. O financiamento da campanha foi objeto de suspeitas e teria se tornado possível por meio de dinheiro vindo da Argentina, graças a uma compra superfaturada de madeira brasileira pelo governo do general Juan Domingo Perón, um forte aliado. Segundo os contratos, Jango fora o intermediário das tratativas.

Pouco depois, Jango iniciaria um namoro com Maria Thereza Fontella, filha de fazendeiros, e então uma adolescente. "Eu morava em uma casa vizinha à dele, em São Borja (RS), mas só fui conhecê-lo aos catorze anos. Era famoso por ser riquíssimo, bonito e solteirão", lembrou em 2018. O pai pediu que entregasse uma correspondência na estância de Jango, e o político, ao receber a garota introvertida, esguia, de traços delicados, tomou-se de uma paixão instantânea: "Como é que eu nunca tinha visto uma moça tão bonita tão perto da minha casa?", derramou-se. Nas semanas seguintes, empenhou-se em conquistá-la a qualquer custo. A princípio, Maria Thereza estranhou a atenção do homem vinte anos mais velho. Finalmente, se rendeu: "Andei de carro pela primeira vez com ele e tomei minha primeira cuba-libre em sua companhia, aos quinze anos", recordou a ex-primeira-dama certa vez. A diferença de idade não impediu que Jango e Teca, como ele passou a chamá-la, se casassem dois anos mais tarde. Apesar da aparência frágil, a jovem montava bem a cavalo e sabia atirar.

Nomeado ministro do Trabalho de Getúlio, João Goulart teve uma atuação marcada pela abertura de linhas de financiamento de casas e de empréstimos para bancários e empregados da indústria. A classe média e a oposição o acusavam de manipular o movimento sindical aos moldes do peronismo. Em janeiro de 1954, começou a programar um novo salário mínimo, enfrentando dois tipos de pressão: a mobilização dos trabalhadores por um aumento de 100% e a resistência das entidades patronais, que propunham um acréscimo de, no máximo, 42%. Diante da pressão do empresariado, o ministro se viu forçado a renunciar ao cargo. No Dia do Trabalho, Vargas assinou o decreto elevando o salário em 100%, como exigiam os sindicatos.

No ano seguinte, Goulart daria um passo maior, elegendo-se vice-presidente na chapa encabeçada pelo ex-governador de Minas Gerais, Juscelino Kubitschek. O udenismo trabalhara para impedir a candidatura da chapa desde o nascedouro. Os obstáculos foram reforçados por setores militares, que tentaram anular a eleição alegando que a aliança vitoriosa, formada por seis partidos, conquistara apenas 35,6% dos votos válidos contra o oponente Juarez Távora (PDC), que alcançara 30,2%. O argumento era o de que a marca obtida mal havia chegado a um terço da votação, e que, assim, não seria representativa da vontade popular. A Constituição, contudo, nada previa a esse respeito, aceitando a maioria simples. Liderados pelo general Henrique Lott, então ministro da Guerra, uma dezena de generais e 25 mil homens sufocaram o complô contra JK com tanques de guerra em pontos estratégicos do Rio, então Distrito Federal.

O perigo de golpe, entretanto, não havia se dissipado. Na noite de 10 de fevereiro de 1956, oficiais da Aeronáutica liderados pelo major Haroldo Veloso e pelo capitão José Chaves Lameirão partiram do Campo dos Afonsos, no Rio de Janeiro, instalaram-se na base aérea de Jacareacanga, no sul do Pará, e ali organizaram um quartel-general para derrubar o governo recém-iniciado. Após dezenove dias, porém, a rebelião foi sufocada, com a prisão do major Veloso e a fuga dos demais líderes para a Bolívia. Todos os rebelados seriam beneficiados pela "anistia ampla e irrestrita", concedida logo depois pelo Congresso, por solicitação do próprio Kubitschek. O clima de conspiração, no entanto, persistiu, sobretudo na Aeronáutica. A Revolta de Aragarças, que eclodiu em Goiás em 2 de dezembro de 1959, teve a participação do ex-líder de Jacareacanga, agora tenente-coronel Haroldo Veloso, e de outros oficiais, dessa vez comandados pelo tenente-coronel João Paulo Moreira Burnier. Pretendia-se bombardear os palácios Laranjeiras e do Catete, no Rio, e ocupar bases militares pelo país. O levante durou apenas 36 horas.

Sob esse pano de fundo tumultuado, João Goulart via-se em agosto de 1961 na iminência de ocupar o cargo máximo da nação, caído em seu colo por um acidente de percurso que poderia também liquidar com seu futuro político, senão com sua própria vida. A ameaça havia ficado clara com o pronunciamento feito pelo ministro da Guerra, Odílio Denys, de que o vice estava proibido de retornar ao país e que seria detido se tentasse. A declaração, seguida da ordem para que o Congresso votasse o impedimento de Goulart, levou o agora marechal Lott a ressurgir em cena. No Rio de Janeiro, ele divulgou um manifesto qualificando a fala do ministro como "anormal e arbitrária" e conclamou "as forças vivas do país" a exigir o respeito à Constituição. Horas depois, era levado preso de seu apartamento em Copacabana, sendo aplaudido à saída por passantes, que lhe dirigiram gritos de apoio enquanto cantavam o Hino Nacional.

Sem garantias de desembarcar no Brasil em segurança, Jango foi fazendo sucessivas e demoradas escalas, a fim de ganhar tempo. De Cingapura voou para Zurique, foi até Barcelona buscar a família e fez uma parada em Paris, onde se instalou com a comitiva no luxuoso hotel George V. Na capital francesa, recebeu a visita de políticos brasileiros que lhe foram prestar solidariedade. Alguns deles o aconselharam a desistir de seguir viagem. Jango, no entanto, foi taxativo: "Vou para o Brasil, nem que seja para ser preso. E que cada um se responsabilize perante a história. Minha obrigação, de acordo com a Constituição, é assumir a Presidência".

Em 30 de agosto, os ministros militares divulgaram um manifesto com veto à posse de Jango, alegando que ela significaria uma ameaça à ordem e às instituições: "Já ao tempo em que exercera o cargo de ministro do Trabalho, o sr. João Goulart demonstrara, bem às claras, suas tendências ideológicas, incentivando e mesmo promovendo agitações sucessivas e frequentes nos meios sindicais. E não menos verdadeira foi a ampla infiltração de ativos e conhecidos agentes do comunismo internacional".

O trabalhista Leonel Brizola, que governava o Rio Grande do Sul desde 1959, iniciou sem demora uma reação. Marido de uma irmã de Goulart, Neusa, cujo padrinho de casamento fora o próprio Getúlio, ele passou a pregar a posse do cunhado por meio de inflamados pronunciamentos na Rádio Guaíba, emissora estadual, mas capaz de ser captada em ondas curtas por outras regiões. A campanha-relâmpago foi batizada como Cadeia da Legalidade. Suas falas

CPDOC - Fundação Getulio Vargas, Rio de Janeiro

O então vice-presidente João Goulart durante visita à China: sobressaltos e incertezas na volta

eram transmitidas a partir de um estúdio improvisado no porão do Palácio Piratini, sede do governo, em Porto Alegre.

Brizola era o filho caçula de um pequeno produtor rural do noroeste rio-grandense. Seu pai fora degolado nas proximidades de casa, durante a revolução de 1923, por soldados leais a Borges de Medeiros, que governou o estado por vinte e cinco anos, durante a chamada República Velha. Órfão com um ano, viria a mudar seu primeiro nome de Itagiba para Leonel, inspirado no líder rebelde Leonel Rocha, ao lado de quem o pai havia combatido. Em 1947, elegeu-se deputado estadual pelo PTB e logo tornou-se próximo da família Vargas. Orador carismático e mordaz, havia sido um grande propagador da candidatura que marcou o retorno de Getúlio ao poder em 1951. Pela Cadeia da Legalidade, com uma metralhadora pendurada ao ombro, o agora governador atacava os ministros militares, acusando-os de golpistas e conclamando a população a se mobilizar. Nesses discursos, desafiava o ministro Odílio Denys, qualificando-o como "um demente, disposto a atirar o país em uma guerra civil".

Como os militares não cediam e Brizola não baixava o tom, a situação parecia caminhar para um confronto que dificilmente seria resolvido de forma pacífica. Em 29 de agosto, o serviço de rádio gaúcho interceptou uma mensagem, na qual o general Denys ordenava o bombardeio por jatos da FAB ao Palácio Piratini. Enquanto isso, com o apoio da Marinha, uma esquadra capitaneada pelo porta-aviões *Minas Gerais* era deslocada em direção ao sul. Os ministros militares deram ordens ao general Machado Lopes, chefe do III Exército, que reunia as tropas de toda a região Sul, para que também participasse do ataque à sede do governo. Do *bunker* improvisado no palácio, Brizola mobilizou a Brigada Militar (*sua polícia*), que se posicionou em pontos estratégicos no centro de Porto Alegre e distribuiu armas à população. Voluntários se apresentaram para a luta em todo o estado e até grupos antagônicos, como dirigentes dos times rivais Grêmio e Internacional, se uniram em solidariedade a Goulart.

A essa altura, ocorreu uma reviravolta surpreendente. Escoltado por um grupo de oficiais de altas patentes, Machado Lopes, ao chegar ao palácio, cumprimentou Brizola e, em vez de proferir as esperadas ameaças, atalhou: "Governador, aqui venho para lhe comunicar que o III Exército, por decisão de seu comandante e de seus generais, decidiu não aceitar qualquer resolução para a crise fora dos termos da Constituição Federal". E ordenou à tropa, com dezenas de milhares de integrantes, que se mobilizasse para resistir. Entre as providências por ele definidas, estava a instalação de explosivos nos pilares da ponte sobre o rio Uruguai, na divisa com Santa Catarina, a fim de eventualmente bloquear o avanço dos oponentes.

Animado pela surpreendente adesão, Brizola foi atrás do general Artur da Costa e Silva, comandante do IV Exército, com sede em Recife. Com ele, a conversa foi mais difícil. O oficial atendeu à sua ligação, mas não demonstrou a cordialidade esperada, mesmo ao ser lembrado da origem gaúcha que os unia. Em resposta, Brizola vociferou: "Está bem! Estou vendo que o senhor nada mais é do que um golpista!".

Se entre os militares a questão da posse de Jango começava a abrir divergências, em outros setores da sociedade também não havia consenso. Alguns governadores defendiam a sucessão normal. Entre eles estavam Carvalho Pinto, de São Paulo; Ney Braga, do Paraná; e Mauro Borges, de Goiás. Por outro lado, o governador da Guanabara, Carlos Lacerda, destacou-se como a maior liderança civil contrária a Jango, incentivando também o ataque ao *bunker* do Sul. Durante as discussões, houve quem aventasse a hipótese de um retorno à forma de governo monárquica, acreditando ter o presidencialismo fracassado. As opções ao trono eram o príncipe Pedro Henrique, do ramo Orléans e Bragança estabelecido em Vassouras, no Vale do Café fluminense, e o príncipe Pedro Gastão, do ramo mantido em Petrópolis, na região serrana. Uma terceira opção de monarca foi ainda colocada: dom João, do ramo de Paraty, na Costa Verde fluminense, lembrado por ser tenente-coronel aviador, com missões realizadas pela FAB durante a Segunda Guerra. Todos eram bisnetos de dom Pedro II, imperador derrubado no advento da República.

Em meio ao aumento das tensões, Jango decidiu que chegaria ao Brasil via Rio Grande do Sul, onde poderia contar com o apoio da corrente coordenada por Brizola. Ao pousar em Buenos Aires, ficou retido no aeroporto por três horas, por determinação do governo argentino, solidário com a junta militar brasileira. Liberado, partiu para Montevidéu, onde foi recebido pelo ministro das Relações Exteriores do Uruguai. Na embaixada do Brasil, manteve longa conversa com os deputados Tancredo Neves e Hugo de Faria, que lá se encontravam para convencê-lo a aceitar uma solução capaz de apaziguar os embates daquele momento: a adoção do regime parlamentarista.

Tancredo, que havia sido colega de Jango no último governo Vargas, com a pasta da Justiça, vinha articulando com a área militar essa saída potencialmente honrosa para os dois lados: Goulart assumiria com os seus poderes circunscritos aos de um chefe de Estado, cabendo a um primeiro-ministro o comando efetivo do governo. Embora relutante, Jango mostrou-se aberto à ideia, mediante a promessa de se fazer adiante uma consulta popular sobre a manutenção do regime ou o retorno ao modelo presidencial. Analisada a proposta, os militares afinal concordaram que o então vice tomasse posse.

Aliados de Jango à época, como o petebista Almino Affonso, repudiaram o acordo, julgando que seus opositores não teriam forças suficientes para barrá-lo. De qualquer forma, Jango não quis pagar para ver, sendo taxado de covarde por alguns correligionários. O que não significava que estivesse satisfeito com o quadro à sua espera: suas conversas telefônicas, "grampeadas" naqueles dias pelo Conselho Nacional de Telecomunicações (Contel), mostram sua contrariedade com as restrições impostas e seus receios em relação ao que o aguardava em Brasília, onde estariam os militares que haviam sido contrários à sua posse. "Estão me obrigando a chegar ao Brasil pela porta dos fundos", repetia nos registros captados.

Em 1º de setembro, a bordo de um Caravelle, Jango desembarcou em Porto Alegre, sendo recebido por enorme manifestação popular. A aeronave, providenciada por Brizola junto à Viação Aérea Rio-Grandense (Varig), saíra do Uruguai com o vice, acompanhada por outro aparelho repleto de jornalistas que cobriam a crise. O piloto que levou Jango em segurança foi o tenente-coronel-aviador reformado Paulo Mello Bastos. Ele afirmaria mais tarde ter sabido que o avião corria o risco de ser abatido por caças militares a serviço de um golpe – a chamada Operação Mosquito. "Então, fiz um plano. Em vez de vir a 40 mil pés, 13 mil metros, eu vim a 300 pés, infringindo o manual. Porque, como o avião de caça ataca com metralhadora de baixo para cima, eu vindo baixinho ele não teria ângulo para me atacar." Outra ação ousada ainda estaria sob o risco de ser deflagrada, conforme relataria por escrito posteriormente o coronel do Exército Walter Baère de Araujo, que à época circulava diariamente entre os ministérios e os serviços de informação militares. Com o singelo nome de Pintassilgo, consistia em nada menos que um plano na FAB para derrubar o avião que conduziria João Goulart a Brasília, quando o aparelho decolasse de Porto Alegre. Segundo o coronel, uma autorização equivocada desencadeou prematuramente a operação, determinando seu fracasso e evitando a tragédia política.

Em 2 de setembro era aprovada, em votação urgentíssima, a Emenda Constitucional nº 4, alterando o regime de governo para o parlamentarismo. Segundo o texto, a consulta que decidiria pela manutenção do sistema ou pela volta ao presidencialismo deveria ser feita nove meses antes do término do mandato presidencial, no ano de 1965. A divulgação da medida manteve-se vedada por várias horas por determinação da Secretaria do Conselho de Segurança Nacional, chefiada pelo então coronel Golbery do Couto e Silva.

Após milhares de quilômetros voados, noites em claro e dezenas de entrevistas a jornalistas brasileiros e estrangeiros, João Goulart tornou-se o 24º presidente do Brasil, em um emblemático 7 de setembro, marco da Independência. No dia seguinte, enviou mensagem ao Congresso, aprovada por 259 contra 22 votos, indicando Tancredo Neves como primeiro-ministro. Na época, era embaixador em Washington o economista Roberto Campos, que fizera parte da delegação brasileira na Conferência de Bretton Woods, em 1944, na qual foram criados o Fundo Monetário Internacional (FMI) e o Banco Mundial. Ele foi confirmado no cargo por Jango, apesar das próprias ressalvas: "Eu já tinha até pedido licença ao Itamaraty para voltar à atividade privada", recordou Campos.

> Mas o primeiro-ministro era Tancredo, meu grande amigo, e o ministro do Exterior era o San Tiago Dantas. Então ambos me chamaram e disseram: "Agora que você tem que ir". Eu disse: "Eu não tenho nenhuma intimidade com o Jango, ele mal me conhece, não temos nenhuma afinidade ideológica. E o embaixador em Washington deve ter a liberdade de acordar o presidente às três horas da manhã para uma situação de crise". Tancredo então me disse: "Você tem a minha confiança e eu sou o primeiro-ministro".

A posse de João Goulart e a formação do gabinete parlamentarista significariam apenas um breve intervalo entre sobressaltos de diversas naturezas. Já no dia 27 de setembro, a capital da República seria sacudida por um acontecimento que beirou a tragédia. Naquela tarde, às 16h49, um Caravelle da Varig decolou do Rio de Janeiro, com destino a Brasília, levando a bordo o governador do Rio Grande do Sul, Leonel Brizola, e o jornalista Carlos Castello Branco, ex-secretário de Imprensa de Jânio

Arquivo Público do Estado de São Paulo, São Paulo

Leonel Brizola em meio às transmissões da Cadeia da Legalidade pela posse de Jango

Quadros. A viagem transcorreu tranquila até próximo do final. Mas, a segundos de tocar o chão, o aparelho começou a trepidar. Logo depois, bateu violentamente o trem de pouso na cabeceira da pista. Em seguida, o avião deslizou desgovernado, de barriga, seguiu derrubando as balizas laterais e, já com fogo nos dois lados da fuselagem, parou a oitocentos metros do local em que atingira o solo. A fuga da aeronave em chamas se revelou complicada: foi preciso escorregar sobre a asa direita e pular para o chão. Felizmente, todos sobreviveram sem ferimentos graves. A suspeita de que o voo teria sido alvo de sabotagem – hipoteticamente visando Brizola – assombrou as mentes da nação naquele momento sensível da vida política.

No dia seguinte, as atenções já se voltavam para o programa do gabinete, submetido à Câmara. O texto defendia reajustes salariais periódicos "compatíveis com os índices de expansão inflacionária", acolhia a tese da "política externa independente" e proclamava uma política de portas abertas ao capital vindo de fora. Em seu ponto mais controverso, defendia a reforma agrária – sem indenizações aos proprietários. Em 23 de novembro, o Brasil restabeleceu as relações diplomáticas com a União Soviética, rompidas desde 1947.

Se na política externa haveria um afastamento ainda maior de Washington, no campo interno o primeiro terreno de batalha seria o do ensino. No dia 20 de dezembro, João Goulart sancionou a Lei de Diretrizes e Bases da Educação (LDB), matéria recorrente no Congresso desde a década de 1930, cuja votação era sempre postergada. A proposta havia sido retomada em 1957, como um substitutivo de autoria do então deputado Carlos Lacerda (UDN), provocando discussões entre intelectuais, estudantes universitários, políticos e movimentos sociais. Os estatistas defendiam que só o Estado deveria educar, e que escolas particulares poderiam existir tão somente como uma concessão do poder público. O outro grupo, denominado de liberalistas, sustentava que a educação deveria ser um dever da família, que teria de escolher dentre uma variedade de opções de escolas particulares. Ao Estado caberia a função de traçar as diretrizes do sistema educacional e garantir às pessoas de origem pobre o acesso às escolas particulares por meio de bolsas. A Campanha em Defesa da Escola Pública era liderada por educadores como Anísio Teixeira, Roque Spencer Maciel de Barros e Florestan Fernandes. O movimento levantou-se contra o caráter que considerava privatista do projeto de Lacerda, acusado de atender aos interesses de grupos confessionais e empresariais. Denunciavam que o termo "liberdade do ensino" escondia o desejo dos empresários pela "liberdade de comerciar à custa do ensino".

O fato é que o quadro da educação no Brasil era muito grave. Em 1950, metade da população brasileira acima dos quinze anos era analfabeta, ou seja, autodeclarada incapaz de ler e escrever pelo menos um bilhete simples. Os índices eram maiores entre os mais carentes, nas regiões Norte e Nordeste, e na zona rural. A evasão também era altíssima: apenas 15% dos matriculados na 1ª série conseguiam concluir o curso primário, às vezes depois de muitas repetências. E metade das crianças em idade escolar estava fora do sistema. A Constituição de 1946, então em vigor, determinava o investimento de 10% do orçamento público da União e 20% do orçamento dos estados em educação. Porém, nem a União nem os estados atingiam essas metas.

Apesar das mobilizações contrárias, o projeto vitorioso ficou mais próximo do de Lacerda. A LDB estabeleceu como diretrizes a obrigatoriedade de matrícula nos quatro anos do ensino primário, mais autonomia aos órgãos estaduais, o ensino religioso facultativo e retirou a obrigatoriedade do ensino de língua estrangeira no ensino médio. João Goulart vetou dispositivos como o que obrigava professoras primárias a prestar exames para a aferição de suas competências, por julgar que a imposição afugentaria do magistério "as que não alcançam os níveis desejáveis de qualificação, muitas vezes as únicas disponíveis, especialmente nas zonas rurais".

Goulart também sancionou a criação da Universidade de Brasília, com a promessa de "reinventar a educação superior e formar profissionais engajados na transformação do país". A UnB teria como primeiro presidente o pedagogo Anísio Teixeira e como reitor seu discípulo, o antropólogo Darcy Ribeiro. Anísio e Darcy convidariam cientistas, artistas e professores de tradicionais faculdades brasileiras a assumir as salas de aula. "Eram mais de duzentos sábios e aprendizes, selecionados por seu talento para plantar aqui a sabedoria humana", escreveu Darcy Ribeiro, em *A invenção da Universidade de Brasília*. As ideias de Darcy se alinhavam às dos criadores do Centro Brasileiro de Pesquisas Educacionais (CBPE), que traçava diagnósticos sobre a realidade educacional brasileira, com o objetivo de fundamentar reformas. A trajetória de Anísio se dera como secretário de Educação no Rio de Janeiro e na Bahia e como diretor da Coordenação de Aperfeiçoamento de Pessoal de Ensino Superior (Capes). Foi dele a proposta de tornar obrigatória a disciplina de organização social e política brasileira (OSPB), para apresentar aos jovens estudantes as instituições da sociedade, a organização do Estado, a Constituição, os direitos políticos e os deveres do cidadão.

O ano terminaria com uma nota trágica, em um cenário distante do conturbado Planalto Central. Em 17 de dezembro, um domingo, 3 mil pessoas assistiam aos momentos finais do espetáculo do Gran Circus Norte-Americano, o maior sucesso da temporada, montado no centro de Niterói (RJ), quando uma trapezista interrompeu sua performance aos gritos de "Fogo! Fogo!". Por ter uma lona revestida de parafina, material altamente inflamável, em cerca de cinco minutos o circo transformou-se em uma fornalha. Mais de quinhentas pessoas morreram, das quais metade eram crianças. Descobriu-se, depois, que a catástrofe fora provocada por um ex-empregado. Demitido dois dias antes, ele se vingara queimando a cobertura do picadeiro com galões de gasolina. Jango e Tancredo visitaram os sobreviventes.

Em retrospecto, a imagem do espetáculo em chamas poderia ser tomada como um presságio, uma antevisão dos tempos que estavam por vir no país.

III

GUERRA FRIA CONTRA OS KENNEDY

Em 2 de dezembro de 1961, num de seus longuíssimos discursos públicos, para uma multidão reunida no centro de Havana, Fidel Castro explicitou pela primeira vez que o comunismo seria a força dominante do novo regime na ilha. A declaração, seguida de medidas como a expulsão de 131 padres e o fechamento de escolas católicas, levou o papa João XXIII a excomungar o líder cubano e elevou de vez a animosidade na Guerra Fria, adicionando ao quadro um componente religioso.

No começo de 1962, o mundo, mais dividido ideologicamente do que nunca, tornava-se um grande tabuleiro de disputa entre as grandes potências, no qual o Brasil passava a ser visto como peça decisiva. Na Reunião dos Ministros das Relações Exteriores da Organização dos Estados Americanos (OEA), realizada em Punta del Este, no Uruguai, o assunto dominante foi os efeitos da revolução cubana nos assuntos do continente americano, debate que evidenciou as divergências em curso entre o Brasil e os Estados Unidos. O ministro das Relações Exteriores, San Tiago Dantas, condenou a insistência com que o secretário de Estado, Dean Rusk, exortou os participantes do encontro a adotar medidas para isolar Cuba, que acabara de estatizar empresas norte-americanas, como as de produção e comercialização de açúcar na ilha. Dantas argumentou que a marginalização do país caribenho teria efeito contrário ao pretendido e levaria os cubanos a buscar segurança junto à União Soviética. A delegação norte-americana deu a entender que um desacordo com sua posição poderia comprometer as verbas da Aliança para o Progresso, programa de ajuda econômica dirigido à América Latina. Ao longo da reunião, os norte-americanos recorreram também a pressões militares, ameaçando fazer da Argentina seu aliado na defesa do continente, em detrimento do Brasil. Após dez dias de discussões, Cuba foi suspensa da Junta Interamericana de Defesa e da OEA, decisão que não contou com os votos do Brasil, México, Bolívia, Equador, Chile e da própria Argentina.

Os ânimos entre Estados Unidos e Brasil estavam especialmente tensos quando se agendou um encontro entre seus presidentes, a ser realizado em Washington, na primeira semana de abril. Apesar de sua aparência jovial, sorridente, e de suas visões progressistas em relação às questões dos direitos civis, o líder norte-americano podia ser bastante duro e pragmático nas relações internacionais, na defesa dos interesses empresariais de seus compatriotas e na exigência de alinhamento à que foi apelidada de Doutrina Kennedy, expressa já no discurso de posse: "Deixe cada nação saber, caso nos deseje bem ou fraqueza, que pagaremos qualquer preço, suportaremos qualquer encargo, atenderemos a qualquer dificuldade, apoiaremos qualquer amigo, oporemos todos os inimigos, a fim de assegurar a sobrevivência e o sucesso da liberdade".

Enquanto buscava sua própria posição de protagonismo e independência, o governo brasileiro precisava lidar com alguns telhados de vidro que o fragilizavam na mesa de negociações. O principal deles era o atraso nos pagamentos da dívida externa, que financiara da industrialização nacional a obras de infraestrutura e que vinha em trajetória ascendente pelos juros altos e vencimentos de curto prazo. Desde a Segunda Guerra, os Estados Unidos haviam ocupado o lugar da Inglaterra como maior credor do Brasil. Antes do encontro na Casa Branca, o embaixador Roberto Campos e o chanceler San Tiago Dantas pavimentaram o caminho, obtendo de antemão concessões que amenizavam a pressão pelos pagamentos.

CPDOC - Fundação Getulio Vargas, Rio de Janeiro

Já presidente, João Goulart vai aos Estados Unidos negociar com o presidente John Kennedy a nacionalização de empresas americanas no país

Ao desembarcar na base aérea de Andrews, em Maryland, na manhã do dia 3, Jango foi recebido por John Kennedy, que o acompanhou até a Blair House, em Washington, onde tradicionalmente se hospedam os chefes de Estado visitantes. Logo depois, os dois seguiram de helicóptero para a Casa Branca, para uma conversa da qual participaram assessores de ambos. O anfitrião mostrou-se franco, sem grandes rodeios diplomáticos. E expressou sua contrariedade com as nacionalizações de empresas americanas, como as que acabavam de ser realizadas pelo governador Leonel Brizola, no Rio Grande do Sul – o caso mais emblemático era o da Companhia Telefônica Nacional, subsidiária da International Telephone and Telegraph Company (ITT), de Nova York. Jango defendeu as medidas, mas prometeu que as indenizações em contrapartida seriam justas. Kennedy pediu que o Brasil se empenhasse em reconduzir Cuba ao regime democrático e de mercado. Jango prometeu atuar nesse sentido, "dentro dos limites da política de não intervenção nos países vizinhos". Quebrado o gelo, o presidente americano aceitou formalmente o convite para uma ida a Brasília naquele mesmo ano.

Depois de um almoço oferecido na sede do governo, o representante brasileiro foi recebido na sede da OEA e homenageado no Congresso. Aos parlamentares norte-americanos, ressaltou a importância de se reforçar a Aliança para o Progresso, citando uma expressão do próprio Kennedy: "Aqueles que tornarem impossível a revolução pacífica, farão inevitável a revolução violenta". E acrescentou: "Estou certo de que poderei contribuir para a paz e a felicidade do mundo, eliminando a servidão econômica, o despotismo e o medo, garantindo as liberdades populares e a segurança pessoal, dentro de um sistema político democrático e representativo".

Jango teve ainda a oportunidade de visitar uma base aérea no estado de Nebraska, onde conheceu a central de controle dos mísseis atômicos e dos aviões B-52, que portavam ogivas nucleares. Em Wall Street, coração financeiro de Nova York, recebeu de empresários a promessa de investimentos da ordem de US$ 30 milhões. A programação oficial foi encerrada com um desfile em carro aberto pela Broadway, sob a escolta de uma tropa embandeirada e chuva de papel picado.

Antes de voltar ao Brasil, o presidente brasileiro passou pelo México e foi recebido efusivamente pelo presidente Adolfo López Mateos, com quem tinha grande sintonia. Eleito em 1958, o mandatário filiado ao Partido Revolucionário Institucional (PRI) – na época, partido único daquele país – relatou como redistribuiu terras aos camponeses, nacionalizou as empresas de telefonia e energia e fez grandes investimentos no setor da saúde pública. López Mateos também discorreu sobre sua preocupação com a educação.

A maratona estressante cobrou um preço. No dia 10 de abril, Jango assistia à apresentação de um balé folclórico no Palacio de Bellas Artes, na capital mexicana, quando sentiu uma forte dor no peito e ficou desacordado por alguns instantes. Atendido às pressas por uma equipe médica, teve constatado um ataque cardíaco, notícia que recebeu sem surpresa. Ele confidenciou ao cardiologista de plantão que não era a primeira vez que passava por algo semelhante:

havia infartado logo após a posse, em setembro do ano anterior, mas o problema havia ficado em sigilo. Aos 43 anos, o presidente exibia uma condição precária de saúde, agravada pelo fato de ser um fumante compulsivo, pelo consumo frequente de álcool e pelos desaconselháveis hábitos alimentares, que incluíam o costume de saborear churrascos mesmo em altas horas da noite.

Dessa vez, Goulart não teve como esconder sua condição de cardiopata, abrindo nova temporada de especulações. Regressava ao Brasil em meio a rumores de que poderia renunciar à Presidência, justo quando sua imagem junto às alas mais conservadoras começava a se tornar mais palatável, em função da reaproximação com os Estados Unidos. Uma mensagem de Kennedy, à véspera da partida de Jango, havia sacramentado o clima tranquilizador de boas relações: "Nós e nossos povos nos tornamos melhores amigos e vizinhos. Essa visita fortaleceu nos Estados Unidos a consciência da fidelidade inabalável do Brasil aos princípios da liberdade e da sua dedicação aos ideais da democracia, do progresso econômico e da justiça social".

A trégua duraria pouco. Em 1º de maio de 1962, Dia do Trabalhador, João Goulart pronunciava em Volta Redonda (RJ) o primeiro de uma série de discursos defendendo o caráter inadiável do que chamou reformas de base – constitucional, agrária, urbana, bancária e tributária – e pregando o retorno ao regime presidencialista. A solução parlamentarista era desconfortável para Jango, cerceado de exercer os poderes de governo. As funções do chefe de Estado e do chefe de governo não eram bem definidas, muitas vezes sobrepostas, algumas vezes conflitantes. Logo as forças conservadoras voltaram a acusar o governo de patrocinar a agitação social e de defender teses "esquerdizantes". Nesse contexto, o gabinete de Tancredo – que perseguia uma política de austeridade fiscal e consenso nacional – começou a perder sua razão de existir, e em 6 de junho se demitiu em bloco.

O outono trouxe sopros de alívio em outros campos. No dia 23 de maio, *O pagador de promessas*, filme baseado em peça teatral de Dias Gomes, recebeu a Palma de Ouro no Festival de Cannes. A produção cinematográfica nacional também se destacava pela quebra de tabus: *Os cafajestes*, de Ruy Guerra, com Norma Bengell, trazia

Arquivo Público do Estado de São Paulo, São Paulo

Jango com o procurador geral dos EUA, Bobby Kennedy, com quem discutiu a situação de Cuba

o primeiro nu frontal do cinema brasileiro. O mês terminaria com o início da Copa do Mundo, cuja vaga o Brasil havia conquistado automaticamente, por ter vencido a edição anterior, na Suécia. Dessa vez, o campeonato mundial ocorreria no Chile, com a participação de dezesseis nações. O Brasil contava com os grandes Garrincha, Didi, Nilton Santos, Gilmar, Zito, Zagallo e Bellini, que, como capitão, erguera a taça Jules Rimet em 1958. Na segunda partida, apesar de ter marcado o seu gol, o maior astro da "seleção canarinho", Pelé, abalou as esperanças dos brasileiros, quando, seriamente contundido, teve de ser retirado de campo em uma maca. Ele não voltaria aos gramados no torneio, mas o Brasil chegaria ao bi com a ajuda de seu substituto, Amarildo. Garrincha, por sua vez, encantou os torcedores com seus dribles inacreditáveis. Sagrou-se artilheiro do campeonato, além de representante máximo do futebol arte.

Enquanto a bola rolava, João Goulart encarava o desafio de indicar um novo premiê para o lugar de Tancredo. Tentou emplacar

San Tiago Dantas, petebista, mas a UDN e o PSD se opuseram. Em seguida, Goulart propôs o nome do pessedista Auro Moura Andrade, considerado "patronal" e "entreguista" pelas entidades de trabalhadores. Como um desmentido do caráter alienante das vitórias no futebol, a primeira greve geral no país foi desencadeada logo após a conquista do bicampeonato mundial.

Na manhã de 5 de julho, foram suspensos todos os transportes e fechados bancos, portos, refinarias e distribuidoras de petróleo em todo o país. No Rio de Janeiro, o movimento teve desdobramentos graves. Na Baixada Fluminense, houve saques e depredações de casas comerciais, inclusive com agressões aos seus proprietários. Forças policiais reprimiram ações. Ao final do dia, mais de cinquenta pessoas haviam sido mortas e centenas ficaram feridas. Percebendo que os clientes de sua vizinhança poderiam, de uma hora para outra, virar saqueadores, grupos de comerciantes locais criaram, para a própria segurança e com apoio de alguns policiais, o primeiro grupo de extermínio, batizado Vigilantes da Ordem, ancestral remoto das milícias que viriam a dominar as periferias do Rio e de outros estados décadas depois.

Em 13 de julho, sob a crítica de entidades empregadoras, como a Federação das Indústrias do Estado de São Paulo (Fiesp), e a pressão de sindicalistas, o presidente assinava a lei nº 4.090, que instituía o pagamento de uma bonificação de Natal ao trabalhador, logo batizada como 13º salário. Na mesma semana, o indicado por João Goulart para primeiro-ministro, Francisco de Paula Brochado da Rocha, do PSD gaúcho, teve seu nome aprovado pela Câmara, assim como seu gabinete. Acertado com Jango, ele prometeu antecipar para dezembro a realização do plebiscito que decidiria se o Brasil voltaria ao presidencialismo, até então previsto para 1965. Em pouco mais de um mês, porém, sua capacidade de barganha se esvaiu. Solicitou ao Congresso poderes para legislar sobre o monopólio da importação do petróleo, o Estatuto do Trabalhador Rural e insistiu na antecipação do plebiscito. Diante da recusa, renunciou em 14 de setembro. Morreria doze dias depois, após sofrer três derrames cerebrais no intervalo de 24 horas.

Pressionado pelos sindicalistas, que convocavam nova greve geral, e por setores militares que defendiam um governo nacionalista, o Congresso finalmente autorizou a antecipação do plebiscito para o dia 6 de janeiro de 1963 e aprovou como primeiro-ministro Hermes Lima (PTB), cuja trajetória se iniciara na antiga Aliança Nacional Libertadora (ANL), ligada ao PCB. A escolha foi atacada pela UDN de Carlos Lacerda, que acusou Jango de promover uma infiltração comunista no poder.

No plano internacional, as tensões se agravavam. À preocupação com a crescente influência dos movimentos sindicais no quadro político local e à recusa ao alinhamento automático com Washington, somaram-se outras decisões que voltaram a azedar as relações entre Kennedy e Jango. Entre elas estava a aprovação da lei que regulava a remessa de lucros ao exterior por empresas estrangeiras instaladas no país. Pauta antiga do trabalhismo, limitava o envio a um máximo de 10% do capital trazido para o Brasil como investimento. E taxava em até 60% o excedente obtido pelas multinacionais. Em consequência, o volume de investimentos externos no Brasil despencaria da média de US$ 150 milhões anuais, desde 1956, para menos de US$ 90 milhões em 1963.

A proximidade de eleições para o Congresso e para os governos de onze estados brasileiros, marcada para 7 de outubro, se mostrou uma oportunidade para o governo norte-americano reforçar a base oposicionista a Goulart, por meio do financiamento de campanhas conservadoras. A estratégia havia sido levada a Kennedy por seu embaixador no Brasil, Lincoln Gordon, em 30 de julho, no Salão Oval da Casa Branca, e surgira de uma ideia do então diretor da CIA, John McCone. Entre baforadas de seu inseparável cachimbo, Gordon lembrou que ação semelhante fora realizada na Itália do pós-guerra, com bons resultados para os Estados Unidos. Kennedy deu sinal verde à iniciativa e, em seguida, US$ 8 milhões foram liberados para opositores do governo Jango. Lincoln Gordon confirmaria posteriormente as doações: “Havia um teto por candidato. E eram recebidos muito mais pedidos do que podíamos atender”.

No entanto, os resultados do pleito não diferiram muito do que havia ocorrido em 1958. Dois anos depois de deixar a Presidência, Juscelino Kubitschek foi eleito senador pelo estado de Goiás, ainda sob a sigla PSD. Tancredo Neves se elegeria deputado federal pelo mesmo partido em Minas Gerais. Os temores de um avanço comunista pareciam não se confirmar: dentre as centenas de parlamentares eleitos, apenas três eram oriundos do "Partidão". Mas o PTB de Jango, visto como seu braço esquerdista no Congresso, tornava-se o segundo maior partido, suplantando a UDN.

Próximo da data prevista para a viagem de Kennedy ao país, as relações mantinham-se truncadas. Para o presidente norte-americano não seria a primeira visita: em 1941, recém-graduado em Harvard, ele desembarcara do transatlântico *S.S. Argentina* no Rio de Janeiro acompanhado da mãe, Rose, e da irmã Eunice. Na ocasião, embora fizesse questão de se qualificar como simples turista, fora abordado por repórteres na condição de filho do embaixador americano em Londres. E não se furtou a responder perguntas sobre o contexto da guerra mundial em curso.

Em outubro de 1962, a atitude distanciada do Brasil durante a chamada Crise dos Mísseis foi a gota d'água que levou a Casa Branca a decidir pelo "adiamento" do novo encontro entre os dois presidentes – na prática, um cancelamento da visita. A questão se desencadeara quando, em resposta à Invasão da Baía dos Porcos e a instalação de armamento nuclear pelos Estados Unidos na Turquia, os soviéticos levaram ogivas atômicas para Cuba. O Pentágono encarou aquilo como um ato de guerra, e um conflito atômico entre as duas superpotências pareceu mais próximo do que nunca. Kennedy avisou ao primeiro-ministro da União Soviética, Nikita Khruschev, que os Estados Unidos não hesitariam em realizar bombardeios contra Cuba se os soviéticos não desativassem os silos. O ponto culminante da crise foi o "sábado negro", 27 de outubro, quando um avião-espião americano foi abatido sobre Cuba e seu piloto morreu. A guerra parecia inevitável. Foram treze dias de suspense mundial e negociações até que Khruschev concordou em remover os mísseis, após conseguir a retirada das armas norte-americanas da Turquia e a promessa dos Estados Unidos de que não invadiriam a ilha. Durante o impasse, o Brasil rejeitou, em carta redigida por Goulart, um pedido de Washington para pressionar Fidel Castro a um recuo, posição mal recebida pela Casa Branca.

Mas nem tudo era azedume nas relações com os Estados Unidos. No plano cultural, por exemplo, as coisas corriam muito bem. A Bossa Nova, movimento emergente da música popular brasileira, ganhava projeção internacional. E, em 21 de novembro, João Gilberto, Tom Jobim, Roberto Menescal, Agostinho dos Santos e Luiz Bonfá, entre outros, fizeram uma apresentação histórica no Carnegie Hall, sala de espetáculos situada no coração de Nova York. O show era parte de um esforço do Itamaraty para atrair o mercado norte-americano às iniciativas culturais brasileiras. Nos bastidores, nervosismo: João Gilberto recusava-se a entrar em cena com as calças amarrotadas, sem os vincos alinhados. Coube à diplomata brasileira Dora Vasconcellos providenciar um ferro elétrico e passar, ela mesma, a peça de roupa, sob o olhar atento do cantor baiano, de camisa, cueca e meias. A má qualidade do sistema de som prejudicou a captação da famosa batida de seu violão, mas as performances de todos foram extremamente bem recebidas. Tom Jobim abriu o show com "Samba de uma nota só"; João Gilberto veio a seguir, com "Samba da minha terra", "Corcovado" e "Desafinado"; Luiz Bonfá acompanhou ao violão o cantor Agostinho dos Santos, aplaudido de pé, ao interpretar "Manhã de Carnaval", da peça *Orfeu do Carnaval.* Os mais entusiasmados jogaram flores no palco. Transmitido para diversos países, inclusive para a União Soviética, o evento continuou a repercutir, em parte pela divulgação dos grandes nomes que o assistiram, como o trompetista Miles Davis, o saxofonista Gerry Mulligan, o pianista e compositor Herbie Hancock e cantores como Peggy Lee e Tony Bennett. A Bossa Nova flertava com o jazz e era correspondida.

Para o governo norte-americano, entretanto, o Brasil daquele momento não era sinônimo de ritmos envolventes ou celebrações da alegria de viver. O risco de surgimento de um novo polo irradiador de extrema-esquerda na região era avaliado como real. "Uma vez sob a esfera comunista, o processo de retorno ao capitalismo será irreversível", alertava Lincoln Gordon à Casa Branca. Com esse temor em mente, Kennedy entrou em contato com o ex-presidente Juscelino Kubitschek para pedir sua ajuda no sentido de mudar a postura de Goulart. "Neste momento, o Brasil me preocupa mais que Cuba", disse JFK a JK. E decidiu enviar seu irmão Robert, secretário de Justiça, em caráter sigiloso, a Brasília. A missão: exigir de Jango uma definição ideológica e oferecer empréstimos ao país em troca de um alinhamento mais consistente.

Depois de pernoitar na embaixada norte-americana no Distrito Federal em 16 de dezembro, Bob Kennedy encontrou-se com João Goulart na manhã seguinte, acompanhado por Lincoln Gordon. O jovem promotor foi direto ao ponto:

Coleção particular

As relações entre Brasil e Estados Unidos não estavam boas, mas a cultura brasileira fazia sucesso na América

— Presidente Goulart, não temos problema com a independência política brasileira, mas nos opomos a que essa independência se torne sistematicamente antiamericana.

Jango garantiu que seu governo não era antiamericano:

— Nunca permiti que alguma autoridade federal atacasse os Estados Unidos. Sua opinião sobre o assunto é exagerada. Asseguro-lhe que não tem fundamento.

— Mas há claros sinais da infiltração de nacionalistas da extrema-esquerda em posições do seu governo — retrucou Robert Kennedy.

— Minha aliança com setores de esquerda é emergencial, circunstancial — argumentou o governante brasileiro. — Os ataques contra o meu governo e tramas contra minha própria pessoa me obrigaram a organizar as forças populares e a fazer concessões a elas, para conseguir me manter no poder. Se não tivesse obtido esse tipo de apoio, especialmente dos sindicatos, os grupos conservadores teriam me derrubado.

Bob Kennedy insistiu:

— Em prol de nossas boas relações, aconselho-o a demitir os comunistas do seu entorno.

João Goulart pediu a ele que citasse nomes, para que pudesse saber de quem exatamente estava se falando. Neste momento, o embaixador Gordon tomou a palavra:

— Não devemos discutir nomes, mas podemos sugerir alguns setores onde esse é um problema sério. A Petrobras, o Ministério de Minas e Energia, o BNDE (Banco Nacional de Desenvolvimento Econômico) e vários outros.

— Para alguns, meu ministro do Planejamento, Celso Furtado, é um esquerdista radical. O senhor também acha isso, senhor Gordon? — provocou Jango.

— Não sei se seria correto afirmar isso neste momento. Mas é fato que, em mais de uma ocasião, Furtado defendeu posições de extrema-esquerda — respondeu o diplomata. — Até Roberto Campos, um defensor do mercado, tem culpado os termos de comércio conosco por grande parte dos problemas no seu balanço de pagamentos. Se ele critica os Estados Unidos, o que poderemos esperar de elementos de esquerda, como Leonel Brizola, definitivamente ávido por criar atritos entre nós? Basta ver o que fez com a ITT.

— Meu cunhado é bem-intencionado, mas pode ser uma "pedra no sapato" nas relações bilaterais — admitiu Jango. — Agora, a ITT foi intransigente durante as negociações para indenizá-la...

Incomodado com o rumo pouco objetivo da conversa, Bob Kennedy rabiscou um bilhete, dizendo "Não estamos chegando a lugar algum", e o passou a Gordon.

Perguntado sobre suas demandas, Jango pediu a Bob Kennedy mais empréstimos para projetos de infraestrutura e prometeu informá-lo sobre a escolha de possíveis membros do governo presidencialista que – disse ter certeza – começaria em breve. A reunião foi concluída com um almoço, do qual Celso Furtado também participou. Antes de partir, Bob Kennedy avaliou que a visita de seu irmão poderia ser reagendada e que uma nova fase das relações bilaterais poderia começar – desde que o presidente livrasse seu governo de elementos antiamericanos, voltou a insistir.

No campo militar doméstico, nada estava pacificado. Na terceira semana de novembro daquele 1962, o almirante Silvio Heck, exonerado um ano antes da pasta da Marinha, expressou, em entrevista, sua insatisfação com o que considerava "a crescente e insidiosa infiltração comunista no Poder Executivo", declarações que lhe custaram dez dias de prisão no Quartel Central dos Fuzileiros Navais. Ao sair, fez o caminho para casa sob o buzinaço de um cortejo de apoiadores – militares e civis.

Àquela altura, a campanha contra a manutenção do parlamentarismo conquistava a preferência da população. Seus *spots* no rádio e na TV argumentavam que a experiência fracassara e que os gabinetes formados "sob as amarras do Congresso" não haviam mostrado eficiência. Os *slogans* apregoavam "Diga Não" e "É *pra* lamentar", em um trocadilho alusivo ao regime político vigente. Em 1º de janeiro de 1963, o governo deu uma cartada forte, ao majorar os salários em 75%, assegurando o apoio das lideranças sindicais e das bases trabalhadoras à mudança. No dia 6, 11,5 milhões dos 18 milhões de brasileiros aptos a votar participaram do plebiscito. O resultado, por folgados 64%, decidiu o retorno ao presidencialismo.

Em 23 de janeiro de 1963, João Goulart teve seus plenos poderes oficializados pela Emenda Constitucional nº 6, revogando a de nº 4 que instituíra o sistema parlamentar. Para algumas correntes partidárias e setores mais esperançosos da população, o resultado da consulta prenunciava o fim de um período de entrechoques políticos e de instabilidade econômica. Mas a crise desencadeada desde a renúncia de Jânio Quadros estava longe de acabar. E manteria o país em um redemoinho de incertezas que arrastaria figuras públicas, marcos legais e instituições.

IV

TODOS CONTRA TODOS

A conquista dos poderes presidenciais não trouxe a João Goulart, e muito menos ao país, os tempos tranquilos ou os avanços socioeconômicos imaginados. O Plano Trienal do ministro Celso Furtado, implantado em março de 1963, apresentou resultados frustrantes. Seus objetivos eram tão ambiciosos quanto contraditórios: pretendia promover o crescimento do PIB, o controle da inflação, a distribuição de renda e a criação de empregos, mas também aumentava impostos, captava dinheiro do mercado de capitais sem regulação clara, restringia o crédito e tentava buscar recursos externos em um contexto de hostilidade ao investimento estrangeiro. Antes de o plano completar um ano, o PIB do país havia levado um enorme tombo, caindo a assustadores 0,6%, em contraste com os 8,6% de 1961 e os 6,6% de 1962. A inflação batera os 83%, quase dobrando em relação ao ano anterior, e aumentavam as queixas quanto à chamada carestia, o alto preço dos itens que mais castigavam o bolso da população. Tudo isso sem que houvesse uma política de reposição salarial – ou seja, o custo de vida subia, mas a renda, não. Em consequência, as categorias sindicalizadas acirravam as lutas por reajustes. Como resultado desse cenário, credores estrangeiros bloquearam créditos e suspenderam a renegociação da dívida externa brasileira.

Para piorar, chegava ao auge naquele período uma seca gravíssima que castigava quase todo o país, atingindo a produção agrícola de uma economia já combalida. Um quadro em que nem o antigo

Departamento Nacional de Obras Contra as Secas (DNOCS), estabelecido em 1909, nem a Superintendência do Desenvolvimento do Nordeste (Sudene), criada em 1959 por Celso Furtado, tinham meios para amenizar. Em paralelo, a tensão social crescia no campo. A reforma agrária havia sido mencionada como prioridade absoluta na agenda do governo já no primeiro gabinete parlamentarista, quando o premiê Tancredo reconhecera a existência de "uma estrutura rural arcaica".

A ocupação do território acumulava problemas seculares e aspectos complexos. Até 1822, as terras brasileiras eram controladas pela Coroa portuguesa, que repassava o direito de uso de acordo com a confiança nos beneficiados e a conveniência para o projeto colonizador, em troca de um sexto da produção. No período colonial foram introduzidas as grandes propriedades rurais, que utilizavam mão de obra escrava e nas quais geralmente se desenvolvia a monocultura da cana-de-açúcar, com destino à exportação. Em 1850, o governo criou a Lei de Terras, com intuito de oferecer, por meio de leilões, áreas cultiváveis aos produtores de café, o que criou desigualdades fundiárias, com grande concentração em mãos de poucos. Em 1960, a proporção de propriedades rurais com mais de 100 hectares chegava a 79,8%, e apenas 42% dessas áreas eram realmente cultivadas. E os salários das zonas rurais em muitos casos representavam 1/5 dos pagos nas capitais. No campo, a expectativa média de vida dos brasileiros estava na faixa dos 48 anos. No Nordeste, quase 20% dos nascidos não chegavam a completar um ano. Todo esse quadro provocava um forte movimento de êxodo rural.

Havia uma urgência de enfrentar esses problemas, tanto pela classe política quanto por organizações operárias. Em outubro, o senador mineiro Milton Campos, da UDN, apresentou uma proposta endereçando a questão da terra. No mês seguinte, o governo criou o Conselho Nacional de Reforma Agrária, do qual fazia parte o bispo auxiliar do Rio, dom Helder Câmara, a fim de fixar as áreas prioritárias para a reforma. O ministro do Trabalho, João Pinheiro Neto, assumiu a Superintendência da Política Agrária (Supra), responsável pela implantação do projeto, realizando desapropriações e participando da organização dos trabalhadores rurais. Em abril, a tensão no setor foi agravada com o assassinato de João Pedro Teixeira, presidente da Liga Camponesa de Sapé, na Paraíba, cuja saga seria retratada no documentário *Cabra marcado para morrer* (1962-1984), de Eduardo Coutinho. O crime provocou protestos combatidos pelo comandante do IV Exército, general Artur da Costa e Silva. Apesar da repressão, as mobilizações camponesas se multiplicavam.

No período, trezentas famílias de agricultores sem terra que ocupavam uma área de 1.800 hectares na localidade de Faxinal (RS) resistiram a uma reintegração de posse, dando origem ao Movimento dos Agricultores Sem Terra (Master), logo apoiado pelo governador do estado, Leonel Brizola, e pelo PTB. Em junho, Brizola concedeu títulos de propriedade de terras na região do Banhado do Colégio, em Camaquã, em favor de seiscentas famílias. O governador não poupou nem sequer terras indígenas da reforma agrária, argumentando que no estado havia muita terra para poucos índios. Ele e sua esposa, Neusa, também doaram 1.038 hectares de sua fazenda Pangaré, em São José do Norte, para um grupo de trinta agricultores, que deram início a uma cooperativa.

Também de olho na questão, o PCB havia criado Ligas Camponesas em vários municípios do país. Obtendo a adesão de pequenos agricultores familiares, parceiros, sem-terras, assalariados e diaristas, o partido ocupou o espaço político nas áreas mais carentes, especialmente na Zona da Mata pernambucana. Agricultores da região vislumbraram em Gregório Lourenço Bezerra um líder pela reforma agrária. Na figura do advogado Francisco Julião Arruda de Paula, encontraram respaldo jurídico. O primeiro, nascido em 1900, ficara órfão de ambos os pais, lavradores de cana, antes dos dez anos, o que o levou a viver de pequenos trabalhos e a passar as noites em um cemitério. Em 1917 fora condenado a cinco anos de prisão por participar de uma manifestação de apoio à Revolução Bolchevique e por tentar articular uma greve geral. Libertado, fez carreira militar, mas seria novamente encarcerado em 1935, após liderar a facção pernambucana da Intentona Comunista. Dividiu a cela com Luís Carlos Prestes no Rio, foi libertado ao fim do Estado Novo e se elegeu deputado constituinte pelo PCB, tendo o mandato cassado dois anos depois.

Também pernambucano, Francisco Julião era quinze anos mais jovem. Depois de se formar advogado em 1939, peregrinou por canaviais, conquistando a confiança dos camponeses e defendendo suas causas. Elegeu-se deputado estadual pelo Partido Socialista Brasileiro (PSB), e em 1962 iniciava um mandato como deputado federal.

Em 25 de fevereiro de 1963, centenas de lavradores armados de carabinas, revólveres, facas, foices e pedaços de pau tomaram, em Vitória de Santo Antão (PE), o Engenho Serra, pertencente ao usineiro Alarico Bezerra. A tensão se dissipou após conversa entre o governador Miguel Arraes e os camponeses: em assembleia com as principais lideranças, ele prometeu a todos "terras para trabalhar, assistência médica e escolas para os filhos", e a propriedade foi desocupada. O compromisso, evidentemente, não foi cumprido, mas, no plano institucional, haveria mudanças: em março foi aprovado no Congresso o Estatuto do Trabalhador Rural, de autoria do deputado Fernando Ferrari, que conferia aos trabalhadores do campo direitos análogos aos dos urbanos.

O debate sobre as questões políticas, sociais e econômicas do país estava em alta. Um expressivo núcleo irradiador de ideias era o Instituto Superior de Estudos Brasileiros (ISEB), criado em 1955 pelo então presidente Café Filho e vinculado ao Ministério de Educação e Cultura. Tinha como objetivo inicial as discussões em torno do nacional-desenvolvimentismo, tema que se tornaria central no governo de Juscelino Kubitschek. Em geral, o ISEB adotou um discurso próximo da social-democracia, visto que seus integrantes, marxistas na maioria, não viam possibilidade de implementação imediata do socialismo no Brasil, sempre apontando para a necessidade da industrialização e da consolidação da nacionalidade. Entre seus membros estavam Hélio Jaguaribe, Nelson Werneck Sodré, Wanderley Guilherme dos Santos, Carlos Estevam Martins e Sérgio Buarque de Holanda. Juscelino prestigiava o ISEB, definindo-o como um centro de cultura e pesquisa que se diferenciava dos demais órgãos universitários por estar voltado para o estudo dos problemas brasileiros. Mas não foi buscar entre os seus intelectuais os assessores que iriam orientar suas metas desenvolvimentistas. Em 1958, o grupo liderado

Manifestação das Ligas Camponesas da Paraíba, em março de 1964, em defesa da Reforma Agrária

por Hélio Jaguaribe – do qual fazia parte Anísio Teixeira – deixou o instituto após entrar em choque com a corrente favorável a uma atuação política mais prática, que, entre outros, contava com Roland Corbisier e Werneck Sodré.

Enquanto a intelectualidade se debatia nesses dilemas, a juventude de esquerda se organizava principalmente em torno da União Nacional dos Estudantes (UNE). Sob a presidência de José Serra, então com 21 anos, e com orientação marxista mais intensa, a entidade promovia a campanha em defesa do ensino público universal e repudiava a aprovação da Lei de Diretrizes e Bases. Na época, comandou greves que paralisaram boa parte das universidades pelo país. Sempre aliando reivindicações acadêmicas com questões políticas e sociais, seus integrantes entoavam refrões como "Não dá pra ter democracia se a barriga está vazia". Serra admitiria, décadas mais tarde, o erro desse tipo de visão: "Naquele momento, subestimamos o valor da democracia, o que é sempre perigoso. É difícil entender hoje o grau de radicalização daquela época de Guerra Fria. A Revolução Cubana deu a impressão de que a nossa estava logo ali na esquina".

Naquele começo de década, uma produção teatral estava catalisando as atenções do público estudantil no Rio de Janeiro. Encenada inicialmente em um espaço com apenas noventa lugares – o Teatro de Arena, em São Paulo –, a peça *Eles não usam black-tie* tornara-se um fenômeno, permanecendo um ano e meio em cartaz, e chegava com igual sucesso à cidade onde sua ação tinha lugar. A trama, criada por Gianfrancesco Guarnieri aos 22 anos, era ambientada em uma favela carioca, tendo como enredo uma greve de trabalhadores. Adiante, Guarnieri seria substituído como ator por Oduvaldo Vianna Filho, conhecido como Vianinha, que também levaria ao Rio sua *Chapetuba Futebol Clube*, outra incursão de sucesso no teatro popular.

O impacto dessas produções atraiu a atenção do sociólogo Carlos Estevam Martins, oriundo do ISEB, que propôs a criação de um núcleo nacional para criar projetos semelhantes nas mais diversas áreas culturais, com o objetivo de conscientizar as camadas sociais menos favorecidas. Vianinha foi quem comprou a ideia com mais entusiasmo. A ele e a Estevam juntou-se o cineasta Leon Hirszman, e os três fundaram o Centro Popular de Cultura (CPC), que imediatamente recebeu o apoio da UNE, do PCB e da Juventude Universitária Católica (JUC), alinhada à ala progressista da Igreja Católica. Em seu manifesto, o CPC afirmava que "fora da arte política não há arte popular", acrescentando que era dever do brasileiro "entender urgentemente o mundo em que vive" para "romper os limites da situação material opressora".

Unindo-se ao grupo de teatro da Faculdade de Arquitetura do Rio de Janeiro, Vianinha promoveu a encenação de sua peça *A mais-valia vai acabar, seu Edgar*. Dirigida por Francisco de Assis e com música de Carlos Lyra – que fora aluno da instituição –, a montagem representou a primeira tentativa de aglutinar estudantes, artistas e intelectuais num espetáculo de teatro popular, em que a utilização de linguagem direta, cartazes, slides e números musicais visava a facilitar a compreensão de como os conceitos marxistas ligavam-se à vida cotidiana do trabalhador. Logo, o centro atraiu poetas como Ferreira Gullar e músicos como Edu Lobo, Nara Leão e Sérgio Ricardo.

A defesa do caráter coletivo e didático da obra de arte, e do papel militante do artista, embasava as iniciativas do grupo. Um dos maiores exemplos dessa vertente foi a "Canção do subdesenvolvido", composta por Lyra e Chico de Assis em 1963, que, levada às portas de faculdades, fábricas, favelas e sindicatos, dizia: "O povo brasileiro/ Embora pense, dance e cante/ Como americano/ Não come como americano/ Não bebe como americano/ Vive menos, sofre mais".

Filiado ao PCB, e figura de frente do CPC, Carlos Lyra era filho e irmão de oficiais de Marinha. Alternava a vida de jovem *bon-vivant* da zona sul carioca com a de artista da noite e socialista engajado. Definia-se como "economicamente burguês, politicamente proletário e esteticamente aristocrata". Em 1958, participou, no Grupo Universitário Hebraico, de um show cuja propaganda dizia: "Hoje, Sylvia Telles, Carlos Lyra e os Bossa Nova". A expressão no cartaz, bolada pelo jornalista Moysés Fuks para descrever o estilo do compositor e seus companheiros de palco daquela noite, se tornaria a marca do avassalador movimento musical. Três composições suas seriam gravadas por João Gilberto no histórico álbum *Chega de saudade*, mas só em 1960 ele gravaria o seu primeiro disco, com texto de Ary Barroso na contracapa. Naquele ano, comporia o hino da UNE com Vinicius de Moraes.

Perseguindo a atuação como entidade de massas, o CPC criou a UNE Volante, inclusive marcando presença em greves. Mas, a despeito dos contatos mantidos nos departamentos de cultura dos sindicatos, o CPC só conseguiu se organizar na representação dos metalúrgicos do Rio de Janeiro. O próprio Carlos Estevam Martins viveu experiências que o fizeram adotar uma autocrítica, ao confrontar-se com os fracassos de eventos que pretendiam dialogar com as faixas populares: "Lembro-me de uma festa no Largo do Machado. Do outro lado da praça, tinha um pessoal com um berimbau que conseguiu muito mais público do que a gente, que estava lá com carreta de luz, som, o diabo".

As tentativas de levar o CPC para São Paulo fracassaram, em função da hegemonia do Teatro de Arena na cidade. No entanto, em outros estados, suas ações tiveram especial sucesso no campo da alfabetização. Nos idos de 1960, o Brasil contava com uma imensidão de jovens e adultos iletrados, que, pela Constituição em vigor, eram proibidos de votar. Nesse contexto, para grupos como o CPC, a alfabetização popular passou a ser entendida como um instrumento de luta política. Dentre essas iniciativas, destacava-se o Plano Nacional de Alfabetização (PNA) do governo Goulart, liderado e organizado pelo educador pernambucano Paulo Freire. Seu método havia sido incorporado como política pública federal, após os animadores resultados obtidos no Nordeste, como a alfabetização de trezentos cortadores de cana em apenas 45 dias. No entanto, era visto como uma ameaça ao *status quo* pelo fato de, em paralelo ao aprendizado, questionar desigualdades e as estruturas sociais vigentes no país.

Em oposição à UNE e às suas congêneres estaduais e secundaristas, crescia o MAC (Movimento Anticomunista), grupo armado composto por estudantes de extrema-direita, criado em 1961 no então estado da Guanabara, com o objetivo de combater o "perigo vermelho". Acusado de receber apoio da CIA e de contar com a tolerância do governo Lacerda, o MAC empreendeu as primeiras ações apenas com palavras de ordem, deixando em vários prédios pichações como "Fuzilemos, brasileiros, os lacaios de Moscou", "Fogo nos comunistas" e "Guerra de morte ao PCB". Mas logo passaria às ações violentas: seus membros lançaram bombas de gás no plenário do III Encontro Sindical e atacaram a sede da missão soviética. Com uma explosão, destruiriam a gráfica do jornal *Última Hora*, alinhado ao governo de Jango.

Ao MAC, viria a somar-se em 1964 o Comando de Caça aos Comunistas (CCC), uma mescla de grupos dispersos, entre eles os autodenominados Matadores do Largo de São Francisco e Canalha do Colégio Mackenzie. O CCC tinha como principais lideranças o policial civil Raul Nogueira de Lima, que se tornaria torturador no Departamento de Ordem Política e Social (DOPS), conhecido como Raul Careca, e o estudante de direito João Marcos Monteiro Flaquer. João Marcos era filho de um clã do ABC Paulista de origem catalã e também da família quatrocentona Barros Monteiro. Filho único, campeão de jiu-jítsu e caratê, defendia seus "pontos de vista" aos pontapés. Daí o apelido de Flaquer, o Sutil, dado pelo seu amigo mais intelectualizado, João Parisi Filho. Segundo seus adversários, o CCC teria obtido verbas do governo Ademar de Barros e recebido treinamento paramilitar por membros do Exército. Estima-se que, no auge, o Comando contava com mais de 5 mil integrantes pelo país e criara uma lista de militantes de esquerda que deviam ser mortos.

Empresários aliados a figuras públicas de direita, inconformados com a suposta influência de comunistas na gestão pública, com a escalada da inflação e com o aumento da intervenção do Estado, também começaram a trabalhar pela criação de uma frente para a defesa de seus interesses no plano federal. Essa agremiação viria a ser o Instituto de Pesquisas e Estudos Sociais (IPES). Fundado em fevereiro de 1962 e organizado inicialmente no eixo Rio-São Paulo, o IPES rapidamente ganhou a adesão das classes produtoras de outros estados. A entidade utilizou os mais diversos meios de comunicação "na defesa da democracia e da livre iniciativa". Produziu filmes de doutrinação, apresentados em todo o país; financiou cursos, seminários e conferências públicas; publicou e distribuiu inúmeros livros, folhetos e panfletos anticomunistas. Segundo Roberto Campos, colaborador do instituto, o IPES foi uma espécie de *think tank* "para engenhar uma alternativa liberal à 'porralouquice' socialista de Jango" e aos sindicatos, "que se haviam transformado numa espécie de aristocracia do proletariado".

Entre os quadros mais destacados do IPES estavam figuras como o general reformado Golbery do Couto e Silva. Tendo estagiado na escola militar norte-americana Fort Leavenworth em 1944, Golbery fora enviado para servir na FEB como oficial de inteligência estratégica e informações, cargo que ocupou até o final da Segunda Guerra Mundial. Propunha que para retirar o Brasil do atraso tecnológico era necessário um regime de força alinhado com os Estados Unidos. Sob a influência de Golbery, o IPES montou uma extensa rede de informações sobre lideranças políticas, figuras da intelectualidade e organizações sociais, além da militância secundarista e universitária. Os arquivos, gravações telefônicas e documentos levantados nessa época formaram dossiês embrionários do futuro Serviço Nacional de Informações (SNI).

Entre 1961 e 1964, o IPES atuou dentro do Congresso Nacional, por meio do Grupo de Assessoria Parlamentar (GAP). Sua liderança era exercida pela Ação Democrática Parlamentar (ADP), uma frente suprapartidária constituída basicamente de deputados do PSD e da UDN, como Amaral Peixoto, Antonio Carlos Magalhães e o banqueiro e proprietário de jornais Herbert Levy. Assim, por meio da ADP – que em outubro de 1961 tinha mais de 150 dos 409 deputados da Câmara –, o escritório de Brasília trabalhava para fazer aprovar os projetos que o instituto patrocinava e barrar os do governo. Também agia como emissário ipesiano no Legislativo o poderoso banqueiro carioca Jorge Oscar de Mello Flores, diretor da SulAmérica Seguros, assessorado pelo escritor Rubem Fonseca.

Quem atuava em função semelhante em objetivos e métodos era o integralista Ivan Hasslocher, diretor do Instituto Brasileiro de Ação Democrática (IBAD). Nas eleições de outubro de 1962, a rede composta por IPES/IBAD apoiou 250 candidatos a deputado federal, seiscentos parlamentares estaduais e oito concorrentes a governos, sobretudo em Pernambuco, onde houve grande empenho – sem sucesso – para derrotar Miguel Arraes. Em uma ação agressiva, as entidades custearam campanhas políticas com elevadas doações empresariais e estrangeiras, inclusive aquelas vindas dos Estados Unidos. A quantia gasta por essa rede civil-empresarial motivou uma Comissão Parlamentar de Inquérito (CPI) para investigar o financiamento eleitoral com recursos indevidos. O IPES foi arrolado, mas acabou absolvido. Já o IBAD seria considerado culpado de corrupção e teria sua dissolução determinada pelo governo Goulart.

Um outro GAP, de ação igualmente relevante no campo da direita, atuava no eixo Rio-São Paulo-Minas Gerais. Era o Grupo de Ação Patriótica (GAP), organização fundada em julho de 1962 por estudantes oriundos, na maioria, das classes média-alta e alta. Seu mais importante membro seria o depois jornalista Aristóteles Drummond. Com dezoito anos, cabelos castanhos repartidos de lado e penetrantes olhos azuis, sua aparência em nada ficava a dever aos militantes que conferiam charme ao CPC carioca ou aos que celebrariam posteriormente o Maio de 68 europeu. As convicções, porém, eram diametralmente opostas. Em seu livro *Um conservador integral*, ele resumiu a proposta da entidade que presidiu: "O objetivo era lutar contra a manipulação da mocidade pela esquerdista UNE

Arquivo Público do Estado de São Paulo, São Paulo

Advogado e deputado federal, Francisco Julião foi um dos maiores líderes das Ligas Camponesas e acabou sendo preso depois do golpe militar

– onde José Serra era expoente do Partido Comunista –, reunindo amigos e companheiros da chamada, na época, elite". O GAP – cujo nome havia sido sugerido pelo diplomata e deputado Álvaro Valle – via-se como representante do "pensamento da juventude ordeira, estudiosa, cristã e democrática".

A aproximação do IPES com Aristóteles e seu grupo foi estimulada pela CIA, cujos agentes teriam acompanhado as intervenções do jovem no rádio e identificado no líder estudantil um potencial aliado das forças contrárias a João Goulart organizadas no instituto. Dentre as poucas contribuições financeiras que o GAP recebia, as mais substanciais vinham do empresário paulista Paulo Cochrane Suplicy, pai do futuro senador petista Eduardo Matarazzo Suplicy. Desvinculado de partidos políticos, o grupo atuava ao lado de organizações como a Ação dos Vigilantes do Brasil e a Mobilização Democrática Mineira, todas intimamente ligadas ao grupo liderado pelo ex-ministro da Marinha Silvio Heck, que, já na reserva, agia de forma nada discreta para derrubar o governo de Goulart. Aristóteles

Drummond não apenas participava de reuniões na casa do militar, na Guanabara, como buscava pessoalmente no aeroporto Santos Dumont aliados do almirante vindos de outros estados, entre eles o diretor do jornal *O Estado de S. Paulo*, Julio de Mesquita Filho, para reuniões conspiratórias. Embora recusassem o uso direto da violência, os integrantes do GAP costumavam transportar de São Paulo para o Rio de Janeiro, em ônibus interestaduais da Viação Cometa, armas fornecidas por empresários paulistas e pelo governador Ademar de Barros ao grupo de Silvio Heck. "Essa movimentação de armamento foi descoberta uma vez pela Polícia do Exército, mas eu e dois companheiros escapamos na estação rodoviária, ao desembarcar, deixando a carga para trás", relatou Aristóteles Drummond.

Se a essa altura a direita trabalhava pelo objetivo comum de remover Goulart e empossar um governo conservador, as diversas expressões da esquerda seguiam caminhos conflitantes, com alguns de seus representantes pedindo inclusive o fechamento do Congresso. Em 18 de fevereiro de 1962, uma dissidência liderada por Maurício Grabois, João Amazonas e Pedro Pomar resolveu deixar o PCB de Prestes, naquele momento alinhado às reformas defendidas pelo premiê da URSS, Nikita Khruschev. Enquanto a legenda original distanciava-se da figura de Stálin, o Partido Comunista do Brasil (PCdoB), criado pelo grupo dissidente, manteve o líder soviético como uma referência, ao lado de Marx, Engels e Lênin, ao mesmo tempo que aproximava-se da China maoísta. Mesmo tendo passado mais de um ano conhecendo *in loco* a Revolução Chinesa e já defendendo a luta armada, o baiano Carlos Marighella não seguiu os descontentes e permaneceu no PCB, ao qual era filiado desde 1934.

No mesmo período, aumentava a politização de setores da baixa hierarquia das Forças Armadas. Em 12 de setembro de 1963, estourou em Brasília uma rebelião liderada por mais de quinhentos sargentos da Aeronáutica e da Marinha, revoltados contra a decisão do Supremo Tribunal Federal de manter sua inelegibilidade para o Legislativo, princípio vigente na Constituição de 1946. Além de ocuparem os ministérios da Marinha e da Aeronáutica, a Base Aérea e o aeroporto, os prédios da Polícia Federal, da Rádio Nacional e do Departamento de Telefones, os rebeldes detiveram os presidentes do Legislativo e do Judiciário. Só não houve uma tentativa de ataque ao presidente da República porque Jango não se encontrava na cidade. Reprimido pelo Exército a mando do ministro Jair Dantas Ribeiro, o levante deixou dois manifestantes mortos e dezenas de feridos, marcando o início de um ciclo de insubordinação das menores patentes contra as superiores.

Embora o movimento tenha sido rapidamente controlado, a posição ambígua adotada por Goulart na crise causou contrariedade entre os conservadores e entre parte da alta oficialidade militar. A rebelião solapou a lealdade de oficiais, para os quais "ficara claro" que Goulart preparava um golpe de Estado de orientação esquerdista, com a quebra dos princípios de disciplina vigentes nas Forças Armadas.

Jango era suscetível à influência dos que lhe eram próximos, especialmente do cunhado, Leonel Brizola, mais destemido e loquaz. E também de agremiações sindicais e de correntes de extrema-esquerda que, longe de vê-lo como um possível líder em uma futura tomada do poder, o encaravam como um instrumento, um aliado útil, mas transitório. A figura de Getúlio Vargas era o modelo preponderante que procurava seguir – e, se possível, repetir. Faltavam-lhe, porém, carisma e habilidade para tanto. Sem mencionar um elemento extra: Jango não havia sido eleito para comandar o país. Nem sequer integrava originalmente a chapa do antecessor, de quem herdou o cargo e de quem o seu partido era forte opositor. As ideias que defendia não eram as que haviam sido consagradas no pleito de 1960. Muito pelo contrário. As Forças Armadas estavam divididas, e a falta de respaldo entre a maior parte da classe média e da elite empresarial era flagrante. Jango não contava com apoio parlamentar suficiente para realizar as mudanças constitucionais necessárias à implementação do programa de reformas, com o qual esperava deixar sua marca. E, ao patrocinar a formação de uma organização rival do CGT – a União Sindical dos Trabalhadores –, a pretexto de buscar novo equilíbrio de forças, cindiu e radicalizou o movimento sindical, ampliando insatisfações.

Em meio a todas as dificuldades, um novo confronto o levaria a abraçar uma ideia insensata: a de decretar o estado de sítio no país.

V

FLORES PARA OS CONSPIRADORES

Em 29 de setembro de 1963, o governador Carlos Lacerda concedeu uma entrevista ao *Los Angeles Times* com duríssimas declarações sobre João Goulart. Tachava o presidente de "inepto" e aconselhava os Estados Unidos a não lhe conceder financiamentos. Afirmava ainda que o governo Jango poderia cair antes do fim do ano, estando as Forças Armadas discutindo "se seria melhor tutelá-lo, patrociná-lo, destituí-lo ou colocá-lo sob controle". Os ministros da área militar consideraram a entrevista injuriosa. Divulgaram uma nota definindo o entrevistado como "um mau brasileiro", acusando-o de apresentar o país "como qualquer republiqueta sub-colonial entregue a um bando de saqueadores comunistas". E sugeriram ao presidente a decretação do estado de sítio para afastar Lacerda de seu posto e "conter radicais de direita e esquerda". Jango acolheu a proposta e, em 4 de outubro, enviou mensagem ao Congresso, solicitando a vigência da medida de exceção por trinta dias. Fez mais. Determinou ao ministro da Guerra, Jair Dantas Ribeiro, que o Núcleo da Divisão Aeroterrestre capturasse o governador da Guanabara. Não seria uma prisão com os procedimentos de praxe. A ideia era tirar Lacerda de circulação enquanto a proposta tramitasse no Congresso, para evitar sua interferência no processo.

O ministro incumbiu um homem de sua máxima confiança, o general Alfredo Soares Filho, de organizar a empreitada radical – um verdadeiro sequestro. Soares Filho, que era conhecido como Faz-Tudo, apurou que o governador faria uma visita ao hospital Miguel Couto, na zona sul do Rio, no dia seguinte, e pôs a engrenagem em andamento. Segundo o plano, uma tropa de paraquedistas treinados para missões especiais interceptaria o udenista à saída do centro médico e o levaria para um local combinado.

No começo da manhã do dia 5, conforme previsto, Carlos Lacerda chegou ao Miguel Couto em carro oficial. As coisas, porém, não saíram como Jango e seu ministro haviam planejado. O grupo designado para a ação ainda não chegara. Logo, o Planalto descobriria a razão: temendo pelas consequências do envolvimento em um ato ilegal, o coronel escalado por Soares Filho para comandar a emboscada exigia ordens por escrito para dar andamento ao plano, o que foi de pronto descartado em Brasília. O general tentou uma substituição para salvar a missão. Após alguns telefonemas, encontrou um oficial disposto a dar cabo do serviço, mas, ao chegar ao hospital, o encarregado e a equipe constataram que Lacerda acabara de sair, sem imaginar o risco corrido.

Não houve como evitar que a decisão de decretar estado de sítio fosse interpretada como a tentativa de um golpe de Estado. No dia 6, em Minas Gerais, ocorreram manifestações contra a medida. Em vários pontos do país houve uma corrida aos bancos. A própria bancada petebista temia que o presidente aproveitasse o momento para afastar também figuras de esquerda, como o governador Miguel Arraes, de Pernambuco. Tarde da noite, a Comissão de Constituição e Justiça rejeitou o parecer favorável à decretação do estado de sítio, elaborado pelo agora deputado Roland Corbisier (PTB). Jango, alquebrado, comentou com os auxiliares: "Nesta madrugada começou a minha deposição".

Sem o amparo do próprio partido, o presidente retirou o pedido. Mas o estrago estava feito. A derrota reduziu ainda mais sua sustentação junto à oficialidade, aos conservadores e até aos antigos apoiadores. No dia 7, as rádios Tupi, Globo e o *Jornal do Brasil* puseram no ar a chamada Cadeia Radiofônica da Democracia, tendo como primeiros oradores os dirigentes máximos das emissoras – João

Calmon, Roberto Marinho e Nascimento Brito, respectivamente. O programa – que fazia um contraponto à efêmera Cadeia da Legalidade – trazia parte de seu conteúdo produzido pelos grupos direitistas em atividade e tinha como principal objetivo alertar o país "contra a infiltração comunista". A reação da esquerda a Jango também foi negativa. O PCB considerou a solicitação do estado de sítio como inibidora da mobilização das massas; o CGT e a UNE cobraram empenho do presidente em efetivar as prometidas reformas.

No mesmo 7 de outubro, a manobra de Jango foi assunto de uma reunião de cúpula na Casa Branca, com a presença do secretário de Estado, Dean Rusk, do embaixador no Brasil, Lincoln Gordon, do secretário de Defesa, Robert McNamara, e de Richard Helms, vice-diretor da CIA. Recostado na cadeira de balanço acolchoada que aliviava suas dores crônicas de coluna, Kennedy indagou aos presentes se julgavam conveniente "intervir militarmente" para depor o presidente brasileiro. A discussão que se seguiu avaliava condições para uma ação militar dos Estados Unidos, caso Jango aprofundasse a plataforma de esquerda e motivasse uma sedição das Forças Armadas. "É quase certo que Goulart fará tudo para instituir alguma forma de regime autoritário", atestou Gordon. "Mas deveríamos esperar por iniciativas mais claras de que o governo brasileiro vai virar a proa para um modelo *fidelista*." E acrescentou com sarcasmo: "Se Deus é realmente brasileiro, como eles dizem, o problema cardíaco de Jango em breve se tornará agudo e não precisaremos mais nos preocupar". Por uma ironia igualmente cruel, quem não sobreviveria por muito mais tempo seria o próprio Kennedy, assassinado durante uma carreata em Dallas, no Texas, no dia 22 de novembro daquele ano.

No Brasil, também se tramava contra a vida de Jango. Um desses atentados havia sido planejado para ocorrer no Ceará, no final de 1963. O tenente-coronel Roberto Hipólito da Costa, comandante da base aérea de Fortaleza, se mostrava determinado a abater o avião presidencial na chegada à capital do estado, para uma visita que previa contatos com as Ligas Camponesas. Foi dissuadido na última hora.

Em meio ao fogo cruzado, Leonel Brizola aproveitou seu programa semanal na rádio Mayrink Veiga para lançar um movimento de massa, dotado de capilaridade para atuar em todo o território brasileiro. Essa força extraparlamentar recebeu o nome de Grupos dos Onze. Seus principais objetivos estavam definidos nos seguintes termos: "Instituição de uma democracia autêntica e nacionalista, pela imediata concretização das reformas, em especial das reformas agrária e urbana, e a sagrada determinação de luta pela libertação de nossa pátria da espoliação internacional". Em poucos meses, organizaram-se mais de 5 mil Grupos dos Onze pelo país. A questão que pairava no ar era se Brizola estava advogando pelo governo do cunhado ou se pavimentava sua própria ascensão ao poder. Nas preliminares à eleição de 1965, o ex-governador gaúcho manobrava para ter seu nome aceito como candidato petebista, fomentando o *slogan* "Cunhado não é parente, Brizola para presidente", a fim de se contrapor a uma regra eleitoral vigente, que impedia familiares do chefe de Estado de concorrer à sua sucessão. Pela UDN, os postulantes eram os governadores Lacerda, da Guanabara, e Magalhães Pinto, de Minas Gerais. Especulava-se que o último formaria a chapa Pinto-Pinto, tendo o ex-governador de São Paulo, Carvalho Pinto, como vice.

O início de 1964 teria sido um período quase exclusivo de alvoroço político não fosse a presença no país do maior símbolo sexual da época – a atriz francesa Brigitte Bardot. Ela passou toda a primeira semana de sua estadia no apartamento do produtor de cinema marroquino-brasileiro Bob Zagury, na avenida Atlântica, entrincheirada dos olhares públicos e das equipes de reportagem, que não lhe davam trégua. Afinal, cansada de observar a vista do mar apenas do janelão da sala, deixou o refúgio de Copacabana e foi com o namorado conhecer as ainda semisselvagens praias de Búzios, no litoral norte do estado. Por ali, em seus biquínis floridos, camisetas listradas e calças de brim, percorreu aldeias de pescadores, andou a cavalo, mergulhou e passeou livremente durante três meses, praticamente a salvo do assédio da imprensa. "Foi nesta pequena cidade perdida e desconhecida que eu fui mais feliz", declararia Bardot décadas mais tarde. Em fevereiro, chegava ao Rio a italiana Elsa Martinelli, outra figura deslumbrante das telas. Ela passou o Carnaval na cidade, tendo assistido o desfile da Presidente Vargas que deu a vitória à escola de samba Portela. A beleza nacional também vivia um momento privilegiado: no julho anterior, a gaúcha Ieda Maria Vargas fora coroada Miss Universo, vingando a baiana Martha Rocha, segunda colocada em 1954. A marchinha "Cabeleira do Zezé" havia sido o grande sucesso do Carnaval. Mas a festa popular foi menos alegre na temporada. Em uma infeliz coincidência, o samba-enredo da escola Império Serrano, "Aquarela brasileira", em homenagem a Ary Barroso, iria à avenida no dia seguinte à morte do compositor.

Para João Goulart havia pouco a comemorar ao final do seu primeiro ano de presidencialismo. A economia estava mergulhada em problemas e seu Ministério da Fazenda já empossava o quinto titular em pouco mais de dois anos – o ex-presidente do Banco do Brasil Nei Neves Galvão, nome malvisto pelos conservadores. Paralisações de diversas categorias provocavam cortes no fornecimento de serviços essenciais, como luz e gás, irritando a população; tarifas de ônibus e bondes aumentavam todo mês, enquanto a inflação beirava os 100% ao ano. O governo decidira carimbar as cédulas em papel moeda a cada seis meses, como forma de obrigar a circulação do dinheiro e "evitar o entesouramento". As iniciativas de tabelamento não funcionavam. Em 28 de fevereiro, a Superintendência Nacional de Abastecimento (Sunab) desapropriou 703 mil sacas de açúcar das usinas, a fim de evitar a disparada nos preços e a falta do produto. Goulart carecia de apoio parlamentar, e não poupava críticas ao Congresso por isso. Era acossado com virulência por organizações de direita e de esquerda. Sofria críticas de governadores e em nada melhorara as relações com os Estados Unidos, agora com Lyndon Johnson na Presidência.

Politicamente isolado, Jango inclinou-se à ala radical do PTB, liderada por Leonel Brizola. Um dos resultados dessa aproximação foi a indicação do vice-almirante nacionalista de esquerda Cândido Aragão para o comando dos Fuzileiros Navais, decisão que provocou um protesto público de 26 oficiais da Marinha. No dia 6 de fevereiro, a *Tribuna da Imprensa* destacou em manchete: "Goulart acha que já não pode perder mais tempo e prepara o golpe. Maquinação golpista é articulada nos setores militar e sindical". A oposição carioca a Lacerda respondia com aberturas de CPIs que acusavam o governador de apoiar a tortura de presos na chamada Invernada de Olaria e de promover matança de mendigos, supostamente lançados por policiais militares no rio da Guarda, afluente do Guandu, que abastecia a capital.

Já o *Última Hora* criticava Jango por ser "generoso demais com seus inimigos", que, segundo o jornal, tratava "com flores", insinuando um ânimo golpista na caserna. Na seção "A Hora H", o colunista José Mauro listava alguns dos que julgava terem recebido "imerecidas *corbeilles*" do presidente. Todos eram generais: Costa e Silva, Lira Tavares, Ernesto e Orlando Geisel, Castello Branco e Médici.

Havia fundamento no alerta. Embora contasse com a fidelidade de seus ministros militares, Goulart era alvo da hostilidade crescente de altos escalões das Forças Armadas. Nesse contexto, o grupo citado na coluna era exatamente o núcleo fardado mais proeminente da conspiração em andamento.

Gaúcho de Taquari e mais velho do grupo, Costa e Silva tinha atuado em momentos dramáticos da República: participara do levante de 1922 contra Epitácio Pessoa, apoiara a Revolução de 1924, em São Paulo, e em 1955 defendera a posse de JK. Em 1961 assumira o IV Exército, no Nordeste. Por reprimir manifestações, fora afastado e transferido para o Departamento de Produção e Obras, sediado no antigo Ministério da Guerra, no centro do Rio.

Também gaúcho, Orlando Geisel participara da Revolução de 1930, liderando uma bateria de artilharia, e em 1932 combatera os constitucionalistas ao lado de Getúlio Vargas. Em 1961, ordenou que o III Exército bombardeasse o Palácio Piratini, onde Brizola comandava a Cadeia da Legalidade. Ordem nunca cumprida. Jango o promovera a general de divisão em 1964. O irmão mais novo, Ernesto Geisel, militar e luterano como ele, atuara igualmente em 1930 e em 1932. Em Bento Gonçalves, onde nasceu, recebera uma educação austera. Em 1940 casou-se com uma prima de primeiro grau, Lucy, com quem teve dois filhos: Amália e Orlando, este morto aos dezesseis anos em um acidente de trem. Na década de 1950, estreitou laços com o grupo militar que ficaria conhecido como Sorbonne da Urca,

Arquivo Público do Estado de São Paulo, São Paulo

O governador de São Paulo, Ademar de Barros, e o comandante do II Exército, Amaury Kruel, foram peças importantes na conspiração pela deposição de João Goulart por sua ligação com a Escola Superior de Guerra (ESG), sediada naquele bairro carioca.

Emilio Garrastazu Médici era o quarto gaúcho do grupo. Nascido em Bagé, filho de pai italiano e mãe uruguaia, cursara o Colégio Militar de Porto Alegre, onde foi colega dos irmãos Geisel, que reencontraria na Escola Militar do Realengo. Apoiou a Revolução de 1930. Promovido a general de brigada em 1961, não atuou na conspiração para impedir a posse de Goulart. Em 1964, comandava a Academia Militar das Agulhas Negras.

Castello Branco era cearense, mas iniciara sua carreira na Escola Militar de Rio Pardo, no Rio Grande do Sul, onde foi contemporâneo de Costa e Silva. Ingressou na escola do Realengo em 1918 e participou, como muitos tenentes de sua época, da Revolução de 1930. Cursou a Escola de Comando e Estado-Maior do Exército, na qual foi o primeiro colocado de sua turma. Fez a Escola Superior de Guerra francesa e, ao regressar ao Brasil, tornou-se instrutor da escola do Realengo. Durante a Segunda Guerra, foi chefe da Seção de Operações da Força Expedicionária Brasileira (FEB), na Itália, permanecendo trezentos dias em combate. Mostrou-se grande estrategista, principalmente na Batalha de Monte Castelo. Em 1955, apoiou o movimento que garantiu a posse de JK. No início de 1964, era chefe do Estado-Maior do Exército (EME).

Aurélio de Lira Tavares, que não havia se formado no Rio Grande do Sul nem era gaúcho, vinha de uma família influente de políticos paraibanos. O fato de ter integrado a geração de aspirantes do Realengo na década de 1920 era o traço que o unia aos demais. Durante a Segunda Guerra, foi observador militar do Exército brasileiro junto às forças norte-americanas nas operações do Norte da África. Cursou ainda a Escola de Comando e Estado-Maior do Exército, em Fort Leavenworth, nos Estados Unidos. Ao fim do conflito, atuou na missão militar brasileira junto ao Conselho de Controle na Alemanha, durante a ocupação pelos aliados. Permaneceu ali até 1949, quando ocorreu a divisão do país. Após a crise de 1961, tornou-se comandante da 2ª Região Militar, em São Paulo. Em março de 1963, fora nomeado subchefe do Estado-Maior do

Exército. No tempo livre, publicava poesias sob o pseudônimo de Adelita, formado pelas iniciais de seu nome.

Desde alguns meses, o EME era virtualmente o centro da conspiração militar. E o departamento de Costa e Silva, na antiga sede do Ministério da Guerra, no Rio, o endereço de reuniões daquelas altas patentes. Distante dos olhares do governo Goulart, o polo conspiratório traçava estratégias para uma investida sobre o poder vigente e coordenava articulações que uniam civis e militares em outros estados. Nos primeiros encontros, a tendência do grupo era a de efetivar o afastamento do presidente pela via do *impeachment*, entregando ao Congresso a tarefa de consumar sua derrubada. Àquela altura, porém, a opção mais discutida era a da *manu militari*.

No começo de fevereiro, logo antes de entrar em férias, o decano Costa e Silva sediou mais um desses encontros. Sua sala estava repleta, com todos os integrantes do grupo principal e mais alguns generais convidados, como Cordeiro de Farias, outro gaúcho formado na escola do Realengo, que integrara a Coluna Prestes e fora expoente do tenentismo. Castello tomou a palavra:

— O momento parece estar se aproximando. Precisamos obter uma adesão consistente dos governadores aliados e dos prováveis aderentes. Na Guanabara, já temos Carlos Lacerda. Necessitamos, pelo menos, de Minas Gerais e São Paulo ao nosso lado.

— Posso fazer a ponte com São Paulo — ofereceu-se Costa e Silva. — Como estarei em férias nesse período, minha visita ao estado não será objeto de especulações.

Todos se mostraram de acordo e Costa e Silva foi instruído a engajar o governador Ademar de Barros – que já defendia o afastamento de Jango – e o novo comandante do II Exército, general Amaury Kruel, no plano de deposição de João Goulart. Kruel fora amigo próximo de Jango e havia sido nomeado seu ministro da Guerra em setembro de 1962, mas fora afastado nove meses depois, após ter criticado concessões do governo federal às esquerdas, sendo substituído por Jair Dantas Ribeiro. Ao chegar ao Rio, logo após sua exoneração do ministério, fora recebido por generais que lhe pediram para liderar um movimento destinado a depor o presidente. Apesar de naquele momento já se mostrar favorável a uma intervenção militar no processo político, respondeu aos companheiros que, como ex-auxiliar direto do governante, não teria como chefiar uma ação contra Jango. Mas garantiu que dela participaria quando fosse deflagrada.

Cordeiro de Farias foi encarregado da coordenação do levante na região Sul do país. Sobre Minas Gerais, os oficiais presentes comentaram que o governador udenista José de Magalhães Pinto evidenciava sua simpatia por uma ação militar, dados os seus pronunciamentos e o auxílio financeiro que enviava ao IPES por meio de seu Banco Nacional. De olho no Planalto, Magalhães havia montado um gabinete de nível ministerial, reunindo nomes como os de José Maria Alkmin (PSD), ex-ministro da Fazenda de JK; Afonso Arinos de Melo Franco (UDN), senador por duas vezes pelo Rio de Janeiro e ex-chanceler de Jânio Quadros; Milton Campos, ex-ministro da Justiça; Gustavo Capanema, ex-ministro da Educação; e o fundador da Companhia Vale do Rio Doce, Israel Pinheiro. Castello Branco determinaria as ações a serem providenciadas naquele estado e o general diamantinense Olympio Mourão Filho, comandante da 4ª Divisão de Infantaria, de Juiz de Fora, agiria como sua linha auxiliar.

Entre outras características, Mourão Filho era conhecido pela impulsividade, pelo inseparável cachimbo e por um humor desabrido – por exemplo, batizara como Gorila seu frágil cãozinho *poodle* de pompons nas patas. Havia tempo, atuava em conjunto com o almirante Silvio Heck no fomento à derrubada de Jango, e agora sentia que o momento propício se aproximava. Sabedor daqueles encontros no EME, mandou um claro recado às altas patentes ali reunidas:

— Se nós não almoçarmos os comunistas, eles vão nos jantar.

VI

O COMÍCIO-ESTOPIM

Cercado por toda sorte de obstáculos e alvo de complôs, tanto à direita quanto à esquerda, João Goulart decidiu jogar uma carta mais ousada no final de fevereiro de 1964. Após tentar sem sucesso um acordo entre o seu partido, o PTB, e o moderado PSD de Juscelino Kubitschek, para conseguir suporte às reformas de base que vinha defendendo, passou a apelar abertamente aos trabalhistas e aos comunistas. A tática imaginada por essa aliança consistia em desenvolver uma série de mobilizações populares país afora, cujo ápice seria atingido com um grande comício no Rio de Janeiro, junto à estação ferroviária Central do Brasil, em 13 de março. Seria preparada ainda uma greve geral a ser deflagrada no dia 1º de maio, como forma de pressionar o Congresso a aprovar as propostas. Em suas mensagens e entrevistas, Jango vinha repetindo: "As reformas virão a qualquer custo e contra quaisquer obstáculos!".

Em um clima radicalizado, era esperado que o plano não ocorresse de forma tranquila. No primeiro grande encontro dessa programação, marcado para 25 de fevereiro em Belo Horizonte, elementos ligados ao IBAD – entre eles, dois deputados – atacaram com explosivos um ato público pelas reformas, provocando um confronto que deixou mais de cinquenta feridos. O então deputado federal Leonel Brizola era esperado para discursar, mas, próximo ao local do evento, foi abordado por um pelotão de senhoras católicas que lhe agitavam seus terços e o distúrbio entre as correntes se agravou. Sua mulher,

Neusa, que o acompanhava, muito assustada, teve um surto nervoso. Em entrevistas, ele comparou a ação dos oponentes à "das tropas da SS que deram suporte ao regime nazista alemão".

Em artigo no *Última Hora*, o jornalista Paulo Francis, certamente bem informado sobre as movimentações conspiratórias em curso, vaticinou: "Não é mais necessário prever o início de uma guerra civil no país; ela já está aí. Poderá interromper-se momentaneamente, pois, no Brasil, não dispensamos a semana inglesa e os feriados, mas será reencetada antes das eleições de 1965, que, a meu ver, só virão, na melhor das hipóteses, depois de interrompido o processo democrático, para reajuste". Ao prosseguir, apontava como figura central do golpismo o governador Carlos Lacerda.

A arte de desestabilizar governos era praticada por Lacerda havia tempo. Já na eleição presidencial de 1950, ele havia declarado com todas as letras: "O sr. Getúlio Vargas, senador, não deve ser candidato à Presidência. Candidato, não deve ser eleito. Eleito, não deve tomar posse. Empossado, devemos recorrer à revolução para impedi-lo de governar". Frasista de talento, disparava *boutades*, sem meias-tintas: "Não gosto de política, gosto é do poder. Política para mim é um meio para chegar ao poder". Como governador da Guanabara, vinha tendo uma gestão elogiada pelas importantes obras, como o túnel Rebouças e o Aterro do Flamengo. Foi igualmente aplaudido pela reorganização da Universidade Estadual da Guanabara e da estação de tratamento de água e esgoto do Guandu. No entanto, tomou medidas controversas, como a remoção dos habitantes de favelas da zona sul para áreas afastadas e sem infraestrutura. Esses conjuntos habitacionais deram origem à Cidade de Deus e à Vila Kennedy. No começo de 1964, mais contundente que nunca, ele voltava a criar espantalhos para a opinião pública.

Após o incidente ocorrido em Minas, o deputado Tancredo Neves deixou a contemporização habitual e subiu à tribuna da Câmara para fazer um forte ataque à oposição lacerdista: "A história da UDN é a própria história da subversão", acusou, em meio a gritos de protestos dos deputados da legenda em questão. Dias depois, porém, seu PSD também rompeu com o governo, contestando o que considerava uma perigosa radicalização diante do quadro político daquele momento.

Em meio ao grupo que tomou a frente da organização do Comício da Central estava o deputado Hércules Corrêa (PCB), fundador do CGT. A UNE também participou de reuniões preparatórias, representada por seu presidente, o paulista José Serra, que havia se mudado para a cidade, e o vice Marcelo Cerqueira, estudante de direito.

O local do evento fora escolhido por razões estratégicas. Os trens que paravam na Central despejavam milhares de trabalhadores, que no dia contariam com a gratuidade dos transportes públicos. Outra razão trazia um simbolismo: parte da plateia ficaria ao lado do Ministério da Guerra, o que foi interpretado como um recado aos conspiradores militares que ali vinham se reunindo. Às vésperas, em uma de suas intervenções provocativas, Lacerda sugeriu que, "para maior segurança", o ato fosse realizado no próprio ministério e que Jango falasse ao público da sacada do imponente prédio.

Com o passar dos dias, o trabalho de divulgação do ato se expandia em ritmo febril, reforçando o clima de tensão que pairava no ar. Além da panfletagem, da circulação de carros de som e dos comunicados em universidades, gravações difundidas pela Rádio Nacional convocavam trabalhadores a comparecer ao comício, antecipando os temas do encontro: reforma agrária, latifúndios improdutivos, desapropriações e direitos de categorias como lavradores, operários da construção civil, bancários e professores.

Por volta das 14h daquele 13 de março, cerca de 5 mil pessoas já se concentravam em torno do palanque montado na praça Cristiano Ottoni, em frente à estação ferroviária. A estrutura tinha 6 m de comprimento por 4 m de largura. Na parte frontal, foram instalados microfones de rádios e emissoras de TV, que iriam fazer transmissões ao vivo para todo o Brasil. Pouco a pouco, e sem estardalhaço, 3 mil integrantes da Polícia do Exército (PE), enviados pelo ministro da Guerra, Jair Dantas Ribeiro, para fazer a segurança do evento, foram se posicionando em pontos-chaves do perímetro. Alguns desembarcavam de caminhões "espinha de peixe", de carroceria aberta, nos quais soldados viajavam sentados em grupos de doze de cada lado.

Antes de seguir para o local, João Goulart fez questão de assinar, no Palácio Laranjeiras, decretos que autorizavam a Supra a desapropriar áreas numa faixa de 10 km às margens de rodovias, ferrovias, zonas de irrigação, açudes e barragens, e outros que encampavam refinarias particulares.

Pouco depois das 18h, cerca de 150 mil pessoas se aglomeravam na praça. Grupos de manifestantes exibiam faixas onde podia se ler "Reformas ou Revolução", "Forca para os gorilas", "Defenderemos as reformas à bala", "Abaixo o latifúndio" e cartazes pela volta do Partido Comunista Brasileiro à legalidade. Nesse momento, um tanto alheio ao que ocorria, passava por ali, a caminho da Central do Brasil, um personagem que décadas depois estaria ocupando o cargo máximo da nação: Fernando Henrique Cardoso. Na época, com 32 anos, ele era professor-assistente da Faculdade de Filosofia e tinha assento no Conselho Universitário da USP. Ia pegar o trem de volta a São Paulo depois de visitar o pai, general reformado e ex-deputado federal petebista que morava no Arpoador, no mesmo prédio do poeta Carlos Drummond de Andrade. No caminho até a estação, passando por Copacabana, Botafogo, Flamengo e Glória, havia visto velas acesas e panos negros nas janelas e sacadas dos edifícios, uma forma de protesto improvisada pela classe média contra o pacote de decisões presidenciais em curso. Tomaram o trem com FHC amigos como José Gregori, que viria a ser seu ministro da Justiça, e Plínio de Arruda Sampaio, que fora seu colega de primário no Colégio Perdizes, em São Paulo, e se tornara deputado pelo Partido Democrata Cristão (PDC).

O primeiro a falar foi Hércules Corrêa, que também assumiu o papel de condutor do comício e apresentou Dante Pellacani, presidente do CGT. Foi seguido por outro representante do CGT, Oswaldo Pacheco. Marítimo, estivador, com inegável carisma para a mobilização sindical, inflamou a multidão. Depois dele, discursou o governador de Pernambuco, Miguel Arraes, atacando "privilégios" e "trustes". Nos instantes em que terminava sua fala, às 19h45, subiam ao palanque o presidente e a primeira-dama, Maria Thereza, e os aplausos e gritos que lhe seriam destinados juntaram-se aos dirigidos ao casal Goulart. Oswaldo Pacheco passou ao papel informal de guarda-costas de Jango, mantendo-se próximo dele no restante do evento. Ao comando da segurança oficial, porém, estava o general de brigada Argemiro de Assis Brasil, chefe da Casa Militar. Havia rumores de que o presidente poderia sofrer um atentado, assim como de que poderia ser detonada uma bomba no meio da plateia, a exemplo do que ocorrera em Belo Horizonte.

O orador seguinte foi o deputado Leonel Brizola. O ex-governador afirmou que o presidente não deveria mais seguir com uma "política de acomodação" e comparou a situação do país à que levou Hitler ao poder na Alemanha, identificando Lacerda, a quem qualificou de "energúmeno", como o *führer* brasileiro.

Em seguida, Hércules Côrrea registrou a presença do presidente da UNE, José Serra, e o apresentou ao público. Mesmo encarnando uma parcela de apoio da qual a Frente não podia prescindir – o Movimento Estudantil –, Serra era visto com desconfiança pelos demais oradores, até por ter criticado publicamente, dias antes, a atuação do governo federal, que considerava excessivamente moderada, tíbia. Coube a ele a distinção de preceder o presidente da República. Embora não estivesse previsto que discursasse, Serra tomou a palavra e falou por alguns minutos. Já senador e único orador vivo do evento mais de meio século depois, ele admitiria que se deixou levar pelo momento: "O Hércules me fez uma recomendação: 'Vamos apresentar você à multidão; você diz boa-noite e pronto'. Eu disse que sim. Mas, na hora, comecei a falar, e era impossível me interromper, até porque era um discurso muito aplaudido".

Exatamente às 20h46, Jango tomou a frente do palanque. Tendo ao seu lado Maria Thereza e Darcy Ribeiro, então chefe da Casa Civil, falou de improviso durante uma hora. O presidente anunciou que as terras desapropriadas começariam a ser divididas em até sessenta dias, "com a colaboração patriótica e técnica das nossas Forças Armadas" e com o objetivo de "tornar produtivas áreas inexploradas ou subutilizadas, ainda submetidas a um comércio especulativo, odioso e intolerável".

A onda humana reagiu, eufórica: "Abaixo o latifúndio! Abaixo o latifúndio!".

"Dirijo-me a todos os brasileiros, não apenas aos que conseguiram adquirir instrução nas escolas, mas também aos milhões de irmãos nossos que dão ao Brasil mais do que recebem, que pagam em sofrimento, em miséria, em privações, o direito de ser brasileiro e de trabalhar sol a sol para a grandeza deste país", prosseguiu Jango. "Aqui estão os meus amigos trabalhadores, vencendo uma campanha de terror ideológico e sabotagem, cuidadosamente organizada para impedir ou perturbar a realização deste memorável encontro entre o povo e o seu presidente."

Deixando claro que decidira partir para o tudo ou nada com o intuito de se manter no comando, Jango rebateu a oposição, os jornais e os empresários contrários às reformas, que o acusavam de atropelar a Constituição e de tramar um golpe:

> Chegou-se a proclamar, até, que esta concentração seria um ato atentatório ao regime democrático, como se no Brasil a reação ainda fosse a dona da democracia, e a proprietária das praças e das ruas. A democracia que eles querem é a democracia para liquidar com a Petrobras! É a democracia dos monopólios privados, nacionais e internacionais! É a democracia que luta contra os governos populares e que levou Getúlio Vargas ao supremo sacrifício! Com tanta surdez e tanta cegueira, poderão ser os responsáveis perante a história pelo sangue brasileiro que possa vir a ser derramado, ao pretenderem levantar obstáculos ao progresso do Brasil e à felicidade do povo brasileiro!

Seguiu-se uma ensurdecedora gritaria de apoio: "Jango! Jango! Jango!".

"Estaríamos, sim, ameaçando o regime se nos mostrássemos surdos aos reclamos da nação, que, de norte a sul, de leste a oeste, levanta o seu grande clamor pelas reformas de estrutura! Sobretudo pela reforma agrária, que será como complemento da abolição do cativeiro para dezenas de milhões de brasileiros que vegetam no interior, em revoltantes condições de miséria!", bradou, exaltado. "Ameaça à democracia é empulhar o povo explorando seus sentimentos cristãos,

No dia 13 de março de 1964, o presidente João Goulart e sua esposa, Maria Teresa, participam de uma das maiores mobilizações populares no país, o Comício das Reformas, na Central do Brasil, Rio de Janeiro

mistificação de uma indústria do anticomunismo. Só conquistaremos a paz social pela justiça social!".

Arfante, Jango fez uma pausa no discurso para passar um lenço no rosto, banhado de suor. O povo voltou a gritar, só que ainda mais alto: "Jango! Jango! Jango!".

Nesse momento, o ministro Darcy Ribeiro aproveitou para sussurrar-lhe uma orientação: "Fale mais devagar, presidente". E, como que energizado pela euforia popular, Goulart voltou à carga de maneira redobrada:

> Não receio ser chamado de subversivo pelo fato de proclamar a necessidade da revisão da Constituição, que não atende mais aos anseios do povo e aos anseios do desenvolvimento desta nação. Essa Constituição é antiquada, porque legaliza uma estrutura socioeconômica já superada, injusta e desumana; o povo quer que se amplie a democracia e que se ponha fim aos privilégios de uma minoria; que a propriedade da terra seja acessível a todos.

Apesar de toda a cacofonia que envolveu o evento e dos milhares de participantes com seus cartazes e estandartes, a imagem daquele dia que entrou para a história foi a da primeira-dama, silenciosa, atenta, serena, durante o inflamado discurso do presidente. Com os cabelos impecavelmente arrumados para o alto, como ditava a moda da época, e um vestido desenhado pelo costureiro Dener, que ajudou a tornar famoso, um discreto broche na gola direita e maquiagem suave, a jovem de 23 anos conferiu um pouco de leveza àquele episódio definidor da ruptura em marcha.

"Sem reforma constitucional, trabalhadores, não há reforma agrária", insistiu Jango, ele próprio um grande proprietário, explicitando sua intenção de modificar a Carta Magna. "Sem emendar a Constituição, poderemos ter leis agrárias honestas e bem-intencionadas, mas nenhuma capaz de modificações estruturais profundas. Não me animam, trabalhadores – e é bom que a nação me ouça –, propósitos de ordem pessoal. Os grandes beneficiários das reformas serão, acima de todos, o povo brasileiro e os governos que me sucederem."

Fortalecido pelas manifestações do público ali apinhado, João Goulart elevou ainda mais o tom e o conteúdo de sua oratória naquele acontecimento, que, sob quaisquer aspectos, já se tornava claramente um marco histórico:

> Dentro de poucas horas, outro decreto será dado ao conhecimento da nação. É o que vai regulamentar o preço extorsivo dos apartamentos e residências desocupados, preços que chegam a afrontar o povo e o Brasil, oferecidos até mediante o pagamento em dólares. E faço um apelo ao povo para que ajude o governo na fiscalização dos exploradores do povo, que são também exploradores do Brasil. Aqueles que desrespeitarem a lei explorando o povo – não interessa o tamanho de sua fortuna, nem o tamanho de seu poder, estejam eles em Olaria ou na rua do Acre – hão de responder, perante a lei, pelo seu crime.

Nas residências dos grandes centros, onde se acompanhavam pelo rádio e a televisão os desdobramentos do comício, o clima era de apreensão. A percepção entre os que eram favoráveis ou contrários às ideias defendidas no palanque era a de que uma mudança significativa estava para ocorrer no país, capaz de abalar as estruturas estabelecidas em um curto espaço de tempo. Com as medidas anunciadas, João Goulart apontava para a intenção de levar adiante um governo orientado pelas pautas da esquerda. O desfecho do discurso soava para os setores conservadores como um aberto desafio, uma ameaça: "À medida que esta luta apertar, sei que o povo também apertará sua vontade contra aqueles que não reconhecem os direitos populares, contra aqueles que exploram o povo e a nação. Sei das reações que nos esperam, mas estou tranquilo, porque sei que o povo brasileiro já tem consciência da sua força e da sua unidade, e não faltará com seu apoio às medidas de sentido popular e nacionalista". E concluiu:

> Hoje, com a solidariedade do povo, reunido na praça que só ao povo pertence, o governo, que é também o povo e que também só ao povo pertence, reafirma os seus propósitos inabaláveis de lutar com todas as suas forças pela reforma da sociedade brasileira. Não apenas pela reforma agrária, mas pela reforma tributária, pela reforma eleitoral ampla, pelo voto do analfabeto, pela elegibilidade de todos os brasileiros, pela pureza da vida democrática, pela emancipação econômica, pela justiça social e pelo progresso do Brasil!

A praça explodiu em aplausos, palavras de ordem em verdadeiros urros e batidas de pés, fazendo tremer a região da Central. Visivelmente esgotado, Jango ergueu os braços ao povo ali reunido, em um gesto que marcou o encerramento da manifestação. Pálido, sentindo uma forte taquicardia, desceu as escadas do palanque auxiliado por Oswaldo Pacheco e assediado por um entorno que tentava capturar alguns segundos de sua atenção. Ele, porém, não disse mais nada. Ao entrar no carro que o conduziria de volta ao Laranjeiras, deu a impressão de estar perdendo os sentidos. Maria Thereza ficou em pânico. O coração do marido dava mostras de que não resistiria à intensidade das emoções vividas naquele dia. O próprio médico

Acervo Iconographia

Durante o mesmo comício, cartazes pedem "Reforma ou Revolução" e "Abaixo o Latifúndio"

presidencial havia desaconselhado a participação no comício, mas Goulart não lhe deu ouvidos. Ao chegar ao palácio, com o terno amassado e sem alguns botões da camisa, um auxiliar, assustado, lhe perguntou:

— O que aconteceu, presidente? O senhor parece que está vindo de uma guerra!

Jango não teve forças nem sequer para responder. Recolheu-se rapidamente com a primeira-dama e não seria mais visto naquela noite. Sua aposta no apoio popular ultrapassava todo e qualquer movimento feito até então. Mas haveria mais.

No dia seguinte, já recomposto, recebeu os jornais com a repercussão do evento da véspera. O *Última Hora* festejava: "Foi o maior comício da História do Brasil". Já o editorial da *Folha de S.Paulo* dizia: "Comício lamentável, se lembrarmos os ataques do presidente à Constituição, que ele jurou defender. Resta saber se as Forças Armadas ficarão com o presidente, traindo a Constituição, ou ficarão com sua tradição e defenderão as instituições e a pátria". A revista *O Cruzeiro* sentenciou: "João Goulart escolheu o caminho. Trocou o mandato por uma liderança revolucionária e esquerdista".

Em pronunciamento oficial, Carlos Lacerda considerou o evento "um ataque à Constituição e à honra do povo" e o discurso do presidente "subversivo e provocador". Conclamou as forças populares conservadoras a uma reação "vigorosa e imediata, capaz de barrar os movimentos cada vez mais intensos de João Goulart e seus apoiadores".

A resposta à convocação, feita de forma tão enfática, não tardaria. Na verdade, viria em menos de uma semana. E com uma força avassaladora.

VII

"COM DEUS, PELA LIBERDADE"

Na manhã seguinte ao Comício da Central, João Goulart assinou o prometido decreto de reforma urbana, tabelando o preço de aluguéis e moradias em todo o território nacional e desapropriando imóveis desocupados por utilidade social. O decreto, com oito artigos, sujeitava os infratores a prisão de cinco dias a seis meses, e entregava a fiscalização de seu cumprimento ao Comissariado de Defesa da Economia Popular, expressão aparentada às da autoridade governamental bolchevique estabelecida após a Revolução Russa de 1917. Essas decisões e os jargões adotados incutiam no imaginário de parte da sociedade, da classe política e mesmo no estrangeiro a percepção de que o governo Goulart estava rumando para uma forma de gestão marxista. Em tal ambiente, até mesmo o moderado Juscelino Kubitschek sentiu-se compelido a emitir uma declaração pública, para tentar deixar de ser taxado como subversivo. "Sou contra o comunismo como solução política", afirmou à revista *Manchete*. Mas outra parte de sua fala deixou margens a seus detratores: "E sou a favor das reformas como forma de solução de ordem social". Naqueles dias, o uso das expressões "reformas" e "social" bastavam para colar em quem as pronunciasse uma identificação com a "ameaça vermelha".

Para a ordem constituída, o quadro que se formava representava um perigo real, com todas as implicações que uma brusca mudança de regime carrega. Para a esquerda brasileira, no entanto, esse panorama representava uma boa notícia. Depois de décadas de lutas, controvérsias e repressão do Estado, a proximidade da conquista do poder por essa corrente parecia real. Mas, de que forma isso se daria? Pela via do conflito, da guerra civil? De forma pacífica, com o presidente liderando o processo até a passagem do bastão à classe trabalhadora? Ou pela transformação do sistema "por dentro", como parecia indicar Jango, com seus decretos, seu pacote de reformas e a intenção de criar uma Constituição adequada às suas proposições?

No nascer do século XX, a filósofa e militante polonesa Rosa Luxemburgo já havia publicado um manifesto intitulado *Reforma ou revolução?*, em que rejeitava mudanças graduais para se alcançar a abolição da propriedade capitalista e defendia a ruptura total visando à implantação do socialismo preconizado por Marx e Engels. No Brasil de 1964, porém, os setores que buscavam a grande guinada estavam desarticulados entre si, dispersos em projetos conflitantes. As fragmentadas correntes da esquerda mantinham gradações que iam da social-democracia, propondo conquistas paulatinas no interior do capitalismo, até a busca da quebra radical das estruturas por meio de um levante armado.

A Igreja Católica no Brasil tampouco encontrava uma uniformidade de pensamento e prática. Parte do clero se preocupava com a situação precária das classes desfavorecidas e, principalmente por meio da adesão dos jovens, procurava atenuar essa situação. Essa tendência religiosa, interessada na atuação social, fora impulsionada pelo Concílio Vaticano II, inaugurado no final de 1961 pelo papa João XXIII, que tinha como orientação-chave a ideia de *aggiornamento*, de inserção da Igreja no mundo. Uma visão da doutrina cristã que buscava amparar a humanidade não apenas no plano espiritual, mas também em seus problemas concretos, que gestaria a Teologia da Libertação e sua opção preferencial pelos pobres. Seguindo esssa tendência, foram organizados grupos católicos ligados aos diversos setores estudantis e trabalhistas: a Juventude Agrária Católica (JAC), a Juventude Estudantil Católica (JEC), a Juventude Operária Católica (JOC) e a Juventude Universitária Católica (JUC).

Até 1959, a JUC desenvolveu uma atividade de caráter acentuadamente religioso. A partir de 1960, no entanto, alguns de seus militantes chegaram a cargos de direção da UNE e formaram uma aliança com as forças da esquerda, notadamente o PCB. Tornando-se hegemônica no Movimento Estudantil, a JUC passou a ser denunciada como uma organização comunista sob fachada católica. No final de 1961, a CNBB viu-se na obrigação de intervir e proibiu os jucistas de ocuparem cargos de responsabilidade nas entidades estudantis. Diante do veto, os membros mais influentes da JUC decidiram fundar um movimento novo, de caráter político-ideológico. Assim, em 1962, nasceu a Ação Popular, à qual aderiram também integrantes da JEC.

Na fase inicial da AP, as ideias marxistas mesclavam-se à inspiração cristã trazida do jesuíta Teilhard de Chardib, do filósofo Jacques Maritain e do dominicano Louis-Joseph Lebret. Entretanto, em 1963, o documento aprovado no congresso da organização, em Salvador, já não fazia qualquer referência ao cristianismo, adotando a "perspectiva do socialismo como humanismo, enquanto crítica da alienação capitalista". Até 1964, a AP manteve-se como força dominante no Movimento Estudantil, elegendo todos os presidentes da UNE. Entre suas lideranças destacavam-se José Serra, Herbert José de Souza (o Betinho) e Aldo Arantes, contando ainda com camponeses e operários.

Em contraposição a essa guinada do catolicismo, ganhava força a Tradição, Família e Propriedade (TFP), organização civil fundada em 1960 pelo bacharel em direito, congregado mariano e deputado mais votado para a Constituinte de 1934 Plínio Corrêa de Oliveira. Pautada no tradicionalismo católico e no combate às ideias maçônicas, socialistas e comunistas, sua base teórica foi apresentada na obra *Revolução e contrarrevolução*, em que Oliveira propunha uma vigorosa reação cristã à "desordem social".

Nesse quadro difuso, a resposta aos inflamados discursos da Central foi imediata. No dia 14 de março, os governadores Carlos Lacerda e Ademar de Barros começaram a articular o apoio a um pedido de *impeachment* do presidente, a ser encaminhado ao Congresso. Em uma proclamação pública, Lacerda declarou não haver mais contemporização possível: "Ou se luta agora para conter a marcha da usurpação e reduzir o usurpador à impotência ou não haverá paz, e muito menos eleições, neste país ultrajado e traído", pregou. "Apelo às Forças Armadas para que respeitem a lei e não os caudilhos; que defendam a democracia e não os demagogos." Ademar, em quem havia sido colada a pecha popular de "rouba, mas faz", convocou uma entrevista coletiva para afirmar sua adesão à proposta do colega. Depois de dizer que era preciso garantir as eleições presidenciais de 1965, afirmou: "Quero as urnas!". Um dos repórteres presentes não resistiu à piada e gritou: "Escondam as urnas marajoaras!", lembrando o sumiço, atribuído a Ademar, de uma valiosa peça de arte indígena – uma urna marajoara – destinada ao Museu Paulista.

Médico por formação e combatente da Revolução de 1932, Ademar cedo se revelou um político empreendedor e realizador de obras monumentais, como o Hospital das Clínicas e as rodovias Anhanguera e Anchieta. E manteve essas características ao longo de uma trajetória que incluiu três períodos à frente do Executivo paulista. A fama de administrador ousado e dinâmico cresceu paralelamente às denúncias de corrupção em seus governos, inclusive com uma condenação pela Justiça de São Paulo em 1956.

Sem se mostrar abalado com o bombardeio dos opositores, Jango manteve a ofensiva e decidiu apelar para um contumaz expediente de governos enfraquecidos: a democracia direta. Enviou ao Congresso mensagem pedindo que os parlamentares considerassem a realização de um plebiscito a respeito das Reformas de Base, com a participação de todos os brasileiros maiores de dezoito anos, sem exceção – o que significava votos de analfabetos, de patentes subalternas das Forças Armadas e de todos os demais impedidos pela legislação vigente. O pacote de mudanças, com quase trezentas páginas, dividia-se em capítulos como situação político-institucional, finanças, economia, progresso social, dívida externa, trabalho, educação, soberania nacional e muitos outros. Inegavelmente, eram temas pertinentes. Representavam, porém, uma alteração no ordenamento institucional tão profunda quanto a própria elaboração de uma Constituição. Além de tudo, as premissas, ainda que justas e urgentes para endereçar as desigualdades, tiravam, em grande parte, inspiração de um ideário de esquerda, extremamente controverso naquele período. Tentar aprová-las de uma tacada, além de tarefa muito complexa, era algo temerário em um momento nevrálgico. Se a sustentação política de Jango era algo próximo do impalpável, os acontecimentos que se seguiram desfariam os últimos fios que o sustentavam como mandatário da nação.

A reação mais aguda ao Comício da Central veio da ala conservadora do catolicismo. Meses antes, o deputado-padre Pedro Maciel Vidigal, endereçando-se aos proprietários de terras de Minas Gerais, já recomendava substituir o "amai-vos uns aos outros", por "armai-vos uns aos outros". Mobilizados por sermões contra "a infiltração comunista", proferidos por autoridades da Igreja, como o cardeal dom Jayme de Barros Câmara, do Rio de Janeiro, e por artigos de líderes católicos leigos como Alceu Amoroso Lima, 500 mil fiéis saíram às ruas em 19 de março, na Marcha da Família com Deus pela Liberdade, em São Paulo.

O sentimento religioso como enfrentamento das incertezas políticas no país recebera especial impulso com a visita do padre irlandês Patrick Peyton, fundador da Cruzada do Rosário em Família nos Estados Unidos. O movimento visava unir grupos de parentes em torno da oração do rosário e tinha como *slogan* "família que reza unida, permanece unida". Conhecido como "o padre de Hollywood", tanto pela região californiana onde tinha sua paróquia quanto pelo gosto por holofotes e multidões, Peyton era um expoente da pregação anticomunista. Seus discos frequentavam as listas de mais vendidos e dizia-se que contava com o apoio da CIA para disseminar sua palavra. O sacerdote seria presença de destaque no grande evento paulista.

A Marcha fora idealizada pelo deputado federal Antônio Sílvio Cunha Bueno, do PSD-SP. A manifestação originalmente se chamaria Marcha de Desagravo ao Santo Rosário, por causa da declaração de João Goulart, que afirmara não ser "com rosários que se combatem as reformas". Mas o governador Ademar de Barros ponderou que o título excluiria outras religiões e que a oposição deveria permanecer unida para conseguir depor o presidente. Sua mulher, Leonor Mendes

Acervo Iconographia

Realizada em várias cidades, a Marcha da Família com Deus pela Liberdade reuniu milhares de pessoas temerosas do "perigo comunista" simbolizado na figura do presidente Jango

de Barros, fez o trabalho de convocação junto às lideranças femininas. As principais eram Solange Simões, da entidade carioca Campanha da Mulher pela Democracia (CAMDE), e Eudóxia Ribeiro Dantas, esposa de José Bento Ribeiro Dantas, empresário ipesiano, dono da companhia aérea Cruzeiro do Sul. Trinta associações de empresários assinaram o manifesto de convocação à Marcha, publicado no jornal *O Estado de S. Paulo*. Alunos do Mackenzie e representantes da Fiesp formaram delegações de simpatizantes à causa. Também aderiram ao evento os estudantes católicos do Grupo de Ação Patriótica, vindos do Rio em ônibus fretados pelo empresário Paulo Cochrane Suplicy. O publicitário José Carlos Pereira de Sousa criou palavras de ordem, faixas e cartazes, com os dizeres "Vermelho bom, só o batom", "Um, dois, três, Jango no xadrez", "Abaixo os imperialistas vermelhos" e "Verde e amarelo, sem foice nem martelo".

Empunhando faixas, cartazes e bandeirinhas do Brasil, o grupo de manifestantes iniciou a passeata na praça da República, às 16h do dia 19, uma quinta-feira. Percorreu a rua Barão de Itapetininga, a praça Ramos de Azevedo, o viaduto do Chá, a praça do Patriarca e a rua Direita até chegar à praça da Sé, onde um palanque fora montado nas escadarias da catedral. Ali, sob aplausos, Leonor de Barros hasteou a bandeira e a banda da Força Pública tocou o Hino Nacional, cantado por todos os manifestantes que agitavam lenços brancos. O padre Peyton deu início ao evento pela "salvação da democracia", no qual vinte inscritos falaram por cinco minutos cada um. O primeiro ao microfone foi o padre Calazans, deputado udenista que combatera a posse de Goulart e mantinha os ataques ao governo federal na Câmara. "Hoje é o dia de São José, padroeiro da família...", discursou. "Fidel Castro é o padroeiro de Leonel Brizola!". Ouviu, em resposta, a multidão repetir diversas vezes, em uníssono: "Um, dois, três, Brizola no xadrez! Se tiver lugar, vai o Jango também!".

Na sequência, falaram Cunha Bueno e Geraldo Goulart, veterano da Revolução Constitucionalista de 1932. Depois, uma mãe paulista leu a *Mensagem da mulher bandeirante ao povo brasileiro*. A professora Carolina Ribeiro, ex-secretária da Educação de São Paulo, entoou um Pai-nosso com a multidão. O deputado federal Herbert Levy (UDN-SP) acentuou: "O povo brasileiro não quer ditadura, não quer comunismo. Quer paz, ordem e progresso. E, se preciso, iremos todos, velhos, moços e até crianças, para as trincheiras. Esta é a advertência para o presidente da República e seu cunhado, para que não brinquem de comunismo no Brasil!". O orador seguinte foi o deputado Plínio Salgado (PRP-SP), idealizador do integralismo no Brasil. Ele se dirigiu às Forças Armadas: "Bravos soldados, marinheiros e aviadores de nossa pátria, sereis capazes de erguer vossas armas contra a desordem, a subversão, a anarquia, o comunismo?".

Sempre que algum orador pronunciava os nomes de Goulart, Leonel Brizola ou Fidel Castro, a multidão reagia com vaias. Ao então presidente do Senado, Auro Moura Andrade (PSD-SP), coube o último discurso: "O povo veio à praça pública para demonstrar sua confiança na democracia. Veio para afirmar perante a nação que os democratas não permitirão que os comunistas sejam os donos da pátria. Democratas do Brasil, não desconfiem das gloriosas Forças Armadas de nossa pátria!", pediu ele à multidão. "Que sejam feitas reformas, mas pela liberdade. Senão, não! Pela Constituição. Senão, não! Pela consciência cristã do nosso povo. Senão, não!". E todos os presentes o acompanhavam no "Senão, não!". Logo em seguida, a banda tocou a "Canção do soldado", cantada pelos manifestantes, que, depois, repetiram os *slogans* contra Brizola e o comunismo. Dentre outras personalidades presentes estavam Carlos Lacerda e o deputado Ulysses Guimarães (PSD), além da apresentadora de televisão Hebe Camargo. Terminado o ato público, a multidão foi se dispersando. Eram 18h45.

Apesar da grande adesão, a Marcha foi alvo de um protesto: um balde com água foi atirado nos manifestantes do alto de um prédio comercial da rua Barão de Itapetininga. O deputado estadual Murillo Sousa Reis (PTN-SP), acompanhado por policiais, revistou as salas do estabelecimento e ordenou a prisão de dois indivíduos, que foram conduzidos ao DOPS. A Força Pública também deteve, nas cercanias da praça da Sé, dois jovens que levavam dentro de um carro uma grande quantidade de ovos. Segundo denúncia de transeuntes, os rapazes teriam a intenção de jogá-los na multidão. Ambos foram detidos, mas acabaram demonstrando que as caixas eram mercadorias destinadas a um supermercado.

A Marcha foi considerada um sucesso pelos organizadores, até por reunir mais que o triplo de participantes do que o comício ocorrido dias antes no Rio. Em telegrama ao Departamento de Estado, porém, o embaixador dos Estados Unidos no Brasil, Lincoln Gordon, apontou: "A nota destoante foi a limitada participação das classes mais baixas". Seu adido militar, coronel Vernon Walters, lhe fez coro e expressou ao seu governo o receio de que uma ação contra João Goulart fracassasse por falta de respaldo popular.

Realmente, a Marcha foi basicamente realizada por cidadãos da classe média e das camadas mais abastadas, cuja demonstração de força não expressava necessariamente a perspectiva geral da população.

Uma consulta de opinião realizada pelo Ibope entre os dias 9 e 26 de março de 1964, que foi mantida oculta do público por décadas, mostrava que o governo Goulart era avaliado como "ótimo ou bom" por 45% e considerado "regular" por 24%. O levantamento em oito capitais revelou que em cinco delas, se pudesse ser candidato na eleição presidencial prevista para 1965 (não era permitida a reeleição consecutiva), Goulart receberia a maioria dos votos em Recife (60%), Salvador (59%), Fortaleza (57%), Porto Alegre (52%) e no Rio de Janeiro (51%). Em outras duas capitais, Curitiba e São Paulo, teria 41%. O menor índice (39%) estava em Belo Horizonte, forte bastião antijanguista. A pesquisa estimulada mostrava ainda que o mineiro Juscelino Kubitschek era o candidato à sucessão preferido por 51,8% dos entrevistados, contra 16% obtidos pelo carioca Lacerda e 13,3% pelo pernambucano Miguel Arraes. O instituto constatou que a reforma agrária e a encampação de refinarias particulares de petróleo tinham aprovação dos eleitores. Já a legalização do Partido Comunista Brasileiro, defendida pelo presidente, era rejeitada pela maioria.

Assim sendo, não ocorrera variação significativa da opinião pública sobre a gestão de João Goulart entre o período anterior ao Comício da Central e posterior à Marcha da Família. Aqueles que já o rejeitavam, assim continuaram; e os que lhe eram favoráveis, em grande medida mantiveram o apoio. Apesar de todos os sobressaltos e confrontos entre os segmentos da sociedade civil envolvidos, os dados coletados indicavam que, em tese, Jango teria sustentação popular para terminar o mandato. Uma mudança nesse rumo só poderia ser imaginada se ocorresse um fato novo, como uma colisão frontal com a área militar, que servisse de pretexto para uma intervenção das Forças Armadas.

Como em determinados momentos da história, parece haver uma espécie de ação da gravidade que leva inexoravelmente ao pior dentre os cenários possíveis, o ingrediente que faltava não tardaria a ser acrescentado à receita do desastre.

VIII

TANQUES CONTRA JANGO

Na segunda quinzena de março de 1964, a hostilidade a Goulart recrudescia, embora os setores militares que conspiravam ainda hesitassem em tomar posição contra o governo. Preocupado em deixar o terreno preparado, o agora marechal Castello Branco enviou uma circular à oficialidade do Exército advertindo contra os perigos do comunismo e exortando a Força a estar "pronta para agir diante de uma ameaça à ordem constituída no país". Essa oportunidade se apresentaria prodigamente com a eclosão de uma revolta de marinheiros e fuzileiros navais no Rio de Janeiro.

Em 24 de março, um grupo de suboficiais da Marinha – sargentos, cabos e marujos – ocupou o Sindicato dos Metalúrgicos em nome da Associação de Marinheiros e Fuzileiros Navais (AMFN), desencadeando protestos e um confronto aberto com os altos escalões da Força. Era uma reação à decisão do ministro Sílvio Mota, semanas antes, de declarar a entidade ilegal e mandar prender doze de seus dirigentes, que reivindicavam direitos políticos e reajustes salariais. Entre os presentes ao encontro no sindicato estava o octogenário João Cândido Felisberto, líder da histórica Revolta da Chibata, de 1910, contra os castigos físicos impostos aos marinheiros em serviço. Se, no motim de décadas passadas, João Cândido havia sido apelidado Almirante Negro, dessa vez, à frente do movimento estava o cabo

Anselmo, que adiante teria decisiva participação em atividades subterrâneas do país.

Sergipano de Itaporanga D'Ajuda, nascido em 1942, José Anselmo dos Santos ficara órfão de pai bem cedo. Matriculou-se na Escola de Aprendizes-Marinheiros em 1958. Havia ingressado na AMFN por intermédio de um amigo, e presidia a associação desde abril de 1963, momento em que o coletivo convertia-se em uma entidade parassindical, com influência do PCB. Marinheiro de primeira classe, não havia chegado a cabo – as duas listras na manga de seu uniforme, que em outras armas teriam esse significado, induziram a imprensa a imaginar essa condição e o cognome se espalhou.

Proferindo para os 2 mil marinheiros reunidos no sindicato um discurso preparado em boa parte pelo infiltrado do "Partidão" Carlos Marighella, Anselmo defendeu com desassombro as reformas de base, a libertação dos representantes da Associação que haviam se insubordinado e atacou os movimentos conspiratórios em curso:

> Será subversivo dar assistência médica e jurídica a marinheiros e fuzileiros? Será subversivo convidar o presidente da República para dialogar com o povo fardado? Quem tenta subverter a ordem não são os marinheiros, os soldados, os fuzileiros, os sargentos e os oficiais nacionalistas, como também não são os operários, os camponeses e os estudantes. A verdade deve ser dita. Quem, neste país, tenta subverter a ordem são os aliados das forças ocultas, que levaram um presidente ao suicídio, outro à renúncia, tentaram impedir a posse de Jango e agora impedem a realização das reformas de base!

O ministro Sílvio Mota considerou o ato uma afronta e mandou um contingente de cem fuzileiros navais para prender os insubordinados. Entretanto, a maior parte aderiu à rebelião, com apoio do próprio comandante da corporação, o vice-almirante Aragão. Sentindo-se desprestigiado, Mota pediu demissão do cargo, sendo substituído pelo almirante Paulo Mário da Cunha Rodrigues, suspeito de ter ligações com o PCB. No dia 27, Sexta-Feira Santa, os revoltosos deixaram o sindicato e foram presos no Batalhão de Guardas, em São Cristóvão. João Goulart recusou-se a punir os insubmissos e assinou decreto anistiando os envolvidos no incidente. Libertados horas depois, os marinheiros saíram em passeata pelo centro do Rio, carregando uma âncora feita de flores, e terminaram sua manifestação na igreja da Candelária, onde fizeram uma oração de agradecimento. O episódio abriu uma profunda crise entre a oficialidade da Marinha e alvoroçou os oficiais das três armas. "Se ninguém depuser esse Jango, vou pessoalmente tirá-lo do palácio!", ameaçou o marechal Ângelo Mendes de Moraes, sobrinho-neto do ex-presidente Prudente de Moraes e ex-prefeito do Rio.

Até aquele momento, boa parte das Forças Armadas, apesar do descontentamento, alinhava-se com a legalidade, defendendo que se chegasse ao pleito de 1965 sem quebras institucionais, cogitando apenas, talvez, um "freio de arrumação". Porém, com a transgressão de um dos seus princípios-mestres – o inflexível respeito à hierarquia –, sob o aparente patrocínio do mandatário do país, militares até então neutros passaram a apoiar a intervenção. No Clube Naval, um grupo de almirantes hasteou a bandeira a meio mastro e duzentos oficiais lançaram manifesto responsabilizando o governo pela quebra da disciplina. Em face desses acontecimentos, o golpe contra João Goulart, que dias antes era algo ainda incerto, entrou em marcha. No Rio, Costa e Silva, Castello Branco e Cordeiro de Farias fizeram um balanço da situação nos quartéis de todo o país, definiram os códigos que seriam utilizados durante o levante e dividiram as tarefas revolucionárias. Nenhuma data havia sido definida, porém.

No dia 28 de março, Sábado de Aleluia, reuniram-se em Juiz de Fora os generais Mourão Filho e Carlos Luís Guedes, comandante e subcomandante da 4ª RM, o marechal e ex-ministro Odílio Denys, o chefe da PM mineira, coronel José Geraldo de Oliveira, e o governador Magalhães Pinto. Dessa reunião resultou a decisão de marcar a data da sedição para dois dias adiante, sem que Castello Branco fosse consultado. Entre outros fatores, Carlos Guedes defendera a escolha da data por causa de uma superstição: "Dia 30 é o último dia de lua cheia, e eu não tomo nenhuma iniciativa na lua minguante", argumentou, segundo anotação em seu diário. "O que começa em quarto minguante lunar não dá certo. Se não sairmos agora, terei de esperar a lua nova, e então será muito tarde".

Na tarde do dia 30, Guedes determinou que soldados fechassem o trânsito perto de seu quartel-general, mandou prender adversários políticos mineiros e organizou uma tropa chamada de Força Revolucionária. Mas essas medidas não repercutiram nos meios militares nem resultaram em desdobramentos imediatos. Em meio a esses movimentos, Magalhães Pinto divulgou um manifesto, falando em "radicalização ideológica", que podia ser interpretado como uma justificativa para o golpe em andamento: "Se, por influência de inspirações estranhas e propósitos subversivos, são comprometidas a hierarquia e a disciplina, sem as quais elas não sobrevivem, têm as Forças Armadas não só o direito como também o dever de pugnar pela sua própria integridade", dizia.

Enquanto essa movimentação ocorria, ciente do alto risco de derrubada do governo, Juscelino Kubitschek, que havia tempos vinha tentando, sem sucesso, persuadir Goulart a adotar uma posição conciliadora, foi ao Palácio Laranjeiras. Não perdeu tempo com preâmbulos e disparou:

— Jango, se você ainda tiver interesse em preservar seu mandato, terá de fazer dois manifestos: um tranquilizando a nação em relação ao comunismo. O outro, às Forças Armadas, em que você avoca para si a restauração do respeito aos regulamentos e à hierarquia na Marinha.

Jango recusou o conselho:

— Se eu fizer isso, estarei dando uma demonstração de medo e fraqueza. Um homem com medo não pode governar um país.

Juscelino voltou a argumentar:

— Não é mostrar medo. Eu nunca tive compromisso com o erro. Quando errava, não temia voltar atrás. Não se comprometa com o erro. Porque, se você erra, todo o rebanho vai para o caminho errado.

Jango respondeu com um sofisma:

— Você parece ser contra as reformas de que o Brasil precisa e que quero implantar.

JK insistiu que não estava falando das reformas, mas sim da quebra na hierarquia militar, a seu ver manobra temerária que levaria o país ao caos.

Apesar do contexto incandescente, João Goulart não recuou da intenção de comparecer naquela noite à comemoração do aniversário de dois anos de fundação da AMFN, no Automóvel Clube do Brasil, onde seria homenageado. A iniciativa seria fatalmente interpretada como uma provocação às Forças Armadas, por representar mais um gesto de apoio do presidente às categorias militares sublevadas, e elevaria a tensão no país a um grau inédito. Tancredo Neves, líder do governo na Câmara, e o ministro da Justiça, Abelardo Jurema, também tentaram convencer o presidente a não ir aos festejos. "Deus faça com que eu esteja enganado, mas creio ser esse o passo que irá provocar o inevitável", teria dito Tancredo.

Ignorando as advertências, Jango chegou ao evento dos sargentos acompanhado de todos os seus ministros civis e nenhum dos militares. O prédio na rua do Passeio, projetado em estilo neoclássico por Araújo Porto-Alegre em 1854, havia sediado anteriormente o Cassino Fluminense. Àquela altura, o salão principal já estava tomado por cerca de mil convidados. Líderes da categoria – entre eles o cabo Anselmo – faziam discursos extremados. Depois de rápidos cumprimentos, o presidente assumiu o microfone. O oficialato, em alerta naquela noite, esperava ao menos que ele condenasse a insubordinação nas Forças Armadas. Num improviso, porém, Jango elogiou os sargentos recém-rebelados, solidarizou-se com as reivindicações dos policiais militares presentes e defendeu as reformas de base com palavras fortes: "A crise que se manifesta no país foi provocada pela minoria de privilegiados que vive de olhos voltados para o passado e teme enfrentar o luminoso futuro que se abrirá à democracia pela integração de milhões de patrícios nossos na vida econômica, social e política da nação, libertando-os da penúria e da ignorância", disse Jango, exaltado. Interrompido a todo instante por gritos e aplausos entusiásticos, encerrou com um apelo conciliador aos sargentos: "Respeitem a hierarquia legal; que se mantenham cada vez mais coesos dentro de suas unidades e fiéis aos princípios básicos da disciplina".

Arquivo Público do Estado de São Paulo, São Paulo

Figura que seria marcante no futuro, cabo Anselmo discursa como presidente da Associação de Marinheiros e Fuzileiros Navais (AMFN) em ato no Sindicato dos Metalúrgicos contra a deposição de Goulart

Apesar da exortação à ordem no desfecho de sua fala, o estrago realizado por sua mera presença no evento era incomensurável. Enquanto retornava ao Palácio Laranjeiras, um telegrama enviado pelo embaixador Lincoln Gordon ao governo dos Estados Unidos já informava: "Duas fontes ativas do movimento contra Goulart dizem que o golpe deverá vir nas próximas 48 horas". Minutos depois, o presidente Lyndon Johnson recebia em seu rancho, no Texas, um telefonema do secretário de Estado, Dean Rusk: "Sr. presidente, a 'coisa' pode estourar a qualquer momento. Pedi ao Bob McNamara [secretário de Defesa] que apronte alguns navios-tanques para suprimentos. Essa é uma oportunidade que pode não vir a se repetir. É possível que esse assunto brasileiro exploda de hoje para amanhã".

O governo dos Estados Unidos preparou dois planos para o quadro que se desenhava. O primeiro referia-se ao abastecimento de petróleo para o transporte dos conspiradores e para manter o funcionamento da economia. O segundo previa o envio de uma força-tarefa de navios de guerra às águas brasileiras, sob pretexto de recolher cidadãos norte-americanos, que poderia entrar em ação caso houvesse um conflito armado na sequência da derrubada de Jango. Seria a chamada Operação Brother Sam, confirmada em documentos liberados pelo governo dos Estados Unidos décadas mais tarde. Incluía o envio de navios petroleiros com capacidade para 130 mil barris de combustível, uma esquadrilha de aviões-caça, um navio de transporte com a carga de cinquenta helicópteros, tripulação e armamento completo, o porta-aviões *Forrestal*, seis destróieres, um encouraçado, um navio de transporte de tropas, 25 aviões C-135 para transporte de material bélico e 100 toneladas de armas leves e munições.

Na madrugada do dia 31, o general Olympio Mourão Filho decidiu colocar o movimento em marcha, depois de ter sido procurado pelo deputado federal José Maria Alkmin (PSD-MG), ex-ministro da Fazenda de JK que vinha intensificando a oposição a Goulart e ouvira o discurso de Jango pelo rádio poucas horas antes. Anticomunista católico, Mourão Filho simpatizava com a ideia de se deflagrar o golpe em um 31 de março, por coincidir com o aniversário da vitória do "generalíssimo" Francisco Franco, seu ídolo, ao fim da Guerra Civil Espanhola. Às 4h do dia 31, ainda "de pijama e roupão vermelho", conforme relatou em suas memórias, Mourão Filho telefonou para Carlos Guedes autorizando a mobilização da 4ª Região e da Polícia Militar do estado. Em seguida comunicou sua decisão ao deputado Armando Falcão, que vinha funcionando como contato entre os meios civis e militares envolvidos na conspiração.

— O senhor está bem articulado, general? — preocupou-se Falcão do outro lado da linha.

— Estou articulado com a minha consciência! — respondeu-lhe o comandante da RM.

Alertado por Falcão, Castello Branco telefonou a Magalhães Pinto para confirmar a saída das tropas. Ao ouvir a resposta, reagiu: "Isso é loucura!". O governador mineiro retrucou com um ultimato: "O senhor, como chefe do Estado-Maior, ou nos apoia ou apoia o Jango". Em um último esforço, Castello procurou o subordinado de Juiz de Fora, tentando evitar que o golpe fracassasse por causa de uma iniciativa açodada:

— Mourão, recolha seus soldados e suspenda essas operações. Se saírem agora, vocês serão massacrados!

— Já estamos a caminho do Palácio Laranjeiras, marechal. Não há mais volta!

— Ainda há tempo, sim — insistiu Castello. — Vamos deixar para o dia 8, ou pelo menos para o dia 2, após a nova marcha católica que está sendo organizada no Rio de Janeiro. Assim, as coisas ficarão melhor coordenadas.

— Marechal, a hora é essa — garantiu Mourão do outro lado da linha. — Agora, ou fiquem do meu lado e ofereçam o apoio necessário ou fiquem contra mim e entreguem o Brasil ao comunismo.

Castello refletiu em silêncio por alguns segundos e, finalmente, respondeu:

— Está bem. Que seja assim, então. Vamos à revolução!

Teve início, assim, a Operação Popeye, por ser o general Mourão Filho, como o personagem de animação, um fumante inveterado de cachimbo. O chefe da 4ª RM designou para o comando da missão o general Antônio Carlos Muricy, lotado no Rio de Janeiro. Às 7h enviou a ele a senha "Começou a brincadeira!", com a orientação para que tomasse o rumo de Juiz de Fora, para, de lá, liderar as tropas. Ainda que um tanto cético sobre o sucesso do movimento, Muricy tirou ânimo do fato de que andava especialmente mordido com o governo vigente. Havia meses vinha sendo atacado por partidários de Jango, especialmente Brizola, que o chamara de "gorila" durante campanha por todo o Nordeste. Seguindo orientações de Mourão, antes de pegar a estrada, dirigiu-se à casa do general Ademar de Queirós, em Botafogo, onde já se encontravam Castello, Costa e Silva e Ernesto Geisel, a fim de receber instruções.

Por telefone, Costa e Silva começou a mobilizar os setores militares de diversos pontos do país e dedicou especial atenção ao general Amaury Kruel, comandante do II Exército (São Paulo), que se mostrava reticente: "Sua lealdade deve ser com o país e não com um governo que está apodrecendo", insistiu. Ainda imaginando que o golpe poderia ser evitado, o general Kruel telefonou a João Goulart e, após inteirá-lo devidamente da situação, pressionou o presidente a anunciar seu rompimento com o CGT "e outras organizações comunistas" para tentar salvar seu mandato. Cobrava ainda a demissão de ministros. Jango foi apanhado de surpresa, porque, apesar de alertado pelo deputado Almino Affonso sobre o levante em curso, fora tranquilizado pelo general Assis Brasil, da Casa Militar, que lhe assegurara estar havendo apenas um "exercício de rotina" em Minas Gerais. Apesar do impacto, Goulart respondeu a Kruel que não abandonaria as forças populares, afirmando que elas representavam sua principal base de apoio. E mostrou-se confiante em um desfecho favorável para a crise: "Vamos esmagar Minas primeiro, general. Depois a gente trata do resto", disse. O militar retrucou que as forças rebeldes já estavam a caminho do Rio e ameaçou se juntar a elas caso o presidente não cedesse. Jango não se conteve mais: "Se essas são as suas condições, eu não as examino. Prefiro ficar com as minhas origens. O senhor que fique com as suas convicções. Ponha as tropas na rua e traia abertamente". O comandante desligou e ordenou o deslocamento de seus contingentes ao Vale do Paraíba, para onde também estava rumando o ex-ministro Odílio Denys.

Meio século depois, em depoimento à Comissão Municipal da Verdade de São Paulo, o coronel reformado Erimá Pinheiro Moreira daria uma versão de maior gravidade para a adesão de Amaury Kruel ao golpe. Segundo ele, o então presidente da Fiesp, Raphael de Souza Noschese, teria entregado US$ 1,2 milhão ao general para que apoiasse a derrubada de Goulart. Em seu depoimento, o coronel Erimá contou que cedeu as instalações de um laboratório de análises clínicas, de sua propriedade, para uma reunião entre Noschese e Amaury Kruel, ocorrida no 31 de março de 1964. Segundo o coronel, três homens acompanharam o encontro, levando maletas cheias de dinheiro. Na ocasião da denúncia, o Comando Militar do Sudeste negou a existência de qualquer informação interna a respeito. A Fiesp emitiu um comunicado alegando igual desconhecimento, mas observou que apoiava investigações eventualmente feitas a partir das declarações do coronel. Os descendentes de Raphael Noschese contatados não quiseram comentar, assim como os parentes de Kruel.

No meio da tarde, o marechal Castello Branco e os generais Costa e Silva e Décio Palmeiro Escobar divulgaram um manifesto conclamando todos os militares das diversas forças a se unirem na luta contra o governo.

Arquivo Público do Estado de São Paulo, São Paulo

Presos pelo ministro Sílvio Mota por conta do ato, os marinheiros foram anistiados por Jango e tomaram as ruas do Rio para comemorar

IX

"O URUGUAI É AZUL"

No começo da noite de 31 de março, reunido com oficiais no Iate Clube do Rio de Janeiro, o general Costa e Silva telefonou para o general Garrastazu Médici, comandante da Academia Militar das Agulhas Negras (AMAN), dando conta de que por ali deveriam passar as tropas do general Kruel. Médici respondeu-lhe que a unidade estava pronta para marchar ao lado dos revoltosos e que já havia obtido a adesão do Batalhão de Infantaria Blindada, sediado em Barra Mansa, no Vale do Paraíba.

Do consulado americano, o embaixador Lincoln Gordon disparava telefonemas, principalmente para calcular as chances de resistência de Goulart e seus aliados ao golpe. A avaliação geral de suas fontes era a de que uma reação armada parecia remota, e o mais provável seria a convocação de greves por entidades sindicais. Tentando se precaver dessa última possibilidade, o governador Carlos Lacerda ordenou a prisão dos líderes dos ferroviários, que já se reuniam em assembleia, mas não conseguiu evitar a paralisação do ramal da Leopoldina. A Central do Brasil aderiu em seguida e foi ocupada por duzentos soldados. Sem condução para o subúrbio, multidões de trabalhadores se concentraram em frente ao monumento a Duque de Caxias, próximo à estação, esperando por caminhões que passavam oferecendo transporte.

Às 19h, a Rádio Jornal do Brasil foi invadida por um grupo de fuzileiros a mando do almirante Aragão, que se mantinha fiel a

Jango. Motivo alegado para a invasão: a divulgação de notícias de que a queda do governo era iminente. A rádio, daí em diante, passou a transmitir apenas boletins internacionais.

Enquanto Jango tentava compreender a extensão da crise, a primeira-dama Maria Thereza esperava por notícias na Granja do Torto, residência do presidente no Distrito Federal, em um silêncio angustiado. Ela recebera a firme orientação de só fazer o que ele – ou pessoas de sua confiança – mandassem. E passou a temer pela vida do marido ao ouvir pelo rádio as notícias da rebelião iniciada em Minas Gerais. No final da tarde, o telefone tocou. Era Tancredo Neves: "Dona Maria Thereza, aguarde novas ordens, porque está tudo muito confuso. Acho que dr. Jango vai passar por Brasília, mas a confusão está generalizada". Às 19h, Tancredo voltou a ligar, e pediu que ela fosse para Porto Alegre. Seguindo as determinações, não teve tempo para preparar muita bagagem: "Só peguei uma mala com umas roupinhas minhas e das crianças. Achei que voltaria. Tudo o que eu tinha ficou na Granja. Quadros, animais de estimação, roupas, joias, sapatos e bolsas", recordou décadas mais tarde. "Deixamos tudo para trás." Além de Tancredo, o costureiro Dener, que ajudou a definir seu elogiado estilo, foi o único a ligar naquele 31 de março. E a aconselhou: "Se precisar sair do Brasil, não vá usando marrom". Ela respondeu, com um resquício de bom humor: "Fique tranquilo. Nunca gostei de usar marrom mesmo". Da capital rio-grandense, Maria Thereza e os filhos foram para sua fazenda Rancho Grande, em São Borja.

Entre os meios civis mais engajados, a sensação era de estupor. O músico Carlos Lyra relembraria anos depois os sobressaltos vividos nos primeiros instantes do golpe:

> Por volta das 9h daquela noite, cheguei à sede da UNE. Junto ao portão principal achavam-se Vianinha e outros participantes do CPC. Já haviam chegado cerca de duzentas pessoas, entre artistas, intelectuais e estudantes, que vinham prestar solidariedade a esses últimos, que acabavam de sofrer ali mesmo um atentado por parte do MAC [Movimento Anticomunista].

> Mal acabamos de entrar, ouvimos o ruído seco e aterrador dos tiros de metralhadora. [...] Os componentes do MAC, diante da total impassibilidade dos fuzileiros navais, atearam fogo ao prédio.

Às 22h, Ademar de Barros, de São Paulo, discursou em cadeia de rádio e televisão com entusiasmo: "Agora, caçaremos comunistas por todos os cantos! Mandaremos mais de 2 mil, uma verdadeira Arca de Noé, para uma viagem de turismo à Rússia!".

Se João Goulart não esperava mais nada de Ademar, ao menos acreditou ter um canal com Magalhães Pinto para mudar o rumo dos acontecimentos. "O que está acontecendo, Magalhães?", perguntou em telefonema. E o governador: "O que está acontecendo, presidente, é que chegamos a uma situação em que não há mais diálogo". Jango insistiu: "Como? Nós sempre tivemos uma relação de tanto diálogo...". Como a conversa não avançasse, passou o telefone a San Tiago Dantas, que apelou: "Magalhães, reconsidere isso. Segure as pontas. Estamos lhe dirigindo uma mensagem de paz". Magalhães retrucou de modo ríspido: "San Tiago, sinto muito, mas, a essa altura dos acontecimentos, os mineiros só terão paz com as forças leais a Jango no túmulo!". E desligou.

Enquanto as tropas comandadas pelos generais Mourão Filho e Carlos Guedes se deslocavam de Minas Gerais em tanques de guerra e caminhões, resistiam na Marinha articulações para a defesa do governo. Segundo comunicações interceptadas pelo Comando Revolucionário, o vice-almirante Cândido Aragão planejava medidas que indicavam a transformação do Rio em um campo de batalha: seu esquema cogitava a dinamitação de um trecho da praia de Botafogo, da rua Farani e da rua das Laranjeiras, para bloquear os acessos ao Palácio Guanabara. Difundiu-se também a informação de que ele ordenara o deslocamento de 10 mil fuzileiros dos batalhões Humaitá e Riachuelo, da Ilha do Governador, para um ataque ao palácio, onde se achavam preparados para combate Carlos Lacerda e seguidores. Além de colocar a polícia em alerta, Lacerda mandou a guarda empilhar sacos de areia em torno da sede do governo.

Correio da Manhã - Arquivo Nacional, Rio de Janeiro

Começa a mobilização de tanques no Rio de Janeiro

Às 2h do dia 1º de abril, por determinação do presidente, foram convocados ao gabinete do ministro da Guerra, general Armando de Morais Âncora – interino, já que o titular Jair Dantas Ribeiro se encontrava afastado por questões de saúde –, o almirante Paulo Mário da Cunha, chefe do Estado-Maior, e o vice-almirante Aragão. Este último falou sobre a necessidade de "neutralizar Carlos Lacerda". João Goulart foi aconselhado pelos demais a atacar os revoltosos, mas rechaçou qualquer ação nesse sentido: "Não haverá invasão ao Palácio Guanabara ou qualquer ato contra a pessoa física de Carlos Lacerda", determinou Jango. Ao sair, já no elevador, Aragão, contrariado, comentou com os outros dois almirantes: "Estamos sendo traídos. Há um isolamento da Marinha".

Pouco antes, Lacerda, com um fuzil no ombro, proferia, por uma emissora de rádio, violentas ofensas ao militar janguista: "O Palácio Guanabara está neste momento sob a ameaça de um bando de desesperados. Fuzileiros, deixem suas armas porque vocês estão sendo 'tocados' por um oficial inescrupuloso. Almirante Aragão, covarde, incestuoso miserável! Deixe os seus soldados e venha decidir comigo essa parada. Quero matá-lo com meu revólver!".

Na mesma madrugada, o deputado Rubens Paiva (PTB-SP) fez um discurso na Rádio Nacional, na capital paulista, atacando o governador Ademar de Barros e conclamando a população a defender o mandato de Jango: "Meus patrícios, me dirijo especialmente a todos os trabalhadores, a todos os estudantes e a todo o povo de São Paulo, infelicitado por esse governo fascista e golpista, que neste momento vem traindo o seu mandato e se pondo ao lado das forças de reação [...] para que todos, em greve geral, deem a sua solidariedade integral à legalidade que ora representa o presidente João Goulart".

Nas vias de acesso à Guanabara, formavam-se focos de resistência. Disposto a enfrentar os conspiradores, o general Luís Tavares da Cunha Melo estacionou com quatro batalhões em Areal (RJ), a meio caminho entre Juiz de Fora e a cidade do Rio de Janeiro. No decorrer da manhã, porém, as adesões militares foram se multiplicando e Cunha Melo desistiu da ação, confraternizando com as tropas de Mourão Filho e Muricy. Ao aproximar-se de Resende com outras forças legalistas, o general Morais Âncora foi abordado por Amaury Kruel, vindo de São Paulo. Com a mediação do general Médici, resolveu depor as armas ao ser informado de que Costa e Silva já tomara a sede do Ministério da Guerra, no Rio. O comandante da infantaria de Caçapava, general Euryale de Jesus Zerbini – irmão do cirurgião Euríclides, que faria o primeiro transplante de coração no Brasil –, também tentou barrar o golpe mobilizando suas forças na divisa entre Minas Gerais e o Rio de Janeiro, mas acabou detido. Para ele e seu núcleo familiar mais próximo, seria o começo de um período extremamente grave.

O deputado Almino Affonso foi um dos redatores de uma declaração gravada por João Goulart para ser transmitida pela Rádio Nacional, na qual o presidente afirmava que lutaria contra sua deposição. Os acontecimentos, porém, se sucediam em uma velocidade maior que a capacidade de reação do governo. Enquanto a transmissão radiofônica ocorria, o Forte de Copacabana, um dos principais focos de defesa da cidade, era tomado pelos revoltosos. Às 12h45, cedendo ao atropelo dos acontecimentos, Goulart embarcou do aeroporto Santos Dumont para Brasília, acompanhado do secretário Raul Ryff.

Às 14h daquele dia 1º, Costa e Silva expediu uma notificação a todas as unidades militares informando-as que, "em virtude de ser o membro mais antigo do Alto-Comando", assumia a liderança do Exército, proclamando-se "comandante supremo da revolução". Pouco depois, o general Âncora renunciava ao cargo de ministro interino da Guerra, dando por encerrada qualquer ação do sistema defensivo do governo.

O golpe surpreendeu muita gente, mas não o editor janguista Samuel Wainer que, bem informado, providenciara um visto da embaixada do Chile para deixar o país. Enquanto ele voava em segurança, a redação de seu jornal *Última Hora*, em São Cristóvão, era depredada e incendiada. No mesmo momento, era dispersado a tiros um protesto em frente ao Clube Militar, na avenida Rio Branco, no centro do Rio. No tumulto, uma bala perdida atingiu e matou a dona de casa Labibe Elias Abduch, que se dirigira à entidade para obter notícias do filho, soldado que servia no Rio Grande do Sul.

No meio da tarde, cerca de duzentos estudantes ocuparam o Centro Acadêmico Cândido de Oliveira (CACO) da Faculdade de Direito da Universidade do Brasil, hoje UFRJ, na Urca, para resistir. Juntaram-se ali militantes do PCB e do PCdoB, católicos da AP e muitos independentes. Todos foram encurralados por membros do Comando de Caça aos Comunistas (CCC), que começaram a estilhaçar as vidraças do prédio centenário com rajadas de metralhadoras e a lançar bombas de gás lacrimogêneo, soltando gritos para festejar a queda do governo Goulart. Durante o incidente, a arma levada pelo aluno de filosofia Antônio Carlos Silveira Alves disparou sozinha. Atingido no estômago, o rapaz morreu minutos depois. O confronto só foi encerrado com a chegada de uma força comandada pelo capitão Ivan Cavalcanti Proença, do Regimento Presidencial, que garantiu a saída dos resistentes em segurança. O militar seria preso em seguida e levado para a Fortaleza de Santa Cruz, na Baía de Guanabara. Integrantes do CCC também destruíram a Rádio

Arquivo Público do Estado de São Paulo, São Paulo

De metralhadora na mão, o governador Carlos Lacerda é informado que os fuzileiros navais invadirão o Palácio da Guanabara

MEC, no Rio, tomaram a Companhia Telefônica de São Paulo e ocuparam as docas de Santos.

Caía a noite de outono na capital paulista, quando o auxiliar de escritório José Dirceu de Oliveira e Silva deixou a imobiliária na qual dava expediente, na praça da República, para caminhar até o Colégio

Paulistano, na Liberdade, onde fazia o curso científico noturno. Ainda sem demonstrar muitos traços do líder estudantil e político que se tornaria ao final da década, o mineiro de Passa Quatro residia na metrópole havia três anos, e pouco se aventurava fora da área central da cidade. Com dezoito anos recém-completados, morava em uma pensão na avenida Brigadeiro Luís Antônio e, nas horas vagas, frequentava o bar Paulistano, na rua São Joaquim, em cujas mesas se discutiam cinema, futebol e marxismo. Também marcava presença nos bailes da Casa de Portugal, a poucos metros dali. Ao saber que as aulas haviam sido suspensas, juntou-se às rodas de conversa dos estudantes, que estavam especialmente agitadas.

A poucas quadras de distância, na rua Maria Antônia, o futuro presidente Fernando Henrique Cardoso, então professor, dispunha de pouco tempo para decidir seu destino:

> Recordo-me de duas reuniões na Faculdade de Filosofia na noite de 1º de abril de 1964. Em uma, tentava acalmar os estudantes, pois não entendia bem o que ocorrera e achava precipitado haver manifestações. Na segunda, tentava o mesmo com meus colegas professores. Tamanha era a confusão, que houve quem propusesse um manifesto contra os "militares golpistas que apoiavam Jango"... Em seguida, a polícia tentou prender o professor Bento Prado, confundindo-o comigo. Tive que me esconder, primeiro em casas de amigos, em São Paulo, depois no Guarujá, num apartamento do Thomaz Farkas [fotógrafo e dono da rede de lojas Fotoptica]. De lá, saí para Viracopos, cercado por familiares e amigos, sob a batuta de Maurício Segall, que se informava e sabia dos aeroportos ainda sem listas de subversivos a serem capturados. Voei para Buenos Aires, onde me hospedei no apartamento de um colega sociólogo, José Nun, que mais tarde foi ministro da Cultura de Néstor Kirchner. Da Argentina fui para o Chile, carregando comigo os escritos da tese que pretendia defender para conquistar uma cátedra. Ruth, minha mulher, ficou em São Paulo. Ela procurou, então, o professor Honório Monteiro, que representava a Faculdade de Direito no

Conselho Universitário e era afilhado de sua avó. [...] Quando Ruth perguntou ao professor Honório "O que vai acontecer?", ele sabiamente replicou: "Nada; vai mudar tudo".

Depois de uma rápida passagem por Brasília, João Goulart deixou a capital federal no fim da noite em avião da FAB rumo a Porto Alegre. Antes da decolagem, pediu ao chefe da Casa Civil, Darcy Ribeiro, que informasse ao Congresso sua intenção de manter-se no cargo e de não abandonar o país.

Aos primeiros minutos do dia 2 de abril daquele 1964, o presidente do Congresso convocou todos os parlamentares ao Senado para uma sessão extraordinária. Em seu gabinete, falando a um pequeno grupo de colegas de partido expressou seu apoio ao golpe e defendeu a destituição de Goulart. O deputado mineiro Gustavo Capanema reagiu mal à ideia: "Auro, isso é um absurdo!", exclamou o jurista e ex-ministro da Educação.

Às 2h, o plenário já se encontrava repleto, em um clima de tensão brutal. Deputados de ambas as tendências se hostilizavam aos gritos; alguns chegavam a exibir seus revólveres em coldres presos à cintura. "Foi um rebuliço danado", relembrou o pernambucano Ney Maranhão, na ocasião filiado ao PTB de Jango. Quando as listas de presença acusaram o comparecimento de 29 senadores e 183 deputados, num total de 212, Moura Andrade declarou haver número legal para iniciar os trabalhos: "Esta sessão conjunta do Congresso Nacional foi convocada a fim de que a presidência pudesse fazer um comunicado e uma declaração. Passo a enunciá-las...".

— Sr. presidente, peço a palavra! — interrompeu o deputado petebista Bocayuva Cunha. — O governador do estado da Guanabara foi preso por oficiais da Marinha...

A informação não procedia e, de todo modo, ainda que todos soubessem do que aquela reunião iria tratar, o assunto em pauta ainda não havia sido colocado pelo condutor dos trabalhos, que interrompeu a fala do colega soando a campainha da Mesa Diretora. Moura Andrade determinou que o 1º secretário, senador Adalberto Sena, lesse mensagem do chefe da Casa Civil, Darcy Ribeiro. O documento informava: "O sr. presidente da República incumbiu-me de comunicar à vossa excelência que, em virtude dos acontecimentos nacionais das últimas horas, para preservar de esbulho criminoso o mandato que o povo lhe conferiu, decidiu viajar para o Rio Grande do Sul, onde se encontra à frente das tropas legalistas e no pleno exercício dos poderes constitucionais e do seu ministério".

Moura Andrade ignorou o conteúdo da mensagem. Afirmou que a nação estava "acéfala, numa hora gravíssima" e arrematou:

— Comunico ao Congresso Nacional que o senhor João Goulart deixou, por força dos notórios acontecimentos, o governo da República.

O ambiente foi tomado por vaias e xingamentos, aplausos e braços levantados em triunfo. Políticos rivais chegaram a ensaiar gestos de pugilato. O deputado Sérgio Magalhães (PTB-PE) tomou a palavra e levantou uma questão de ordem, argumentando que tanto a convocação da sessão quanto o comunicado de vacância do cargo não estavam previstos no regimento. Moura Andrade reagiu lembrando que, em 1961, quando estava em discussão a saída de Jânio Quadros da Presidência, Magalhães não fizera observação semelhante. O político pernambucano lembrou ao presidente sua obrigação regimental de responder às questões de ordem de forma conclusiva, "e não arguir erros do passado para justificar suas atitudes". Moura Andrade prosseguiu:

> Esta acefalia configura a necessidade de que o Congresso Nacional, como poder civil, imediatamente tome a atitude que lhe cabe, nos termos da Constituição, para o fim de restaurar, na pátria conturbada, a autoridade do governo, a existência de governo. Não podemos permitir que o Brasil fique sem governo, abandonado. Há sob a nossa responsabilidade a população do Brasil, o povo, a ordem. Assim sendo, declaro vaga a Presidência e, nos termos do artigo 79 da Constituição, declaro presidente da República o presidente da Câmara dos Deputados, Ranieri Mazzilli. A sessão se encerra.

Imediatamente, o plenário explodiu em gritos de comemoração e protestos. O líder do governo na Câmara, deputado Tancredo Neves (PSD), não se conteve e dirigiu-se ao presidente do Congresso aos gritos de "Canalha, canalha!". O anúncio também motivou a ira do corpulento Rogê Ferreira, do Partido Socialista Brasileiro (PSB), que partiu para cima de Moura Andrade quando este se retirava, escoltado pela guarda do Congresso, e lhe deu duas cusparadas. "Foram 'cusparadas cívicas'", qualificaria o deputado e ex-ministro Almino Affonso, anos depois.

Embora a decisão do presidente do Legislativo fosse passível de questionamento jurídico e político – uma vez que João Goulart se mantinha em território nacional e não havia renunciado aos seus poderes constitucionais –, a maioria dos deputados acatou o resultado da sessão. O paranaense Emílio Gomes (PDC), deputado "de primeira viagem" em 1964, disse ter acreditado na época que Moura Andrade havia adotado uma posição legal: "Eu avaliei que, se ele estava falando, tinha algum fundamento constitucional", justificou anos mais tarde.

Moura Andrade seguiu com outros parlamentares para o Palácio do Planalto a fim de, ainda na madrugada, dar posse a Ranieri Mazzilli. O grupo passou pela garagem do Senado, que tem uma saída para a sede do Executivo. Quando o cortejo se aproximou da rampa, o pelotão que estava de guarda, sem saber do que se tratava, apontou suas armas. O coronel Costa Cavalcanti, que conhecia as normas militares, tomou a frente e gritou: "Não atire! Chame o seu oficial de dia!". Veio o oficial, eles conversaram, os guardas se afastaram e todos entraram.

Acompanhado do presidente do Supremo Tribunal Federal, Álvaro Ribeiro da Costa, Moura Andrade deu posse a Mazzilli no terceiro andar do Palácio do Planalto às 3h45 da madrugada de 2 de abril, garantindo o suporte institucional que deu um verniz de legitimidade ao golpe de Estado. Mas o poder de fato ficaria nas mãos do Comando Supremo da Revolução, composto pela junta de ministros militares formada pelo marechal Costa e Silva, o almirante Augusto Rademaker Grünewald e o brigadeiro Francisco de Assis Correia de Melo, enquanto não se definisse quem completaria os

Arquivo Público do Estado de São Paulo, São Paulo

Estudantes reunidos em universidade do Rio são encurralados por membros do Comando de Caça aos Comunistas que jogam bombas e provocam incêndio

mandatos interrompidos de Jânio e Jango, previstos para terminar em janeiro de 1966.

João Goulart havia chegado a Porto Alegre pouco antes, às 3h15, acompanhado do general Assis Brasil. Após desembarcar, fora escoltado por cinco tanques e carros patrulha até a casa de Leonel Brizola, de onde o cunhado esperava iniciar uma resistência semelhante à da Cadeia da Legalidade de anos antes. Junto a Brizola estava o general Ladário Pereira Telles, recém-nomeado comandante do III Exército.

O presidente estava abatido, amuado, mantendo um sorriso nervoso e respondendo com monossílabos aos questionamentos dos interlocutores. Nada indicava que seria um resistente de peso ao quadro que estava se formando. O grupo de simpatizantes concentrado na praça da Matriz, no centro da capital, não era o bastante para evitar a sensação de que seu governo inapelavelmente havia chegado ao fim.

No final da manhã, os governadores Ademar de Barros e Magalhães Pinto desembarcaram no Rio de Janeiro para se encontrar com o colega Carlos Lacerda, a fim de discutir os próximos passos da já chamada revolução. O tema em questão era a eleição presidencial de 1965, à qual, apesar de malabarismos retóricos e exercícios de falsa modéstia, os três já se apresentavam como candidatos. Lacerda transmitia uma indisfarçável sensação de poder, até pelo fato de, por diferentes circunstâncias, sentir-se responsável pela queda do terceiro presidente da República em uma década. Nome menos cotado entre os três, Ademar jogava suas fichas na ascensão de Castello Branco. Pretendia orientar a bancada do seu PSP a sufragar o nome do marechal em troca de influir na montagem do novo ministério.

De fato, a aposta em Castello parecia promissora. Apoiado também pelos clubes Militar e Naval, firmava-se como a opção mais provável entre o Alto-Comando, seguido pelo nome de Amaury Kruel. Talvez por se julgar preterido, Costa e Silva não simpatizava com essas candidaturas. Apresentava suas objeções apoiado no argumento de que a indicação de qualquer militar comprometeria a unidade das Forças Armadas, abrindo "disputas internas". Durante as discussões no QG informal de Botafogo, defendeu o adiamento da eleição do novo presidente, manifestando-se favorável à manutenção por mais algum tempo do Comando Supremo da Revolução e pela continuação de Mazzilli como governante. Voto vencido, passou a propor como alternativa neutra o marechal e ex-presidente Dutra, proposta igualmente descartada. Afinal cedeu, acatando o nome de Castello como "candidato" e recebendo a promessa de que seria o ministro da Guerra.

Às 13h do dia 2 de abril, João Goulart se despediu de Brizola e do general Ladário em Porto Alegre, encerrando qualquer possibilidade de luta pela recondução à Presidência. "Não quero ver derramamento de sangue brasileiro", afirmou aos interlocutores, fechando a questão. Mesmo acusado de covardia por parte da população e por alguns que queriam combater por ele naquele momento, o presidente deposto, com o gesto, evitou a tentação de uma guerra civil de duração e desfecho imprevisíveis. "Ele preferiu tomar a atitude de renunciar a si mesmo e não renunciar ao Brasil", justificaria o filho João Vicente, ao ensaiar ele próprio uma candidatura à Presidência em 2018. O cientista político e professor emérito da USP Francisco Weffort avaliaria a situação de forma diferente, cinquenta anos depois: "As massas não participaram da defesa do governo João Goulart e Jango não defendeu o seu próprio mandato".

Ainda que o quadro caótico de março de 1964 e os meses que o antecederam tenham levado o país a uma traumática ruptura, não se pode desconhecer o fato de que uma trama vinha sendo ensaiada por mais de dez anos, tendo como pano de fundo uma democracia frágil, imatura e desorganizada. A República brasileira tinha uma longa tradição de golpismo e quebras institucionais, com início já no nascedouro do sistema, quando se deu a queda da monarquia, liderada por membros do Exército, em 1889. O primeiro presidente, marechal Deodoro da Fonseca, fechou o Congresso e decretou estado de sítio em 1891, mas acabou tendo de renunciar. Tentativas de revolução ocorreram em 1893, 1922 e 1924. Em 1930, Getúlio Vargas chegou ao poder após a derrubada de Washington Luís pelos ministros militares. Sete anos depois, o mesmo Getúlio suspendeu as eleições e implantou a ditadura do Estado Novo. Ele seria afastado do poder em 1945, pelo alto escalão das Forças Armadas, e, ao retornar, seria alvo de ataques que o levaram ao suicídio. Seguiram-se as revoltas contra JK e, finalmente, a crise desencadeada pela renúncia de Jânio Quadros. Em 1964, em meio à desordem político-administrativa, germinaria a conspiração entre oficiais forjados no tenentismo, lideranças civis conservadoras e um empresariado com agendas que, em grande medida, ultrapassavam os limites do interesse público. A inabilidade de Jango ao lidar com as pressões e os desafios de seu tempo, agravada pela

Arquivo Público do Estado de São Paulo, São Paulo

Cartaz mostrando Gregório Lourenço Bezerra, um dos maiores líderes pela reforma agrária

atuação temerária de parte da classe política, ofereceu a janela de oportunidade para sua queda.

Exausto pela vigília cumprida desde a madrugada do dia 31 e ainda acompanhado pelo general Assis Brasil, Jango tomou o rumo de sua estância Santa Lúcia, à beira do rio Uruguai. Logo ao chegar, organizou uma vigilância em um raio de 6 km em torno da fazenda, a fim de ser prevenido da aproximação de forças inimigas. Dois monomotores e um bimotor foram abastecidos para qualquer eventualidade.

Sem ter tido contato com o marido em Porto Alegre, mas avisada por auxiliares dele de que as coisas estavam tomando um rumo perigoso para sua família, Maria Thereza fora instruída a deixar o país. Ela e os filhos, João Vicente e Denize, embarcaram em um avião comandado por Maneco Leães, piloto de Jango, a caminho da capital uruguaia, onde ficariam inicialmente em casa de amigos na praia de Atlântida.

Durante a viagem, as crianças lhe faziam perguntas que dificilmente poderia responder de maneira assertiva: "Quanto tempo ficariam fora? Por que não puderam levar seus brinquedos?". Denize, agitada, revelou uma curiosa preocupação: "Lá tem bananas?". A certa altura, João Vicente, de seis anos, surpreendeu a mãe:

— De que cor é o Uruguai? — perguntou o menino.

Maria Thereza olhou para o céu pela janela da aeronave, pensou por um momento, deu um suspiro e disse:

— É azul, filho... O Uruguai é azul.

X

O PODER FARDADO

Na zona sul do Rio de Janeiro, a população festejou a intervenção militar jogando papel picado dos edifícios e promovendo buzinaços. O dia 2 de abril, uma quinta-feira, encerrou-se com a chamada Marcha da Vitória, na qual cerca de 1 milhão de pessoas comemoraram a derrubada de Jango com uma passeata político-religiosa pelo centro. Patrocinada e financiada pelo IPES, pelo governador Carlos Lacerda e com o apoio do cardeal Jaime de Barros Câmara, a manifestação havia sido organizada semanas antes como uma Marcha da Família com Deus pela Liberdade, a exemplo da realizada em São Paulo. Diante dos fatos consumados, converteu-se em uma saudação à nova ordem.

No editorial *Ressurge a democracia!*, o jornal *O Globo* destacou: "O Brasil estava sendo destruído para que, sobre seus escombros, viesse a erguer-se uma ditadura do tipo cubano. Os comunistas que orientavam e controlavam o governo já não se detinham diante de coisa alguma". A *Folha de S.Paulo* falava em "renúncia" de João Goulart. *O Estado de S. Paulo* assinalou: "Vitorioso o movimento democrático". *O Dia*, carioca, sentenciou: "Fabulosa demonstração de repulsa ao comunismo". O *Diário de Piracicaba* (SP) resumiu: "Cessadas as operações militares: a calma volta a reinar no país". E, no dia 3, anteciparia: "Deputados que poderão ser enquadrados: comunistas ou ligações com o comunismo".

Exultante com o encaminhamento da situação, o embaixador norte-americano Lincoln Gordon deu telefonemas de felicitações aos líderes do movimento, entre eles Carlos Lacerda: "Vocês fizeram uma coisa formidável! Uma revolução rápida e sem derramamento de sangue!", repetiu a todos.

Não era bem assim. Para além do eixo Rio-São Paulo-Brasília, os reflexos da derrubada de Jango se fizeram sentir de forma aguda, notadamente em Pernambuco. Na capital, Recife, tropas do IV Exército cercaram o Palácio do Campo das Princesas, na tarde do dia 1º de abril, e detiveram Miguel Arraes, que foi encarcerado no 14º Regimento de Infantaria. Durante a repressão aos protestos ocorridos no dia seguinte, foram baleados e mortos os estudantes Ivan Aguiar e Jonas Barros. Em meio aos tumultos, o ex-deputado federal Gregório Bezerra seria capturado por soldados e espancado. No Quartel de Motomecanização colocaram seus pés numa poça de ácido de bateria, deixando-os em carne viva. Em seguida o conduziram pelas ruas, com uma corda no pescoço, sob ameaça de enforcamento em praça pública. Horas depois, em Belo Horizonte, o diretor do PTB local, João de Carvalho Barros, foi morto a tiros em sua casa por soldados vindos em três jipes. Sua mulher foi atingida de raspão no braço e sua filha ficaria gravemente ferida. A violência em Minas já havia começado em 30 de março. Para aquela data, estava prevista a entrega dos primeiros títulos de terras a colonos em Governador Valadares pelo presidente da Supra, João Pinheiro Neto. Devido às primeiras movimentações do general Carlos Guedes no estado, o evento foi suspenso, mas ainda assim, os fazendeiros da região, reunidos em milícia, metralharam a sede do Sindicato dos Trabalhadores da Lavoura, matando o representante Paschoal Souza Lima.

Na madrugada do dia 3, o deputado Rubens Paiva providenciou um avião para levar o ministro da Casa Civil, Darcy Ribeiro, e o consultor-geral da República, Waldir Pires, para o Rio Grande do Sul, onde esperavam encontrar João Goulart e convencê-lo a resistir. No meio do trajeto eles souberam pelo rádio que Jango já decidira "jogar a toalha" e, assim, rumaram direto para o exílio uruguaio.

Na estância Santa Lúcia, o ex-presidente falava em ir para o centro-oeste, onde possuía terras, mas o general Assis Brasil o convenceu de que era melhor buscar refúgio no Uruguai, ao menos por um tempo. Um piloto foi enviado a Montevidéu, com um pedido de asilo político ao país vizinho. No dia 4 de abril, ao amanhecer, retornou com uma resposta positiva. O grupo saiu para outra estância da família, chamada Cinamomo, a 628 km de Porto Alegre, onde Jango recolheu documentos e pertences. Seria a última parada antes do exílio e os últimos momentos da vida do líder político no Brasil.

Ao chegar ao Uruguai, João Goulart e o general Assis Brasil foram recebidos por autoridades e populares. Maria Thereza e os filhos foram encontrá-lo na pista de pouso. Uma das primeiras medidas tomadas por Goulart foi arrendar um hotel para abrigar os aliados que escapavam do Brasil. A propriedade ficaria superlotada em poucos dias.

Sabedor de que, se não retornasse antes de expirado o prazo de oito dias de ausência, seria enquadrado em crime de deserção, o general Assis Brasil despediu-se de Jango: "Presidente, a minha missão está cumprida. Boa sorte". De volta ao Rio, Assis Brasil se apresentou às autoridades e foi levado preso para o Forte Jurujuba, em Niterói. Único oficial general a ser demitido do Exército, ele teria os direitos políticos suspensos, as condecorações canceladas e perderia direito a qualquer futura renda ou pensão militar.

Enquanto algumas alas no Congresso mantinham a esperança de que Ranieri Mazzilli conduziria o processo de transição com a Constituição de 1946 em vigor, o general Castello Branco alinhava-se aos defensores da ideia de que era preciso "formalizar os propósitos da revolução vitoriosa por meio de um ato institucional", tendência apoiada pela UDN. À boca pequena falava-se em expurgos na classe política, inclusive com a cassação de Juscelino Kubitschek. Embora houvesse declarado que "a revolução representava a maior vitória da democracia desde o Plano Marshall", JK era visto como ameaça pela linha-dura, por sua grande popularidade.

Após uma semana de trabalhos estava finalizado um Ato Institucional, redigido pelo Comando Supremo da Revolução e revisado por Francisco Campos, ministro de Vargas pós-Revolução de 1930 e também autor da Constituição de 1937, que instaurou um regime de exceção prolongado até 1945. O mecanismo do que adiante ficaria conhecido como Ato Institucional nº 1 (AI-1) eliminava a oposição e delegava aos congressistas remanescentes a escolha do presidente da República em um colégio eleitoral. Outorgava ao chefe do Executivo competência para decretar estado de sítio, cassar mandatos eletivos, suspender direitos políticos e obter aprovação para seus projetos por decurso de prazo, na hipótese de não serem apreciados pelo Legislativo no prazo de sessenta dias. Determinava ainda que o atual governo iria até 31 de janeiro de 1966, mantendo no calendário as eleições presidenciais diretas de 1965.

No dia 10 de abril, foi divulgado o primeiro rol de cassações, com cem nomes. A preparação da lista havia contado com a participação de parlamentares e governantes civis, que aproveitaram o momento para tirar de cena seus maiores desafetos. "Era o clima de 'se você cassa esse, então eu quero aquele'", observou o jornalista Claudio Bojunga em sua biografia de JK. O ex-presidente, aliás, escapara de entrar na relação. Mas perderiam os direitos políticos os ex-presidentes Jânio Quadros e João Goulart. E ainda Luís Carlos Prestes, Miguel Arraes, Leonel Brizola, Rubens Paiva, Plínio de Arruda Sampaio, Celso Furtado, Abelardo Jurema, Almino Affonso, João Pinheiro Neto, Darcy Ribeiro, Raul Ryff e Nelson Werneck Sodré, além de líderes do Comando Geral dos Trabalhadores (CGT), como Hércules Côrrea, Dante Pellacani e Osvaldo Pacheco. No centésimo lugar da lista figurava José Anselmo dos Santos, o cabo Anselmo, que incendiara as hostes de suboficiais da Marinha.

Nos primeiros seis meses de vigência do AI-1, 50 mil pessoas foram parar atrás das grades. Ao todo, 4.454 – sendo 2.757 militares – sofreriam sanções políticas ou jurídicas. No período, 122 oficiais seriam expulsos das Forças Armadas: 77 do Exército, 14 da Marinha e 31 da Aeronáutica. Os navios *Princesa Isabel*, *Ari Parreiras* e *Raul Soares* foram transformados em presídios. O almirante Cândido Aragão, que apoiara a revolta dos marinheiros, foi levado para a Fortaleza da Laje, onde permaneceria incomunicável por quatro meses. Foi duramente torturado, perdendo um dos olhos. Após um *habeas corpus* concedido pelo Superior Tribunal Militar, asilou-se no Uruguai.

Prestes buscou refúgio na União Soviética. Ao revistar sua casa, a polícia encontrou cadernetas com informações que comprometeram antigos companheiros seus, como Carlos Marighella e Giocondo Dias. Celso Furtado asilou-se no Chile e, mais tarde, na França. Raul Ryff e Rubens Paiva abrigaram-se na embaixada da Iugoslávia, e de lá seguiram para Paris. Almino Affonso peregrinaria pela Iugoslávia, Uruguai, Chile, Peru e Argentina. Francisco Julião (PSB), advogado das Ligas Camponesas, cumpriu um ano de prisão até partir para o exílio no México.

Consumado o golpe civil-militar, José Serra, presidente da UNE, escondeu-se na casa do deputado Tenório Cavalcanti (PST), conhecido como "o homem da capa preta". Depois, refugiou-se na embaixada da Bolívia, onde permaneceu por três meses. O ministro da Guerra, Costa e Silva, avisou aos diplomatas bolivianos: "Este não deixaremos ir embora. É muito perigoso". Após gestões da embaixada junto ao governo brasileiro, Serra foi para o Chile.

A área educacional foi particularmente atingida. Além do fim da autonomia estudantil, foram punidos com a perda de seus cargos e direitos políticos educadores cujo pensamento e ação eram julgados subversivos, como os três maiores nomes brasileiros do setor: Anísio Teixeira, Darcy Ribeiro e Paulo Freire. Anísio foi para os Estados Unidos, onde iria lecionar nas universidades Colúmbia e da Califórnia, mas, apesar dos riscos, retornaria ao país em 1966. Darcy já se encontrava em Montevidéu, com Jango. Paulo Freire exilou-se sucessivamente na Bolívia, Chile, Estados Unidos e Suíça. O ISEB foi extinto e instaurou-se um Inquério Policial Militar (IPM) para apurar suas atividades. A biblioteca e os arquivos do instituto foram destruídos.

Assim como a sede da organização estudantil, o teatro da UNE foi fechado. Após o desmonte do CPC, parte do grupo criaria o Teatro Opinião, no Rio de Janeiro, cuja primeira realização foi o musical *Opinião*, que estreou em dezembro de 1964, com texto de Armando Costa, Oduvaldo Vianna Filho e Paulo Pontes, direção de Augusto Boal e a participação de Nara Leão, Zé Keti e João do Vale. Na primeira fase de *Opinião*, a canção-título, composta pelos dois últimos, havia sido a grande sensação de protesto ("Podem me prender/ Podem me bater/ Podem até deixar-me sem comer/ Que eu não mudo de opinião"). Quando Nara teve problemas de saúde e precisou ser substituída, sugeriu o nome da novata Maria Bethânia, que a havia impressionado em um espetáculo na Bahia. Com a ampla exposição, Bethânia ganhou fama imediata e um contrato com a gravadora RCA. Nessa nova etapa, a repercussão foi sobre "Carcará", cujo refrão ganhou a boca do povo ("Carcará/ Pega, mata e come/ Carcará/ Num vai morrer de fome/ Carcará/ Mais coragem do que homem").

Em 11 de abril, por meio de pleito indireto e com votos declarados em voz alta, o Congresso elegeu presidente da República o marechal Castello Branco, conferindo a ele mandato até 31 de janeiro de 1966. Mesmo fora do páreo, o marechal Dutra, representando o PSD, recebeu dois votos. Juarez Távora (PDC), ex-Coluna Prestes, "Vice-rei do Norte" pós-Revolução de 30 e ex-comandante da Escola Superior de Guerra, recebeu três. Castello levou 361 votos, inclusive o de JK, ovacionado na sessão. Em votação separada, o deputado José Maria Alkmin venceu a disputa para vice, contra o colega de PSD Auro Moura Andrade, o udenista Milton Campos e novamente Juarez Távora, que recebeu apenas um voto – o dele mesmo.

Menos de quatro anos depois de sua inauguração, Brasília abrigava a sexta Presidência no período (Juscelino, Jânio, Mazzilli, Jango, Mazzilli e Castello), tendo vivido a experiência de dois regimes de governo – presidencialismo e parlamentarismo. Ou três, se já considerado o período militar a partir daquele 1964. Além de ter sido cenário de uma renúncia e de uma deposição. Poucas capitais do mundo haviam tido experiências políticas tão dramáticas em tão pouco tempo.

Castello se acostumaria a posar em trajes civis para as fotos oficiais à frente de seu Ministério, cujas pastas haviam sido distribuídas entre nomes como Ernesto Geisel (Casa Militar), Juarez Távora (Transportes), Luís Viana Filho (Gabinete Civil), Otávio Gouveia de Bulhões (Fazenda) e Roberto Campos (Planejamento). Como embaixador em Washington, foi nomeado o senador baiano

Juracy Magalhães, que cunharia a célebre frase "O que é bom para os Estados Unidos é bom para o Brasil". O ex-governador de Minas Gerais Milton Campos aceitara com relutância a pasta da Justiça: ao ser convidado, expôs ao novo presidente seu constrangimento com as cassações em curso. Ressalvando ser "integralmente solidário com a revolução", dissera não se considerar em condições de ser "braço executório" do movimento. Castello o teria tranquilizado, afirmando que sua presença no ministério demonstrava por si só "a intenção de fidelidade às instituições democráticas e ao sistema jurídico" do novo governo. Um adendo à lista de cassações, porém, editado no dia 13, elevava o total de civis e militares punidos à casa dos quatrocentos.

A fim de demonstrar "intuito de dialogar", Castello recebeu em 24 de abril dom Helder Câmara, visto como o mais radical membro da alta hierarquia da Igreja Católica no Brasil, que já havia sido afastado do Rio de Janeiro por divergências com o cardeal conservador dom Jaime Câmara. Na conversa, com seu permanente sorriso, os olhos brilhantes e a fala mansa que o caracterizavam, o diminuto arcebispo de Olinda e Recife justificou sua atitude até então "avançada em matéria política" devido ao tom geral do governo João Goulart: "Quando se servia vodca e cachaça, eu não podia servir laranjada, presidente".

O dia 9 de maio de 1964, um sábado, começou com um pronunciamento do ministro Costa e Silva, por ocasião do 19º aniversário da vitória dos Aliados na Europa: "A luta não terminou, porque o comunismo está sempre atuante em sua guerra ideológica contra o mundo democrático e cristão". Horas depois, aquele que dera o estopim para o golpe, Olympio Mourão Filho, dava entrada no pedido para passar à reserva. Escanteado do círculo que havia chegado ao poder, ele se tornara um crítico dos rumos do movimento ao qual dera o impulso decisivo, por julgá-los antidemocráticos, e preferira se afastar. Mas não ficou inativo: em breve assumiria a presidência do Superior Tribunal Militar (STM).

Naquela tarde, o renitente militante comunista Carlos Marighella esperava na Tijuca pela zeladora do prédio onde havia alugado um apartamento no Catete, que ficara de lhe entregar um pacote de

Arquivo Público do Estado de São Paulo, São Paulo

Em 11 de abril, por meio de pleito indireto e com votos declarados em voz alta, o Congresso elegeu presidente da República o marechal Castello Branco

roupas e a correspondência deixada no imóvel, agora vigiado. À sua aproximação, na rua Conde de Bonfim, ele percebeu que a moça era observada por um homem, que mantinha certa distância. Sinalizou para entrarem em um cinema, comprou dois ingressos e entrou. Recebido o embrulho, sentou-se em uma poltrona ao fundo da sala. Minutos depois, a projeção parou, as luzes se acenderam e um grupo de agentes do DOPS o cercou. Revelado, Marighella bradou: "Matem, bandidos! Abaixo a ditadura militar fascista! Viva a democracia! Viva o Partido Comunista!". Ao tentar resistir, acabou atingido no peito pelo disparo de um revólver .38. Ainda assim, continuou a dar trabalho aos policiais, debatendo-se muito antes de ser colocado em uma viatura e levado para o hospital Souza Aguiar, no centro, onde, depois de ter a bala extraída, seguiria para a penitenciária Lemos de Brito.

No mesmo fim de semana, o ex-governador e deputado cassado Leonel Brizola cruzava a fronteira sul e iniciava o exílio no Uruguai. Havia tentado articular um grupo armado para enfrentar a nova ordem, mas as próprias forças rio-grandenses que outrora lhe haviam dado cobertura aderiram rapidamente à autointitulada revolução.

Contidos os principais focos de resistência ao regime, estava em pleno curso uma operação-limpeza movida pelo governador Carlos Lacerda, com vistas à futura eleição presidencial. Seu alvo passou a ser o favorito Juscelino Kubitschek, sem deixar de minar o nome de Magalhães Pinto, outro rival de peso. Dentro do próprio PSD, Lacerda conseguiu surpreendentes aliados, que se diziam insatisfeitos com a velha direção partidária. O governador da Guanabara passou ainda a fazer insistentes visitas a Castello Branco, em Brasília, para tentar angariar apoio oficial à sua candidatura e afastar possíveis adversários. O argumento junto aos militares era o de que JK seria o "instrumento" pelo qual João Goulart e as correntes banidas retornariam ao comando da vida pública do país. Nessas conversas, Lacerda assegurava que o idealizador de Brasília era ligado aos comunistas e, por meio de supostas negociatas, havia acumulado a sétima fortuna do mundo. Certa vez, em viagem ao exterior, chegou a enviar um telegrama a Castello, perguntando o que esperava para cassar Juscelino. A campanha deu resultado em um prazo relativamente curto. Em 1º de junho, o presidente pediu ao vice Alkmin que preparasse o espírito de JK para o inevitável. Acusado de corrupção, o senador mineiro teve o mandato suspenso no dia 8.

Cinco dias antes do ato que o afastaria definitivamente do quadro eleitoral brasileiro, JK discursou no Senado, prevendo o endurecimento do regime:

> Com ou sem direitos políticos, prosseguirei na luta em favor do Brasil. Sei que nessa terra brasileira as tiranias não duram. Que somos uma nação humana penetrada pelo espírito de justiça. Adianto-me apenas ao sofrimento que o povo vai enfrentar nessas horas de trevas que já estão caindo sobre nós. Mas dela sairemos para a ressurreição de um novo dia. O ato das forças tirânicas que ameaçam apossar-se da revolução, de banir-me da vida pública, terá consequências que dificilmente poderão ser previstas.

Na manhã anterior à cassação, Roberto Campos levou um pedido de demissão a Castello Branco, dizendo que continuaria no governo, mas não como ministro, pois não votaria contra JK, que para ele não era desonesto nem comunista. Castello disse que concordava, mas precisava cassar, "se não, Lacerda vai romper comigo e com a revolução". Campos, sempre muito atilado, respondeu: "Se for assim, presidente, não casse, pois ele [Lacerda] vai brigar com o senhor de qualquer jeito, a menos que seja seu candidato na sucessão". Almoçando com José Maria Alkmin e o chefe da Casa Militar, Ernesto Geisel, Castello ouviu do vice apelo semelhante ao de Roberto Campos, mas deu-lhe uma resposta diferente: "É para evitar que o país caia nas mãos de quem não quero que caia". Ao deixarem o restaurante, Geisel chamou Alkmin e lhe explicou: "O presidente está convencido de que, se não cassar Kubitschek, será derrubado pelo Costa e Silva".

Em 13 de junho, com o fato consumado, Juscelino embarcou para a Espanha, com a esposa, Sarah, e as filhas, Maristela e Márcia, em uma espécie de exílio voluntário. Com o candidato disparado nas pesquisas fora da contenda, o caminho de Lacerda ao Planalto parecia bem pavimentado. Mas as coisas logo tomariam um rumo muito diferente do que o Corvo havia planejado.

XI

AS ILUSÕES PERDIDAS

O ano de 1965 começava com o país em um clima de espantosa tranquilidade, tendo em vista tudo o que sucedera até alguns meses antes. São Paulo inaugurava seu impressionante Edifício Itália, no centro, com restaurante giratório de vista panorâmica na cobertura. E o Rio de Janeiro comemorava o IV Centenário de sua fundação com uma série de eventos e a finalização do Aterro do Flamengo, com plano urbanístico do arquiteto Affonso Reidy, projeto de Roberto Burle Marx e paisagismo de Carlota de Macedo Soares, amiga de Lacerda.

As TVs entretiam com shows humorísticos e musicais, como *A cidade se diverte*, *Times Square* e *Espetáculos Tonelux*, este último patrocinado pela loja de eletrodomésticos que tinha como garota propaganda a apresentadora e atriz Neide Aparecida. Todos os sábados, a partir das 12h30, na TV Tupi paulista, o casal Aírton e Lolita Rodrigues recebia convidados do meio artístico em seu *Almoço com as estrelas*, que tinha uma versão carioca comandada por Aérton Perlingeiro. Na TV Excelsior, o campeão de audiência era o programa *Telecatch Vulcan*, dedicado à exibição de competições de luta livre que combinavam encenação teatral, combate e circo. Apresentando vilões que davam golpes baixos e um mocinho que lutava limpo, o loiro italiano Ted Boy Marino, fazia o público em casa delirar.

As emissoras daquele momento ganharam uma forte concorrente com a entrada no mercado da TV Globo no dia 26 de abril, no Rio de Janeiro. A abertura do canal era a realização de um antigo sonho do empresário de comunicação Roberto Marinho, cujos primeiros gestos para obter a concessão haviam sido dados em 1951, logo depois do início desse tipo de transmissão no país. Acolhido pelo governo de Eurico Gaspar Dutra, o requerimento foi revogado pelo sucessor Getúlio Vargas. A concessão foi finalmente liberada no governo JK. Faltava, porém, capital para tornar o projeto viável. Em 1962, um acordo com a gigante Time Life proporcionou ao grupo Globo o acesso a um capital de US$ 6 milhões, o que lhe permitiu comprar equipamentos avançados e abrir estúdios também em São Paulo.

Apesar da pujança de recursos, os primeiros tempos da emissora não estiveram à altura da expectativa. Seu forte eram os programas infantis, como *Uni-Duni-Tê* e *Capitão Furacão*, em que sequências de palco eram alternadas com a exibição de desenhos animados. A Record reagiu com uma atração de peso e grande impacto: o programa *Jovem Guarda*, apresentado pelos cantores e compositores Roberto e Erasmo Carlos e a cantora Wanderléa. O show daria origem a uma nova linguagem musical, comportamental, de vestuário e vocabulário ("pra frente", "papo firme" e a clássica "é uma brasa, mora?"), em sintonia com o pop internacional da época, liderado pelos Beatles. Também se destacavam no movimento artistas como Ronnie Von, Wanderley Cardoso, Jerry Adriani, Martinha, Leno e Lílian, Renato e seus Blue Caps e até Reginaldo Rossi e Sérgio Reis. Embora a realização passasse longe de qualquer conteúdo político, seu título havia sido idealizado pelos criadores a partir de uma frase do revolucionário russo Vladimir Lênin – na época, demonizado como nunca no país –, que dizia: "O futuro pertence à jovem guarda porque a velha está ultrapassada".

Enquanto o "Rei" Roberto Carlos era literalmente coroado em um programa do Chacrinha, um dos mais populares na época, *O fino da bossa*, apresentado por Elis Regina e Jair Rodrigues, estabelecia uma ponte entre a velha guarda do samba e os compositores de esquerda. Bastante elogiado, o jovem letrista e músico Chico Buarque, de apenas vinte anos, filho do historiador Sérgio Buarque de Holanda – eternizado pelo livro *Raízes do Brasil* –, fazia seus primeiros trabalhos importantes: a trilha musical para a adaptação para o palco do poema "Morte e vida severina", de João Cabral de Melo Neto, e a canção "Pedro pedreiro", com o tom popular e de crítica social que o caracterizaria.

A fim de tentar superar a crise econômica, os ministros Roberto Campos, do Planejamento, e Otávio Gouveia de Bulhões, da Fazenda, haviam lançado, em novembro de 1964, o Plano de Ação Econômica do Governo (PAEG), prevendo contenção dos gastos públicos, da emissão de dinheiro e o realismo cambial. O plano também introduzia a correção monetária e regras mais rígidas de aumentos salariais. A política quebrou a dinâmica da espiral inflacionária, com uma queda do patamar de 92,12% para 34,24% no primeiro ano do regime. Mesmo antes dessas medidas, ao final de 1964 já se registrava uma elevação do PIB, dos 0,6% no ano anterior, para 3,4%.

Entre os meios empresariais, algumas das principais movimentações ocorreram no setor aéreo. No dia 10 de fevereiro de 1965, os brasileiros foram apanhados de surpresa pelo encerramento das atividades da maior empresa de aviação do país. Naquela data, a Panair foi comunicada da cassação de seu certificado de operação, por meio de um ato do ministro da Aeronáutica Eduardo Gomes, que, ao mesmo tempo, repassava suas linhas nacionais para a Cruzeiro e as internacionais para a Varig. A alegação das autoridades era a de que a companhia era "devedora da União e de diversos fornecedores". A documentação disponível, porém, indicava que, dentre todas as empresas aéreas brasileiras, a Panair era a que possuía o menor déficit. Na década de 1950, a Varig tentara se envolver na aquisição de parte da empresa, porém o controle acabou nas mãos dos empresários Celso da Rocha Miranda, maior segurador da América do Sul, e Mário Wallace Simonsen, dono da TV Excelsior e crítico do regime militar. Especulou-se que o fechamento da Panair tinha o objetivo de favorecer a Varig, que encampou suas rotas para a Europa e o Oriente Médio, suas aeronaves e outros ativos, tornando-se a maior empresa aérea do país. No dia da cassação, aliás, um avião da Varig já se encontrava pronto para operar um voo da companhia extinta, sugerindo que a concorrente havia sido comunicada previamente da decisão governamental.

No final de fevereiro de 1965, Castello Branco se movimentava para assegurar a transferência da Presidência a um sucessor "imbuído do espírito da revolução ou a ele fiel". Já se comentava nos bastidores em Brasília que o governo preparava um pacote de reforma política a ser enviado ao Congresso. Falava-se que o pleito presidencial poderia ser adiado do outubro corrente para o ano seguinte. Naqueles dias, ao comparecer a jantar oferecido por Carlos Lacerda, no Rio, o presidente confirmou essas discussões, para desgosto do governador da Guanabara. O ministro da Guerra, Costa e Silva, no entanto, defendia nas reuniões palacianas algo além: uma tutela militar por mais dez anos, a fim "de impedir um retorno ao período e às ameaças que assinalaram a vida brasileira", mantendo as instituições sob sinal de emergência "até que as sirenas apitem sinal de céu claro". Próximo de ser confirmado candidato do regime, Costa e Silva comentou nos idos de março: "Ainda tenho um mês de raposa antes de tornar-me leão".

Enquanto outros cassados com vigor eleitoral mantinham atuação discreta dentro e fora do país, limitando-se a conversas com correligionários e esporádicas entrevistas, Leonel Brizola não abandonara a tendência insurrecional, arquitetando planos do quartel-general instalado na fazenda de sua esposa, Neusa, no Uruguai. Ainda em março, um grupo de guerrilheiros brizolistas fora dizimado em Três Passos, no Rio Grande do Sul. Na ocasião, as Forças Armadas haviam sido alertadas da movimentação dos rebeldes, que pretendiam atacar a comitiva do presidente Castello Branco, em visita a Foz do Iguaçu para inaugurar a Ponte da Amizade, que ligaria o Brasil e o Paraguai sobre o rio Paraná. Castello estava a 100 km dos guerrilheiros, quando aviões da FAB e soldados em terra entraram em ação. Capturado com seus seguidores, o coronel Jefferson Cardim de Alencar Osório foi torturado com porretes e espetos diante da tropa. Mais tarde, ele acusaria Brizola de ter abandonado o movimento após ter se comprometido a participar dele pessoalmente. No final do ano seguinte, catorze simpatizantes seus tentaram articular uma guerrilha nas montanhas ao redor do município mineiro de Caparaó. Os integrantes da empreitada permaneceram no local por alguns meses, abrigados em tocas escavadas nos morros, até serem presos pela Polícia Militar. Consta que o grupo, faminto e esgotado pela peste bubônica, começara a roubar e a abater animais para sobreviver – razão pela qual atraiu as atenções locais, sendo alvo de denúncias da população próxima. Segundo documentos da CIA, essas e outras ações contavam com financiamento cubano, algo que Brizola nunca negou. "Inicialmente foi uma ajuda humanitária. A seguir, houve alguma ajuda com interesse político", admitiu ele à revista *Manchete*, em 1979.

Em paralelo, Castello Branco pressionava o governo uruguaio no sentido de extraditar o ex-governador gaúcho. Fracassadas as tentativas, pediu seu confinamento – impedimento de deixar o país. Foi atendido, com uma medida que se estenderia a outros exilados, como Darcy Ribeiro. Isolado, Brizola restringiu suas atividades políticas e dedicou-se à administração de um complexo agropecuário que adquiriu no departamento de Durazno.

Expoente da "Sorbonne militar", homem sóbrio e polido no trato geral, Castello não era afinado com a linha-dura do regime, que gradualmente foi se mostrando insatisfeita com sua suposta condescendência com os "inimigos da revolução". Teve atritos com o grupo dos "coronéis", inconformados com as limitações políticas então impostas às suas patentes e exorbitantes nos IPMs, cujas ações persecutórias perduravam mais de um ano depois de consumado o golpe. Esse segmento era responsável por uma série de outras arbitrariedades, e até mesmo contra o comércio. Em 3 de junho de 1965, o *Correio da Manhã*, então francamente opositor ao governo militar, informava: "No Rio, em São Paulo, Recife, agentes continuam percorrendo as livrarias, apreendendo livros e revistas. Também já prenderam autores e editores. Em breve chegará a vez dos leitores. Sabe-se em nome e por ordem de quem essa ilegalidade está sendo perpetrada: são os encarregados dos IPMs, coronéis do Exército".

A nota era motivada principalmente pela prisão, oito dias antes, de Ênio Silveira, proprietário da Editora Civilização Brasileira. Em resposta, seiscentas figuras destacadas do meio cultural divulgaram no *Correio da Manhã*, na *Folha de S.Paulo* e no *Jornal do Brasil* o manifesto "Intelectuais e Artistas pela Liberdade", exigindo a imediata libertação do editor. O próprio Castello Branco reportou-se ao chefe do Gabinete Militar, general Ernesto Geisel, questionando-o sobre as ações: "Por que a prisão do Ênio? Só para depor? Apreensão de livros? Nunca se fez isso no Brasil. Só de alguns livros imorais... Os resultados são os piores possíveis contra nós. É mesmo um terror cultural".

A aparência serena e a personalidade contida, ponderada, não impediam Castello de tomar ou sustentar decisões implacáveis. Dando um basta nas articulações eleitorais, determinou o adiamento do pleito presidencial por um ano e permitiu apenas a disputa para os governos de onze unidades da federação em 1965. Nela, dois estados eram considerados cruciais à ordem vigente: Guanabara e Minas Gerais. Sancionou ainda a Lei das Inelegibilidades, que criava regras rígidas para candidaturas e impedia, entre outras restrições, a participação de ministros de presidentes cassados.

O mineiro Magalhães Pinto, que vinha se acertando com Carlos Lacerda para figurar como vice na chapa presidencial udenista em 1966, pretendia eleger sucessor seu secretário de Agricultura, Roberto Resende, contra Israel Pinheiro, do PSD, que se afastara da vida pública no começo da década para presidir uma empresa de cerâmica. Na Guanabara, o candidato oficial Carlos Otávio Flexa Ribeiro (UDN), secretário de Educação e sogro do filho de Lacerda, demonstrava uma confiança estimulada pela boa largada. Na capital, era comum ver homens e mulheres exibindo, orgulhosos, uma flecha dourada pregada à roupa em sinal de apoio ao seu nome. Menos comentado, o embaixador Francisco Negrão de Lima representava a coligação PSD-PTB. As campanhas de Negrão e Pinheiro foram ganhando fôlego e, abertas as urnas em 3 de outubro, a derrota dos candidatos oficiais foi indiscutível.

Passada a surpresa, alguns círculos do governo, como o do general Golbery do Couto e Silva, chefe do SNI, avaliaram que ter os situacionistas Carlos Lacerda e Magalhães Pinto desidratados, com o fracasso em eleger os nomes que lhes eram próximos, fora até vantajoso. O enfraquecimento de suas lideranças representava uma preocupação a menos para o regime. "Ficaremos como dois sacos

Arquivo Público do Estado de São Paulo, São Paulo

Em visita ao Brasil, o senador Robert Kennedy afirma ser "a favor das eleições livres, da imprensa livre e dos postulados democráticos". O presidente Castello Branco não gostou

vazios", percebeu com melancolia o ainda governador mineiro. Para os setores mais "duros", a interpretação era diversa: um sinal de que, com a vitória de Israel e Negrão, "eles" – comunistas e assemelhados – estavam voltando. Os mesmos grupos cobravam o fechamento do Congresso. Dois dias após a eleição, chegou a ocorrer um ensaio de levante na Vila Militar, no Rio, com a discreta anuência do chefe do Estado-Maior do I Exército, general Albuquerque Lima.

Preocupado em dar uma resposta enérgica a essa conjuntura e em prevenir novos reveses nas urnas, Castello editou o Ato Institucional nº 2 (AI-2). Assinado em 27 de outubro de 1965, dentre outras determinações, estabelecia que nas eleições de 1966 o presidente seria escolhido pelo Congresso, com, no máximo, dois candidatos, e que a posse do novo mandatário só ocorreria em 15 de março de 1967. Segundo o decreto, os partidos em atividade estavam dissolvidos e as organizações políticas teriam 45 dias para formar novas legendas. Nos estados que ainda iriam escolher governadores, as eleições seriam via Colégio Eleitoral, isto é, indiretas, pelas Assembleias Legislativas.

A demonstração de autoridade abrandou temporariamente as inquietações nos quartéis, mas despertou um ânimo oposicionista entre os civis que haviam advogado a intervenção militar. Sentindo-se traído e vendo os recursos federais para sua gestão minguarem – verbas para as obras do túnel Rebouças foram cortadas e os salários do funcionalismo estadual atrasaram –, o governador Carlos Lacerda passou a intensificar as críticas à política econômica adotada, segundo ele "antirrevolucionária em sua essência, reacionária em seus objetivos, e desumana em seus métodos". Exercitando seu humor cáustico, declarou: "Vai matar os pobres de fome e os ricos de rir".

Em meio a esse clima, em novembro, retornava ao Brasil o senador Robert Kennedy, dessa vez para uma visita oficial e acompanhado da mulher, Ethel. Do desembarque e um rápido giro pelo Rio de Janeiro, eles foram a Recife, para a inauguração do Instituto Presidente Kennedy, no centro da cidade. Diante de uma multidão, no telhado do prédio, ele fez um discurso a favor dos pobres e dos trabalhadores rurais, sendo muito aplaudido. No dia seguinte, Bob Kennedy viajou à Zona da Mata. Na Cooperativa Mista de Trabalhadores Rurais de Carpina defendeu "a urgente organização dos trabalhadores em sindicatos e associações para tornar possível a reforma agrária". Caminhou pelos canaviais ao lado do padre Crespo, conversou com camponeses, perguntando se eles recebiam o salário mínimo, e até repreendeu o proprietário José Jaime Coutinho, por interferir na conversa. Em seguida, fez palestra para estudantes da Faculdade de Filosofia. O sociólogo Gilberto Freyre fez o discurso de abertura, lembrando o passado rebelde e nativista de Pernambuco, e disse que o estado apoiava a revolução: "Revolução no sentido que John Kennedy entendia revolução. Que não tivesse", continuou, "nem ditadores de feitio caudilhesco, nem ditaduras stalinescas".

No debate a seguir, as perguntas ao senador estrangeiro foram duras. "Como justificar a intervenção dos Estados Unidos na República Dominicana, quando V. Exa. defendeu na ONU o princípio da não intervenção?", perguntou um estudante. Bob disse que era contrário à intervenção. "Não só a essa, como a qualquer intervenção de um país nos assuntos internos de outra nação", enfatizou. Outro indagou sobre o apoio dos Estados Unidos à Guerra do Vietnã. "Ninguém nos Estados Unidos simpatiza com ela", respondeu Kennedy, acrescentando, porém, que a guerra estava "sendo financiada, dirigida e orientada pelo Vietnã do Norte". Um terceiro foi além. Quis saber como ele via "o momento político do Brasil" e que conceito tinha de eleições diretas e indiretas. Resposta de Bob Kennedy: "Como visitante não me fica bem, não tenho autoridade para opinar sobre assuntos da alçada interna do país que visito. Afirmo-lhes, apenas, que sou um defensor intransigente das instituições livres, das eleições livres, da imprensa livre e dos postulados democráticos". Na sede da Sudene, afirmou: "O progresso da América Latina repousa, em larga escala, no progresso do Brasil. E o futuro do Brasil, por seu turno, depende do Nordeste, que é um país dentro de um país". Em 25 de novembro, em visita à PUC-RJ, um grupo de estudantes quis encostá-lo na parede: "Como explica o racismo em seu país?". Ele não se abalou: "É uma questão grave. Lá como em outras partes. Aliás, não vi um só negro aqui nesta reunião".

Quando o senador americano deixou o país, já estavam definidos os partidos políticos da nova ordem possível: a Aliança Renovadora Nacional (Arena), para onde migrariam as antigas legendas de coloração conservadora e o Movimento Democrático Brasileiro (MDB), que aglutinaria as siglas de centro e de esquerda. Após novas cassações de mandatos que atingiram ambas as agremiações, o governo definiu como seu candidato, o ministro da Guerra, Costa e Silva. A oposição inclinava-se a não participar da corrida presidencial, em protesto contra as novas regras do jogo, mas, contraditória, chegou a considerar o general Mourão Filho, iniciador do golpe, como seu representante no pleito.

Enquanto esses movimentos se desenrolavam, Juscelino Kubitschek fazia o caminho de volta ao Brasil, depois de meses percorrendo a Europa. Na chegada, em seguida ao fechamento das urnas de outubro, foi saudado e literalmente carregado nos ombros por uma multidão. Mas também já estava a esperá-lo o coronel da Aeronáutica que presidia um IPM sobre atividades comunistas no Brasil. Recebeu dele uma intimação para depor no dia seguinte no quartel da Polícia Especial (PE), na Barão de Mesquita. A partir daí, seguir-se-ia um rosário de exaustivos interrogatórios, dia após dia,

Coleção particular

Com a cassação da Panair, a Varig assume as linhas internacionais e se fortalece

geralmente em um banquinho sem encosto, sobre supostos desmandos com o dinheiro público e alegadas ligações com grupos marxistas. Indignado, o jurista Sobral Pinto enviou uma mensagem a Castello Branco protestando contra o tratamento infligido ao ex-presidente. O marechal lhe respondeu que JK era suspeito de "roubar o povo" e de "trair a segurança da nação", devendo sujeitar-se às "normas a que estão sujeitos todos os brasileiros".

Em função desse quadro e reconsiderando algumas posições, Carlos Lacerda revelou nesse período uma surpreendente solidariedade ao adversário que combatera de forma tão dura tempos antes: "Considero uma crueldade e uma agressão aos direitos essenciais da pessoa humana o que se vem fazendo com Juscelino Kubitschek", costumava dizer, abrindo atalhos que aproximariam os seus destinos em um futuro não muito distante.

Esgotado pelas pressões e ameaças, JK deixou novamente o país com sua esposa, Sarah, em 9 de novembro, com destino a Nova York, onde o sentimento do exílio pesaria de forma intensa. Apesar de receber convites para lecionar e proferir palestras remuneradas, seu espírito estava devastado: "O exílio é o mesmo que arrancar uma árvore com todas as raízes e levá-la para ambiente diferente", afirmou ao amigo Aloysio Salles em carta.

Em 11 de março de 1966, Ademar de Barros, apoiador do golpe, exigiu publicamente a renúncia de Castello Branco e, dois dias depois, lançou um manifesto denunciando as "manobras continuístas" do presidente, exigindo "a imediata restauração da democracia no país". Em resposta, Castelo Branco mandou cassar o mandato e suspender por dez anos os direitos políticos do já ex-governador de São Paulo. Sob risco de prisão, Ademar deixou o país três dias depois.

A medida selava o divórcio da ala fardada do movimento de 1964 com uma significativa parcela da classe política que lhe dera suporte. Caminhava para o fim, dessa forma, com efeitos traumáticos, o primeiro ciclo do regime militar.

XII

TERROR NO GUARARAPES

Situado a 12 km do centro de Recife, o Aeroporto Internacional do Recife/ Guararapes tem seu nome associado à batalha que determinou o declínio do domínio holandês na região durante o período colonial. No dia 25 de julho de 1966, seu saguão se encontrava tomado por uma pequena multidão, à espera do marechal Costa e Silva, então em início de "campanha" à Presidência. No roteiro da visita do militar à capital pernambucana estavam previstos encontros com políticos e uma visita à sede da Sudene. Perto de se formar, o estudante de comunicação Gaudêncio Torquato, de 21 anos, que atuava em jornalismo desde os dezessete e dava expediente no escritório local da *Folha de S.Paulo*, fora destacado para aquela cobertura, a missão mais importante do jovem repórter até então.

Às 8h, cerca de trezentas pessoas, entre autoridades, adultos civis e crianças, se acotovelavam para esperar a aparição do candidato a substituir Castello Branco. Meia hora depois, porém, os alto-falantes anunciaram que, em virtude de pane no avião que traria o marechal, ele decidira se deslocar por via terrestre, desde João Pessoa, e não desceria mais naquele terminal.

Decepcionado, o grupo começou a se dispersar. O jornalista, porém, decidiu ficar por mais algum tempo, a fim de tentar obter com os políticos e militares presentes informações que lhe rendessem alguma notícia. Ao se dirigir a eles, passou por Sebastião de Aquino, que fora jogador de futebol do Santa Cruz, sob o apelido "Paraíba", e se tornara guarda-civil. O ex-esportista notara uma maleta escura junto à livraria Sodiler e, imaginando que alguém a esquecera, pegou-a para entregá-la no balcão do Departamento de Aviação Civil (DAC). Segundos depois, ouviu-se um enorme estrondo.

Gaudêncio foi arremessado por vários metros, em uma trajetória só interrompida ao bater em uma das portas da seção de embarque. Com a audição prejudicada e tentando aos poucos entender o que ocorrera, em meio a uma nuvem de fumaça, tateou o próprio corpo para verificar se havia sofrido algum ferimento. Embora não houvesse encontrado nenhuma lesão grave, constatou algo não menos terrível: havia restos humanos por toda a sua roupa, nos braços e pernas, no próprio rosto e nos cabelos. Lentamente, os sons começaram a retornar aos seus ouvidos e identificou gritos, gemidos, ruídos de passos em correria e, olhando ao redor, avistou pessoas caídas no chão. Entre elas estava um colega, o jornalista Edson Régis de Carvalho, então secretário estadual de Administração, cuja parte inferior do corpo havia sido arrancada. Junto a uma coluna, agonizava o almirante reformado Nelson Gomes Fernandes, com o crânio esfacelado. Sebastião "Paraíba", que inadvertidamente carregara a pasta com a bomba, foi atingido no rosto, na perna esquerda e na coxa direita, uma horrível fratura expunha seu fêmur. O tenente-coronel Sylvio Ferreira da Silva, próximo dele, havia perdido os dedos da mão esquerda, sofrera lesões na coxa esquerda e queimaduras pelo corpo. Ao todo, catorze pessoas foram feridas na explosão, inclusive um menino de seis anos.

Em meio ao tumulto, Gaudêncio Torquato caminhou até o banheiro, para tentar livrar-se dos resíduos espalhados pelo corpo e pelas roupas. Em choque, teve uma crise intestinal. Antes de deixar o aeroporto rumo à redação, onde redigiria seu testemunho no calor da hora, ainda pôde ver os cinco filhos adolescentes de Edson Régis, levados de suas escolas até o local pela secretária do pai, levantarem o lençol que havia sido colocado sobre o corpo do morto. "Escapei por pouco de ser mais uma vítima no episódio", comentou Gaudêncio em 2019, a essa altura um reconhecido professor de comunicação, consultor e cientista político, ao rememorar aqueles acontecimentos.

Explosões de menor intensidade foram registradas ao longo do dia na União dos Estudantes de Pernambuco, ferindo no rosto e nas mãos o civil José Leite, e na sede da Agência dos Estados Unidos para o Desenvolvimento Internacional (USAID), órgão do governo norte-americano encarregado de distribuir ajuda a projetos brasileiros.

Alvo do atentado, o marechal Costa e Silva evidentemente saiu ileso do episódio. Segundo algumas teorias correntes no período, seus serviços de informação teriam feito um alerta sobre a possibilidade de um ato terrorista em sua chegada, o que o teria feito mudar seu percurso. A hipótese era plausível, uma vez que vinha ocorrendo em Recife havia alguns meses uma série de atentados, todos por organizações clandestinas de esquerda, embora nenhum da mesma magnitude. Em 31 de março, por exemplo, milhares de pessoas reunidas no parque Treze de Maio, para a comemoração dos dois anos de governo militar, foram surpreendidas por uma violenta explosão no prédio dos Correios e Telégrafos, nas proximidades. Quando a fumaça se dissipou, havia manchas negras e buracos na fachada, e a vidraça do sexto andar estava em pedaços. Pouco depois, outra bomba explodiria na casa do comandante do IV Exército, Francisco Ferreira Portugal. Ainda naquele dia, uma carga explosiva, não detonada, foi encontrada em um vaso de flores da Câmara Municipal.

Costa e Silva manteve-se em Recife até o dia 27, quando compareceu ao sepultamento do corpo de Edson Régis no Cemitério Santo Amaro, sob forte esquema de segurança. Nenhum grupo assumiu a autoria do atentado do Guararapes e as investigações arrastaram-se até 1968, quando o professor e engenheiro Edinaldo Miranda e o também engenheiro Ricardo Zarattini foram acusados pelo DOPS local de serem os autores do crime. Zarattini era militante do Partido Comunista Brasileiro Revolucionário (PCBR) e promovia a resistência camponesa em áreas de canaviais na Zona da Mata. Edinaldo Miranda, apesar de simpatizar com a esquerda, não era engajado em qualquer organização. Presos e torturados, os dois negaram ter ligação com o ato terrorista. Edinaldo foi julgado pela Auditoria Militar, detentora de competência jurisdicional da época, e absolvido. Porém, o Ministério Público recorreu. Condenado à revelia a um ano de prisão pelo STM, fugiu para o Chile e posteriormente para a França, de onde só voltaria em 1979. Morreu em 20 de abril de 1997, ainda sob a mira das investigações. Zarattini não chegou a ser formalmente denunciado; foi apenas apontado como um dos suspeitos, nunca réu. Morreria em 2017, reabilitado oficialmente.

Na década de 1980, especulou-se que Betinho, integrante da Ação Popular na época, teria enviado uma carta a um dos acusados afirmando que o ataque ao aeroporto havia sido perpetrado por outro integrante da AP, sem, no entanto, identificá-lo. Após esse período, outros nomes foram apontados como mandantes ou participantes do atentado, como o ex-padre português Alípio Cristiano de Freitas, integrante das Ligas Camponesas, e o militante político Raimundo Gonçalves de Figueiredo. O ex-integrante do Partido Comunista Brasileiro Revolucionário (PCBR) Jacob Gorender, em seu livro *Combate nas trevas*, apontou Alípio de Freitas como mentor intelectual da ação nos Guararapes: "Membro da comissão militar e dirigente nacional da AP, Alípio encontrava-se em Recife em meados de 1966, quando se anunciou a visita do general Costa e Silva. Por conta própria, Alípio decidiu promover uma aplicação realista dos ensinamentos sobre a técnica de atentados". O ex-padre sempre negou a autoria do crime, lembrando que, apesar de ter passado por prisões e tortura, nunca chegou-se a qualquer evidência contra ele nesse sentido. Em 1980, deixou o país e voltou a morar na região do Alentejo, em Portugal. No final de 2004, seria beneficiado pela Comissão da Anistia com uma indenização fixada em R$ 1,09 milhão em razão dos períodos como prisioneiro político. Raimundo Figueiredo foi apontado por Gorender como o responsável direto pelo atentado. Utilizando o nome falso José Francisco Severo Ferreira ou o codinome Chico, ele viria a ser baleado e detido por policiais do DOPS de Recife em 27 de abril de 1971, passando a integrar desde então a lista de desaparecidos.

Reconhecido como um dos atos inaugurais da luta armada no Brasil, o atentado nos Guararapes prossegue cercado de mistério e envolto em versões que desafiam a lógica. A professora Marcília Gama, da cadeira de história da Universidade Federal de Pernambuco, por exemplo, apresentou em 2016 uma teoria surpreendente: segundo ela,

Arquivo/DP/D.A Press

Em 1966, o marechal Costa e Silva, então candidato à presidência, sofre atentado no Aeroporto de Guararapes, no Recife. Escapou ileso

a ação no aeroporto teria sido tramada dentro do próprio regime. A seu ver, a narrativa oficial dada à imprensa na época contradiz o IPM feito pela Secretaria de Segurança Pública. "O documento apresenta inúmeras contradições e fortes indícios no material de investigação [...] levando a crer que tudo não passou de um plano orquestrado pelos militares com a participação da Base Aérea de Recife, com vista a criar um clima de medo e pânico, visando responsabilizar a Ação Popular pelo suposto atentado", disse.

Apesar das investidas dos grupos clandestinos, o regime se mostrava resiliente. Ao final de seu governo, Castello Branco promulgou a criação do Fundo de Garantia do Tempo de Serviço (FGTS), concebido pelo ministro do Planejamento, Roberto Campos, para substituir a indenização de um mês de salário por ano trabalhado. Seria possível fazer o saque em caso de demissão imotivada ou para comprar a casa própria, por meio do Banco Nacional da Habitação (BNH). Em fevereiro de 1967, também criaria o Conselho Federal de Cultura, que tinha como funções a formulação da política cultural do país, além do auxílio às instituições culturais e de patrimônio artístico. Ao tomar posse, o CFC era composto por figuras de grande expressão como Adonias Filho, Ariano Suassuna, Cassiano Ricardo, Gilberto Freyre, Guimarães Rosa, Josué Montello, Otávio de Faria, Pedro Calmon, Rachel de Queiroz e Raymundo de Castro Maia. O fato de o setor estar a cargo dos que eram definidos como "cardeais da cultura" não era garantia de irrestrita liberdade de formação ou ensino. Os livros de história do Brasil, por exemplo, omitiam qualquer fato posterior ao fim do Império. O material didático da disciplina era encerrado na Proclamação da República e concluía com uma galeria de retratos dos presidentes e o período de seus mandatos. Nada mais.

Em 15 de março, Castello Branco passaria a faixa presidencial ao linha-dura Artur da Costa e Silva. No discurso de posse, o novo marechal falou em "governar para o povo", "multiplicar as oportunidades de educação" e "reatar os entendimentos com a classe trabalhadora". Na mesma data, entrava em vigor uma nova Constituição e deixavam de vigorar os Atos Institucionais de número 1 a 4. A julgar por essas medidas, Costa e Silva assumia a Presidência sem dispor de nenhum poder extraconstitucional. No entanto, apesar da narrativa corrente de que o governante que se despedia era brando, Castello deixava como herança 3.449 cassações de mandatos, 25 pessoas mortas e 368 denúncias de torturas. E em 13 de março, no apagar da luzes de sua gestão, ele promulgaria a Lei de Segurança Nacional, que buscava reprimir "a guerra psicológica adversa e a guerra revolucionária ou subversiva", criando, na prática, uma polícia política.

No quadro definido várias vezes no texto como "guerra", o combate a quem contestasse o regime mais diretamente não deveria mais prever qualquer limite jurídico ou ético. E, desde o atentado no Guararapes, um dito popular era voz corrente entre o Alto-Comando das Forças Armadas: "Quem semeia ventos, colhe tempestades".

XIII

FESTIVAIS: O PALCO É O PALANQUE

Os 5 mil m^2 destinados ao público do Teatro Record encontravam-se tomados por uma plateia ruidosa na noite de 21 de outubro de 1967, um sábado. Seria difícil dizer se sua capacidade máxima de 1.530 lugares havia sido atingida ou ultrapassada, porque todos se mantiveram de pé quase todo o tempo, ocupando inclusive as galerias e corredores. Produzido e dirigido por Solano Ribeiro, o 3º Festival da Música Popular Brasileira chegava à sua finalíssima, consagrando a aceitação daquele tipo de concurso no Brasil. O espaço, na avenida Brigadeiro Luís Antônio, próximo ao centro de São Paulo, havia sediado o antigo Cine-teatro Paramount, onde se dera a primeira projeção de um filme sonoro na América Latina, em 1929. Ao final das apresentações, seriam conhecidos os premiados pelo júri com os troféus Sabiá de ouro e Sabiá de prata, por melhor canção, melhor intérprete, melhor letra e melhor arranjo, e distribuídos prêmios em dinheiro entre os vencedores. Como em edições anteriores, o evento seria transmitido ao vivo para boa parte do país.

O público presente era visivelmente composto por integrantes da classe média e da classe média alta. Alguns haviam chegado nos chamados "carros esportivos" – o nacional Puma, criado originalmente como um protótipo de corrida, e o Interlagos, variação do francês Alpine, também imaginado para corridas, com suas carrocerias baixas em fibra de vidro. No ambiente via-se de senhoras de cabelos armados com laquê e maquiagem pesada em vestidos de tom metalizado a garotas em calças, minissaias e sapatos de salto baixo; de homens em ternos pretos ou blazers a rapazes em camisas de manga curta, em cores claras ou listradas. Um ou outro vestia blusas de gola rulê, figurino quase obrigatório entre os intelectuais europeus daqueles tempos, que a juventude engajada de outras partes do mundo adotou com gosto. Grupos haviam preparado cartazes de apoio aos seus concorrentes favoritos, alguns deles com fotos.

A cortina subiu às 21h, com a orquestra introduzindo os apresentadores Márcia Real e Blota Júnior para anunciar a primeira entre as doze finalistas remanescentes de mais de mil inscritas e duas eliminatórias. Nana Caymmi abriu a noite com "Bom dia", composição dela e Gilberto Gil, então seu marido. Visivelmente nervosos, Nara Leão, em um macacão preto, e Sidney Miller, de smoking, entraram em cena a seguir, para defender "A estrada e o violeiro", de Miller. Na lateral esquerda da plateia, jurados trocavam impressões e faziam anotações. Entre os integrantes da bancada estavam o humorista Chico Anysio e o jornalista Sérgio Cabral. As reações positivas e negativas do público provocavam tal ruído que, por vezes, quase impediam que se ouvisse as interpretações. Naquele momento do país, os festivais da canção ganhavam aspecto de arena ideológica, com a predominância de trabalhos que faziam crítica social. A Record havia realizado o primeiro evento do gênero no começo da década. A Globo criou uma competição em duas etapas, nacional e internacional.

O Festival da Record de 1966 havia se encerrado com uma controvérsia, algo que também seria típico daqueles eventos no período. "Disparada", do paraibano Geraldo Vandré, ex-integrante do CPC, e do carioca Théo de Barros, dividiu o primeiro prêmio com "A banda", marchinha de Chico Buarque cantada por Nara Leão. O intérprete escolhido para a primeira, Jair Rodrigues, contratado da emissora, a princípio causara contrariedade no compositor, mas revelou-se um acerto, ao defender a concorrente ao prêmio com garra e emoção. Vandré rascunhara "Disparada" em uma viagem de carro na companhia do músico Airto Moreira, que lhe sugerira a harmonia com raízes sertanejas executada pelo Quarteto Novo (num arranjo

Arquivo Público do Estado de São Paulo, São Paulo

No Festival da Canção, a música de Geraldo Vandré "Pra não dizer que não falei das flores", que virou hino estudantil, foi preterida por "Sabiá", de Chico Buarque. O resultado foi recebido com vaias pela plateia

regional que incluía até o uso de uma queixada de burro). Ao saber que seria o vencedor, Chico Buarque fez circular pelos bastidores que considerava "Disparada" superior e que não receberia o prêmio sozinho. Muitos anos depois, o musicólogo e crítico Zuza Homem de Mello, técnico de som do Teatro Record em 1966, revelaria que a movimentação obrigou o júri a jogar o resultado oficial no lixo para anunciar o empate, em uma espécie de "marmelada do bem".

Vandré não era afeito a alinhamentos políticos automáticos, o que fazia dele um artista raro para a época. Filho de um médico comunista, era acima de tudo um crítico do ambiente em que vivia, sem poupar nenhum lado. Deixara o CPC, queixando-se de que "arte não é panfleto". Mais tarde, acrescentaria: "Todas as minhas músicas são de amor. De amor particular por uma mulher ou de amor geral por todo um povo. Não sou profissional da política". Apesar disso, depois de preso para interrogatório em 1964 e gradualmente indignado com a situação em curso, declarou-se disposto a "fazer do violão uma arma contra a ditadura militar". Na edição em curso do Festival da Record, sua "Ventania" fora vaiada e eliminada logo na primeira fase. Mas, por um período, ele apresentaria o programa *Disparada*, na emissora.

O evento de 1967 entraria para a história por variadas razões. A principal delas certamente foi a de abrir alas para a emergente Tropicália, com os baianos Caetano Veloso e Gilberto Gil, Gal Costa e Tom Zé à frente. Trazia ainda os versos do piauiense Torquato Neto e os arranjos revolucionários de Rogério Duprat, que mesclavam guitarras e órgãos elétricos a comentários orquestrais e ruídos sonoros em uma instigante "geleia geral", para citar uma das composições do movimento, influenciado pela Antropofagia modernista.

Depois de Nara e Sidney Miller, um acanhado Caetano tomou o palco, acompanhado pelo quinteto Beat Boys, com integrantes em terninhos e cabelos compridos claramente copiados dos popularíssimos Beatles. Sua "Alegria, alegria" havia conquistado a audiência na eliminatória, e grande parte da plateia preocupou-se em ter nas mãos a letra que trazia uma súmula da época, recheada de referências ao cinema, à cultura pop, à guerra do Vietnã, ao noticiário ("Eu tomo uma Coca-Cola", "Cardinales bonitas", "bomba e Brigitte Bardot" "O Sol [jornal alternativo pioneiro] nas bancas de revista"). Caetano saiu sob gritos de "Já ganhou!" e deu lugar a Gilberto Gil, competidor com "Domingo no parque", acompanhado pelo trio Os Mutantes, formado por Rita Lee e os irmãos Arnaldo e Sérgio Dias Baptista. Elis Regina defendeu a bela "O cantador", de Dori Caymmi e Nelson Motta, e deixou o palco sob os gritos de "Elis! Elis!".

O festival das estrelas também registrou injustiças e "barracos". A marcha-rancho "Máscara negra", de Zé Kéti, dispensada na primeira classificatória, se tornaria o hit do carnaval seguinte. "Eu e a brisa", o maior sucesso da carreira de Johnny Alf, também foi esnobada pela comissão julgadora. O momento mais polêmico ocorreu quando o compositor Sérgio Ricardo apresentou sua "Beto bom de bola". Era um tempo em que, em música popular, pouco se fugia ao comentário social, ao regionalismo ou ao balanço da Bossa Nova. Seu trabalho não se encaixava nesses padrões e trazia como tema o futebol, considerado alienante pelos mais engajados e em um momento negativo por si só – a seleção brasileira vinha de uma eliminação humilhante na Copa de 1966. A canção, difícil, longa, já não agradara na fase anterior e o público tentou de todas as formas abafar a voz do concorrente, com berros e vaias ensurdecedoras. "Podem vaiar", reagiu Sérgio. "Depois deste festival, a minha música vai se chamar Beto bom de vaia!". Os jurados tiveram de recorrer a fones de ouvido para poder avaliar a performance. Finalmente, Sérgio Ricardo se rendeu: "Vocês ganharam!", bradou o músico, que em seguida, para espanto geral, quebrou o próprio violão e o arremessou na plateia ululante. Diante do ocorrido, a canção foi desclassificada pela direção do festival.

O mal-estar foi amenizado pela entrada de Edu Lobo, Marília Medalha e o Quarteto Novo, para defender "Ponteio", de Lobo e Capinam, que acabaria eleita a campeã da noite. O segundo lugar ficou para "Domingo no parque", e o terceiro para "Roda viva", que Chico Buarque havia apresentado na companhia do grupo vocal MPB4. "Alegria, alegria" foi classificada em quarto lugar e Roberto Carlos conquistou o quinto posto, com a hoje esquecida "Maria, Carnaval e cinzas". Elis Regina, que levou o prêmio de melhor intérprete, solidarizou-se com o colega Sérgio Ricardo, assim como Caetano Veloso, que, muito abalado, teve de conter as lágrimas para fazer o bis de "Alegria, alegria". À imprensa, Sérgio atribuiu o episódio a uma questão de classe social: "Aquela plateia representa a pequena burguesia brasileira decadente. Aquela burguesia que tem apenas uma superfície aparente de civilização e que ainda se encontra em um estágio selvagem, incapaz de qualquer iniciativa positiva de transformar o país!".

No dia seguinte, a Rede Globo transmitiria sua finalíssima nacional, em que a grande vencedora foi a alegre "Margarida", de Gutemberg Guarabyra. No evento, o músico Milton Nascimento faria sua estreia diante do grande público de forma triunfal. Inscrito pelo cantor Agostinho dos Santos, seu amigo, e relutante em se apresentar, dada a profunda timidez, Bituca conquistaria o segundo lugar com "Travessia" e o sétimo com "Morro velho". Chico Buarque ficou em terceiro com "Carolina".

Um ano depois, o festival da Globo seria o catalisador da radicalização crescente em diversos setores da vida social e política

Correio da Manhã - Arquivo Nacional, Rio de Janeiro

No Festival da Record, Caetano Veloso saiu do palco sob gritos de "Já ganhou!" com sua "Alegria, alegria" recheada de referências à cultura pop, à guerra do Vietnã e ao noticiário político

– um fenômeno que, aliás, não ocorreria apenas no Brasil, mas que encontraria terreno fértil no país. Na eliminatória paulista, realizada no Tuca, o Teatro da Universidade Católica, Caetano Veloso foi hostilizado pela plateia, ao subir ao palco com roupas e acessórios de plástico colorido para cantar "É proibido proibir". A letra fazia referência a uma das palavras de ordem do levante de Maio de 68 na França, mas o público presente não captou a mensagem ou simplesmente não quis ouvir. Os estudantes vinham cobrando de Caetano e Gil um posicionamento mais claro contra os militares, e se irritavam com a opção deles por questões consideradas menos relevantes, como a defesa das guitarras nas canções e da liberdade sexual. Na sua percepção, os baianos eram "alienados".

Soterrado por uma chuva de vaias e xingamentos, Caetano tentou levar adiante seu refrão "É proibido proibir!", mas perdeu a paciência e contra-atacou: "É essa a juventude que quer tomar o poder?", lembrando que entre as bandeiras em curso estavam a liberdade de expressão e a luta contra a intolerância. "Essa é a juventude que está matando hoje o velhote inimigo que já morreu ontem. Vocês não estão entendendo nada!" Embora classificado, decidiu não participar da final nacional.

Os Mutantes passariam para a fase seguinte com "Caminhante noturno", que apresentaram em trajes medievais. E Beth Carvalho defenderia "Andança", de Paulo Tapajós, Danilo Caymmi e Edmundo Souto, depois tornada "obrigatória" nas rodas de bar e acampamentos praianos. Mas, assim como ocorrera na Record em 1966, a disputa foi se afunilando na direção de Chico Buarque, dessa vez parceiro de Tom Jobim, com "Sabiá", e Geraldo Vandré, com sua "Pra não dizer que não falei das flores".

Desde que fora apresentada pela primeira vez, a canção de Vandré tinha se tornado uma espécie de hino não apenas do Movimento Estudantil, mas também daqueles que começavam a se voltar para a resistência armada. Com sua harmonia simples e dois acordes cadenciados, tirava sua força da letra, cheia de menções ao momento, interpretada em tom de oração pelo compositor: "Há soldados armados, amados ou não/ Quase todos perdidos de armas na mão/ Nos quartéis lhes ensinam antiga lição/ De morrer pela pátria e viver sem razão", dizia.

Na noite da decisão, a cada estrofe finalizada, o público, que acompanhava em uníssono, explodia em gritos e aplausos, completamente integrado ao tema da composição. A qualidade da criação emocionava, ao mesmo tempo que sua mensagem era um vigoroso chamamento à ação: "Vem, vamos embora/ Que esperar não é saber/ Quem sabe faz a hora/ Não espera acontecer". Já "Sabiá", interpretada por Cynara e Cybele, irmãs integrantes do Quarteto em Cy, recebeu vaias estrondosas de uma audiência indiferente ao seu aspecto de canção do exílio. Ao ser anunciada a vencedora do concurso, a indignação foi generalizada. Segundo colocado, Vandré pediu à plateia que relevasse a decisão do júri, afirmando que as vaias, se justas, deveriam ser direcionadas aos jurados, e não aos compositores. Enfim, cantou. Quando Cynara e Cybele voltaram ao palco, acompanhadas por um Jobim atônito, em sua única participação num festival, Vandré permaneceu ali, numa tentativa de aplacar os ânimos. Mas não houve trégua. As irmãs repetiram a canção em lágrimas, sem se fazerem ouvir. Na saída, Cybele deu uma "banana" para a público. "Sabiá" teve os méritos reconhecidos na fase internacional, quando foi apresentada sem contratempos e também sagrou-se campeã.

A cantora Eliana Pittman interpretou à perfeição o clima: "O FIC é o único festival do mundo onde a música vencedora não é a cantada pelo público". Millôr Fernandes enfatizou o aspecto contagiante de "Pra não dizer que não falei das flores". Escreveu o filósofo do humor, "é o hino nacional perfeito; nasceu no meio da luta, foi crescendo de baixo para cima, cantado, cada vez mais espontânea e emocionalmente, por maior número de pessoas. É a nossa 'Marselhesa'".

A origem da canção foi objeto de todo tipo de narrativa, nenhuma inteiramente esclarecida pelo autor, que dali em diante se recolheu a um quase anonimato. De acordo com uma delas, teria se inspirado em uma passeata no Rio. Segundo outra, teria rabiscado a letra após uma ida à USP. O crítico Tárik de Souza declarou que estava em um bar, em São Paulo, quando Vandré chegou dizendo: "Fiz uma música para cantar sozinho. Não sei se vai dar pé". "Pra não dizer que não falei das flores" deu pé e pano pra manga. Duas semanas após o término do festival, depois de ter vendido 180 mil cópias em disco, a canção foi proibida pelo regime de ser tocada em rádios e em locais públicos.

Para alguns, a composição, por seu tom de manifesto político, teria contribuído para um aprofundamento da linha-dura do regime. Em entrevista para a série *Nova História da Música Popular Brasileira*, da Editora Abril, anos depois, Vandré tentou explicar suas posições: "A expressão 'artista revolucionário' é pleonástica. Um artista só pode ser considerado artista quando sua arte é revolucionária. Para as pessoas que têm medo do termo 'revolucionário', a denominação pode ser 'de vanguarda'. De vanguarda e revolucionário é tudo aquilo que acrescenta algo de novo à vida, em qualquer estrutura, em qualquer sociedade, em qualquer tempo".

XIV

LIVRE PENSAR ENTRE INCERTEZAS

À medida que o regime militar se aprofundava e certo clima de acidez ia discretamente impregnando a sociedade, ganhavam proeminência figuras capazes de conjugar a capacidade de despertar o riso e, em grande medida, a reflexão dos brasileiros – demonstrando ser o humor, além de uma das formas mais elevadas de inteligência, um bálsamo para tempos difíceis. "É a única qualidade divina do homem", disse Schopenhauer, referindo-se ao senso de humor. Pensamento contraditório – mas nem por isso irrelevante – para um filósofo misantropo.

O ano de 1966 marcou o lançamento do *Febeapá*, o *Festival de Besteiras que Assola o País*, criação do jornalista Sérgio Porto, que assinava suas colunas com o pseudônimo de Stanislaw Ponte Preta. Boêmio, sarcástico até consigo mesmo, ele imortalizou a expressão naquela coletânea de notas supostamente jornalísticas, que mesclavam fatos reais inacreditáveis da política ou do cotidiano a piadas corrosivas sobre a ordem constituída. Seus comentários sublinhavam os tempos em curso com ironias finas:

"No Brasil as coisas acontecem e depois, com um simples desmentido, deixam de acontecer", escreveu em meados da década. E ainda:

"Política tem esta desvantagem: de vez em quando o sujeito vai preso em nome da liberdade."

Nascido em 1923, assim como Sérgio Porto, e definindo-se como "um jornalista sem fins lucrativos", Millôr Fernandes prezava a liberdade de expressão a um nível que o levou a conflitos nas redações por onde passou. Ao trabalhar sob a direção de Odylo Costa Filho, na revista *O Cruzeiro*, ouviu do editor que lhe seria dada toda a liberdade. Rapidamente disparou: "Você vai me perdoar, mas ninguém pode me dar liberdade. Pode tirar, mas dar, não pode".

A edição que trazia uma série de desenhos seus ilustrando a também sua *A verdadeira história do Paraíso* demonstrou que a promessa era vã. Por ter provocado de imediato uma maré de indignação católica, o trabalho impeliu a revista a uma "retratação" no número seguinte, acusando Millôr de quebra de confiança ao compromisso de criar "um humor inteligente e sadio". Demitido, Millôr declarou se sentir "como o navio abandonando os ratos".

Depois de uma passagem pelo *Correio da Manhã*, criou a revista *Pif Paf*, na qual abria espaço ao seu *alter ego* Emmanuel Vão Gogo, com pequenas histórias, piadas e o famoso *Retrato 3x4*, feito de desenhos, brincadeiras e apontamentos. Pelos veículos por onde passou sucessivamente, sob o lema "Livre pensar é só pensar", criava aforismos geniais e hilariantes, como: "Todos os homens nascem iguais; e alguns até piores". Sobre si mesmo, disse certa vez: "Não sou um homem livre. Mas nunca ninguém esteve tão perto". Suas críticas ricocheteavam para todos os lados. "O capitalismo é a exploração do homem pelo homem. O socialismo é o contrário", publicou certa vez. E cunhou a frase que poderia se aplicar a todo extremismo: "Democracia é quando eu mando em você; ditadura é quando você manda em mim".

O músico Juca Chaves, seu amigo, quinze anos mais jovem, era outro especialista em cutucar o poder. Seus shows provocadores, entremeados de piadas incorretas, lhe valeram proibições que ele não se preocupava em esconder e até capitalizar. Desde os anos 1950, criava sátiras políticas como "Caixinha, obrigado", que abordava o eterno mal das propinas e negociatas no setor público. Nos anos 1960, montou seu Circo Sdruws no Corte de Cantagalo, no Rio. O humorista costumava contar a seguinte história sobre o estabelecimento, perto do qual ficava uma favela: convidara para a primeira apresentação políticos, empresários e figuras da alta sociedade carioca. Por precaução, resolveu reunir os líderes da favela e lhes falou com franqueza: "Vim aqui para saber como vai ficar o negócio do roubo esta noite!". Uma mulher lhe respondeu com firmeza: "Olha aqui, seu Juca, nós entendemos a sua preocupação e lhe agradecemos, mas o senhor pode ficar tranquilo, porque a nossa comunidade já pediu proteção à polícia!".

No país em que um elevado número de intelectuais havia sido destituído de institutos e dos meios acadêmicos, o humor ganhava proeminência como uma intensa forma de pensar a realidade. Mas não a única.

A alegoria – narrativa mitificada, simbólica, fantasiosa – foi o recurso utilizado pelo cineasta Glauber Rocha para abordar os jogos de poder brasileiros em *Terra em transe*, de 1967. Sob um título capaz de servir como perfeita definição de diversos momentos da vida nacional, a trama centrava-se em um jornalista, Paulo Martins (interpretado por Jardel Filho), ligado ao tecnocrata Porfírio Diaz (Paulo Autran) e à prostituta Silvia (Danuza Leão), com quem ambos mantêm um caso. Quando Diaz se elege senador, Paulo vai para a província de Alecrim, onde conhece a ativista Sara (Glauce Rocha). Juntos eles resolvem apoiar o vereador populista Felipe Vieira (José Lewgoy) para governador, na tentativa de lançar um novo líder político, supostamente progressista, que enfrente a situação de pobreza que assola o país. Ao ganhar a eleição, Vieira se mostra fraco, controlado pelas forças econômicas que o financiaram, e nada faz para mudar a situação social. Paulo aproxima-se do grande empresário Júlio Fuentes (Paulo Gracindo), embarca em uma campanha oposicionista, flerta com a luta armada e rende-se à tentação do conchavo político. Repleto de sequências delirantes, o filme caminha para o final com Porfírio Diaz aos brados de "Dominarei esta terra! Pela força! Pelo amor da força! Pela harmonia universal dos infernos, chegaremos a uma civilização!".

Por sua exposição de elementos presentes na história republicana brasileira – autoritarismo, militarismo, populismo, messianismo –, sem poupar críticas aos descaminhos da esquerda, a parábola foi mal recebida pela crítica e pelos intelectuais. Alguns chegaram a tachá-la de "fascista". De certa forma, marcava uma ruptura com a temática inicial do Cinema Novo, que exibia a miséria no país e a colocava no centro de uma linguagem realista – a chamada "estética da fome" –, em obras como *Vidas secas* (1963) e *Os fuzis* (1964). O regime tampouco recebeu bem a produção. Em abril de 1967, foi proibida em todo o território nacional, por ser considerada subversiva e irreverente com a Igreja, sendo liberada apenas no mês seguinte, mediante alterações. Com o tempo, ganharia lugar entre as melhores criações do cinema nacional.

No Rio de Janeiro, um modesto espaço na rua Senador Vergueiro, o Cine Paissandu, no bairro do Flamengo, reunia a nata da juventude universitária da época e tornava-se o epicentro das discussões políticas, sociais e artísticas na cidade. Semanalmente, Jacques, Robert e Maurice Valansi, donos da distribuidora franco-brasileira, e o programador Fabiano Canosa presenteavam seu público com trabalhos dos poloneses Andrzej Wajda e Jerzy Kawalerowicz; de François Truffaut, Alain Resnais, Jacques Rivette, Louis Malle e Agnès Varda, da *nouvelle vague*; dos italianos Federico Fellini e Michelangelo Antonioni; e, principalmente, de Ingmar Bergman e Jean-Luc Godard. Os dois últimos chegavam a movimentar grupos rivais de adeptos. Parte indissociável do fascínio dessa que ficou conhecida como Geração Paissandu eram as discussões cheias de profundidade após as sessões, entre chopes nas mesas dos bares próximos – Cinerama, Oklahoma, Venadense e Lamas. O similar soteropolitano do Paissandu era o Guarany, na praça Castro Alves, onde o Clube de Cinema da Bahia fazia suas exibições semanais, ao fim das quais seus frequentadores iam tomar cervejas no restaurante Cacique.

Um dos momentos definidores da Geração Paissandu ocorreu com a estreia brasileira do militante *A chinesa*, de Godard, no começo de 1968, que descreve, de forma estilizada, satírica e recheada de pop art, "a aventura interior" de um grupo de cinco universitários em férias. Ou, segundo o cineasta, "um grupo de Robinsons Crusoés ao estilo marxista-leninista – onde o marxismo faria o papel de Sexta-Feira".

De acordo com o roteiro, "os personagens tentam aplicar em suas próprias vidas os métodos teóricos e práticos em nome dos quais Mao Tsé-tung havia rompido com o 'aburguesamento' dos comunistas soviéticos e dos principais partidos comunistas ocidentais". No apartamento emprestado pela namorada de um deles, cujos pais estão em viagem de férias, os jovens compartilham recursos e ideias, rabiscam *slogans* nas paredes e planejam sequestros, assassinatos de personalidades e outros atos terroristas como passos de uma revolução proletária. Jamais se saberá com certeza se seu valor mais forte foi como um diagnóstico, uma sátira, uma antevisão ou uma peça de agitprop sobre o futuro próximo. De certo, somente o charme radical chic que inspirou aqueles tempos.

O ambiente da época trazia irrefreáveis transformações de inconformismo com a ordem e as autoridades estabelecidas, de revolução sexual impulsionada pelo advento da pílula anticoncepcional e de protestos à intervenção norte-americana no Vietnã. Também se notabilizou pela atividade febril de se produzir análises sobre o momento geopolítico e social. Dos expoentes da chamada Escola de Frankfurt, que visava aliar interpretação histórica e interpretação filosófica, ganhou especial destaque o nome do alemão Herbert Marcuse, cuja obra daria base teórica às manifestações de insatisfações com a expansão do capitalismo e a sociedade de consumo. Produzida no clima da Guerra Fria, a crítica de Marcuse não se restringia ao mundo ocidental: após a morte de Stálin, ele publicou *O marxismo soviético* (1958), um contundente ataque ao Estado comunista, acusando o partido e seus líderes de serem "monolíticos" e "autoritários".

O filósofo, jornalista e professor Régis Debray, doutorado na Escola Normal Superior de Paris, causou furor com o seu ensaio *Revolução na revolução: luta armada e luta política na América Latina* (1967). As teses apresentadas na obra repercutiram na juventude brasileira e motivaram a adesão de muitos às guerrilhas urbana e rural. Amigo de Fidel Castro e de Che Guevara, nos anos 1960, acompanhou Che na guerrilha, especialmente na Bolívia, onde foi preso junto com o brasileiro Irineu Guimarães após a morte do líder revolucionário em outubro de 1967 pelo Exército boliviano. Os 1960 também foram marcados pela popularização do existencialismo, escola gestada no século XIX, com foco nas ações, sentimentos e vivências do ser humano. Segundo o existencialismo, o peso da responsabilidade, por ser totalmente livre, produz no indivíduo uma sensação de desorientação e confusão em face de um mundo aparentemente sem sentido, que, por vezes, o leva a abdicar de fazer as escolhas necessárias. No pós-guerra, essa corrente teve como figuras icônicas Jean-Paul Sartre e Albert Camus, que a princípio caminharam juntos nos pontos de vista, mas acabaram rompendo por divergências quanto a nuances de proposições políticas.

O francês Michel Foucault tornou-se influente no final dos anos 1960 por suas críticas às instituições sociais, à psiquiatria, à medicina, às prisões, por suas ideias sobre a sexualidade, suas teorias gerais relativas ao poder e ao conhecimento. Já o pensamento do marxista italiano Antonio Gramsci, morto em 1937, começaria a chegar ao Brasil quando uma biografia sua, escrita pelo professor austro-brasileiro Otto Maria Carpeaux, foi publicada na *Revista Civilização Brasileira*. O trabalho ajudou a difundir a teoria gramsciana da hegemonia cultural, que descreve como o poder e a política perpassam todo o corpo social.

Esse clima de ebulição intelectual estendia-se por todo o país. No Nordeste, surgiam iniciativas culturais como o Grupo Universitário de Teatro e Arte (GRUTA), da Universidade de Fortaleza, encabeçado pelos compositores Belchior e Fausto Nilo. Entre os anos de 1966 e 1968, o GRUTA se direcionou para a organização de Caravanas da Cultura e festivais de música pelo interior cearense, estados vizinhos e até países próximos, como Argentina e Chile. A virulência do grupo fez com que algumas de suas peças fossem censuradas e uma apresentação na cearense Barbalha, proibida.

Na noite de 18 de julho de 1968, o terror invadiu o ambiente teatral paulista. Integrantes do Comando de Caça aos Comunistas, liderados por João Marcos Flaquer, depredaram o Teatro Ruth Escobar, na Bela Vista, e promoveram um atentado contra a produção e o elenco da peça *Roda viva*, que estava em cartaz desde janeiro. Todos saíram muito feridos, como a atriz Marília Pêra, que foi espancada

Versátil Home Video

Glauber Rocha usou de alegorias para falar da política nacional em seu premiado filme "Terra em transe", de 1967

nua, e o contrarregra José Araújo, que teve a bacia fraturada. Para os anticomunistas, a peça, escrita por Chico Buarque e dirigida por José Celso Martinez Corrêa, era "subversiva". A obra girava em torno da ascensão e queda do músico Benedito Silva, em uma denúncia da indústria cultural.

Ao levar à mostra *Opinião 65* passistas da Mangueira vestindo "parangolés", espécie de capas formando pinturas vivas e ambulantes inspiradas na cultura do samba e do Carnaval, o artista plástico Hélio Oiticica acabou expulso do Museu de Arte Moderna do Rio de Janeiro. Ele, as artistas plásticas Lygia Pape e Lygia Clark, os poetas Ferreira Gullar e Reynaldo Jardim e o escultor Franz Weissmann publicaram no *Jornal do Brasil* – que passava por uma intensa renovação gráfica – o *Manifesto Neoconcreto*. Oiticica fez também a instalação "penetrável" *Tropicália*, que não só inspirou o nome, mas também ajudou a consolidar a estética do movimento. Leitor inveterado de Nietzsche e propagador do que chamava "antiarte", ele dedicaria ao traficante Cara de Cavalo, em 1968, uma bandeira serigrafada com os dizeres: "Seja marginal, seja herói". Assassino do detetive Milton Le Cocq, criador do grupo de extermínio Scuderie Detetive Le Cocq, o bandido fora executado com mais de cem tiros, em ação atribuída ao comando.

A associação de combate "informal" ao crime era liderada pelos chamados Doze Homens de Ouro, policiais escolhidos pelo secretário de Segurança do Rio, Luís França, para "limpar" a cidade. Dentre eles, estava Mariel Mariscot, policial lendário e controvertido, com pinta de galã cafajeste, que teve casos amorosos com a atriz Darlene Glória, a modelo Rose di Primo, e até com a travesti Rogéria. Seu trânsito pelo mundo do crime o levou a ligações espúrias com bicheiros e com o criminoso mais célebre de sua época, Lúcio Flávio. Articulado, violento e de inteligência acima da média, o jovem Lúcio Flávio se notabilizou pelos assaltos a bancos, joalherias, por diversos homicídios e fugas espetaculares de prisões. Chantageado por policiais, que em troca de pagamento o ajudaram a driblar diversas operações de captura, em determinado momento ele acabou se deixando apanhar para se ver livre das crescentes extorsões: "Bandido é bandido e polícia é polícia", concluiu, em um pensamento famoso que deixou antes de morrer assassinado em sua cela.

Mas realmente era um momento em que a clandestinidade começaria a caracterizar as ações tanto de indivíduos e organizações criminosas quanto de agentes da lei e da ordem constituída – algumas vezes com a inversão dos papéis habitualmente esperados.

Um Brasil dos subterrâneos estava emergindo.

XV

CORAÇÃO DE ESTUDANTE

O ano de 1967 marcava um ponto de inflexão na vida do jovem José Genoino Guimarães Neto. Técnico em computação na filial da IBM em Fortaleza, no ano anterior fora aprovado nos cursos de direito e filosofia na Universidade Federal do Ceará e começava a despontar como liderança estudantil, depois de passar a infância e a adolescência quase isolado do mundo, como lavrador, em sua Quixeramobim natal. Eleito presidente do Centro Acadêmico São Tomás de Aquino, em breve iria da defesa de plataformas locais, como a busca de ampliação do ensino superior para alunos aprovados no vestibular que não encontravam vagas nas instituições – os "excedentes" –, para questões estudantis de nível nacional, como o ensino público e gratuito. Na época, a UNE se encontrava na ilegalidade, mas não na clandestinidade, ou seja, funcionava extraoficialmente, ligada à AP, esquerda católica próxima do PCdoB. Segundo o Censo Escolar de 1964, havia na época pouco mais de 1,8 milhão de secundaristas e apenas 137 mil universitários no país.

No final de julho, Genoino deixava Fortaleza rumo a São Paulo, sob ecos do desastre aéreo que matara o ex-presidente Castello Branco no dia 18 daquele mês. O marechal deixara o município de Quixadá, após visita ao sítio da escritora Rachel de Queiroz, e tomara um avião Piper de seis lugares, que foi atingido na cauda por um jato de treinamento da FAB e caiu nas imediações da capital cearense. O acidente deu margem a especulações de atentado, embora a motivação apontada – impedir sua possível participação em uma trama para destituir Costa e Silva – soasse fantasiosa.

O objetivo da viagem de José Genoino era o de integrar o 29º Congresso da UNE. Para se manter longe do alcance das autoridades, o evento iria acontecer no mosteiro beneditino da pacata cidade de Vinhedo, a 75 km da capital. A expectativa inicial era de cinquenta participantes, entre eles José Dirceu, agora presidente do Centro Acadêmico XXII de Agosto, da PUC, e Luís Gonzaga Travassos, o favorito à sucessão do então presidente Jorge Luis Guedes. Às vésperas da reunião, porém, o número de inscritos já chegava a quatrocentos, o que obrigou os religiosos a reforçarem a despensa. As dezenas de mortadelas que o armazém próximo mantinha penduradas no teto foram todas solicitadas pelo convento. A quantidade de pães encomendada na padaria próxima também causou espanto aos comerciantes locais. Guedes havia prometido pagar aos monges o valor de 2.500 cruzeiros novos (pouco mais de 900 dólares corrigidos para valores atuais) pelos alimentos consumidos nos três dias de hospedagem. Mas, ao final, deixaria com eles apenas 200 cruzeiros novos, pelo vinho caseiro consumido.

No Congresso, a AP garantiu a presidência da entidade a Luís Travassos. Contudo, a votação foi apertada e a vitória foi decidida por quatro votos. A demanda geral pelo enfrentamento com o regime levou à formação de uma diretoria fragmentada, distribuída entre os membros das principais tendências internas. Assim, a direção da UNE passou a ser formada por quatro estudantes da AP, três da Política Operária (Polop) – já em processo de cisão – e três da chamada Dissidência do PCB. A direção do PCdoB defendera questão fechada com a AP, mas uma parte dos elementos que dariam origem à sua Ala Vermelha propugnava mais espaço para as dissidências e se absteve.

No dia 1º de agosto, o mosteiro foi cercado por trinta agentes da polícia política do governador Abreu Sodré, em busca dos estudantes. Mas era tarde. O encontro já havia se encerrado e os participantes abandonado o lugar, restando aos investigadores a função de recolher alguns impressos que haviam sido deixados para trás. O DOPS

Correio da Manhã - Arquivo Nacional, Rio de Janeiro

O estudante Edson Luis é assassinado no restaurante Calabouço durante conflito com a polícia militar

havia infiltrado um informante no evento, mas ele só conseguiu se comunicar com a chefia após a debandada. Sem se dar por vencidos, os policiais levaram presos todos os religiosos, inclusive dom Leo, prior do mosteiro, sob a mira de metralhadoras. O Congresso foi "finalizado" com um comício-relâmpago na praça da Sé, no qual discursaram o novo presidente Travassos, José Dirceu e o alagoano Vladimir Palmeira, presidente da União Metropolitana de Estudantes (UME), que vinha se destacando no meio estudantil.

A disputa entre tendências ameaçou dividir o ativismo. Em São Paulo, a União Estadual de Estudantes (UEE) passou a ter dois presidentes que agiam em separado: Catarina Melloni, da AP, e José Dirceu, da ala dissidente, que acabou prevalecendo. Restaurada a unidade, o movimento viveria tempos agudos a partir de março de 1968, quando o Restaurante Central dos Estudantes, conhecido como Calabouço, no Rio, se tornaria palco da tragédia que daria à resistência ao regime o seu primeiro cadáver notório.

No dia 28 de março de 1968, integrantes da UME preparavam uma passeata contra o reajuste no preço da refeição, quando, pouco

Arquivo Público do Estado de São Paulo, São Paulo

A missa na Candelária em homenagem ao estudante Edson Luis foi assistida por milhares de pessoas e provocou comoção em toda a cidade

antes das 18h, a Polícia Militar se deslocou ao restaurante para reprimir a saída do ato e um grande tumulto se formou. No interior do prédio, os estudantes reagiram, formando barricadas com as mesas e arremessando pratos e talheres nos soldados. Os PMs voltaram à carga e entraram no restaurante atirando. Segundos depois, o comandante da tropa, aspirante Aloísio Raposo, alvejou o estudante paraense Edson Luís de Lima Souto, com uma pistola .45, à queima-roupa, no coração. Com dezoito anos recém-completados, o rapaz chegara à cidade três meses antes, para iniciar o curso supletivo no Instituto Cooperativo. Teve morte instantânea. Quando o confronto ganhou a rua, o porteiro de um prédio comercial foi atingido mortalmente. Telmo Marques Henrique, que correra à janela de seu escritório, recebeu um tiro na boca. Ao final do enfrentamento, os estudantes levaram o corpo de Edson Luís até a Assembleia Legislativa, perto dali, o colocaram sobre a Mesa Diretora, cobriram-no de cartazes e improvisaram um velório, entre violentos discursos.

No dia seguinte, jornais e revistas estampavam as imagens do corpo do jovem, sem camisa, exposto na Assembleia, e declarações de personalidades, que se dividiam entre críticas à ação policial e aplausos aos atos repressivos. A página do *Correio da Manhã* dedicada à tragédia da véspera lembrou o assassinato do estudante Demócrito de Souza Filho pela polícia, em Recife, durante protesto contra Getúlio, em março de 1945, episódio que ajudou a selar o fim do Estado Novo. Em Brasília, o deputado Último de Carvalho afirmava, como vice-líder, que o governo federal apoiava a ação da PM na Guanabara. O comandante da PM, general Osvaldo Niemeyer, justificava: "A polícia atirou porque o poder de fogo dos estudantes era superior".

No meio da tarde, o caixão coberto com uma bandeira do Brasil foi retirado da Assembleia em meio a cerca de 50 mil pessoas. Era a maior concentração vista na cidade desde março de 1964. Pessoas jogavam flores sobre o féretro e levavam cartazes com dizeres como "Brasil, seus filhos morrem por você". Para reforçar o protesto, os cinemas da Cinelândia, a poucos metros, trocaram seus letreiros, citando filmes como *A noite dos generais*, *À queima-roupa* e *Coração de luto*.

A multidão caminhou em direção ao Palácio Monroe, antiga sede do Senado, em uma passeata que seguiria até o Cemitério São João Batista, no bairro de Botafogo. O governo estadual tirara a PM das ruas, para evitar novos confrontos. No percurso, um carro da embaixada dos Estados Unidos e um da Aeronáutica foram depredados. Em frente à sede da UNE em ruínas, na praia do Flamengo, foi queimada uma bandeira americana. Vladimir Palmeira discursou pendurado em um janelão do prédio. Ao longo do trajeto anoitecia e, para ofuscar o protesto, as autoridades mantiveram desligada a iluminação pública, mas os participantes arranjaram velas e lanternas para cumprir a caminhada. Três horas depois de seu início, o cortejo cruzou o portão principal do cemitério. Já era noite quando o caixão foi colocado em uma gaveta com uma bandeira amarfanhada, ao som dos presentes cantando o Hino Nacional. A seguir, o grupo dispersou.

Correio da Manhã - Arquivo Nacional, Rio de Janeiro

A repressão aumenta e o exército coloca tanques de guerra nas ruas do Rio de Janeiro

O episódio causou o fechamento do restaurante, mas também deflagrou o ciclo de intensas manifestações populares em 1968 no Brasil. "A reação à morte do Edson Luís foi de uma amplitude, de uma radicalidade que ninguém imaginava. Rapidamente a gente percebeu o potencial de mobilização para além da universidade", recordou o economista, e, na época, líder estudantil em ascensão, Jean Marc von der Weid.

Filho de um engenheiro suíço e uma musicista, o carioca Jean Marc iniciara a militância no Movimento Estudantil em 1962, aos dezesseis anos, quando aderiu à AP. Em 1968 ocupava a presidência do diretório acadêmico da Escola de Química da Universidade do Brasil. Ao lado de José Dirceu e do galã Marcos Medeiros, Jean Marc reforçava a aura de uma esquerda jovem, charmosa, com um fascínio que em nada devia aos ídolos pop e estabelecia paralelos com o rebelde alemão Daniel Cohn-Bendit, o Dany Le Rouge, e o francês Jacques Sauvageot. Mesmo sem contar com o encanto radical e a bela aparência de seus colegas de militância, o esquálido Luís Travassos se deixou fotografar para a capa da revista *Realidade* de julho de 1968, na qual aparecia encostado em um muro sob a manchete "Este moço comanda a agitação".

Nos dias seguintes, foram mobilizados protestos em todo o país. Em São Paulo, 4 mil estudantes fizeram um ato público na Faculdade de Medicina da Universidade de São Paulo. Também foram realizadas manifestações na Faculdade de Direito do Largo de São Francisco, na Escola Politécnica da USP e na PUC. "Mataram um estudante. Podia ser seu filho!", era a palavra de ordem. Em 31 de março, no Rio, uma passeata de estudantes deixou dois mortos, uma centena de feridos e quase 300 prisões. Fortaleza, 30 mil saíram às ruas.

Na manhã de 4 de abril foi realizada na igreja da Candelária a missa em memória de Edson Luís. Após o término da celebração, as pessoas que deixavam a igreja foram cercadas e atacadas pela cavalaria da PM com golpes de sabre. Outra missa seria realizada à noite. O governo militar proibiu o ato religioso, mas o vigário-geral do Rio de Janeiro, dom José de Castro Pinto, insistiu em oficiá-lo, e houve o comparecimento de seiscentas pessoas. Temendo que o episódio da manhã se repetisse, os padres pediram que ninguém deixasse o local sozinho. Do lado de fora havia três fileiras de soldados a cavalo com os sabres desembainhados. Mais atrás, estavam integrantes do Corpo de Fuzileiros Navais e vários agentes do DOPS. Os clérigos decidiram, então, sair de mãos dadas, fazendo um "cordão", da porta da igreja até a avenida Rio Branco, para que os presentes pudessem ir embora em segurança. Depois que todos ganharam as ruas, a cavalaria entrou em ação e o tumulto se instalou.

Em Pernambuco, o desdobramento foi mais grave. Depois que celebrou uma missa em memória de Edson Luís, o padre Antônio Henrique Pereira Neto – que desenvolvia atividades junto a dom Hélder Câmara – passou a receber ameaças de morte por parte da divisão local do CCC. No dia 27 de maio de 1969, seu corpo seria encontrado na Cidade Universitária de Recife, pendurado pelos pés em uma árvore, com vários hematomas, queimaduras de cigarro, cortes de facão na barriga e no pescoço e três tiros na cabeça.

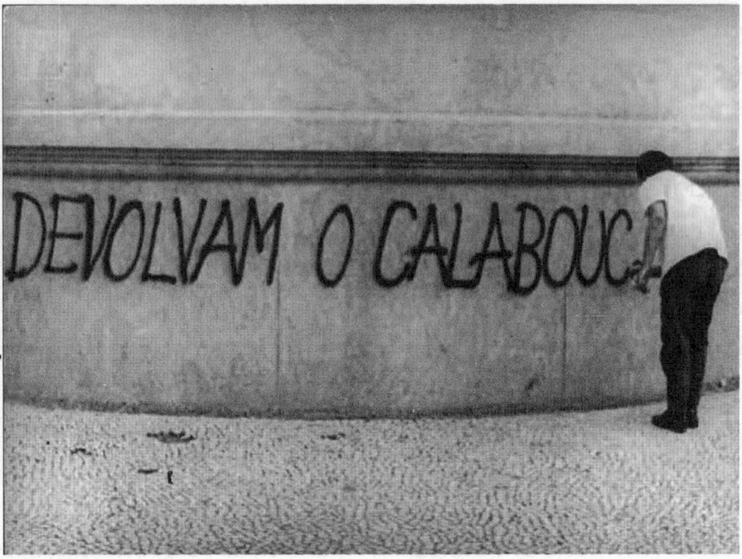

Correio da Manhã - Arquivo Nacional, Rio de Janeiro

Jovens reivindicam a reabertura do Calabouço, restaurante central dos estudantes, que havia sido fechado depois da morte de Edson Luis

No esteio dessas jornadas de protestos, o comitê central do PCdoB editou o documento *A política estudantil do Partido Comunista do Brasil*. A resolução propunha que seus dirigentes concentrassem "o fogo dos ataques na camarilha militar reacionária e entreguista e nos imperialistas ianques" e levassem "as massas estudantis a lutar pela derrubada da ditadura e por um poder popular". As ações imediatas foram a tomada da UnB e, em São Paulo, a depredação da Farmácia do Exército, do Citibank e da sede do jornal *O Estado de S. Paulo*, que até aquele momento apoiava o governo militar. No dia 1º de maio, durante um comício pelo Dia do Trabalhador na praça da Sé, em São Paulo, o governador Abreu Sodré e sua comitiva foram obrigados a deixar a tribuna e se refugiar na catedral sob uma chuva de ovos.

A confrontação com o regime, coordenada pelas organizações de inspiração marxista, se concentrava de forma cada vez mais intensa nos movimentos estudantis e operários. E, a exemplo do que ocorreria na França, no Japão e no México, onde estouravam violentos conflitos reprimidos com igual truculência, o clima geral no Brasil só faria recrudescer ao longo daquele emblemático ano.

XVI

A "PRIMAVERA OPERÁRIA"

Cerca de mil trabalhadores de Osasco haviam comparecido ao ato na praça da Sé em comemoração ao Primeiro de Maio, precocemente encerrado naquele 1968. Eles levavam bandeiras e faixas com inscrições como "Só a greve derruba o arrocho" e "Minas é exemplo de luta". As mensagens faziam menção à onda de rebeldia que vinha envolvendo o operariado do parque industrial mineiro desde o final do ano anterior, que resultou na primeira grande mobilização sindical pós-1964.

Em 1967, já haviam sido registradas breves paralisações na mineradora Mannesmann, em Ibirité, na Companhia Siderúrgica Nacional, em São João del-Rei, e nas Usinas Metalúrgicas, em Barão dos Cocais. A motivação inicial de todas era a de protestar contra o atraso nos salários e as crescentes demissões de pessoal. Em fevereiro de 1968, entraram em greve 3.500 operários da empresa de aços Acesita. No dia 16 de abril, 1.200 operários da Belgo-Mineira decidiram cruzar os braços e ocupar a fábrica.

Segundo Otavino Alves, operário e então militante da organização marxista Política Operária (Polop), a greve começou por iniciativa do Comando de Libertação Nacional (Colina), uma dissidência armada da própria Polop.

Os operários exigiram aumento imediato de 25% em seus salários, e os patrões ofereceram-lhes 10%, a serem descontados na data-base. A contraproposta patronal foi rejeitada e o impasse se aprofundou. O ministro do Trabalho, coronel Jarbas Passarinho, que havia se mantido em silêncio, fez seu primeiro pronunciamento público: "Não se trata de um movimento justificado, mas de uma pura e simples agitação. Os líderes sindicais devem mostrar aos trabalhadores o perigo das medidas adotadas por aqueles que tentam envolvê-los hoje na Cidade Industrial, todas fora da lei, todas com claro objetivo de provocar a violência das autoridades".

Em 20 de abril, mais uma empresa, a Mannesmann, foi atingida pela greve com 4.500 trabalhadores paralisados. No mesmo dia, os operários realizaram uma grande assembleia e elegeram um comando de greve unificado, presidido por Ênio Seabra, da AP. O Ministério do Trabalho apresentou uma proposta de conciliação, seguida de um ultimato: "A recusa significa uma declaração de guerra". Propunha um reajuste de 10% que, ao contrário do que propuseram os patrões anteriormente, não seria descontado na data-base. A diretoria do sindicato resolveu aceitar a proposta, mas os operários em assembleia a rejeitaram. Surpreendentemente, o movimento se ampliou. Os operários da Belgo-Mineira e da Mannesmann não demoraram a ser seguidos pelos da Simel, Metalúrgica Triângulo, Pohlig-Haeckel, Minas-Ferro e Mafersa. A seguir, pararam os trabalhadores da Acesita, da RCA Victor, da Demisa e da Industam. Eram cerca de 20 mil trabalhadores na maior greve empreendida após o golpe. Ao fim de dez dias, o movimento se encerraria com o acordo sobre o reajuste de 10%, o primeiro do governo militar, que foi anunciado em pronunciamento pelo presidente Costa e Silva.

A vitória dos mineiros estimulou o operariado de diversas partes do país a se manifestar e alimentou particularmente o ânimo dos trabalhadores da Companhia Brasileira de Materiais Ferroviários (Cobrasma), em Osasco, na região metropolitana de São Paulo. O sindicato local era presidido por José Ibrahim, um metalúrgico de 21 anos que trabalhava na empresa desde 1961 – a Cobrasma admitia jovens a partir dos catorze anos. Ibrahim havia integrado o

Movimento Estudantil secundarista e era ligado à organização clandestina Vanguarda Popular Revolucionária (VPR). Dessa forma, as lutas operárias e estudantis se interligavam na região.

Depois de passar algum tempo em Contagem, fazendo contatos com lideranças trabalhistas, a fim de compreender os elementos organizativos do movimento anterior, Ibrahim retornou à sua base, onde deflagrou uma paralisação em 16 de julho, adiantando-se à data-base da categoria metalúrgica, que seria em novembro. Logo após o apito das 8h, sob seu comando, mais de 2 mil trabalhadores iniciaram a ocupação da Cobrasma e tomaram quinze engenheiros e trinta chefes de serviço como reféns. A estratégia visava a impedir uma provável ocupação policial da fábrica. No mesmo dia, foram paralisadas as empresas Barreto Keller, Osram, Braseixos, Lonaflex e a Fósforos Granada. E parcialmente a Eternit e a Cimaf.

O levante sindical não funcionou como esperado. O governo havia concedido um abono salarial emergencial em junho para todos os trabalhadores brasileiros, fruto da pressão sindical e da greve de Contagem, e não estava disposto a permitir que se repetisse em Osasco o que havia ocorrido em Minas Gerais. Era preciso, como disse o ministro Passarinho, "declarar guerra aos trabalhadores" e ainda evitar "uma aliança operário-estudantil". Segundo ele, dessa vez não haveria negociações e os operários deveriam se submeter, incondicionalmente, às ordens do Ministério do Trabalho.

A tropa de choque da Força Pública, com apoio do DOPS, ocupou pontos estratégicos e colocou barreiras nas entradas e saídas do município. O alagoano Antonio Vieira de Barros, conhecido como Toninho Três Oitavos, ex-funcionário da Braseixos, divisão da Cobrasma, e oriundo da Juventude Operária Católica (JOC), relataria: "A televisão começou a dizer que as tropas estavam vindo para cá e que ia ser um massacre. Aí as mães, as mulheres dos trabalhadores ficaram muito apavoradas. Elas vinham chorando para a beira da cerca. A gente dizia: 'Está tudo sossegado'. Uns companheiros queriam pular a cerca e ir embora, mas nós não deixávamos".

A Delegacia Regional do Trabalho (DRT) decretou a ilegalidade da greve e, à noite, tropas cercaram a Cobrasma. O comando

Arquivo Público do Estado de São Paulo, São Paulo

4.500 operários da mineradora Mannesmann pararam exigindo reajuste salarial de 10%. O governo acabou cedendo

das forças legais deu um aviso por megafone: "Companheiros, vão embora! Suas mulheres estão precisando de vocês em casa. Nós lhes garantiremos a saída!". A ideia era que, na retirada, as lideranças do movimento fossem aprisionadas.

Após as primeiras capturas, as fugas cessaram. Em seguida, Osasco transformou-se numa verdadeira zona de batalha. Os "brucutus" – como eram chamados os veículos blindados que lançavam jatos d'água sobre manifestantes – derrubaram as barricadas construídas pelos operários. As luzes foram desligadas pelos próprios grevistas e a luta passou a ser travada no escuro das oficinas. Os trabalhadores, que conheciam bem as seções e os vãos entre as máquinas, jogavam pedaços de ferro na passagem da cavalaria, fazendo com que os animais pisassem e caíssem. Ao final, porém, mais de trezentos operários foram levados presos e fichados. Cerca de sessenta permaneceriam detidos.

Os líderes dos trabalhadores da Cobrasma foram demitidos pela empresa, incluindo o presidente do sindicato, José Ibrahim. Mesmo reprimido, o movimento subsistiu na cidade por aproximadamente um mês, resultando em represálias aos envolvidos, com listas negras que impediam sua recolocação profissional e determinavam sua prisão por militância política, assim como perseguição aos seus familiares. Ibrahim conseguira escapar terminada a greve, mas, após um tempo, seria detido e submetido a longas sessões de tortura. Depois de três dias de espancamentos, em que já estava com um braço e uma costela fraturados, sem entregar qualquer nome, pensou em um estratagema. Disse aos algozes que havia marcado encontro com um companheiro no alto de um viaduto no centro de São Paulo. Na verdade, pretendia jogar-se do local e pôr fim ao sofrimento.

O sindicalista foi posicionado no suposto "ponto" pelos agentes, que se espalharam pelo entorno, disfarçados de gari a pipoqueiro. Por alguns instantes, Ibrahim contemplou o asfalto, vários metros abaixo, onde passavam veículos em alta velocidade, e lamentou internamente terminar jovem uma vida que poderia ainda lhe oferecer namoros e outras alegrias. Preparou-se para se atirar, de tal forma que não houvesse chance de sobreviver. Subitamente, uma mão pousou sobre seu ombro. Era Acyr, um amigo de sua antiga vizinhança, que não encontrava havia anos e que lhe disse: "O que está fazendo aqui, meu caro?". O rapaz nem pôde ouvir a resposta. Confundido com o suposto alvo do encontro, foi capturado e levado para a câmara de torturas, apesar dos apelos do jovem líder sindical em seu favor. Após horas de maus-tratos a ambos, Ibrahim conseguiu convencer seus captores do equívoco, e alegou que o encontro combinado com o militante havia "furado" por causa da "ação desastrada" dos policiais. A confusão, no entanto, salvou sua vida e ele foi enviado para o presídio Tiradentes. Seu braço direito, José Campos Barreto, o Zequinha, também ligado à VPR, seria libertado após 180 dias nos mesmos porões e, mais tarde, partiria para a guerrilha rural.

Nem tudo era esquerda e oposição ao regime militar entre os metalúrgicos paulistas. Em setembro de 1967, surgira o Movimento Intersindical Antiarrocho Salarial (MIA), um organismo sindical supostamente criado para reivindicar reajustes junto ao governo, mas hegemonizado por dirigentes "pelegos", como eram chamados os representantes ligados aos interesses patronais e a quem era confiada a missão de manter as categorias sob razoável controle. Esse tipo de liderança teve sua encarnação máxima na figura de Joaquim dos Santos Andrade, o Joaquinzão. Tendo participado da Marcha da Família com Deus pela Liberdade e apoiado o movimento político-militar

Correio da Manhã - Arquivo Nacional, Rio de Janeiro

Na "primavera operária" iniciada em 1967, pipocam greves em todo o país

que depôs João Goulart, ele fora designado interventor no Sindicato dos Metalúrgicos de Guarulhos. Em 1965, foi eleito presidente do Sindicato dos Metalúrgicos de São Paulo, o que se repetiria nas oito eleições seguintes. Era tratado cordialmente por associações de empresários, o que lhe valeu entre a vanguarda operária o apelido de Joaquinzão Pelego.

Uma nova greve mineira, ocorrida em outubro de 1968, foi pouco noticiada, embora, segundo seus participantes, tenha sido maior em número de grevistas, em dias parados e extensão. Quando a paralisação chegou ao fim, encerrava-se também o 1968 operário.

Dez anos se passariam até que a classe trabalhadora conseguisse voltar a se mobilizar.

XVII

UM SOLDADO MORTO E 100 MIL CIVIS NA RUA

Os confrontos entre universitários e agentes da repressão atingiram novos patamares no Rio de Janeiro a partir de 19 de junho de 1968, uma quarta-feira. Sob o comando de Vladimir Palmeira, presidente da UME, oitocentos estudantes tentaram tomar o Palácio da Cultura, sede do Ministério da Educação na cidade, ocasião em que três veículos do Exército foram incendiados. O conflito acabou com a prisão, entre outros, do líder universitário Jean Marc. No dia seguinte, centenas de estudantes ocuparam o prédio do Conselho da Universidade Federal do Rio de Janeiro (UFRJ), na Praia Vermelha, para exigir a libertação dos colegas. Mas o resultado foi a detenção de aproximadamente quatrocentos jovens ao final da assembleia. Levados até o campo do Botafogo, eles sofreram maus-tratos e foram humilhados.

Os estudantes voltaram às ruas em 21 de junho, na que ficaria conhecida como "Sexta-Feira sangrenta". Iniciada na praça Tiradentes, a manifestação se converteu numa batalha campal pelo centro. Em horas de combates, 10 mil jovens incendiaram carros, saquearam lojas e atacaram a tiros a embaixada norte-americana. DOPS e PM se uniram para reprimir o tumulto. A polícia montada atacava com sabres e os manifestantes despejavam bolas de gude na direção das patas dos cavalos, fazendo os animais cair. Mais de mil pessoas foram presas e quatro morreram – três manifestantes e o sargento Nélson de

Barros. O marechal Costa e Silva, aludindo às chamadas barricadas do desejo, que haviam abalado a França no mês anterior, advertiu: "Enquanto eu estiver aqui, não permitirei que o Rio se transforme numa nova Paris".

Em São Paulo, no dia 22, integrantes da Vanguarda Popular Revolucionária (VPR) roubaram nove fuzis e alguns equipamentos do Hospital Militar, na Vila Monumento. Informado da ação, o então comandante do II Exército, general Manuel Rodrigues de Carvalho de Lisboa, foi aos meios de comunicação dizer que o ato tinha sido "covarde". E lançou uma provocação aos guerrilheiros: "Não houve heroísmo em entrar num hospital e roubar armas. Desafio que façam isso em meus quartéis! Isso eu queria ver!".

Em resposta, a VPR planejou uma ação de grande impacto, que teria trágicas consequências. Às 4h30 de 26 de junho, uma quarta-feira, três automóveis Fusca e uma camionete Rural se aproximaram da entrada dos fundos do quartel-general do II Exército, próximo ao Parque do Ibirapuera. Nos veículos encontravam-se Onofre Pinto, Diógenes Carvalho de Oliveira, José Araújo de Nóbrega, Dulce de Souza Maia, Renata Ferraz Guerra de Andrade, Pedro Lobo de Oliveira e Eduardo Collen Leite, este integrante da Rede, outra organização clandestina.

Dentre o grupo de sentinela naquela madrugada estava o soldado Mário Kozel Filho, de dezenove anos, conhecido pelos parentes e amigos como Kuka. Ele iniciara o serviço militar seis meses antes. Em segundos, os guerrilheiros lançaram a camionete, carregada com 20 kg de dinamite, contra a entrada do QG e se puseram em fuga. A guarda disparou contra o veículo, que bateu na parede externa do complexo. Mário Kozel corria em direção ao carro-bomba quando a carga explodiu, atingindo um raio de 300 m. O corpo do jovem foi feito em pedaços. Outros seis militares saíram gravemente feridos. Os restos mortais de Kozel seriam sepultados com honras militares no Cemitério Araçá, e foi feita sua promoção pós-morte ao grau de 3º sargento.

Trinta anos depois, Renata Ferraz, chamada pelos militares e pela imprensa de "a terrorista loura", se penitenciaria pelo ato, considerando "infantil" a motivação para perpetrá-lo: "Caímos na provocação do general e o atentado não serviu para nada, a não ser matar o rapazinho", lamentou.

Poucas horas após o episódio no QG do II Exército, realizava-se no centro do Rio a passeata que ficaria famosa como "Passeata dos Cem Mil". O Comando Militar havia permitido sua realização, por causa da repercussão negativa da repressão ocorrida em dias anteriores. Ainda assim, 10 mil policiais foram destacados para o local do evento.

Às 14h daquele 26 de junho, a Cinelândia já estava tomada por cerca de 50 mil participantes. Uma hora depois, esse número havia dobrado. Além dos estudantes, a manifestação contou com artistas, intelectuais, políticos, padres, freiras, sindicalistas e outros segmentos da sociedade civil.

Entre as personalidades presentes estavam Alfredo Sirkis, presidente da Associação Metropolitana dos Secundaristas, e os líderes estudantis José Dirceu, Luís Travassos e Vera Silvia Magalhães; os músicos Caetano Veloso, Chico Buarque, Edu Lobo, Gilberto Gil, Milton Nascimento, Nana Caymmi e Nara Leão; a escritora Clarice Lispector e o poeta Vinicius de Moraes; jornalistas como Fernando Gabeira e Zuenir Ventura; Grande Otelo e Paulo Autran, entre outros atores; e políticos como Orestes Quércia, Tancredo Neves e Moreira Franco. Entre os cordões estavam o formado por atrizes: Eva Wilma, Eva Todor, Leila Diniz, Norma Bengell, Odete Lara e Tônia Carrero, entre outras; e o de padres, que contava com 150 integrantes. Diante do apoio demonstrado pelo clero, alguns viram no ato uma Marcha da Família com Deus pela Liberdade com sinal trocado. O jornalista e dramaturgo Nelson Rodrigues aproveitou para acrescentar o termo "padre de passeata" à sua galeria de sátiras aos tipos urbanos da época, como a "socióloga de pés sujos" e a "grã-fina de narinas de cadáver".

Da concentração na antiga Esplanada do Castelo, a marcha percorreu a avenida Rio Branco e passou pela rua Uruguaiana. Estudantes entoavam *slogans* afinados com suas respectivas tendências: "O povo *organizado* derruba a ditadura", para os que eram ligados ao PCB, e "O povo *armado* derruba a ditadura", para os militantes das dissidências armadas. "Libertem nossos presos!", gritavam todos. Diante das lojas fechadas, pediam: "Abram suas portas! Quem quebra

Correio da Manhã - Arquivo Nacional, Rio de Janeiro

Crescem os conflitos entre estudantes e agentes da repressão

é a polícia!". Os comerciantes, ao atender aos apelos, eram saudados com aplausos.

Por todo o trajeto, uma chuva de papel picado brotava do alto dos edifícios. Aos gritos de "Liberdade!", ao retornar à Cinelândia, os participantes sentaram-se no chão para ouvir o discurso do líder estudantil Vladimir Palmeira, que cobrou vingança pela morte de Edson Luís e "o fim da ditadura militar". O fotógrafo Evandro Teixeira, do *Jornal do Brasil*, recordou as instruções recebidas na redação ao sair para a cobertura do evento: "A chefia me alertou que o brigadeiro João Paulo Burnier [do Serviço de Informações da Aeronáutica] estava de olho no Vladimir e que ele poderia ser preso ou morto naquela manifestação".

A passeata elegeu uma comissão formada por seis pessoas – o psicanalista Hélio Pellegrino; um professor, José Américo Pessanha; um padre, João Batista; uma mãe, Irene Papi; e dois estudantes, Franklin Martins, da Dissidência Universitária Guanabara, e Marcos Medeiros, do PCBR –, para tentar levar até Costa e Silva as reivindicações populares. Exigia-se liberdade para os estudantes presos, a reabertura do Calabouço, mais verbas para as universidades, o fim da censura às artes, a defesa dos interesses nacionais e melhores condições para os trabalhadores. O PCdoB se posicionou em nota contra a negociação com o regime: "Não há cabimento para o diálogo entre estudantes, privados dos mais elementares direitos e liberdades, e os fâmulos da ditadura".

Surpreendentemente, o marechal Costa e Silva aceitou receber a comissão. O presidente começou a conversa impondo uma condição: "Vocês têm de parar as passeatas. Se vocês garantirem isso, vou tomar providências para libertar os cinco presos da alçada do Executivo e pedir que se estude a situação dos demais". Os líderes estudantis reagiram e o clima azedou rapidamente: "Não aceitamos condição. Queremos a libertação de todos os companheiros imediatamente. Não viemos aqui barganhar!". Costa e Silva reagiu furioso: "A dignidade da Presidência não admite ultimatos, desrespeito ou ameaças. Está encerrada a reunião!", bradou, frustrando a breve chance de diálogo com o regime.

O resultado foi a realização de outra passeata, que reuniu cerca de 50 mil no centro do Rio, em 4 de julho, dessa vez com predominância de estudantes e sem representantes dos demais setores sociais. Em outros estados, os protestos ampliaram o nível de radicalização – caso de Goiás, com quatro jovens baleados pela polícia. Em Salvador, o maior ato público foi de secundaristas, que motivou ameaças do prefeito Antônio Carlos Magalhães. Dias depois, Costa e Silva proibiria qualquer manifestação pública no país.

Em 21 de agosto, o Congresso rejeitou o projeto que concedia anistia aos estudantes e operários presos nos protestos dos meses anteriores. Na mesma data, a União Soviética e forças do Pacto de Varsóvia – que reunia os países da chamada Cortina de Ferro – invadiam a Tchecoslováquia para barrar a sequência de reformas que o país vinha implantando sob a gestão de Alexander Dubcek, na denominada "Primavera de Praga", a tentativa de "um socialismo de rosto humano". O conflito terminou com 137 mortos e centenas de detidos. O episódio teve uma curiosa ressonância na jovem esquerda brasileira, que se posicionou contra a repressão soviética à iniciativa dos tchecos.

Nesse momento, ressurgia em cena a figura de Carlos Marighella, que fora libertado por decisão judicial em 1965 e vinha se dedicando a produzir teses que mobilizavam a juventude, como *Algumas questões sobre a guerrilha no Brasil*, dedicada à memória do revolucionário Che Guevara. Expulso do "Partidão" em 1967, por defender a luta armada imediata, fundara a organização clandestina Ação Libertadora Nacional (ALN) em fevereiro de 1968. Em 10 de agosto, executaria um plano ousado: o assalto ao trem pagador Santos-Jundiaí. A ação rendeu ao grupo 108 milhões de cruzeiros novos e viabilizou sua estrutura como facção armada. Aloysio Nunes Ferreira, que seria ministro da Justiça do governo FHC e das Relações Exteriores de Michel Temer, participou do assalto, fugindo em seguida, com a mulher, para Paris. "A ALN mexeu com a nossa cabeça de estudantes", resumiu em 2006 o militante da Dissidência Comunista da Guanabara (depois MR-8) Cláudio Torres. "Estimulados por aquelas ideias, passamos a achar, de certo ponto em diante, que quem não se lançasse à ação armada era um *bunda-mole*."

A guerra de fundo ideológico se aprofundava dos dois lados, ganhando aspectos insanos e gerando personagens e situações mais condizentes com uma obra de ficção, como foi o chamado Caso Para-Sar. No centro da trama estava o capitão da Aeronáutica Sérgio Ribeiro Miranda de Carvalho. Chamado para comparecer à sede do Ministério da Guerra, no Rio, em 12 de junho, ele foi informado de que o brigadeiro João Paulo Burnier, chefe de Informações da Força, precisava lhe falar. Na época, o capitão Sérgio, de 37 anos, comandava o Para-Sar, batalhão de elite de paraquedistas, especializado em resgates e salvamentos. Havia cumprido missões na Amazônia e no Parque Indígena do Xingu. Apesar de não ter uma estatura elevada – 1,75 m –, fora um exímio atleta do basquete. A extraordinária impulsão, capaz de lhe permitir grandes saltos, lhe valera o apelido de Macaco. Ao chegar ao gabinete, ouviu do superior uma curiosa indagação:

— Sérgio, na sua avaliação, quantas pessoas morreriam se houvesse uma explosão no Gasômetro?

Confuso, Sérgio calculou mentalmente as consequências na hipótese de ocorrer um acidente como o exposto e respondeu:

— Bom, sem dúvida, um desastre assim poderia matar até uns 100 mil... — arriscou. — Seria uma enorme tragédia, com certeza.

— Certo. Ainda assim, seria um preço menor pelo fim do comunismo no Brasil, não?

A primeira reação do subordinado foi de incredulidade com o rumo da conversa.

— Veja, o plano é perfeito. Você reúne uma turma de paraquedistas de toda confiança, espalha explosivos pelos principais pontos daquelas instalações, deixa uma detonação programada e tudo vai pelos ares — prosseguiu o brigadeiro.

O Gasômetro era um complexo situado em São Cristóvão, na zona central do Rio, destinado à armazenagem e distribuição de gás no município. Inaugurado em 1911 pela belga Société Anonyme du Gaz, e com capacidade de fornecimento de 180 mil m^3 de gás por dia, chegou a ser considerado o maior do mundo. Nas suas proximidades ficavam o terminal rodoviário, com movimento de 30 mil pessoas/dia, e bairros residenciais. Caso o plano se concretizasse, uma cratera se abriria no local, com impactos no raio de 1 km.

— Todos irão pensar que se tratou de um atentado cometido pela guerrilha. Pelos *comunas*. A opinião pública e até simpatizantes desses grupos vão repudiar essa gente. Mais que isso: vão apoiar toda a repressão que se fizer contra eles a partir daí.

Sérgio suou frio. Além de chocado com a proposta, percebeu imediatamente que seu futuro a partir dali, não importando que resposta desse, tomaria um rumo dramático.

— Estamos em guerra, e em uma guerra o sacrifício de muitas vidas às vezes é necessário por um bem maior — insistiu Burnier. — O que me diz?

— Com todo o respeito, senhor, não posso participar de uma atrocidade dessas — reagiu Sérgio, demonstrando incontida indignação.

A recusa enfureceu o oficial superior, que decidiu destituí-lo do comando do Para-Sar, puni-lo com 25 dias de prisão e enviá-lo para Recife. Antes de ser afastado, o capitão relatou o plano ao brigadeiro Eduardo Gomes, que por um breve período havia sido ministro da Aeronáutica de Castello Branco. Abortado o plano e abafado o episódio, que só iria a público anos depois, a carreira de Sérgio Macaco terminaria no ano seguinte, ao ser reformado compulsoriamente.

Acervo Iconographia

Na passeata dos 100 mil Vladimir Palmeira, presidente da UME, faz discurso cobrando vingança pela morte de Edson Luis e o fim da ditadura militar

A possibilidade de se provocar uma catástrofe visando à obtenção de dividendos políticos, como a sugerida pelo brigadeiro Burnier, e o ataque da VPR com carro-bomba ao Comando Militar de São Paulo, semanas antes, compunham demonstração cabal de que a queda de braço entre a linha-dura do regime implantado em 1964 e seus opositores estava tomando rumos extremos, ultrapassando preceitos elementares da ordem legal, com a emergência dessa "guerra suja" – como se chamou depois.

Burnier não era o único personagem a apostar no "quanto pior, melhor" no campo da direita. Nem o mais tresloucado. Em 22 de agosto, seria preso pelo DOPS Aladino Félix, que se autointitulava "O Messias", enviado "para reunificar as doze tribos de Israel" e que alegava manter contatos com extraterrestres para uma "dominação mundial". Auxiliado por seguidores, vinha comandando atentados como um roubo de armas do Quartel da Força Pública, colocação de bombas no prédio da Bolsa de Valores e em linhas férreas, além de assaltos a agências bancárias, na tentativa de atribuir os crimes à esquerda, com vistas a um endurecimento do regime militar.

No dia 29 de agosto, forças do Exército e da polícia civil invadiram a UnB para cumprir mandados de prisão contra o presidente da Federação dos Estudantes Universitários de Brasília (FEUB), Honestino Guimarães, militante da AP, e mais sete líderes estudantis. Ao saber do incidente, Mário Covas, líder da oposição, foi prestar solidariedade aos detidos. Goiano, Honestino fora detento pela primeira vez aos vinte anos, em 1967, acusado de fazer pichações que hostilizavam o governo Costa e Silva.

As prisões motivaram o mais violento ataque parlamentar ao regime, ocorrido quando o deputado Márcio Moreira Alves ocupou a tribuna da Câmara no dia 2 de setembro. Com 32 anos, o emedebista carioca vinha denunciando a prática de torturas em quartéis desde outubro de 1967, quando participou da comissão parlamentar que visitou presos políticos em Juiz de Fora (MG). Já havia qualificado o Exército como "valhacouto de torturadores" e apontado o general Ernesto Geisel como "mancomunado com um bando de sádicos". Na fala daquela tarde, no primeiro expediente, diante de um plenário quase deserto, convocou um boicote às comemorações do Dia da Independência: "Vem aí o Sete de Setembro. As cúpulas militaristas procuram explorar o sentimento profundo de patriotismo do povo e pedirão aos colégios que desfilem juntos com os algozes dos estudantes. Seria necessário que cada pai e cada mãe se compenetrasse de que a presença de seus filhos nesse desfile é um auxílio aos carrascos que os espancam e metralham nas ruas. Portanto, que cada um boicote esse desfile", convocou. Em função do tom do discurso, o ministro da Justiça, Luís Antônio da Gama e Silva, enviou à Casa um pedido de autorização para que Moreira Alves fosse processado.

— Eu não tinha ideia de que as coisas iriam tomar tal proporção — recordaria o deputado. — Comecei pedindo às moças que não namorassem militares, inspirado pela comédia grega *Lisístrata*. Daí passei ao assunto da Independência e a polêmica cresceu.

A repercussão do caso e a relutância da Casa em considerar a cassação do deputado – sobretudo por causa de gestões de seu colega e líder Mário Covas – poriam o Congresso na mira do Executivo e levariam o aparelho repressivo do Estado a um inimaginável patamar.

XVIII

FOGO NA MARIA ANTÔNIA, FRIO EM IBIÚNA

Em 1968, duas quadras no bairro de Higienópolis, na capital paulista, reuniam diversas unidades de ensino universitário, com suas respectivas características socioculturais e tendências políticas específicas. Na rua Maria Antônia, próximo à confluência com as ruas Itambé e Dona Veridiana, viam-se, quase frente a frente, a Universidade Presbiteriana Mackenzie, particular, com alunos de inclinações mais conservadoras, e o prédio da Faculdade de Filosofia, Letras e Ciências Humanas (FFLCH) da USP, que abrigava a nata estudantil da esquerda.

No início de outubro, ao serem avisados de que estaria em preparo um ataque de alunos da rival Mackenzie à FFLCH, integrantes do Movimento Estudantil, como José Dirceu, presidente da UEE, haviam improvisado trincheiras na entrada do edifício com pedaços de madeira. Na ocasião, aproveitaram para instalar uma cancela na rua, junto à qual cobravam uma espécie de pedágio dos carros de passagem, pedindo contribuições para o futuro Congresso da UNE. A medida irritou alunos e funcionários do Mackenzie, que também viram prejudicado o acesso a um de seus portões. Na manhã do dia 3, depois de algumas discussões, a barreira foi retirada por ordem de Dirceu. A medida, porém, chegou tarde demais para acalmar os ânimos. Mackenzistas atiraram ovos nos alunos da USP e a rixa degenerou em tumulto. Entre arremessos de paus e pedras, os uspianos apupavam os mackenzistas: "Nazistas! Gorilas!". E os do Mackenzie revidavam: "Guerrilheiros fajutos!".

Ao meio-dia, com a chegada dos alunos para os cursos da tarde, a intensidade da batalha aumentou. Integrantes do CCC infiltrados em meio à turma do Mackenzie entraram no confronto, armados com revólveres, carabinas e até bombas químicas. Entre eles estavam João Parisi Filho e seu irmão José Parisi, João Marcos Flaquer, Ricardo Osni e o policial Raul Nogueira de Lima, o Raul Careca. Alguns haviam sido alunos de direito na USP. E Flaquer havia liderado a agressão ao elenco da peça *Roda viva*, meses antes. O Mackenzie mantinha uma vantagem tática – seus prédios ficavam em terreno mais elevado e eram cercados por um muro alto. A faculdade da USP, junto à calçada, tinha como único trunfo uma saída na rua Dr. Vila Nova, perpendicular à Maria Antônia. Uma enfermaria improvisada no banheiro passou a atender os feridos. Em outra sala, alunas preparavam coquetéis molotov para abastecer colegas que chegaram para lutar, como o próprio presidente da UNE, Luís Travassos. Na conflagração, José Carlos Guimarães, secundarista do Colégio Marina Cintra, na rua da Consolação, foi atingido por um tiro mortal na cabeça. Três outros estudantes foram baleados e houve dezenas de feridos, alguns queimados com ácido sulfúrico.

Às 14h, a reitora do Mackenzie, Esther de Figueiredo Ferraz, requisitou uma tropa de choque. Os policiais entraram no prédio da USP, jogando livros no chão e expulsando seus ocupantes sob cassetetes. "Decidi por uma retirada para evitar novas mortes e não propiciar pretexto para uma repressão generalizada ao Movimento Estudantil", recordou Dirceu em sua autobiografia. "Depois de um comício-relâmpago, onde discursei empunhando a camisa ensanguentada de José Guimarães, saímos em passeata pelo centro da cidade, denunciando o assassinato do jovem e pobre estudante."

Com o recuo dos uspianos, o prédio da filosofia foi depredado pelos integrantes do CCC. Portas fechadas foram arrombadas a pontapés. Gavetas foram arrancadas das mesas e seus conteúdos jogados

Acervo Iconographia

Conflito na rua Maria Antonia entre estudantes conservadores da Universidade Mackenzie x a nata estudantil da esquerda da FFLCH/USP

no chão. Em diversas salas foi pichada a sigla da facção. A construção foi apedrejada e incendiada. À noite, o teto do prédio desabou.

Dias depois, João Parisi Filho, do CCC, descoberto enquanto se passava por militante do Movimento Estudantil, foi espancado por alunos no Conjunto Residencial da USP, o CRUSP, onde os apartamentos 109, 110 e 111 do bloco G eram utilizados como uma "delegacia informal" por José Dirceu e seu grupo. "Para evitar o pior, decidi que ele ficaria 'preso' conosco", admitiu Dirceu em suas memórias. Mantido amarrado e vendado em um armário de material de limpeza do prédio por um dia inteiro, Parisi conseguiria fugir após ser encontrado por faxineiras. Em agosto de 1969, quando um delegado do DOPS esteve no conjunto para efetuar as prisões de Dirceu e outros, os cruspianos o renderam, queimaram sua viatura e o detiveram no bloco G. Como o policial não dera mais notícias ao longo do dia, o departamento mandou um pelotão para libertá-lo.

O presidente da UEE já vinha sendo observado de perto pelas autoridades. Dada a sua fama de conquistador, que lhe valera apelidos como Ronnie Von das Massas e Alain Delon Caipira, foi feita a tentativa de infiltrar em seu círculo uma informante que era identificada pelo codinome Maçã Dourada. Atraído pela beleza da jovem, de aproximadamente vinte anos, cabelos compridos e longas pernas, José Dirceu mordeu a isca. "Um pedaço de perdição", comentaria ele depois. Na primeira oportunidade em que estiveram juntos em um quarto, Heloísa – este era o nome da moça – encontrou o revólver .22 do parceiro e demonstrou grande habilidade ao abrir o tambor, verificar as balas e simular uma pontaria. A atitude deixou o dirigente estudantil desconfiado. Após negar sua missão por algum tempo, ela confessou que espionava para o DOPS.

O momento hiperpolitizado coincidia com a organização do 30º Congresso da UNE, no qual seria eleito o novo presidente da entidade. O nome favorito era o de Jean Marc von der Weid, representando a mesma corrente do então ocupante do cargo Luís Travassos – a Unidade e Luta, cuja chapa era composta de seis militantes da AP e quatro do PCdoB. Advogava o "foquismo", defendendo que o Movimento Estudantil deveria manter a mobilização de rua e ações de luta armada, sem qualquer tipo de diálogo com o governo. A "Nova UNE", do concorrente Rafael de Falco Neto, era formada por uma ampla frente de dissidências do PCB. Sua candidatura acabaria sendo substituída pela de José Dirceu, apoiada por Vladimir Palmeira. Por fim, havia a chapa encabeçada por Marcos Medeiros, a "Integração e Luta", com integrantes do PCBR.

A escolha da sede do congresso não era um problema menor. Nas reuniões, Dirceu e Genoino defendiam que o encontro fosse feito no CRUSP. O argumento era o de que, se as forças policiais decidissem entrar no campus, haveria um confronto no plano político. Todavia, o Conselho Nacional da UNE, por uma estreita margem de votos, aprovou a proposta de realizar o congresso clandestinamente, mesmo sob o risco de uma "confrontação de massa".

As lideranças da AP no movimento foram aos seus contatos no convento dos frades dominicanos, no bairro de Perdizes, para a indicação de um local onde o evento estudantil pudesse ser realizado. Frei Tito de Alencar Lima, cearense de 23 anos recém-completados e politicamente atuante, como boa parte dos internos daquele núcleo religioso, surgiria com a solução: recorreu à amiga Therezinha Zerbini, casada com o general Euryale de Jesus Zerbini, que havia tentado resistir ao golpe civil-militar em 1964. Ela conseguiu o empréstimo do sítio Murundu, de um casal amigo, na região de Ibiúna, município a 70 km de São Paulo. O local seria mantido em sigilo pelos organizadores do encontro até o seu início, previsto para 10 de outubro.

O representante estudantil Augusto Petta, que tinha 21 anos, seguiria um roteiro digno de histórias de espionagem, para chegar ao sítio: "Recebi a determinação de encontrar um contato no dia 10 de outubro, às 10h, em frente a uma padaria da avenida Angélica", relatou.

> O sujeito estaria vestido de padre, com um guarda-chuva no braço, lendo a revista *Realidade*. Fui até ele e disse a senha combinada: "Onde fica a Lapa?". "A Lapa fica na China", respondeu, pedindo que o acompanhasse até o CRUSP, onde outros representantes já estavam à espera. Dali, o "padre" liderou uma caravana de veículos até um lugar escuro, no mato, e nos deixou ali, dizendo que um caminhão estacionado mais adiante nos conduziria ao destino final.

Ibiúna situa-se em uma região serrana, cujos pontos de maior altitude elevam-se a 1.200 m e as temperaturas chegam a registrar marcas negativas no inverno. Mesmo naquela primavera, garoava e fazia um frio intenso quando hordas de estudantes começaram a chegar ao sítio, na encosta do morro de São Sebastião. Apesar dos cuidados, a movimentação não tinha como passar despercebida na cidade, que, com uma população de 6 mil habitantes, subitamente se viu recebendo centenas de jovens.

Quase um ano antes do festival de Woodstock, mas já exibindo os primeiros traços da cultura *hippie*, a reunião ganhava ares de *happening* alternativo. Em meio a rapazes de aparência mais comportada, com penteados invariavelmente curtos e cabelos partidos de lado, destacavam-se outros, de cabelos mais longos e barbas, entre eles o próprio José Dirceu. Não havia luz elétrica. Na falta de acomodações para todos, improvisou-se uma forração de plástico e uma tenda de lona sob a qual se poderia descansar em sacos de dormir ou diretamente no chão. Ainda assim, foi preciso estabelecer uma escala de descanso, para que todos não ocupassem o abrigo ao mesmo tempo. Alguns militantes foram escalados para fazer a segurança do sítio, armados, e vigiar a estrada de acesso. Entre eles estava o Frei Tito, de posse de uma espingarda.

No segundo dia do congresso, sexta-feira, a jornada foi de pouca atividade, uma vez que a plenária que antecederia a eleição só começaria no sábado. Entre acordes de violão e as canções engajadas da época, circulavam garrafas de bebida e cigarros de maconha. Namoros surgiam e, apesar da grande concentração humana, sempre se encontrava algum refúgio discreto para se fazer sexo. Os mais tímidos ou solitários dedicavam-se aos livros de filosofia, sociologia ou ciência política, preparando-se para os previsíveis debates ideológicos que estavam por vir.

Além de Jean Marc, Dirceu e Medeiros, estavam em constante confabulação Vladimir Palmeira, presidente da União Metropolitana de Estudantes-RJ, Antônio Guilherme Ribeiro Ribas (PCdoB), presidente da União Paulista de Estudantes Secundários, Franklin Martins (Dissidência) e José Genoino (AP). Também haviam comparecido ao congresso representantes estudantis como o paranaense Deslandi Torres, o paulista Luiz Merlino e o carioca Cesar Maia, que estudava engenharia em Ouro Preto (MG) e era ligado ao PCB. Uma chuva intermitente durava vários dias e fez do lugar um lamaçal. Cabritos e galinhas circulavam entre os estudantes. O próprio José Dirceu admitiria mais tarde ter sido um desastre a escolha da sede do congresso.

Na mesma sexta-feira, um caboclo da vizinhança foi cobrar uma dívida no sítio, mas, antes de chegar à propriedade, foi interceptado pelos vigias – sob a mira de armas – e impedido de seguir. Amedrontado, foi a Ibiúna e contou ao prefeito, Semi Issa, que "mais de quinhentos homens armados" estavam nas proximidades da serra. O prefeito pediu providências à Secretaria de Segurança. Na madrugada de sábado, dia 12, foi iniciada a incursão policial ao sítio, por agentes do DOPS liderados pelo delegado José Paulo Bonchristiano – chamado pelos colegas de Cacete e Bala, devido à fama de durão – e apoiados por 214 soldados da PM sob o comando do coronel Divo Barsotti. A força-tarefa estava fortemente armada: além de metralhadoras, trazia caixas com bombas.

Um dos responsáveis pelo esquema estratégico do encontro era o estudante de economia da USP Paulo de Tarso Venceslau, que ainda se encontrava na capital paulista. Ao receber a informação de que o Congresso havia sido denunciado às autoridades, enviou um colega da engenharia, Lauriberto Reyes, para alertar as lideranças em Ibiúna. Rumando ao local do encontro, Lauriberto passou de carro pelo contingente. Por estar vestindo uma jaqueta no estilo aviador, e beneficiado pela escuridão do lugar, foi confundido pelos policiais com um militar. Despistando, fez algumas perguntas às chefias, disse ter recebido ordens de se adiantar ao grupo e arrancou na maior velocidade que pôde desenvolver naquelas condições. Ao chegar ao sítio, informou os líderes estudantis sobre a iminência do ataque. A ala de Travassos – AP e PCdoB – imaginou ser uma manobra dos outros concorrentes para "melar" a eleição e não deu importância ao aviso. Os demais grupos, mais precavidos, puseram-se a discutir as estratégias de resistência possíveis. Chegaram a preparar explosivos sobre a pinguela de acesso ao sítio para serem detonados no caso de uma invasão policial.

O terreno barrento não deixou os veículos da polícia avançarem e começou uma caminhada a pé. Logo adiante foi encontrada uma camionete Ford, de Curitiba. Os três estudantes que seguiam nela foram presos e levados para a cidade. O delegado Paulo Bonchristiano encontrou no carro um cartaz com a imagem de Che Guevara e os dizeres "Criar dois, três, vários Vietnãs". Adiante, os policiais ouviram um cântico e resolveram investigar. Foram distribuídos pelas baixadas, de armas nas mãos, e logo constataram que o som vinha de uma pequena igreja na colina, onde fiéis rezavam. "Voltem, não há estudante algum lá!", disse um investigador.

Mais à frente, o comando recebeu a informação de que os estudantes estavam a 1 km. Na expectativa de um intenso confronto, a força-tarefa aproximou-se com cuidado. Cinco minutos depois, foi encontrado um vigia do sítio. Ele percebeu a tropa tarde demais e não pôde dar o alarme às sentinelas dos estudantes, sendo capturado. Depois de subir em uma elevação, os policiais prepararam-se para o ataque. Daquele ponto podia-se ver a concentração de estudantes pelo terreno. Na coletânea *Sitiados – A história do congresso estudantil de Ibiúna em 1968*, de 2018, são descritos os momentos que antecederam a ação policial: "Vladimir bebia café com Travassos, conversando sobre a plenária, na qual informariam que a polícia estava a caminho e discutiriam o que fazer. Cesar Maia já tomara o seu café e aguardava o início da reunião sentado em um dos degraus de um morrete que haviam sido forrados com plástico. A maioria do pessoal do segundo turno ainda dormia ou estava se levantando".

Divo Barsotti deu um sinal à tropa e várias rajadas de metralhadoras foram disparadas para o ar. Os estudantes viram surgir de todos os lados soldados e agentes lançando bombas de efeito moral e gritando palavras que ninguém entendeu a princípio. Um pequeno grupo fugiu para as matas. Um dos "seguranças" do congresso jogou fora seu revólver e correu para a cozinha. Outro saiu de sua barraca perto da porteira e, quando viu os policiais, disparou a carabina para o alto. Um soldado se aproximou, deu-lhe uma coronhada na cabeça e tomou sua arma. Luiz Merlino tentou saltar a cerca do sítio. Um agente do DOPS apontou-lhe o revólver gritando: "Corre, seu vagabundo, se quer levar um tiro!". Ao ouvir um disparo, Merlino voltou, pôs os braços para cima e se juntou ao grupo de detidos que logo se formou.

Dentro da tenda, os que estavam acordando se entreolharam intrigados com o barulho. Um delegado do congresso apareceu e avisou: "Pessoal, a polícia tá aí!". Houve sorrisos de incredulidade. Segundos depois, Bonchristiano entrou na tenda acompanhado por soldados, com o megafone na mão esquerda e uma pistola na direita, gritando: "Estão cercados! Todo mundo com as mãos na cabeça ou vamos atirar!". Como tinham dormido com a roupa do corpo, os estudantes se levantaram aturdidos, procuraram seus calçados, e foram saindo com bagagens, cabelos desgrenhados e olhares assustados. Do lado de fora, tiveram de formar colunas para ser revistados. Em sua maioria envoltos em cobertores, os detidos mantiveram-se parados, em silêncio.

Nesse momento, um investigador foi até o delegado Bonchristiano e disse: "Aquela cara não é conhecida?". O delegado reagiu: "Claro! É o José Dirceu!". Ouvindo isso, o investigador Herwin de Barros, do DOPS, que não havia levado sua arma e tinha o apelido de Brucutu, empunhou um ancinho que encontrara no sítio e o apontou ao líder estudantil, ordenando que saísse das fileiras e se rendesse. Dirceu chegou a achar a ameaça engraçada. Levado para o carro do delegado, o presidente da UEE mantinha um sorriso no rosto. Bonchristiano avisou que, por estar com prisão preventiva decretada, ele seguiria direto para o DOPS, "para ficar à disposição da Justiça". Depois de algumas buscas, Travassos e Ribas foram localizados pelos PMs e colocados no mesmo carro. Com mais sorte, Jean Marc conseguiu infiltrar-se no grupo de estudantes paranaenses que seriam levados de volta a seu estado e escapou da prisão.

Em fila indiana, sob a mira dos soldados, rapazes e moças começaram a se retirar do sítio. Fariam uma caminhada de 2h30 na lama e em terreno escorregadio até o local onde estariam os ônibus para levá-los a São Paulo, ao presídio Tiradentes, no bairro da Luz, ou ao DOPS. Em conversa com repórteres que começavam a acorrer ao local, o comandante civil da operação revelou sua surpresa por não ter encontrado praticamente nenhuma resistência: "Nós estávamos preparados para enfrentar gente armada, guerrilheiros perigosos", disse Bonchristiano. "Quando vimos, era um bando de adolescentes com frio, amarelos, passando fome."

Vladimir Palmeira não fora identificado pelos policiais e quase conseguiu escapar, ao chegar à região central de São Paulo. Depois de pular do ônibus em que era levado e ganhar a rua, foi recapturado metros depois. "Essa foi a situação mais chata", ainda lamentava anos depois. "Entrei em transversais e me escondi num estacionamento, mas um cabo da polícia ou da Aeronáutica me viu."

Na revista feita pelos policiais no sítio, poucas armas foram encontradas: uma pistola Beretta, duas pistolas Luger 7,65, munição e uma carabina. Além de livros sobre luta armada. Um caminhão seria enviado depois para recolher o rescaldo de materiais deixados para trás. Nos registros policiais, constaria a informação de que foram encontradas "drogas, bebidas alcoólicas, material cirúrgico, pílulas anticoncepcionais e 'uma infinidade' de preservativos usados". Realidade ou fantasia, segundo o boletim, haveria no local do congresso "uma escala de serviço de moças para atendimento sexual". Também teria sido encontrado um saco plástico com dólares, semienterrado no terreno. "Dinheiro de Cuba", especulou o sargento Pacheco, que fez a coleta.

A maior parte dos 920 estudantes detidos foi fichada no presídio Tiradentes e liberada no dia seguinte. Um adolescente secundarista de Bauru fora a Ibiúna acompanhado pela empregada de sua família, tendo mentido aos pais que iria a um aniversário. A doméstica acabou presa com o filho dos patrões e descarregou sua revolta sobre ele, aos bofetões: "Festinha de aniversário, né? Você me botou na cadeia!".

Dirceu, Travassos e Vladimir não passaram pelo Tiradentes, sendo levados direto para a sede do DOPS, localizada um pouco adiante. Houve episódios de violência por parte dos policiais, mas violência em grau diferente do que já ocorria a representantes sindicais e que se agravaria em um futuro próximo. "No DOPS, tomei muita porrada, porque os policiais da Força Pública e os delegados que tinham apanhado nas manifestações estavam me esperando para descontar", contou Dirceu. "Levei chute, tapa no ouvido, cotovelada, humilhação, cusparada. Mas isso era tratamento para Movimento Estudantil, longe do que sofreram depois os presos da luta armada." Os três seguiram para a Fortaleza de Itaipu, em Praia Grande, litoral sul paulista, então comandado pelo histriônico tenente-coronel Erasmo Dias, futuro secretário de Segurança. Os demais líderes e delegados estudantis logo foram transferidos para o Carandiru, que "ainda era uma prisão *light*", de acordo com Osvaldo Francisco Noce, que passou quase um mês naquele centro.

O desmonte do 30º Congresso da UNE foi a gota que faltava para empurrar os integrantes de movimentos estudantis à clandestinidade. Depois dessa data, tornava-se consenso entre eles a meta de organizar a guerrilha contra o regime militar. Fichados, seus passos seriam vigiados de perto pelos órgãos da repressão a partir dali. "Dos que foram presos em Ibiúna, boa parte entraria para a luta armada", calculou José Genoino. "E quase um terço desses logo viria a receber um 'X' – de desaparecido ou morto."

XIX

O AI-5

No mesmo 12 de outubro das prisões de estudantes em Ibiúna, a VPR matou a tiros o capitão do Exército dos Estados Unidos Charles Rodney Chandler, angariando um status "de respeito" perante os grupos clandestinos mais radicais. Assassinado ao sair de casa, em São Paulo, o militar era veterano do Vietnã, tinha trinta anos e era pai de quatro filhos. O atentado teria sido cometido por Diógenes José Carvalho de Oliveira, o Luís, e Marco Antônio Braz de Carvalho, o Marquito, que seria morto meses depois. Seu colega de organização Pedro Lobo de Oliveira admitiria aos organizadores do livro *Esquerda armada no Brasil* que estava ao volante do carro de onde partiram os disparos. O mandante e planejador do crime, porém, teria sido Carlos Marighella, líder da Ação Libertadora Nacional (ALN), que vinha desenvolvendo uma ligação cada vez mais próxima com a VPR.

Para os membros das organizações, o capitão Charles era um espião a serviço da CIA, com participação na emboscada que capturou Che Guevara, na Bolívia, em 1967. Um "tribunal revolucionário", composto por membros das duas facções de esquerda, decidiu condená-lo à ação de "justiçamento" executada pelo trio. Ao menos oficialmente, o norte-americano estava no Brasil para um curso de pós-graduação na Escola de Sociologia e Política da Fundação Armando Álvares Penteado e estaria se qualificando para dar aulas de português em West Point, tradicional academia militar nos Estados Unidos.

Pedro Lobo utilizava o codinome Getúlio e já havia tomado parte no atentado ao II Exército, no qual fora morto o soldado Mário Kozel Filho, em junho. Mais tarde relataria em detalhes a ação contra Chandler:

> O grupo executor ficou integrado por três companheiros: um deles levaria uma pistola-metralhadora INA, com três carregadores de trinta balas cada um; o outro, um revólver; e eu, que seria o motorista, uma granada e outro revólver. Além disso, no carro estaria também uma carabina M-2, a ser utilizada se fôssemos perseguidos pela força repressiva do regime. Consideramos desnecessária cobertura armada para aquela ação. Tratava-se de uma ação simples.

Às 8h15, Chandler dirigiu-se à garagem de sua casa e começou a retirar seu carro, um Impala, em marcha a ré. Enquanto seu filho de quatro anos abria o portão, sua mulher aguardava na porta, para acenar em despedida. Nesse momento, os guerrilheiros, em um Volks roubado dias antes, bloquearam a saída do capitão e, sem demora, fizeram dezenas de disparos. A esposa e o filho de Chandler presenciaram tudo, aos gritos. Diógenes chegou a apontar o revólver para o menino que, apavorado, correu para a casa de uma vizinha. Em seguida, os militantes fugiram, deixando no local um panfleto que dizia: "O assassinato do comandante Che Guevara, na Bolívia, foi cometido por ordem e orientação de criminosos como este Chandler, agente imperialista notório e responsável pela prática de crimes de guerra contra o povo do Vietnã".

Segundo Carlos Fico, titular de História Brasileira na Universidade Federal do Rio de Janeiro (UFRJ), depoimentos posteriores de pessoas ligadas ao sistema repressivo da ditadura indicaram que Chandler de fato colaborava com a CIA. "Mas isso era comum a muitos funcionários norte-americanos, militares ou não. Ele não era um espião ou um agente especial da CIA", analisou. Segundo o brasilianista Thomas E. Skidmore, ao que tudo indica, os guerrilheiros olharam o histórico do americano no Vietnã e na Bolívia e

Correio da Manhã - Arquivo Nacional, Rio de Janeiro

No dia 13 de março de 1969, em reunião do Conselho de Segurança Nacional, o governo assume um regime autoritário de fato. A primeira medida foi o fechamento do Congresso Nacional

concluíram que ele estava no Brasil para treinar grupos paramilitares de direita, como o Comando de Caça aos Comunistas, assim como para ministrar técnicas de tortura a policiais civis e militares.

A ação coordenada da ALN com a VPR contra Chandler resultava da proximidade de Carlos Marighella com o capitão do Exército Carlos Lamarca, que vinha se dividindo entre a liderança desta última facção extremista com o serviço ativo nas Forças Armadas. Os dois vinham mantendo contatos mais frequentes e Marighella chegou a ajudar a mulher e os filhos de Lamarca a obter refúgio em Cuba.

Nascido no Rio de Janeiro, de pai sapateiro e mãe dona de casa, Lamarca integrara as Forças de Paz da ONU na faixa de Gaza no início da década. De volta ao Brasil após 1964, dera fuga a um capitão brizolista da Aeronáutica que estava sob sua guarda e à disposição da Justiça Militar. Ironicamente, em 1968, enquanto amadurecia suas ideias de socialismo e deserção, atuava como instrutor de tiro para caixas de banco do Bradesco, por indicação do Exército, treinando funcionários das agências para enfrentar os assaltos que começavam a ser praticados pelas organizações de esquerda.

No mês de julho anterior, um atentado semelhante tirara a vida do major alemão Eduard Ernst Maximilian von Westernhagen, que havia lutado no Exército de Hitler e fora prisioneiro de guerra soviético. De passagem pelo país para fazer um curso na Escola de Comando e Estado-Maior do Exército (ECEME), Westernhagen foi morto a tiros no Rio de Janeiro em uma ação do Comando de Libertação Nacional (Colina), dissidência da Polop. O alemão teria sido eliminado por engano, confundido com o major boliviano Gary Prado, também aluno da instituição, que havia participado da captura de Che Guevara menos de um ano antes. No final de outubro, o regime militar contabilizava dezenove mortos em atentados cometidos pela guerrilha naquele 1968.

Em meio a esse clima, preparava-se a visita da rainha Elizabeth II e de seu marido, o príncipe consorte Philip, ao Brasil. Com 42 anos e dezesseis de reinado, a monarca britânica percorreria cinco cidades em dez dias, demandando um esquema de segurança inédito no país. Logo no desembarque, em Recife, dia 1º de novembro, um susto: um apagão de energia com duração de 22 minutos provocou rumores de atentado, mas nada de anormal foi verificado. Em Salvador, a escala seguinte, a comitiva real esteve no Mercado Modelo. Uma vez na capital paulista, Elizabeth II participou da inauguração da nova sede do Museu de Arte de São Paulo (MASP), onde notou uma obra pintada pelo ex-primeiro ministro britânico Winston Churchill. Foi até a cobertura do novíssimo edifício Itália, com vista para toda a cidade, e visitou o Monumento à Independência do Brasil, localizado no bairro do Ipiranga. No Rio, assistiu a uma partida de futebol no Maracanã e, após o jogo, entregou um troféu a outro soberano: o "rei" Pelé. E foi a madrinha da abertura das obras da ponte Rio-Niterói, um dos marcos do período do "Brasil Grande". Por onde passava, a pé ou em carro aberto, o casal real recebia manifestações calorosas da população, que algumas vezes agitava bandeiras do Reino Unido distribuídas pelo cerimonial.

Abandonando temporariamente a farda, o quepe e os óculos escuros de aro metálico, que com o bigode ralo compunham a imagem padrão dos chefes de Estado militares sul-americanos, o marechal Costa e Silva compareceu à maior parte da programação da visitante em trajes civis. Nos eventos de gala noturnos, portava a faixa presidencial, acompanhado da primeira-dama, Iolanda. Filha de uma tradicional família de militares, ela conhecera seu futuro marido quando ele era cadete da Academia Militar. Católica fervorosa, participara do grupo de mulheres tradicionalistas que combatera o governo João Goulart e a suposta infiltração comunista. Apreciadora de moda e da vida social, gostava de promover novos estilistas, como Zuzu Angel. Na época, comentava-se que os militares do governo não simpatizavam com a primeira-dama. Um dos motivos seria o frequente vazamento de notícias para Ibrahim Sued, colunista de *O Globo* e seu amigo. Já o costureiro Clodovil se tornou desafeto e foi demitido por ter criticado um vestido dela em um programa de rádio em que dava conselhos sobre moda.

A passagem da rainha Elizabeth pelo Brasil terminou oficialmente no dia 11 de novembro, quando ela partiu rumo ao Chile, deixando uma sensação geral de alívio ao governo brasileiro, que obtivera um triunfo de relações públicas em tempos espinhosos, sem registros de incidentes negativos. A visita real dividira as atenções do público com a estreia, na TV Tupi, da novela *Beto Rockfeller*, de Bráulio Pedroso e Cassiano Gabus Mendes, protagonizada por Luis Gustavo. A produção inovou ao colocar como protagonista um anti-herói malandro e arrivista.

O festivo período de trégua representaria apenas o prenúncio de alguns dos tempos mais graves pelos quais o Brasil passaria. Em 13 de dezembro de 1968, três dias após o 20º aniversário da Declaração Universal dos Direitos do Humanos e dois meses depois da criação do Conselho de Defesa dos Direitos da Pessoa Humana pelo Ministério da Justiça, seria editado o Ato Institucional nº 5 (AI-5), cujos principais pontos, distribuídos por oito páginas, eram:

A permissão para o governo federal, sob pretexto de segurança nacional, intervir em estados e municípios, suspendendo as autoridades locais e nomeando interventores.

A censura prévia da imprensa, de música, cinema, teatro e televisão.

A ilegalidade das reuniões políticas não autorizadas pela polícia;

O poder do presidente da República de destituir sumariamente qualquer funcionário público, incluindo políticos oficialmente eleitos e juízes, se eles fossem subversivos ou não cooperativos com o regime, e confiscar seus bens.

O poder do presidente de decretar a suspensão dos direitos políticos de cidadãos considerados subversivos por até dez anos, sem direito a revisão judicial.

O artigo mais grave, vago, e que daria passe livre a anos de arbitrariedades contra os opositores do regime, previa a suspensão do *habeas corpus* – mandado judicial voltado a proteger os direitos de quem esteja sob ameaça ou detenção de forma ilegal ou abusiva.

O argumento para a edição do decreto era tanto a proliferação de atentados praticados pelas organizações clandestinas de esquerda quanto o confronto aberto pelo Legislativo com o governo, ao negar, na véspera, autorização para se processar o deputado Márcio Moreira Alves pelo ataque feito da tribuna às Forças Armadas. A vitória do "não" contou até com a adesão de deputados governistas. Nos bastidores, oficiais teriam encorajado alguns parlamentares a votar contra a autorização para o processo. "Colegas meus acreditam que quanto mais as coisas piorarem, melhor para nós e nossos objetivos", teria dito o general Golbery ao embaixador John Tuthill, substituto de Lincoln Gordon.

Na verdade, os pontos do Ato, que se sobrepunha à Constituição e pretendia eliminar as dissidências restantes, eram discutidos no governo desde as manifestações de junho. E houve apoio de lideranças civis à radicalização. O líder estudantil de direita Aristóteles Drummond, por exemplo, teve uma audiência com o marechal-presidente dias antes da edição da dura medida. Na ocasião, apresentou sugestões para enquadrar os representantes da UNE. "O AI-5 foi um instrumento legal forte, mas também uma reação, que teve respaldo na opinião pública", avaliou Drummond em 2019.

Na manhã daquela sexta-feira, 13 de dezembro, em uma solenidade na Escola Naval, circulou a senha: "A decisão é pra valer". No fim da tarde, na sala de reuniões do Palácio Laranjeiras, no Rio, Costa e Silva apresentou o texto do Ato ao Conselho de Segurança Nacional, composto por 24 integrantes. Em discurso, justificou a necessidade, a seu ver, de adotar as medidas extremas:

> O povo brasileiro é testemunha do meu grande interesse, do meu grande esforço, da minha maior boa vontade e tolerância no sentido de que houvesse uma compreensão e união entre a área política e a área militar, ambas responsáveis pelo advento revolucionário. Várias divergências, embates, incompreensões, e nós, pacientemente, quase que pregando essa harmonia entre essas duas áreas, conseguimos chegar a quase dois anos do governo presumidamente constitucional da revolução. Mas chega o momento em que, acima da vontade de um homem, está o interesse nacional, a tranquilidade, a paz do povo brasileiro. [...] Não tenho o mínimo interesse pessoal, pelo contrário. Desejo, se Deus me ajudar, chegar rapidamente ao fim do meu governo para entregar esse cargo penoso e duro a quem possa melhor do que eu cumprir essa tarefa e conseguir a harmonia entre a área política e a área militar. Porque, sem isso, o Brasil irá à desagregação. [...] Um ato como esse exige reflexão, mas também exige, após a reflexão, uma decisão. A decisão está tomada e é proposta ao Conselho de Segurança Nacional, para ampla discussão, para a ampla opinião de cada um.

Em seguida, avisou que deixaria a reunião por vinte minutos para que todos lessem e refletissem sobre o conteúdo do documento. Ao retornar, passou a ouvir um por um dos presentes. O vice-presidente Pedro Aleixo, segundo na hierarquia do governo e o primeiro a se manifestar, seria a única voz dissonante, fazendo ponderações sobre o radicalismo do pacote de medidas:

> Senhor presidente, da leitura que fiz do Ato Institucional, cheguei à sincera conclusão de que o que menos se faz nele é resguardar a Constituição. Eu estaria faltando um dever para comigo mesmo se não emitisse, com sinceridade, esta opinião. Porque, da Constituição – que, antes de tudo, é um instrumento de garantia de direitos da pessoa humana, de garantia de direitos políticos – não sobra, nos artigos posteriores, absolutamente nada que possa ser realmente apreciável como sendo uma caracterização do regime democrático. O que me parece, adotado esse caminho, é que nós estamos instituindo um processo equivalente a uma própria ditadura. Do ponto de vista jurídico, entendo que o Ato Institucional elimina a própria Constituição. [...] Modestamente, declaro que – a ter que tomar uma medida desta natureza – eu começaria exatamente por uma decretação de estado de sítio. E, depois disso, então, se essas medidas constitucionais não fossem suficientes, então, a própria nação compreenderia a necessidade de um outro procedimento.

— Muito obrigado — respondeu Costa e Silva. — Eu indagaria agora a opinião do senhor ministro da Marinha.

Augusto Rademaker tomou a palavra:

> Acho que estamos numa situação de fato. Nós não temos que debater jurídica, legal ou constitucionalmente a questão. Porquanto, lá no Congresso, os atos que se passaram não foram apenas de palavras, foram de ofensas a uma instituição, e não a uma pessoa. A instituição da democracia, creio que não fica defendida assim, e os meios de repressão não têm defesa por esta Constituição.

Foi ouvido a seguir o ministro do Exército, Aurélio de Lira Tavares:

> Ouvi com grande e merecido respeito, os conceitos de jurista, com a responsabilidade de vice-presidente, do doutor Pedro

> Aleixo. Mas devo declarar que, se ele tivesse diretamente a responsabilidade de manter esta nação em ordem, ele não se ateria tanto aos textos respeitabilíssimos do direito e das leis. [...] Além disso, no caso do deputado Márcio Alves, não se trata de palavras e de votos proferidos, a inviolabilidade por palavras e votos, mas de ofensa às Forças Armadas como instituições, e de incitamento de parte do povo contra elas.

— Sua Excelência, o senhor ministro da Fazenda, Antonio Delfim Netto, com a palavra — indicou Costa e Silva.

> Eu creio que a revolução veio não apenas para restabelecer a moralidade administrativa neste país, mas, principalmente, para criar as condições que permitissem uma modificação de estruturas que facilitassem o desenvolvimento econômico. Creio que a revolução, muito cedo, meteu-se numa camisa de força que a impede, realmente, de realizar esses objetivos. Mais do que isso, creio que, institucionalizando-se tão cedo, possibilitou toda a sorte de contestação, que terminou agora com este episódio que acabamos de assistir. É por isso, senhor presidente, que eu estou plenamente de acordo com a proposição que está sendo analisada no Conselho. E, se vossa excelência me permitisse, diria mesmo que creio que ela não é suficiente.

— Tem a palavra sua excelência, o senhor ministro dos Transportes — disse o marechal-presidente. Mário Andreazza foi brevíssimo:

— Estou de pleno acordo com a proposição feita, porque, no momento, há uma contestação ao processo revolucionário.

— Sua Excelência, o senhor ministro da Agricultura, Ivo Arzua, com a palavra.

> Estou, senhor presidente e senhores membros do Conselho, inteiramente solidário com a Presidência da República e com as Forças Armadas pela calúnia e ofensas de que foram alvo. Acredito

Arquivo Público do Estado de São Paulo, São Paulo

O jornalista Carlos Lacerda e o ex-presidente Juscelino Kubitschek tentaram uma Frente Ampla pela volta da democracia. Foi em vão

mesmo, e nesse momento não poderia dizer aquilo que vai na minha alma com toda sinceridade. Acredito até que as Forças Armadas foram, vamos dizer assim, magnânimas. Esse grande monumento da última guerra, o estadista britânico Winston Churchill, nos aconselhava de que nada nos adiantaria dizermos que estávamos fazendo o possível. Dizia ele que era preciso fazer o que fosse necessário.

— Com a palavra, sua excelência o senhor ministro do Trabalho, Jarbas Passarinho.

Sei que a vossa excelência repugna, como a mim, e creio que a todos os membros deste conselho, enveredar para o caminho da ditadura pura e simples. Mas, às favas, senhor presidente, neste momento, todos, todos os escrúpulos de consciência! Quando nós encontramos a necessidade de tomar uma decisão fundamental, tudo aquilo que fundamental é em condições normais, passa a ser

> secundário em condições anormais. Com toda a minha vocação libertária e não liberticida, eu acho também, que, cumprindo um dever para comigo, um dever para com meu país, eu aceito uma nova revolução!

Durante essa fala, Pedro Aleixo havia mantido seu olhar, por trás dos pesados óculos, em um ponto fixo, para tentar não transparecer seu desconforto. Costa e Silva deu prosseguimento à consulta, passando de ministro em ministro. O das Minas e Energia, José Costa Cavalcanti, afirmou:

> Eu creio que não há mais solução dentro da Constituição. Não é uma situação surgida imediatamente nesses últimos dias com o caso Márcio Alves. Isso já vem de longa data. Acho que não se trata de discutir ou pensar de que estaremos em ditadura ou não. Mas sim, que é fundamental preservarmos a ordem, a segurança interna e, quem sabe, até a integridade nacional.

Hélio Beltrão, do Planejamento, apoiou a aplicação da medida, com certas ressalvas:

> Senhor presidente, fui formado no respeito às instituições democráticas e à ordem jurídica. Sou filho de um homem público que consumiu a sua vida combatendo a ditadura. [...] Nesse momento, em que somos chamados a manifestar-nos sobre um ato que formalmente parece atentar contra a ordem jurídica e as instituições democráticas, é preciso realizar uma profunda reflexão e identificar o interesse profundo nacional. [...] A ditadura só será ditadura na medida em que os poderes excepcionais que estão sendo concedidos ao governo forem usados arbitrariamente, ditatorialmente. Penso que a medida que será tomada esta noite vai exigir de todos nós muita ponderação, muito equilíbrio, muita moderação, muita austeridade, muito cuidado na execução dela. Porque é na execução dela que se revelará ou não o conteúdo antidemocrático, ditatorial ou arbitrário. Esses poderes, senhor

presidente, terão que ser usados por todos nós na medida em que eles se justifiquem para a preservação da revolução; nem um milímetro a mais. Nunca deverão ser usados para, digamos, retirar a liberdade de um inocente, daquele que nada tem a ver com a subversão ou a contrarrevolução. Esses cuidados teremos que ter.

Até o momento em que foi instado a opinar, o então chefe do SNI, Emílio Garrastazu Médici, acompanhava a reunião riscando papéis em um bloco, em que ora garatujava casas e figuras humanas, ora fazia anotações e listas. Em um dos papéis, Médici desenhou a disposição dos ministros na mesa e assinalou o voto de cada um. Sua intervenção foi sucinta:

> Eu me sinto perfeitamente à vontade, senhor presidente, e com bastante satisfação em dar o meu "aprovo" ao documento que me é apresentado. Isso porque, em uma reunião do Conselho de Segurança, tive oportunidade de fazer um minucioso relatório sobre a situação nacional e demonstrei, por fatos e por ações, que o que estava na rua era a contrarrevolução. Acredito, senhor presidente, que, com sua formação democrática, foi vossa excelência tolerante por demais. Porque naquela oportunidade eu já solicitava a vossa excelência que fossem tomadas medidas excepcionais para combater a contrarrevolução que estava na rua.

— Com a palavra, o excelentíssimo senhor general chefe do Estado-Maior das Forças Armadas, Orlando Geisel — prosseguiu Costa e Silva.

> O meu parecer é, como não poderia deixar de ser, de inteiro aplauso à medida que sua excelência pretende tomar. Se não tomarmos, neste momento, esta medida que está sendo aventada, amanhã vamos apanhar na cara, senhor presidente.

— Com a palavra, sua excelência o senhor brigadeiro chefe do Estado-Maior da Aeronáutica, Carlos Alberto Huet:

A revolução de março de 64 teve um início, a meu ver, melancólico, quando deixou-se envolver pela preocupação de não se afastar do preceito constitucional. Não entendo revolução em termos de Constituição. Henrique Pongetti disse, certa vez, analisando essa revolução, que era preciso lembrar não ser correto passar pomada num ferimento onde uma amputação fosse indicada. Como, também, não pensar em amputação onde a pomada fosse remédio. Creio que o caso é de amputação e não de passar pomada.

Costa e Silva convocou o último voto:

— Finalmente acolhidas e tendo em consideração todas as impressões, cabe à sua excelência o senhor ministro da Justiça, Luís Antônio da Gama e Silva, responsável direto pela redação desse projeto, que representa a decisão do presidente da República, expor o seu ponto de vista e as razões pelas quais o Ato Institucional foi redigido dessa forma.

O eminente senhor vice-presidente da República, grande mestre de direito constitucional, especialista em problemas de imunidades parlamentares, com uma clássica monografia, fez algumas observações de natureza jurídica, embora sua excelência não entrasse a fundo no problema, para entender que outro procedimento poderia ter sido adotado na representação encaminhada à Câmara dos Deputados. [...] Mais uma vez lamento divergir de vossa excelência, porque, lendo-se o ato, até mesmo na matéria do estado de sítio, os preceitos constitucionais são respeitados. Há um sem-número de normas da própria Constituição que são mantidas. Fala vossa excelência que estabelece-se uma ditadura. Também não acredito que se estabeleça uma ditadura, porque não se dá a sua excelência o senhor presidente da República um poder discricionário que é a nota qualitativa dos regimes ditatoriais. [...] A atual Constituição não correspondeu às necessidades revolucionárias. A subversão que surgiu nos mais variados setores infelizmente atingiu também o Congresso Nacional. Não

> encontramos outro instrumento, dentro dos quadros legais do Brasil, que possa conter a subversão e que possa assegurar a ordem, a paz, a tranquilidade, o progresso e o desenvolvimento cultural e social do país. Medida revolucionária, é verdade, mas sem caráter ditatorial – porque a pessoa a quem esses poderes são confiados, pelo seu passado, pelas suas atitudes, pela sua ponderação, pelo seu equilíbrio e pelo seu patriotismo, saberá dosar e aplicar as medidas nos casos que se tornarem necessários.

O marechal-presidente retomou a palavra, para finalizar:

> Pelo apanhado que acabo de fazer das diversas manifestações dos senhores membros deste Conselho, tenho a impressão de que o Ato Institucional, ora proposto, conta com a quase unanimidade de aprovação deste Conselho. [...] Ponderáveis sem dúvida as observações de ponderação de sua excelência, o senhor vice-presidente da República, que, como jurista e um grande parlamentar, vê que damos um passo definitivo, talvez podendo passar por uma fase intermediária. Em todo caso, dentro do Conselho de Segurança Nacional, nós devemos pesar a opinião de cada membro e adotar o voto da maioria.

À saída da reunião, Costa e Silva aproximou-se de Gama e Silva e comentou: "Peço a Deus que não tenha de chegar à conclusão de que ele [apontando para Pedro Aleixo] é quem estava certo". O ministro da Justiça apenas meneou a cabeça em negativa. A primeira medida tomada pelo governo com base no Ato Institucional foi determinar o fechamento do Congresso Nacional até 21 de outubro de 1969, configurando, assim, o início de um regime autoritário de fato – uma ditadura militar.

Às 20h30, o ministro da Justiça, Gama e Silva, anunciou em cadeia nacional de rádio e televisão a entrada em vigor do AI-5, cuja leitura ao vivo foi feita pelo locutor Alberto Curi. Enquanto a mensagem era transmida, Márcio Moreira Alves embarcava para o Chile, iniciando um exílio de onze anos. Na mesma noite, o ex-presidente

Juscelino Kubitschek era o paraninfo de uma turma de engenharia que celebrava a formatura no Theatro Municipal do Rio. Ao deixar o prédio após a cerimônia, o político mineiro foi abordado por um oficial e levado para um quartel em Niterói, onde permaneceria preso por 27 dias, até ser transferido para o regime de prisão domiciliar.

Meses antes, mais precisamente em abril, JK vira sucumbir à tentativa de uma composição que levasse a uma saída democrática para os impasses que o país vivia – a chamada Frente Ampla, advogada por ele desde 1965. Ironicamente, coubera a Carlos Lacerda viabilizar essa tentativa de reunir antigos adversários, em uma aliança visando à redemocratização e ao restabelecimento das eleições diretas. Defensor de primeira hora do regime de exceção instaurado em março de 1964, Lacerda fora se afastando dos militares ao não conseguir fazer seu sucessor para o governo da Guanabara e por não ver horizonte político favorável à sua pretensão de chegar à Presidência. A ruptura seguiria seu estilo bombástico: em entrevista, definiu Castello Branco – a quem não conseguira convencer a abraçar sua candidatura – como "um ser mais feio por dentro do que por fora" e o chamou de "anjo da rua Lage" (logradouro de bordéis na Lapa). As conversas com Juscelino, então exilado em Lisboa, foram mediadas por Renato Archer, deputado do MDB, e os entendimentos com Goulart, por Doutel de Andrade, também do MDB. Em 28 de outubro de 1966, a Frente Ampla foi lançada com um manifesto que pleiteava eleições livres, reforma partidária e desenvolvimento econômico.

No dia 19 de novembro, Lacerda e Juscelino se encontraram em Portugal, no apartamento do ex-presidente. Na conversa, o mineiro externou sua preocupação com a inclusão de Jango na frente, que poderia ser interpretada como uma provocação aos militares. Depois de duas horas de confabulação, cederam à pressão dos repórteres que se concentravam no local. A primeira pergunta, dirigida ao visitante, era sobre o verdadeiro elefante na sala: "Governador, estamos estranhando sua presença aqui, após tantos anos de ataques ao ex-presidente". JK tomou a frente: "Quem vai responder a isso sou eu. No momento em que o governador entrou aqui, eu virei a página da história. Estamos olhando só para a frente, para o futuro.

Se o nosso esforço conjunto der como resultado uma abertura democrática para o Brasil, estará realizado o nosso objetivo". Em carta a Adolpho Bloch, fundador da revista *Manchete*, JK diria que ele e Lacerda, na ocasião, pareciam "dois generais que haviam assinado um tratado de paz depois de longa guerra". Ao final da conversa, eles emitiram a Declaração de Lisboa, onde afirmavam a intenção de trabalhar juntos numa frente de oposição.

A seguir, Lacerda passou a buscar entendimentos com João Goulart, com os setores mais à esquerda do MDB, e até com o PCB, ilegal. O governo tentou convencê-lo a abandonar essas posições e a colaborar com o regime. Com a recusa, o ministro Gama e Silva, da Justiça, que já recebia a pecha de *jurila* (jurista + gorila), proibiu a presença dele na televisão. A Frente Ampla convidou membros da oposição e elementos ligados à Igreja a mobilizar a opinião pública em torno de sua proposta. Porém, dos 133 parlamentares procurados, 120 se recusaram a participar, por desconfiarem que a intenção de Lacerda era usar o movimento como base para uma candidatura ao Planalto.

Em 24 de setembro, o ex-governador viajou ao Uruguai e se avistou com João Goulart. Na visita, saboreou um arroz de carreteiro preparado por Maria Thereza e rascunhou uma nota conjunta com o ex-presidente defendendo a Frente Ampla. "Está comprovado que Jango não é um homem do Partido Comunista, nem eu dos Estados Unidos", declarou Lacerda ao retornar, conseguindo desagradar a um só tempo a esquerda e a direita. O acordo irritou a linha-dura, e também contrariou Leonel Brizola, que emitiu nota criticando a atitude de Goulart. Os cunhados estavam rompidos havia dois anos, desde que Jango havia condenado a luta armada contra o governo militar.

Com a Frente, Lacerda começou a se aproximar do Movimento Estudantil e Trabalhista, enfatizando críticas à política salarial. Promoveu comícios em Santo André (SP), em dezembro de 1967 – a maior manifestação operária do Brasil até então –, e em Maringá (PR), em 1º abril de 1968, reunindo mais de 15 mil pessoas. Este último evento coincidiu com os protestos realizados em todo o país após a morte do estudante Edson Luís no final de março, no Rio. A reação não tardou: em 5 de abril de 1968, a Frente Ampla foi definitivamente proscrita através da portaria nº 177 do Ministério da Justiça.

Com a edição do AI-5, já abandonado pelos antigos udenistas, então refugiados na Arena, Carlos Lacerda provaria de um veneno cuja aplicação recomendara para boa parte de seus adversários em outras ocasiões: em 30 de dezembro, ele teria seus direitos políticos cassados.

O ano de 1968 terminava com apenas uma certeza: nenhum indivíduo mais estaria a salvo de suspeitas e punições.

XX

CLANDESTINOS – A LUTA ARMADA

A partir do "golpe dentro do golpe", como ficou conhecida a edição do AI-5, o regime militar montou um tripé repressivo, baseando-se no trinômio vigilância-censura-repressão. Entre dezembro de 1968 e abril de 1969, houve a cassação ou suspensão de direitos de 452 cidadãos por todo o país, incluindo 93 deputados federais em exercício do mandato. No setor público, os expurgos atingiram ainda três ministros do Supremo Tribunal Federal (Vitor Nunes Leal, Hermes Lima e Evandro Lins e Silva), aposentados à força. Em solidariedade aos colegas, renunciaram em seguida o então presidente, ministro Gonçalves de Oliveira, e o decano da Corte, Lafayette de Andrade. Desde então, o pleno do Supremo, que normalmente contava com dezesseis ministros, passou a ter onze. Outra medida autoritária, o decreto-lei nº 477, de 26 de fevereiro de 1969, previa expulsão de estudantes das instituições de ensino e demissão de professores e funcionários considerados subversivos.

A intelectualidade foi seriamente atingida: o jornalista e romancista Antonio Callado, autor do romance *Quarup*, foi preso e teve os direitos políticos suspensos; o poeta Vinicius de Moraes foi aposentado no Itamaraty em 4 de abril, no mesmo dia em que foram afastados na USP o historiador Caio Prado Jr. e outros professores, como Florestan Fernandes, Emília Viotti, Fernando Henrique Cardoso,

Jean-Claude Bernardet, José Arthur Giannotti, Mário Schenberg, Octavio Ianni e Paul Singer.

Na madrugada do dia da edição do AI-5, o chefe da Polícia Federal em São Paulo, general Silvio Correia de Andrade, mandara recolher todos os exemplares de *O Estado de S. Paulo* antes que o jornal chegasse às bancas. O militar não gostara do editorial "Instituições em frangalhos", no qual o diretor, Júlio de Mesquita Filho, criticava o presidente Costa e Silva e apontava o fracasso do regime em recompor a normalidade democrática. Dizia o texto:

> Vai S. Exa. percebendo que governar uma nação de mais de 80 milhões de habitantes [...] é coisa muito diferente do comando de uma divisão ou de um exército. [...] Começaram a manifestar-se as contradições do artificialismo institucional que, pela pressão das armas, foi o País obrigado a aceitar. [...] A Arena aderia à rebeldia geral com tamanha evidência que o próprio MDB sentiu que era chegado o momento da desforra. Resolveu então, com uma ousadia que a todos espantou, enfrentar a ditadura militar em que vivemos desde 1964 ferindo na sua suscetibilidade as Forças Armadas.

Apesar do cerco montado, milhares de exemplares do *Estadão* chegaram às ruas no dia 13 de dezembro. O pessoal da expedição armou uma operação de guerra, aproveitando a reforma então em curso no prédio onde funcionava o jornal, no centro: "Improvisamos uma canaleta de madeira e escoamos 60 mil exemplares em caminhões-caçamba, que saíam de trás de um tapume, enquanto os policiais barravam os caminhões-baú da frota de distribuição", lembrou Hagop Boyadjian, arquiteto naquela obra.

O editorial seria o último do Doutor Julinho. Em protesto, ele deixaria de escrever na seção "Notas e Informações", na página 3. Revoltado com a apreensão do jornal, mandou seu filho Julio Neto dizer ao general Correia de Andrade que não faria autocensura. Sua resistência custou caro. "O preço que pagamos foi, em primeiro lugar, a vida de meu pai", avaliou o jornalista Ruy Mesquita em 2004.

Júlio de Mesquita Filho caiu doente em seguida e morreu em julho de 1969. Censores se instalaram na redação na própria noite de 13 de dezembro, ao lado dos jornalistas atônitos que se agrupavam em frente à TV para assistir ao anúncio do Ato Institucional. E só iriam embora uma década depois.

Niomar Moniz Sodré Bittencourt, dona do *Correio da Manhã*, crítica do regime militar, foi presa e teve os direitos políticos suspensos. O jornal fundado por Edmundo e Paulo Bittencourt ficava na mesma rua Gomes Freire da seção do DOPS no Rio de Janeiro, esta de esquina com a rua da Relação, de ingrata memória do período 1937-45. Os agentes só precisaram percorrer alguns metros para prender a diretora-presidente com seus auxiliares próximos e apresentar a redação aos censores que passariam a acompanhar os fechamentos. Uma semana antes, na madrugada de 7 de dezembro, uma bomba explodira em sua agência de classificados, na avenida Rio Branco, chegando a revelar os ferros da laje. Depois de fichada, Niomar, com 52 anos, foi levada para um cárcere em Bangu, reservado a ladras e prostitutas. Na prisão, recusou-se a usar o uniforme da penitenciária, alegando que era presa política, não presa comum.

Filiado ao PCB e militante do Movimento Estudantil em Sergipe, o jornalista Ancelmo Gois, então com vinte anos, foi levado para o 28º Batalhão de Caçadores em Aracaju logo depois da edição do Ato Institucional. Liberado sem ter sofrido torturas, recebeu um oferecimento do partido para estudar marxismo-leninismo na União Soviética. Sob a identidade falsa de Ivan Nogueira, fornecida pela KGB, foi embarcado para Moscou e inscrito na Komsomol, escola de formação de jovens quadros do PCUS. Com prisão preventiva decretada, José Genoino, ainda integrante da AP, passara o Natal de 1968 em São Paulo, escondido com os dominicanos. Em 2019, ele recordaria aqueles tensos momentos: "Saí do alojamento de Frei Tito no porta-malas de uma Vemaguet, com o irmão dele guiando. Daí, fui de vez para a clandestinidade".

Horas depois da edição do AI-5, o Comando de Caça aos Comunistas (CCC) metralhou o Conjunto Residencial da Universidade de São Paulo. Às 2h da madrugada do dia 17, um comboio de tropas e tanques do II Exército e da PM de São Paulo adentrou o campus da universidade e cercou o CRUSP. Foram revistados apartamento por apartamento e confiscados de imediato exemplares da mais recente revista *Realidade*, que estampavam na capa uma fotografia do líder comunista Luís Carlos Prestes.

Mais de duzentos estudantes foram levados para o presídio Tiradentes. Chegando à prisão, foram todos saudados por prostitutas, que estavam sendo soltas para abrir espaço nas celas. O inquérito que descreveu a ação definiu os residentes do CRUSP como "uma comunidade que se marginalizou às leis do país constituindo-se em um gueto, onde foi destruído totalmente qualquer resquício de princípio de autoridade".

No apartamento 511-B havia uma seção de mimeógrafos, um deles automatizado, com capacidade para tirar três cópias por segundo, o que permitia atender aos pedidos da UEE e do DCE-Livre da USP para imprimir grande quantidade de panfletos e cartazes. Arrombada uma parede falsa, foram encontrados punhais, espingardas, granadas caseiras feitas de pedaços de cano, facões de mato, matéria-prima para explosivos e meios para fabricação de coquetéis molotov. Ressaltando que "os grupos esquerdistas do CRUSP se preparavam para atuar dentro de um esquema subversivo de âmbito nacional", o IPM extrapolava em observações como: "O fogão instalado no Centro de Vivência não representava mais que um símbolo dos verdadeiros desígnios de uma minoria, que eram a agitação e a conturbação da ordem".

Para militantes secundaristas de então, como Alfredo Sirkis, o AI-5, "de esmagamento brutal do Movimento Estudantil", foi um momento definidor: "Ali se deu o início da aproximação com os grupos que pregavam a luta armada. Paradoxo: o que ocasionou nossa revolta foi a supressão das liberdades. No entanto, ao combatermos a ditadura adotamos uma ideologia também liberticida. Era a oferta ideológica que se colocava para a juventude revoltada e radicalizada de então".

No Réveillon de 1968, em seu apartamento do Copan, na zona central de São Paulo, o estudante Antonio Benetazzo expôs a análise

Correio da Manhã - Arquivo Nacional, Rio de Janeiro

Cartazes estudantis contra a truculência da repressão

do líder da ALN, Carlos Marighella, de que estavam esgotadas as possibilidades de resistência legal e pacífica contra o regime militar e não restava outro caminho senão acirrar o combate. Ansiosos por iniciar sem demora essa nova etapa, cinco dos jovens convidados chegaram a abandonar a festa e sair em dois carros para roubar fuzis de um posto policial. Semanas depois, o governo estabeleceu que os responsáveis pela segurança nacional podiam prender quem quisessem por sessenta dias, dos quais dez em incomunicabilidade, sem que familiares ou advogados soubessem que o indivíduo fora detido. Era o cheque em branco de que os porões precisavam. E tiveram início prisões em série.

Criou-se um círculo vicioso. Quanto mais dura a repressão, mais atentados por parte de grupos e indivíduos que tomavam para si, de forma um tanto messiânica, a "missão" de libertar o Brasil do regime militar e implantar uma nova ordem a seu modo. A luta armada atraiu integrantes de todos os extratos sociais, principalmente jovens estudantes e profissionais liberais na faixa até os trinta anos. Até mesmo civis sem treinamento ou militância prévia foram seduzidos por esse chamamento. No Rio, o jornalista mineiro Fernando Gabeira, que desde 1964 trabalhava como redator no *Jornal do Brasil*, abandonou a carreira ascendente e se afastou dos amigos para ingressar na guerrilha, em uma dissidência do PCB. Além de *O Capital*, de Karl Marx, traduzido no Brasil pela primeira vez no ano anterior, e do *Manifesto Comunista*, de Marx e Engels, era leitura obrigatória entre essas correntes *O livro vermelho*, de Mao Tsé-tung, com centenas de milhões de exemplares pelo mundo. Composto de uma série de máximas do líder revolucionário chinês, uma das mais célebres era: "Comunismo não é amor; comunismo é um martelo com o qual se golpeia o inimigo".

Pautado pela experiência maoísta, o Comitê Central do PCdoB distribuiu à sua militância um documento de 85 páginas intitulado *Guerra popular: o caminho da luta armada no Brasil*, uma conclamação à derrubada do regime vigente e à tomada do poder. O texto afirmava que "aos brasileiros não resta outra alternativa: erguer-se de armas nas mãos contra os militares retrógrados e os imperialistas ianques". E prosseguia: "A classe operária e as massas trabalhadoras não podem vencer as forças armadas da burguesia e dos grandes latifundiários senão pelos fuzis". Em sua parte final, a cartilha assinalava: "O brasileiro passará por provas difíceis, terá de fazer ingentes sacrifícios, perderá muitos de seus melhores filhos. Mas aprenderá com o manejo das armas, aprenderá a arte de combater, dominando com maestria o método da guerra popular. E o povo vencerá!".

Em 24 de janeiro de 1969, o capitão Carlos Lamarca fugiu do quartel de Quitaúna, em São Paulo, levando em uma Kombi 63 fuzis FAL, dez metralhadoras leves e muita munição, em uma investida que marcou seu abandono do Exército. Desde o início da vigência do AI-5, Lamarca mantinha contatos com Onofre Pinto, ex-sargento que com ele comandaria a Vanguarda Popular Revolucionária (VPR). Na época, os dois selaram a intenção de criar um foco guerrilheiro. O plano traçado para a investida em Quitaúna era mais ambicioso do que foi sua realização: Lamarca e companheiros de farda pretendiam desertar levando cerca de 560 fuzis, munição e dois obuses. A

VPR criaria então um clima de guerra civil no país, bombardeando o palácio dos Bandeirantes e a Academia de Polícia, tomando também a torre de comunicação do Campo de Marte. Três dias antes da data marcada, porém, um caminhão com as cores do Exército, que seria usado para a retirada das armas, foi descoberto numa chácara em Itapecerica da Serra, enquanto sua pintura por ex-militares integrantes da VPR era terminada. Um menino das redondezas, que se acercou do local, foi maltratado pelos "pintores" e reclamou com o pai, que chamou a polícia e todos foram presos. O imprevisto causou a perda do veículo mais amplo e, em consequência, Lamarca deixou o 4º Regimento levando menos armamento que o pretendido.

Em 9 de maio de 1969, a VPR assaltou a agência do Banco Mercantil de São Paulo. Na ação, Lamarca matou o guarda civil Orlando Pinto Saraiva com um tiro na nuca. Em breve, o líder guerrilheiro orquestraria a fusão entre VPR e Comando de Libertação Nacional (Colina), dando origem à Vanguarda Armada Revolucionária Palmares (VAR-Palmares). Com essa formação, empreenderia nova ação em 18 de julho: o roubo do cofre do ex-governador Ademar Barros, contendo US$ 2,8 milhões. Esse evento contou com a participação do futuro ministro do Meio Ambiente, Carlos Minc ("Orlando"), então com dezoito anos, e garantiu ao grupo fundos para novas investidas. O cofre pesava 200 kg e se encontrava na casa de Ana Capriglione, amante do político, que ao telefone sempre a chamava de "doutor Rui", como despiste. Ansioso pelo combate, Lamarca romperia com a VAR-Palmares, para recriar a VPR, levando dezesseis militantes para treinamento de guerrilha no Vale do Ribeira, região pobre e isolada ao sul do estado de São Paulo.

Com a estrutura abalada, a UNE passou a promover reuniões descentralizadas, por estados. Em fevereiro de 1969, a plenária do Paraná caiu nas mãos da polícia. Entre os presos estava um dos principais expoentes do PCdoB no Movimento Estudantil, o cearense João de Paula, que acabou sendo substituído por seu conterrâneo José Genoino. Em abril, Jean Marc von der Weid foi eleito presidente da entidade, assumindo o lugar de Luís Travassos com 377 votos, contra 371 de José Dirceu – ainda preso – e 29 de Marcos Medeiros.

No final de julho de 1969, o Brasil inteiro ainda comentava extasiado a façanha da Apollo 11 e a chegada do homem à Lua – e muitos já contestavam sua veracidade, alimentando a teoria conspirativa de que as sequências transmitidas não passavam de uma filmagem em estúdio –, quando dois dos mais populares músicos do país embarcavam para o exílio. Por imposição do regime militar, Caetano Veloso e Gilberto Gil deixaram o país. Os dois se estabeleceram em Londres, sem saber se ou quando poderiam retornar. Gil, porém, deixaria um LP gravado com uma faixa histórica, que também seria lançada em compacto logo no começo de agosto: a canção "Aquele abraço". A dupla de baianos tivera problemas com o regime duas semanas depois da divulgação do AI-5. O incidente ocorrera quando eles faziam uma apresentação na boate Sucata, no Rio de Janeiro, em que era exposta no palco a imagem criada pelo artista plástico Hélio Oiticica, na qual o bandido Cara de Cavalo aparece morto no chão com a inscrição: "Seja marginal, seja herói". Correram imediatamente boatos de que a imagem seria uma profanação da bandeira brasileira e que os músicos teriam ainda cantado uma versão subversiva do Hino Nacional durante o show, quando nem uma coisa nem outra havia ocorrido. Na manhã de 27 de dezembro de 1968, Caetano e Gil foram presos, acusados de desrespeito aos símbolos pátrios. Durante a detenção, um aspecto da missão espacial então em curso – a Apollo 8 – inspiraria Caetano a criar a canção "Terra", lançada anos depois. No cárcere, ele recebera uma revista *O Cruzeiro* com registros do planeta feitos pelo astronauta William Anders, e dessas imagens sairia a bela composição: "Quando eu me encontrava preso/ Na cela de uma cadeia/ Foi que vi pela primeira vez/ As tais fotografias/ Em que apareces inteira/ Porém lá não estavas nua/ E sim coberta de nuvens/ Terra! Terra!/ Por mais distante/ O errante navegante/ Quem jamais te esqueceria?".

As investigações das Forças Armadas indicariam a inocência dos músicos e, em 19 de fevereiro de 1969, uma Quarta-feira de Cinzas, eles foram soltos sem acusação formal. Voltando a Salvador, foram presos novamente, pelo fato de as autoridades locais considerarem que eles estavam foragidos. Desfeito o mal-entendido, ainda permaneceram em prisão domiciliar, sendo chamados a se apresentar à Polícia Federal periodicamente. Caetano e Gil voltaram ao Rio para uma reunião com os militares, na qual ficou resolvido que eles seriam exilados. Seria-lhes, porém, permitido fazer dois shows, em 20 e 21 de julho de 1969, no teatro Castro Alves, em Salvador, para arrecadar dinheiro para a viagem. Antes de partir, Gil começou a compor "Aquele abraço", como uma canção de despedida do Brasil. A letra mencionava pessoas, bairros, clubes, escolas de samba e figuras cotidianas da Cidade Maravilhosa. Alguns viram na expressão "Alô, alô, Realengo" uma referência velada à Escola Militar, próxima ao lugar onde estiveram presos. Gil nunca admitiu isso, preferindo lembrar que se tratava de uma rima para "Alô, torcida do Flamengo".

Chico Buarque já se encontrava exilado na Itália desde janeiro, justamente por recomendação da dupla de baianos. Ele viajara acompanhado da mulher, a atriz Marieta Severo, para uma turnê de vinte dias. Ao chegar a Roma, vindo da França, o casal recebeu um alerta enviado por Caetano e Gil, que já se encontravam presos: "Não voltem! Se o Chico retornar agora, vai diretamente do aeroporto para o xadrez". Durante o pouco mais de ano passado na Itália, Chico tornou-se amigo do cantor Lucio Dalla, de quem fez a versão em português da canção "Gesù Bambino", gravada como "Minha história".

O país se fechava para além do plano político. A cidade de São Paulo, que tivera nas décadas anteriores um aspecto próspero, elegante, de bela qualidade de vida, começava a sofrer os efeitos da industrialização acelerada e a se desfigurar por causa de obras polêmicas. A maior delas foi a construção da via expressa elevada de 3,4 km entre a praça Roosevelt, na região central, e a Barra Funda, na zona oeste. O projeto, da gestão Paulo Maluf, seria batizado como Elevado Costa e Silva, em homenagem ao general-presidente responsável pela indicação do prefeito para o cargo. Já na época de sua inauguração, em 1971, receberia o apelido de Minhocão, devido à sua forma alongada e sinuosa. Também seria chamado de Estrada da Serraria, pois desembocava em frente à Eucatex, fábrica de móveis da família Maluf. Passando a 5 m dos prédios de apartamentos, cujos

Correio da Manhã - Arquivo Nacional, Rio de Janeiro

Presos políticos no DOPS, Rio de Janeiro

moradores sofreriam os efeitos da poluição sonora e do ar, a obra recebeu diversas críticas, sendo chamada em artigos de "arquitetura cruel". Para complicar ainda mais a vida de quem morava na região, eram feitos simultaneamente os trabalhos de implantação do metrô, cujas primeiras estações só começariam a operar em 1974.

As grandes obras, a explosão imobiliária e o crescimento da demanda por mão de obra em montadoras e outras indústrias intensificariam o fluxo migratório de nordestinos para São Paulo, em busca de melhores condições de vida e trabalho. O fenômeno também se verificava em relação ao Rio, onde pontificavam as construtoras Gomes de Almeida Fernandes e a emblemática Sergio Dourado. Essa leva populacional não chegaria sem enfrentar os choques culturais decorrentes e preconceitos que dificultariam sua assimilação pelas décadas afora.

Anunciavam-se tempos sombrios, e não apenas no aspecto ambiental. A repressão se agravava e, mesmo agindo extraoficialmente, ganhava aspectos quase institucionais. O responsável pela segurança interna da área de São Paulo era o general José Canavarro Pereira, então comandante do II Exército, que resolveu unificar as ações das Forças Armadas e das polícias sob um só comando. Assim, em 29 de junho de 1969, foi iniciada a Operação Bandeirante (OBAN), um aparelho de investigação baseado em torturas. A tarefa central do órgão seria descobrir a origem dos atentados, dos sequestros e dos assaltos a bancos, para pôr fim às organizações que executavam essas investidas. A particularidade da OBAN devia-se ao financiamento do aparato por segmentos da elite industrial paulista, de bancos como Bradesco e Mercantil de São Paulo, do grupo Ultragaz e de multinacionais como as automobilísticas Ford e GM. O governador paulista Abreu Sodré – ele próprio um ex-detido pelo Estado Novo de Vargas – também deu sua contribuição, cedendo a 36ª delegacia policial para sediar o local de interrogatórios, o primeiro Destacamento de Operações de Informação – Centros de Operações de Defesa Interna (DOI-CODI), composto por integrantes do Exército, da Marinha e da Aeronáutica, policiais federais, agentes do SNI e policiais do DOPS.

Situado a poucos minutos do quartel-general do II Exército, o centro possuía duas entradas: uma na rua Tutoia, 921, e outra na rua Tomás Carvalhal, 1030. Era formado pelas instalações de uma delegacia, uma carceragem, dois grandes galpões e uma área de estacionamento. Ali foram instaladas três câmaras de tortura. Por uma cruel ironia, o bairro onde seria sediado o maior centro de extermínio do regime tinha o nome de Paraíso, não muito distante da Liberdade. O órgão serviria de modelo para a posterior criação de DOI-CODIs no Rio de Janeiro, Recife, Brasília, Curitiba, Belo Horizonte, Salvador, Belém, Fortaleza e Porto Alegre.

Esse dispositivo quase teve seu funcionamento abreviado, já que, em meados de 1969, Costa e Silva e seu grupo mais próximo vinham se mostrando inclinados à ideia de suspender o AI-5, reintroduzindo a vigência da Constituição de 1967. Segundo Carlos Chagas, então secretário de Imprensa da Presidência, profundamente inteirado das articulações palacianas, o presidente pretendia assinar decisão nesse sentido no dia 7 de setembro de 1969. "Costa e Silva presidia todas as reuniões dos juristas para preparar a emenda constitucional sobre o assunto", testemunhou o jornalista. "Não mais cassações de mandatos, nem recesso do Congresso e das Assembleias, muito menos intervenção nas universidades ou suspensão de *habeas corpus*. Com a reforma da Constituição voltaria a prevalecer o Estado de Direito."

Entretanto, em 28 de agosto, uma semana antes da data prevista para a efetivação da emenda, o presidente começou a sentir dificuldades para falar e forte sensação de dormência nos braços e pernas. Embarcado de Brasília para o Rio, teve seu estado agravado durante o voo. Ao chegar, recebeu o diagnóstico de trombose, condição escondida do vice-presidente Pedro Aleixo, da imprensa e do povo brasileiro por dias. Os níveis governamentais das Forças Armadas decidiram então que assumiria uma Junta Governativa Provisória, composta dos comandantes do Exército, da Marinha e da Aeronáutica – Lira Tavares, Rademaker e Sousa e Melo. "Os três patetas!", atiçou o deputado Ulysses Guimarães na Câmara. Aleixo, que em condições normais deveria ter ocupado o posto, não teve seu nome sequer cogitado para substituir o mandatário.

A avaliação do grupo era de que não havia ambiente para a revogação do AI-5. Apontavam como um dos exemplos a ousada invasão da transmissora da Rádio Nacional, em Piraporinha, perto de Diadema (SP), ocorrida na manhã de 15 de agosto. Durante a ação, um texto do líder da ALN, Carlos Marighella, foi lido duas vezes pelo estudante paulista da Escola Politécnica da USP, Gilberto Luciano Belloque, que, por já haver trabalhado como radialista, bolara a estratégia junto ao companheiro José Wilson Lessa Sabbag. Dezoito dias depois da tomada dos transmissores, acompanhado da namorada, Maria Augusta Thomaz, e do colega Antenor Meyer, Sabbag seria morto por agentes do DOPS ao tentar comprar um gravador com cheques roubados para dar continuidade à ação. Após o tiroteio, que culminou com sua morte e a do policial João Guilherme de Brito, Maria Augusta conseguiu escapar e Antenor foi detido.

No caldeirão dos acontecimentos, entrava no ar pela primeira vez, no dia 1º de setembro, o *Jornal Nacional*, da TV Globo, o primeiro programa gerado via Embratel para todo o país. Os apresentadores eram Hilton Gomes e Cid Moreira, que abriram a edição anunciando: "Um serviço de notícias integrando o Brasil novo inaugura-se neste momento". Naquela mesma noite, o presidente da UNE, Jean Marc von der Weid, seria preso no Rio e levado ao Centro de Informações da Marinha (Cenimar), na base naval da ilha das Flores. Em decorrência dessa prisão, a presidência da entidade ficaria vaga por algum tempo, enquanto se aguardavam notícias sobre seu paradeiro, desconhecido de todos. Finalmente, os dirigentes oficializaram no cargo o vice-presidente da entidade, Honestino Guimarães. "No Cenimar, me encheram de porrada", revelaria Jean Marc décadas mais tarde. "Minha sorte foi ter ocorrido o sequestro do embaixador americano três dias depois. Por conta da gravidade do assunto e da possibilidade de ser pedida a minha libertação, os caras me largaram."

O "sequestro do embaixador americano", uma ação guerrilheira nunca vista antes, exporia ao público o embate em curso entre a ditadura e as organizações clandestinas de esquerda, agora sem atenuantes ou limites.

XXI

O GRANDE SEQUESTRO

Na primeira semana de setembro de 1969, a guerrilha urbana ganharia abrangência com a ação conjunta da ALN e da Dissidência Comunista da Guanabara para capturar o embaixador norte-americano no Brasil, Charles Burke Elbrick. De uma ousadia impensável, de um radicalismo suicida, o plano era uma cartada extrema com o objetivo de barganhar a libertação das figuras mais expressivas do Movimento Estudantil, de lideranças operárias e de grupos clandestinos em poder da repressão. Fora arquitetado pelo capixaba Franklin Martins e o recifense Cid Benjamin, que haviam sido colegas de turma do Colégio de Aplicação do Rio de Janeiro e que nesse período já estavam mergulhados na luta armada.

Cid e Franklin haviam acabado de desistir de uma ação para resgatar Vladimir Palmeira de um quartel da Marinha, em Niterói, quando o plano do sequestro lhes surgiu num "estalo". Os dois caminhavam pela rua Marques, nas cercanias da residência do embaixador, em Botafogo, e viram Elbrick passar no carro oficial sem nenhuma escolta. Imediatamente, imaginaram nele o perfeito refém para servir de moeda de troca pelos companheiros presos. A aposta era de alto risco, e o próprio líder da ALN, Carlos Marighella, resistiu à sua concretização. "Vocês estão cutucando a onça com vara curta; a repressão vai cair com tudo!", advertiu ele a Franklin – que já era procurado por roubos a banco e um assalto a carro pagador. Naquele momento, Marighella defendia que se desse ênfase à guerrilha rural antes de se levar o conflito para as grandes capitais. Ainda assim, a ALN enviou de São Paulo um de seus líderes, Joaquim Câmara Ferreira (o Toledo), e um guerrilheiro de origem operária, Virgílio Gomes da Silva (Jonas), integrante de seu Grupo Tático Armado (GTA), para coordenar a ação.

Única mulher participante do esquema, Vera Silvia Magalhães, estudante de economia com pai filiado ao PCB, foi "plantada" na casa do diplomata, dias antes, passando-se por pretendente a um emprego, usando o codinome Marta. Lá, seduziu um segurança para obter informações sobre a rotina e os trajetos de Elbrick. A fim de financiar o sequestro, Vera e outros companheiros, fingindo integrar uma equipe de reportagem, saquearam o apartamento do deputado Edgar Guimarães de Almeida, em Copacabana, levando todos os dólares guardados pelo político.

No dia 4 de setembro, o grupo o esperou desde o final da manhã na rua Marques, onde o Cadillac do diplomata deveria entrar para tomar o rumo do consulado norte-americano, no centro. Vera ficou encarregada, com José Sebastião Rios de Moura, o Aníbal, de sinalizar a passagem do veículo, na esquina da rua São Clemente com a Conde de Irajá. Após longa espera, Vera e José fizeram o sinal combinado, abrindo e levantando jornais. Em seguida, o Volkswagen azul, no qual estavam Franklin e Cid, e outro Volks, bege, guiado por João Lopes Salgado, o Dino, fecharam o veículo. Todos iam armados de revólveres, à exceção de Salgado, que levava uma metralhadora. Vera acondicionara nos carros cargas de dinamite em latas de leite em pó, para qualquer eventualidade.

Quatro guerrilheiros – Virgílio, Manoel Cyrillo de Oliveira Neto, Cláudio Torres da Silva e Paulo de Tarso Venceslau – saíram armados, rendendo o embaixador e seu motorista, e seguindo com eles. Em uma rua adjacente, deixaram o motorista livre, no Cadillac, com uma lista de exigências redigida por Franklin, e passaram a uma Kombi verde, onde o guerrilheiro Sérgio Rubens de Araújo Torres esperava ao volante. Nesse momento, Elbrick tentou reagir. Cyrillo o deteve com uma coronhada na testa e o jogou para dentro do veículo, embrulhando-o em um tapete. Os sequestradores partiram, cruzando o túnel Rebouças até o número 1026 da rua Barão de Petrópolis, em Santa Teresa, onde o embaixador ficaria detido.

No sobrado de dezesseis cômodos, estava à espera do grupo o jornalista Fernando Gabeira, de 28 anos. Sem ter participado da captura do embaixador, Gabeira alugara o imóvel semanas antes e permaneceria no local durante todo o sequestro. O sindicalista Antônio Freitas Filho, o Baiano, procurado no Nordeste, seria um dos "guardas" incumbidos de vigiar Elbrick, confinado a um quarto de 2 m por 3,5 m. Também compunha o grupo Daniel Aarão Reis, o Djalma, líder estudantil ligado à Dissidência e um dos idealizadores da "ação revolucionária", como sempre preferia qualificar o intento. Após a captura, foi encarregado de fazer a ligação entre organizações clandestinas do Rio e São Paulo para compor o nome da lista de presos políticos a serem libertados. Como "supervisor" de toda a operação, estava Ferreira Câmara, o Toledo, também chamado de Velho – ele completaria 56 anos no segundo dia do sequestro. Preso logo após o Estado Novo ser decretado, em 1937, era conhecido por não ter unhas nas mãos, resultado das torturas sofridas no cárcere getulista, e por ter estado na União Soviética.

Apanhado de surpresa pela ação dos guerrilheiros, o governador Negrão de Lima dirigiu-se à sede do Ministério do Exército no Rio, onde se encontrou com o general Syzeno Sarmento. Dali, o general reuniu-se no Itaramaty com os ministros das Relações Exteriores, Magalhães Pinto, da Justiça, Gama e Silva, do Gabinete Militar, Jaime Portela, e os integrantes da Junta Governativa, Rademaker, Lira Tavares e Sousa e Melo. Diante das informações recebidas, foi mobilizado um sistema inédito, com a participação dos serviços secretos do Exército, Marinha, Aeronáutica, do Serviço Nacional de Informações, da Polícia Federal e do DOPS. O então presidente norte-americano Richard Nixon foi notificado do atentado e recebeu do governo brasileiro a garantia de que tudo seria "feito para localizar o sr. Elbrick e punir os criminosos".

Após um intenso debate, a Junta autorizou a divulgação do incidente e da carta-manifesto, que pedia a libertação de quinze presos políticos em troca de Elbrick. Nela, a ALN e o MR-8 assumiam a autoria do sequestro e denunciavam crimes e torturas praticados pelo regime. O nome Movimento Revolucionário 8 de Outubro – MR-8 – fazia referência à data da morte de Che Guevara, e havia sido usado originalmente pelos integrantes da dizimada guerrilha do Caparaó. A dissidência do PCB que participara do sequestro teve a ideia de rebatizar-se com a sigla, como forma de demonstrar ao regime a continuidade da luta: "Queríamos mostrar que a guerrilha estava viva", observou Franklin Martins em 2006. Enquanto o alto-comando do país corria contra o tempo, o texto, redigido por Gabeira e Martins, foi lido em cadeia de rádio e televisão:

Este ato não é um episódio isolado. Na verdade, o rapto do embaixador é apenas mais um ato da guerra revolucionária, que avança a cada dia e que ainda este ano iniciará sua etapa de guerrilha rural. Apareceremos onde o inimigo menos nos espera e desapareceremos em seguida, desgastando a ditadura, levando o terror e o medo para os exploradores, a esperança e a certeza da vitória para o meio dos explorados.

O sr. Elbrick representa em nosso país os interesses do imperialismo, que, aliados aos grandes patrões, aos grandes fazendeiros e aos grandes banqueiros nacionais, mantêm o regime de opressão e exploração. Esta é uma luta sem tréguas, uma luta longa e dura, que não termina com a troca de um ou outro general no poder, mas que só acaba com o fim do regime dos grandes exploradores e com a constituição de um governo que liberte os trabalhadores de todo o país da situação em que se encontram.

Estamos na Semana da Independência. O povo e a ditadura comemoram de maneiras diferentes. A ditadura promove festas, paradas e desfiles, solta fogos de artifício e prega cartazes. Com isso, ela não quer comemorar coisa nenhuma; quer jogar areia nos olhos dos explorados, instalando uma falsa alegria com o objetivo de esconder a vida de miséria, exploração e repressão em que vivemos. Na Semana da Independência, há duas comemorações: a da elite e a do povo, a dos que promovem paradas e a dos que raptam o embaixador, símbolo da exploração.

A vida e a morte do sr. embaixador estão nas mãos da ditadura. Se ela atender a duas exigências, o sr. Burke Elbrick será libertado. Caso contrário, seremos obrigados a cumprir a justiça revolucionária. Nossas duas exigências são:

a) A libertação de 15 prisioneiros políticos. São 15 revolucionários entre os milhares que sofrem as torturas nas prisões-quartéis de todo o país, que são espancados, seviciados, e que amargam as humilhações impostas pelos militares. Não estamos exigindo o impossível. Não estamos exigindo a restituição da vida de combatentes assassinados nas prisões. Esses serão vingados, um dia. Exigimos apenas a libertação desses 15 homens, líderes da luta contra a ditadura. Cada um deles vale 100 embaixadores, do ponto de vista do povo. Mas um embaixador dos Estados Unidos também vale muito, do ponto de vista da ditadura.

b) A publicação e leitura desta mensagem, na íntegra, nos principais jornais, rádios e televisões de todo o país.

Os 15 prisioneiros políticos devem ser conduzidos em avião especial até um país determinado – Argélia, Chile ou México –, onde lhes seja concedido asilo político. Contra eles não devem ser tentadas represálias, sob pena de retaliação. A ditadura tem 48 horas para responder publicamente se aceita ou rejeita nossa proposta. Se a resposta for positiva, divulgaremos a lista dos 15 líderes revolucionários e esperaremos 24 horas por seu transporte para um país seguro. Se a resposta for negativa, ou se não houver resposta nesse prazo, o sr. Burke Elbrick será justiçado. Os 15 companheiros devem ser libertados, estejam ou não condenados: esta é uma "situação excepcional". Nas "situações excepcionais", os juristas da ditadura sempre arranjam uma fórmula para resolver as coisas, como se viu recentemente, na subida da junta militar.

Os prazos são improrrogáveis e não vacilaremos em cumprir nossas promessas. Finalmente, queremos advertir aqueles que torturam, espancam e matam nossos companheiros: não vamos aceitar a continuação dessa prática odiosa. Estamos dando o último aviso. Agora é olho por olho, dente por dente.

Ação Libertadora Nacional (ALN)/Movimento Revolucionário 8 de Outubro (MR-8).

Correio da Manhã - Arquivo Nacional, Rio de Janeiro

Fernando Gabeira teve seu estilo reconhecido por jornalistas na carta-manifesto dos sequestrador do embaixador americano

Na redação do *Jornal do Brasil*, os jornalistas que haviam trabalhado com Fernando Gabeira perceberam na mensagem divulgada o estilo do antigo colega, que sabiam estar na clandestinidade. "Gabeira escreve com elegância até nota de sequestro!", comentaram. Depois de três horas de discussões, os titulares das Relações Exteriores e da Justiça distribuíram uma nota oficial, que dizia: "Estamos decididos a fazer o que estiver a nosso alcance para evitar que se sacrifique mais uma vida humana e sobretudo um representante diplomático".

Dentro do sobrado, encarcerado e carcereiros, sem máscaras, tiveram conversas cordiais. Elbrick foi autorizado a enviar dois bilhetes à esposa: o primeiro dizendo estar bem e que poderiam ser perigosas tentativas para localizá-lo; o segundo manifestando sua satisfação por ter o governo brasileiro aceitado as exigências dos sequestradores. Os integrantes da ALN exigiam que as autoridades se pronunciassem publicamente até às 14h50, concordando com a libertação dos prisioneiros, cujos nomes oportunamente fariam chegar ao seu conhecimento. E que só depois que as agências noticiosas informassem que os quinze já se encontravam em plena segurança no estrangeiro se procederia à libertação do embaixador. Na tarde do dia 5, os ministros Magalhães Pinto e Gama e Silva revelaram oficialmente que o governo brasileiro havia concordado em libertar os quinze presos políticos exigidos para o resgate de Elbrick e proceder sua transferência para o exterior. Mais tarde se saberia que o destino do grupo seria o México.

A lista divulgada pelos sequestradores continha os nomes de Luís Travassos, José Dirceu e Vladimir Palmeira, líderes estudantis; Flávio Tavares, jornalista e membro do Movimento Nacionalista Revolucionário (MNR); Gregório Bezerra, dirigente do PCB em Pernambuco; Onofre Pinto, dirigente da VPR e ex-militar; Ricardo Villas Boas Sá Rego, músico e integrante da Dissidência Comunista da Guanabara/MR-8; Ricardo Zarattini, engenheiro ligado a movimentos sindicais do Nordeste; Rolando Fratti, do PCB; Agonalto Pacheco, da ALN; Mário Zanconato, da ALN; Ivens Marchetti, do MR-8; João Leonardo Rocha, da ALN; José Ibrahim, líder sindical, da VPR, e a única mulher do grupo, Maria Augusta Carneiro, do MR-8. Ibrahim deixou o presídio Tiradentes sob uma chuva de flores, ao som da "Internacional", o hino socialista, cantado pelos companheiros presos. Com paradeiro desconhecido, o presidente da UNE, Jean Marc von der Weid, não foi incluído na relação. "Dei azar, os sequestradores não sabiam que eu estava preso. Se soubessem, eu podia ter sido libertado também."

No final da manhã do dia 6, a incerteza sobre o êxito da operação de embarque era sentida pelos dois lados do embate. As autoridades temiam um atentado ao aeroporto ou que houvesse tentativa de resgate dos presos por algum comando clandestino. Já os libertados preocupavam-se com a possibilidade de que o voo os levasse a um lugar desconhecido para serem executados. Foi montado um rigoroso esquema de segurança no espaço entre o Aeroporto Internacional e a Base Aérea do Galeão, adjacente, de onde os militantes deveriam partir.

Depois de arranjados em duas fileiras para uma foto, os treze presos políticos ali reunidos entraram no aparelho. O governo foi notificado mais tarde de que, em dado momento, alguns paraquedistas, inconformados com as negociações, tentaram chegar à pista da Base Aérea para matar os prisioneiros, mas acabaram convencidos a dar meia-volta. Frustrados, entraram nos estúdios da Rádio Nacional e leram um comunicado contra a "medida impatriótica a favor de terroristas".

Os banidos foram acomodados em bancos nas laterais do interior do aparelho, algemados nas mãos, nos pés e na cintura. Às 16h46, a primeira hélice da asa direita do Hércules começou a girar. Às 17h05 a aeronave decolou, com destino inicial a Recife, para recolher o ex-deputado Gregório Bezerra, seguindo ainda para uma escala em Belém, onde embarcaria Mário Zanconato, cujo codinome era um apelido de infância, Xuxu. Conduzido do presídio à pista em um monomotor, Zanconato não se conteve ao entrar no gigantesco avião da FAB: "O negócio parece que é sério mesmo, parece que a gente vai!", festejou, arrancando risadas dos demais banidos. Às 14h do horário de Brasília do domingo, dia 7 de setembro, momentos depois do encerramento dos desfiles da Independência pelo país, saiu a confirmação de que os prisioneiros libertados haviam chegado ao México e já se encontravam em um hotel.

Pouco antes das 18h, o mesmo Fusca usado na captura do embaixador, tendo Cid Benjamin na direção, chegava à rua Barão de Petrópolis. Dois minutos depois, outros dois carros que também tinham participado da captura pararam em frente ao sobrado. João Salgado, Franklin Martins e Manoel Cyrillo entraram na casa e saíram carregando sacolas, tendo de passar obrigatoriamente próximo à Rural dos investigadores do Cenimar. Em seguida embarcaram em um Fusca azul. Logo depois, saíram da casa Cláudio Torres, Fernando Gabeira e Paulo de Tarso Venceslau. Torres tomou a direção do Fusca branco. Gabeira sentou-se no banco traseiro; Paulo de Tarso assumiu o volante do Fusca bege.

Finalmente, deixaram a casa Virgílio Gomes da Silva, Joaquim Câmara Ferreira e, para espanto dos homens do Cenimar, o embaixador Charles Elbrick. De longe, os agentes reconheceram o norte-americano de 1,90 m de altura, usando óculos escuros. Virgílio e Elbrick foram para o Fusca branco, enquanto Câmara se instalou no bege. Os dois veículos arrancaram e a Rural Willys partiu no encalço deles. O Fusca azul seguiu ao lado da Rural. O vermelho foi logo atrás. Ao entrar na rua da Estrela, a Rural derrapou e seus ocupantes se deram conta de que, do Fusca azul em sua cola, Cyrillo lhes apontava uma metralhadora. Temendo um tiroteio que custasse a vida do refém, viraram na primeira esquina, encerrando a perseguição.

Os captores de Charles Elbrick pararam em frente ao número 40 da rua Eduardo Ramos, a poucas quadras do estádio do Maracanã. A região estava movimentada, pelo término, pouco antes, do clássico entre Fluminense e Cruzeiro. Os captores presentearam o embaixador com um livro de poemas do revolucionário vietnamita Ho Chi Minh, em inglês, e pediram que aguardasse quinze minutos antes de deixar o local. Mas ele aproveitou a passagem de um táxi para voltar logo para casa. O motorista José Mateus de Sousa o reconheceu dos noticiários e, diante do ar abatido e do curativo na testa do diplomata, exclamou: “Pobrezinho!”.

Às 19h45, Elbrick saiu do táxi à entrada da residência oficial, apanhando de surpresa sua família e os funcionários da embaixada. Pelo telefone, fez um relato completo ao presidente Nixon. Disse que não fora cloroformizado, diferentemente do que se divulgara, e confirmou a coronhada recebida. “Mas a partir daí fui muito bem tratado”, ressalvou. “Eles até me deram charutos e lavaram minha camisa.”

A principal consequência do ato foi a escalada da violência entre o regime e seus opositores. Para poupar a vida de Charles Elbrick, a Junta Militar havia ficado numa situação diplomática embaraçosa junto aos Estados Unidos e aceitou todas as condições dos sequestradores. Mas logo veio a contrapartida. Já no dia seguinte ao sequestro, o governo editaria medidas que endureceriam o combate aos movimentos clandestinos.Os AI-13 e AI-14 adotaram contra a "guerra revolucionária e subversiva" as penas de banimento, prisão perpétua e morte, sem apreciação judicial.

Quando o sequestro terminou, os participantes fizeram uma rápida comemoração, despediram-se e se dispersaram. Marighella contatou parte deles e deu "uma bronca homérica", conforme recordaria Paulo de Tarso anos mais tarde. Durante o sequestro, o líder da ALN estava de passagem pelo Rio, incógnito, e correu risco de ser preso nas batidas policiais que foram feitas em busca dos guerrilheiros. Ele recomendou que todos passassem um tempo em Cuba, para "melhorar o treinamento" e se manter em segurança após a ação, que considerou "destrambelhada". De fato, apesar do sucesso aparente, o sequestro estava longe de ser o crime perfeito imaginado e teria trágicas consequências para os seus perpetradores e para as organizações envolvidas.

Tão logo as autoridades tomaram conhecimento da liberação do diplomata, foi desencadeada uma vasta operação pela Polícia Federal, na tentativa de localizar os sequestradores. As saídas da cidade foram fechadas com barreiras. Com base em oito retratos falados, 609 suspeitos foram interrogados. Na noite do dia 7, a casa de Santa Teresa começou a ser esquadrinhada por investigadores civis e militares. Os guerrilheiros haviam combinado que nenhum objeto ou documento seria deixado para trás. Ao abrir um guarda-roupa, no entanto, os agentes fizeram uma descoberta preciosa: ali, encontraram, em um cabide, um paletó feito sob medida, com a etiqueta do alfaiate que o produzira. A peça de roupa pertencia a Cláudio Torres. Quando a polícia descobriu o alfaiate, localizou o endereço de entrega fornecido: a casa de um tio do rapaz, com quem ele costumava se hospedar. Quando Torres reapareceu na casa do tio, no dia 9, a polícia estava de tocaia, e ele foi o primeiro do grupo a ser capturado. Detido no Cenimar, foi torturado a golpes de vergalhão e choques elétricos.

Arquivo Público do Estado de São Paulo, São Paulo

Ministro Jarbas Passarinho com o embaixador Charles Burke Elbrick após sua soltura

Por outro lado, Baiano, que era o "caseiro" do sequestro, no período da ação estava procurando um lugar para morar. Ele havia recortado classificados de quartos de pensão e deixara o jornal recortado na casa. Através dessa pista, os policiais procuraram os anúncios originais, vasculharam os endereços, localizaram o militante e o levaram para o Destacamento de Operações de Informação - Centro de Operações de Defesa Interna (DOI-CODI) do Rio, na rua Barão de Mesquita. Com as prisões de Cláudio e Baiano foram saindo os nomes dos participantes da ação.

Virgílio Gomes da Silva (o Jonas) tinha 36 anos e havia sido operário da indústria química em São Paulo. Pela ALN, fizera treinamento militar em Cuba. Preso pouco depois de Cláudio e Baiano, morreu sob tortura no DOI-CODI um dia após ser capturado no apartamento do jornalista Antônio Carlos Fon, onde estava escondido. Seu corpo desapareceu. Fon, supliciado na câmara contígua, ouviu o companheiro ser espancado até a morte.

Emboscado na noite de 23 de outubro de 1970, pela equipe do delegado Sérgio Fleury, no bairro paulistano de Indianópolis, Joaquim Ferreira Câmara, o Toledo, resistiu aos policiais e chegou a ferir alguns dos agentes envolvidos na ação. Ainda teria tentado alcançar, sem sucesso, uma cápsula de cianureto, que levava, para não ser apanhado vivo. Levado a um sítio nos arredores da cidade, sofreu um infarto fulminante logo que começou a ser torturado com choques elétricos sobre o estrado metálico de uma cama. Seu corpo foi entregue à família e enterrado no Cemitério da Consolação, em São Paulo.

Câmara indicara Paulo de Tarso Venceslau para atuar no sequestro, pela folha corrida do jovem colega de ALN. Estudante de Economia da USP que estivera no Congresso de Ibiúna aos 25 anos, Venceslau já acumulava grande experiência na guerrilha urbana: participara de ações de roubos à mão armada – em um deles, um guarda foi morto – e em maio de 1968, com os companheiros de GTA Lauriberto Reyes, Antonio Benetazzo e Carlos Eduardo Fleury, explodiu a sede de um sindicato patronal: "Chegamos lá, instalamos as bombas e fomos embora. Passou um minuto, e nada. 'Bom, falhou, vamos lá buscar', pensamos", recordou. "Começamos a caminhar na direção da bomba e 'bum!'. Estourou. Mais três passos, a gente tinha parado não sei onde." Preso no litoral de São Paulo, menos de um mês após o sequestro, Venceslau foi levado para a OBAN, na capital paulista, onde foi torturado por três dias, com espancamento e choques que dilaceraram sua língua. Depois seria levado ao DOPS do delegado Fleury. Condenado, cumpriria cinco anos de prisão.

Fernando Gabeira refugiou-se em São Paulo. Ele seria emboscado em maio de 1970, em um "aparelho", de onde chegou a fugir. Foi atingido por disparos nas costas, que lhe perfuraram o rim, o estômago e o fígado. Torturado ainda no Hospital Geral do Cambuci, cumpriria um périplo por prisões paulistas e cariocas.

Filho do senador Mário Martins (MDB), cassado pelo AI-5, Franklin Martins começara a trabalhar aos quinze anos, no jornal *Última Hora*. Após a ação com o embaixador, com a cabeça a prêmio e a polícia nos calcanhares, seguiu para o exílio em Cuba, onde fez treinamento na guerrilha rural, e depois para o Chile de Salvador Allende. Em 1973, voltou ao Brasil clandestinamente e seguiu para a França. Seu colega de colégio, jiu-jítsu e guerrilha, Cid Benjamin, seria preso em 1969, barbaramente torturado e exilado na Suécia. Ao voltar, trabalhou em importantes jornais do país.

João Lopes Salgado dirigia a Frente de Trabalho Armado (FTA), responsável por roubos e assaltos para manter a Dissidência Comunista da Guanabara (depois MR-8). Sua experiência prévia como militar o credenciara a treinar companheiros no uso de armas, como metralhadoras leves, do tipo INA. Depois do sequestro, juntou-se ao grupo de Carlos Lamarca no oeste da Bahia. Sem nunca ter sido preso, exilou-se no Chile em 1972.

Daniel Aarão Reis era estudante de direito, ligado a Vladimir Palmeira e à Dissidência Comunista da Guanabara/MR-8. Foi um dos presos e torturados na sequência do sequestro. Depois de libertado e anistiado, tornou-se professor de história contemporânea da Universidade Federal Fluminense (UFF). Outro sequestrador, Sérgio Rubens de Araújo Torres, presidiria o Partido Pátria Livre, fundado em 2009 e fundido em 2018 ao PCdoB. O piauiense José Sebastião Moura ficaria exilado na França e seria morto “por dois homens de terno” em Salvador (BA), tempos depois de retornar ao Brasil.

Vera Silvia Magalhães foi baleada na cabeça e presa em março de 1970, numa casa no Jacarezinho (RJ), junto com outros companheiros denunciados por uma vizinha. Nas mãos do Exército e da polícia por três meses, passou por choques elétricos, simulação de execução, queimaduras, isolamento completo em ambientes gelados e tortura psicológica causada por remédios psiquiátricos ministrados pelo dr. Amílcar Lobo. O médico seria denunciado adiante, por

Correio da Manhã - Arquivo Nacional, Rio de Janeiro

A partir da prisão do estudante Claudio Torres da Silva, a polícia conseguiu identificar os outros sequestradores

fornecer "suporte técnico" a torturas. Vera chegou a sair ensanguentada de uma sessão de espancamento direto para uma audiência no STM. Em 2003, durante depoimento na Câmara, a ex-guerrilheira fez uma autocrítica sobre as ações de quarenta anos antes: "A gente não percebeu que aquilo eram etapas, que a gente podia levar uma grande porrada, como levou. Parecia que éramos a Marcha do Mao Tsé-tung, quando absolutamente não éramos. Éramos estudantes, limitados do ponto de vista social, não tínhamos integração com as classes fundamentais".

Secundarista que entrou para a luta armada num dos GTA da ALN, Manoel Cyrillo, o Antonio, foi preso por agentes da OBAN em 30 de setembro de 1969, no município de São Sebastião, litoral norte paulista, e também torturado. Passaria dez anos em diversas prisões até ser solto em liberdade condicional em 1979. Depois disso, foi trabalhar no mercado publicitário com o primo Duda Mendonça. Nunca se arrependeu do sequestro, sobre o qual declararia: "Aquele foi um dos episódios mais importantes dos povos de todo o mundo. Foi uma das mais grandiosas ações contra o império americano".

XXII

DOR, SANGUE, TREVAS, TERROR

Sem capacidade de locomoção e fala, com um quadro de saúde dado como irrreversível em consequência do derrame cerebral sofrido dois meses antes, o presidente Costa e Silva foi declarado impedido em 14 de outubro de 1969. Além da questão médica, a Junta apresentou como argumento para a decisão a informação de que, "em um intervalo de lucidez", o governante havia expressado o desejo de ser substituído.

Com o Ato Institucional nº 16 (AI-16), tanto a Presidência como a Vice-Presidência foram declaradas vagas, e o civil Pedro Aleixo definitivamente removido da cena. O AI-16 também estabeleceu que o mandato do novo presidente duraria até março de 1974. Em 17 de outubro, a Junta decretou a Emenda Constitucional nº 1, introduzindo tantas modificações à Carta de 1967 que passou a ser conhecida como Constituição de 1969. O texto determinava o estabelecimento de eleições indiretas para o cargo de governador do Estado, a ampliação do mandato presidencial para cinco anos e a extinção da imunidade dos parlamentares. Com as medidas, o regime abandonava qualquer verniz democrático e se formalizava como ditadura.

A Junta fez uma consulta aos altos oficiais das Forças Armadas, para escolher o novo presidente entre os generais Emílio Garrastazu Médici, chefe do SNI, e Albuquerque Lima, que deixara o Ministério do Interior no início do ano, após um atrito com o superministro Delfim Netto. Definida a preferência pelo primeiro, Médici insistiu na indicação do ministro da Marinha, Augusto Rademaker, como companheiro de chapa, e condicionou a aceitação do cargo à homologação pela classe política, como forma de conferir um ar institucional à sucessão – no que foi atendido. O Congresso foi reaberto após quase dois anos de recesso e às 15h do dia 25 de outubro a votação foi iniciada. O partido oficial, a Arena, aprovou a indicação por 293 votos – 251 da Câmara e 42 do Senado –, ou seja, 100% da bancada. O MDB das duas Casas se absteve. Carta fora do baralho, Pedro Aleixo se desligaria da Arena e tentaria organizar o Partido Democrático Republicano, sem receber um único corajoso apoio entre seus pares.

Os olhos verdes de expressão distante do novo mandatário podiam levar os menos informados a imaginar que tempos mais brandos poderiam estar se anunciando. Com ele, porém, o sufocamento das iniciativas opositoras e o esmagamento dos grupos clandestinos por meio da violência ganhariam hierarquia e metodologia cuidadosamente estabelecidas. A propósito de se combater o terrorismo em curso, foram atropelados preceitos legais e quaisquer mecanismos de garantia aos direitos humanos fundamentais. Do aparelho repressivo montado, emergeria a figura do delegado da polícia civil Sérgio Fleury, lotado no DOPS paulista. Corpulento, rosto largo, cabelos repartidos de lado e grossas costeletas, ele era bacharel em direito e iniciara a carreira no radiopatrulhamento. A essa altura, seu nome já era ligado a atividades de esquadrões da morte, encarregados de eliminar criminosos.

Coube a Fleury inverter a tática utilizada pelo Exército para reprimir as organizações clandestinas. Até então, a ênfase residia nos serviços de inteligência, informação e mecanismos de repressão envolvendo equipamentos sofisticados e até o uso de satélites. Seu método no enfrentamento da guerrilha vinha da experiência no combate ao crime comum. Para ele, a motivação política era secundária: um assalto a banco, praticado por um subversivo, deveria ser investigado como qualquer assalto. Quando prendia um ladrão, fazia com que ele entregasse a localização do comparsa. Sem ter criado todas as práticas encampadas pelo regime para obter confissões, Fleury ajudou a estabelecer um padrão de interrogatórios, escudado pelos atos institucionais, e reproduzido Brasil afora. O cruzamento das fronteiras entre repressão legal e ilegal se inspirava na Doutrina de Contrainsurgência, elaborada na década de 1950 por militares franceses que enfrentaram as guerrilhas nacionalistas na Indochina e na Argélia, organizadas por grupos que queriam a libertação dessas regiões do domínio colonial francês. A repressão deveria mobilizar todos os recursos – militares, políticos, de informação – no combate a um inimigo invisível: o "subversivo", que poderia se passar por um cidadão comum e "inocente". Em princípio, "todos eram suspeitos", e as forças militares precisariam abandonar seus conceitos tradicionais e adotar ações tipicamente policiais.

Em 1969, criou-se o Sistema de Segurança Interna no País (Sissegin), amparado na importância que o Conselho de Segurança Nacional, comandado pelo presidente da República, passou a ter como eixo de poder. Era composto, essencialmente, pelos DOI-CODI de cada comando militar, com o Brasil dividido em seis Zonas de Defesa Interna, cada qual correspondendo mais ou menos às regiões geográficas. O Conselho era de formação diversificada, podendo ser integrado por militares e civis (governadores, prefeitos, secretários de Segurança). O centro de seu sistema de espionagem era o SNI, complementado por divisões que atuavam nos diversos ministérios. Deveria produzir dados sobre pessoas, movimentos sociais, lideranças intelectuais e artísticas, instituições e grupos políticos, evitando "surpresas" para o governo. Além disso, fornecia ao regime elementos que poderiam, no futuro, produzir a culpabilidade dos vigiados. Seus analistas repassavam os informes ao presidente ou aos outros órgãos de segurança, recomendando o aprofundamento das investigações ou ações de repressão. Também dava aval para nomeações nos escalões do governo e rastreava casos de corrupção.

Os DOI eram destacamentos de combate, captura e interrogatório militar. Cada CODI estava subordinado ao chefe do Estado Maior correspondente e visava articular todos os quadros e agências encarregados da repressão de uma determinada área ou Força. O Centro de Informações da Marinha (Cenimar) era o órgão mais antigo, criado em 1955, e, portanto, com mais experiência em ações de vigilância e repressão. O Centro de Informações e Segurança da Aeronáutica (CISA) foi iniciado em 1968. Já o Centro de Informações do Exército (CIE), criado em 1967, tornou-se um dos mais importantes e letais serviços de segurança. Em nenhum momento do regime a repressão esteve completamente sem o controle da cúpula militar.

Nos DOPS e nos DOI-CODI funcionava um sistema de "triagem" informal que costumava definir de antemão o perfil do prisioneiro. Ele poderia ser classificado como "suspeito", fruto de uma prisão não planejada, mas baseada em indícios de momento – como estar parado em lugar público, aparentando estar à espera de algum contato –; "subversivo" – com atividade de doutrinação, por palestras, escritos, protestos ou atividades culturais –; e "terrorista" – efetivamente ligado a grupos clandestinos, com participações em sequestros, assaltos e assassinatos. O *modus operandi* contra acusados de integrar a luta armada podia obedecer, no limite, às seguintes etapas:

1) Captura por uma equipe policial, uma equipe militar ou paramilitar;
2) Interrogatório policial-militar por uma equipe especializada, à base de torturas;
3) Execução extrajudicial, embora nem sempre os inquiridores tivessem a intenção de matar o prisioneiro. Em certos casos, era consequência "acidental" da própria tortura;
4) Ocultação do cadáver, com apoio de outros elementos do sistema repressivo.

A tortura exercida no Brasil baseava-se na combinação de três elementos principais: humilhação, dor extrema e ruptura da sanidade mental dos presos. O menor ou maior grau de violência física era uma decisão dos comandos das equipes de interrogatório. Em muitos casos, a humilhação já abalava a força psicológica do preso. Vale lembrar que a primeira lição das aulas de tortura era deixar o prisioneiro nu durante as sessões, para feri-lo em sua dignidade humana. As equipes que interrogavam mulheres eram masculinas, multiplicando o potencial de humilhação, por causa da exposição do corpo e da ameaça – por vezes concretizada – de ataques sexuais durante as sessões.

Em entrevista a Maria Celina D'Araújo, feita em 1993 para o Centro de Pesquisa e Documentação de História Contemporânea do Brasil da Fundação Getulio Vargas (CPDOC-FGV), o general Adyr Fiúza de Castro, chefe do CODI-RJ na década de 1970, admitiu as práticas e tratou os procedimentos como uma questão meramente técnica: "Os ingleses recomendam que só se interrogue o prisioneiro despido porque, segundo eles, uma das defesas do homem e da mulher, evidentemente, é a roupa. Tirando-se sua roupa, fica-se muito agoniado, e esse estado de desespero é favorável ao interrogador", afirmou serenamente. "E também por uma questão de higiene, porque o prisioneiro se suja, suja o chão... Não se pode parar um interrogatório e convidar: 'Vamos mudar de roupa?'. Interrogando o prisioneiro despido, é mais fácil fazer a limpeza."

É importante sublinhar que nesse processo, como em geral ocorre historicamente, a tortura no período não era mera violência aleatória e momentânea, feita por um agente policial em estado de tensão diante de uma situação de confronto, um ato isolado, um excesso. Tratava-se do uso sistemático da violência, propositalmente pensada para ferir o corpo e a psique do preso. Fora aprendida em cursos para militares e policiais selecionados, até com a utilização de detidos, em aulas práticas. As técnicas utilizadas no Brasil desse tempo haviam sido desenvolvidas antes pelo nazismo e outros regimes de exceção. Mas a criatividade nacional também contribuiu para esse triste quadro, com a utilização, por exemplo, do "pau-de-arara", instrumento conhecido de muito antes nos rincões afastados do país, em que o prisioneiro ficava suspenso por um travessão com os braços e pés atados e recebia choques elétricos ou era espancado.

Nascido em Santa Maria, no Rio Grande do Sul, Brilhante Ustra escalou a hierarquia do Exército e obteve maior destaque aos olhos do governo militar quando já tinha a patente de major e atuava em

São Paulo. Ele seria apontado como responsável por cerca de 2 mil prisões políticas e mais de quinhentos casos de tortura no DOI--CODI. Pelo resto da vida, a cada nova acusação de estar envolvido em violações de direitos humanos, Ustra explicaria suas ações pelo suposto estado de "guerra" contra os inimigos internos – e pelas ordens superiores que recebia. A violência da repressão, na visão de oficiais como ele, deveria ser entendida como um "esforço patriótico". Entretanto, mesmo nos conflitos bélicos mais sangrentos, as partes envolvidas se obrigam a seguir os protocolos estabelecidos no conjunto de tratados celebrados em Genebra, na Suíça, que versam sobre Direito Humanitário Internacional e impedem tratamento cruel a populações civis e a prisioneiros. As justificativas de Ustra, que ao comandar as jornadas de tormentos contra detidos assumia o apelido de Doutor Tibiriçá, eram similares aos de outros agentes citados em crimes de lesa-humanidade cometidos durante o período – assim como suas queixas: "Aqueles que combateram o terrorismo foram apresentados ao país como assassinos e corruptos", escreveu em *Rompendo o silêncio*, lançado em 1987 para responder às acusações. "Ao mesmo tempo, os subversivos e os terroristas eram mostrados como pessoas indefesas que sofreram porque lutavam contra a ditadura." De qualquer forma, restam depoimentos de ex-auxiliares, como o do sargento Marival Dias Chaves do Canto, que declarou à Comissão Nacional da Verdade, em 2012, que, no DOI-CODI, Brilhante Ustra era "senhor da vida e da morte", porque "escolhia quais presos políticos deveriam viver ou morrer".

Eleita deputada, a atriz Bete Mendes identificaria Ustra durante um evento oficial, em 1985, como seu torturador do tempo em que caiu presa por atuar na VAR-Palmares. Embora o Brasil já tivesse no poder José Sarney, o primeiro presidente civil após a ditadura, personagens como Ustra seguiam se beneficiando de postos alcançados por nomeação do governo – na época, ele era adido militar da embaixada do Brasil no Uruguai. A denúncia colocou Ustra pela primeira vez no centro do debate sobre a impunidade e os limites da Lei da Anistia. Os incômodos holofotes não abandonariam o militar até o momento de sua morte, em 2015. Ustra argumentava que Bete

Mendes não havia sofrido qualquer tortura e só havia feito a acusação para se promover, "visando à reeleição". Nos anos seguintes, porém, cada vez mais sobreviventes da prisão política reconheceriam nele o responsável pelos suplícios que lhes foram infligidos.

Sob o comando de Brilhante Ustra, a tortura no DOI-CODI atingiu estágios extremos. Criméia de Almeida, detida quando estava grávida de sete meses, relatou à Comissão Nacional da Verdade (CNV), anos depois:

> Pela manhã, o próprio comandante major Ustra foi retirar-me da cela e ali mesmo começou a torturar-me [...]. Murros na cabeça e no rosto enquanto eu descia as escadas, encapuzada, pancadas que provocavam dores horríveis na coluna e nos calcanhares, palmatória nos pés e nas mãos. Por recomendação de um torturador que se dizia médico, não deveriam ser feitos espancamentos no abdome. E choques elétricos somente nos pés e nas mãos.

Em 10 de maio de 2013, Ustra depôs à CNV. Sua defesa manteve a linha sustentada nos livros em que escreveu: "Foi o Exército brasileiro que assumiu, por ordem do presidente da República, a ordem de combater o terrorismo e sob a qual eu cumpri todas as ordens, ordens legais, diga-se de passagem", argumentou o coronel, ressaltando ter recebido, pelos serviços prestados, a Medalha do Pacificador, alusiva ao duque de Caxias. Cinco anos antes de seu depoimento, Brilhante Ustra havia sido reconhecido formalmente pela Justiça como torturador e se tornaria o primeiro militar brasileiro condenado por esse tipo de crime. Em primeira instância, o juiz Gustavo Santini Teodoro, da 23ª Vara Cível de São Paulo, ditou sentença que condenava o coronel em uma ação pelos atos ocorridos entre 1972 e 1973 contra Criméia de Almeida, César Augusto Teles e Maria Amélia de Almeida Teles. Militante do PCB, Maria Amélia, a Amelinha, foi torturada por Brilhante Ustra, algumas vezes diante do marido – também do PCB –, da irmã e dos dois filhos, de quatro e cinco anos. Segundo o relato, passou pelo pau-de-arara, levou choques no corpo inteiro, apanhou de palmatória e sofreu violência sexual. As crianças eram levadas para vê-la nua, cheia de sangue e urina. Em determinadas sessões estava presente como auxiliar o delegado Aparecido Laertes Calandra, conhecido como Capitão Ubirajara. Também na OBAN de Ustra, ficaria detida e torturada por 22 dias a futura presidente da República Dilma Rousseff, após ser presa em janeiro de 1970, no centro de São Paulo. Ex-integrante da organização Colina e participante da então nascente VAR-Palmares, sem nunca ter realizado diretamente ações armadas, ela passou por sessões seguidas de pancadas e choques elétricos até que, jogada nua no chão de um banheiro, sofreu uma forte hemorragia e foi levada para o Hospital Central do Exército.

As equipes de repressão eram normalmente divididas em três grupos. Um capturava o preso; o segundo o interrogava e o torturava; e o terceiro grupo sistematizava as informações obtidas. A regra geral era extrair confissões o mais rapidamente possível, pois sabia-se que em 24 horas todos os pontos de encontro e contatos da organização em questão podiam ser alterados. Havia também equipes de apoio. Além dos policiais, outros "profissionais" ajudavam diretamente nas sessões e no cativeiro dos presos. Médicos, psicólogos, escrivães de polícias e guardas de carceragem completavam o sistema. As técnicas de suplício físico mais frequentes eram:

a) Choque elétrico: os choques eram provocados por pequenas máquinas movidas a manivela. Quanto mais rápida a manivela era movimentada, maior era o choque.
b) Afogamento/sufocamento: a cabeça do prisioneiro era mergulhada em um tanque de água ou eram inseridas mangueiras em sua boca, com as narinas sendo bloqueadas.
c) Espancamento: entre os tipos mais utilizados, estava o "telefone", quando o preso era golpeado nas orelhas pelo torturador, com as duas mãos simultaneamente, podendo provocar rompimento dos tímpanos.
d) Empalamento: quando objetos cilíndricos ou pontiagudos de metal ou madeiras eram introduzidos pelo ânus.

e) Execução simulada: um tipo de tortura psicológica. A pessoa era vendada e conduzida a um local ermo, onde era simulado um pelotão de fuzilamento.

f) Queimaduras: eram provocadas por pontas de cigarro, encostadas na pele e nas partes mais sensíveis do corpo, e também por ferros em brasa ou maçaricos (técnica chamada de "churrasquinho").

g) Isolamento em locais inóspitos: além de ser uma técnica de imobilização, as celas minúsculas, chamadas de "geladeiras", eram utilizadas para causar grande desconforto, pois suas dimensões impediam que o preso ficasse em pé ou com o corpo esticado.

h) Drogadição: o chamado "soro da verdade" (soro de pentotal) era utilizado em presos já espancados ou não, para criar confusão mental e extrair informações.

i) Estupro coletivo: utilizado em relação a mulheres detidas.

Os torturadores também arrancavam com alicates pelos do corpo, dentes e unhas; ou ainda expunham as vítimas aos mais diversos animais, como cachorros, ratos, jacarés, cobras, baratas, que eram lançados contra o prisioneiro ou mesmo introduzidos em alguma parte do seu corpo. A jornalista Míriam Leitão viveria essa experiência após ser presa em dezembro de 1972. Então militante do PCdoB em atividades de propaganda, ela revelou, em depoimento ao *Observatório da Imprensa*, décadas depois, os maus-tratos que sofreu no quartel detida no 38º Batalhão de Infantaria do Exército, em Vila Velha, no Espírito Santo. Míriam tinha dezenove anos e estava grávida de um mês quando foi capturada. Ela ficou presa em uma cela escura, completamente nua, com uma jiboia à solta; levava tapas, chutes e socos durante os interrogatórios; ficou sem comer por dias e foi ameaçada de estupro. Os soldados soltavam pastores alemães perto dela e gritavam a palavra "terrorista" para que eles ficassem enraivecidos e ameaçassem atacá-la. Ela denunciaria as práticas à 1ª Auditoria da Aeronáutica, no Rio, onde seria absolvida.

Não era raro se utilizarem dos torturados para fins de contrainformação e contrapropaganda. Alguns presos eram soltos para colaborar na espionagem das organizações ou eram forçados a fazer o papel de "terroristas arrependidos", em entrevistas à TV, nas quais denunciavam as organizações a que tinham pertencido e renegavam a opção guerrilheira em si. Um exemplo é o caso de Massafumi Yoshinaga, que apareceu na TV em julho de 1970, lamentando ter entrado na luta armada pela VPR. Condenado moralmente pelos ex-companheiros e sofrendo de distúrbios psicológicos, Yoshinaga cometeria suicídio em 1976.

O recrutamento de civis e militares para a função de verdugos a serviço do regime exigia um perfil – ou um desequilíbrio – psicológico específico. Não residia no simples fato de fazer parte da carreira policial ou das Forças Armadas. Alguém com discernimento, consciência, um mínimo de sensibilidade humana ou capacidade de julgamento moral estaria automaticamente descartado para a tarefa. "O torturador obedece a dois sintomas", observou o ex-preso político Flávio Tavares. "Um é caso patológico, neurótico e demente, que serve a uma visão de mundo também demente. Eu costumo fazer uma analogia e dizer que o provador de perfume só pode ser alguém com bom olfato. Assim como uma pessoa sem desvio patológico não pode ser um torturador."

Seja por cumprimento de ordens ou por inclinação pessoal, o fato é que a tortura representa prática inaceitável, injustificável, em qualquer sociedade, sob qualquer pretexto. É situação em que aquele que se encontra de um lado é inteiramente despojado de sua condição humana e quem está do outro renuncia voluntariamente – e em muitos dos casos, prazerosamente – à sua condição mais elementar de ser humano. O psicanalista Hélio Pellegrino abordou o processo – degradante para ambas as partes, torturado e torturador – no prefácio de *Em busca do tesouro*, do ex-guerrilheiro Alex Polari: "Ao quebrar-se frente à tortura, o torturado consuma – e assume – uma cisão que lhe rouba o uso e o gozo pacíficos do seu corpo. A ausência de sofrimento corporal, ao preço da confissão que lhe foi extorquida, lhe custa a amargura de saber-se traidor, traído pelo próprio corpo", escreveu. "Quando consegue êxito – e esta é a sua melhor hipótese – o torturador, à semelhança da hiena, passa a

Paulo Reis/Correio da Manhã - Arquivo Nacional, Rio de Janeiro

O general Emílio Garrastazu Médici perfilado na frente do Congresso Nacional no dia da sua posse como presidente da República. Brasília, 30/10/1969

alimentar-se de um cadáver. A confissão do torturado é sua morte enquanto pessoa."

As sequelas deixadas pelos tormentos costumam transcender os danos físicos e psicológicos. A pesquisadora Ana Estevão, de criação metodista, relatou que a religião, algo que lhe era tão caro na juventude, acabou se perdendo nos porões do regime militar: "A ditadura e a tortura me tiraram a fé em Deus. Deus não existe na tortura".

A utilização de aspectos religiosos durante o suplício não eram raras. Uma das técnicas a que eram submetidos os prisioneiros era a chamada "coroa de Cristo", que consistia na colocação de uma fita de aço em torno do crânio, com uma tarraxa que ia sendo apertada.

A ativista de esquerda Aurora Maria Nascimento Furtado morreria após ser submetida a esta tortura. E, durante o período em que foi interrogado sobre detalhes da conexão dos dominicanos com a luta armada, Frei Tito era instado pelo capitão Benone de Arruda Albernaz e seus auxiliares a receber uma "hóstia consagrada", que era a forma como lhe apresentavam uma descarga elétrica na língua.

Tito, à época com apenas 24 anos, havia sido capturado em 4 de novembro de 1969 no convento dominicano, em São Paulo, por dar apoio logístico à ALN de Carlos Marighella e passou por torturas sob o comando do delegado Sérgio Fleury, no DOPS, durante trinta dias. Depois desse período, foi encarcerado no presídio Tiradentes. Levado para a OBAN no início da tarde de 17 de fevereiro de 1970, uma terça-feira, ouviu de um de seus torturadores, o tenente-coronel reformado do Exército Mauricio Lopes Lima, a seguinte frase: "Você agora vai conhecer a sucursal do inferno". Pau-de-arara, choques elétricos na cabeça, nos órgãos genitais, pés, mãos e ouvidos; cutiladas, queimadura de cigarros, socos, pauladas e palmatórias foram alguns dos métodos de tortura pelos quais Tito passou naquelas dependências por mais de uma semana. Os inquisidores queriam informações sobre o Congresso de Ibiúna. Depois, passaram a interrogá-lo sobre planos de assalto a banco e todo tipo de ação guerrilheira, sobre as quais garantia nada saber. Em relatos por escrito, detalhou os sofrimentos:

> Na quinta-feira, três policiais acordaram-me à mesma hora do dia anterior. De estômago vazio, fui para a sala de interrogatórios. Um capitão, cercado por sua equipe, voltou às mesmas perguntas. "Vai ter que falar, senão só sai morto daqui", gritou. Sentaram-me na "cadeira-do-dragão" (com chapas metálicas e fios), descarregaram choques nas mãos, nos pés, nos ouvidos e na cabeça. Dois fios foram amarrados em minhas mãos e um na orelha esquerda. A cada descarga, eu estremecia todo, como se o organismo fosse se decompor. Da sessão de choques passaram-me ao "pau-de-arara". Mais choques, pauladas no peito e nas pernas a cada vez que elas se curvavam para aliviar a dor. Uma hora depois, com o corpo todo ferido e sangrando, desmaiei. Fui desamarrado e

reanimado. Conduziram-me a outra sala dizendo que passariam a carga elétrica para 230 volts a fim de que eu falasse "antes de morrer". Não chegaram a fazê-lo. Batiam em minhas mãos com palmatória. As mãos ficaram roxas e inchadas, a ponto de não ser possível fechá-las. Novas pauladas. Era impossível saber qual parte do corpo doía mais; tudo parecia massacrado. Mesmo que quisesse, não poderia responder às perguntas: o raciocínio não se ordenava mais, restava apenas o desejo de perder novamente os sentidos. Isto durou até as 10h, quando chegou o capitão Albernaz. "Nosso assunto agora é especial", disse ele, ligando os fios em meus membros. "Quando venho para a OBAN" – disse – "deixo o coração em casa. Tenho verdadeiro pavor a padre e para matar terrorista nada me impede... Guerra é guerra, ou se mata ou se morre." Eram três militares na sala. Um deles gritou: "Quero nomes e aparelhos". Quando respondi: "Não sei", recebi uma descarga elétrica tão forte, diretamente ligada à tomada, que houve um descontrole em minhas funções fisiológicas. [...] Na sexta-feira fui acordado por um policial. Havia ao meu lado um novo preso: um rapaz português que chorava pelas torturas sofridas durante a madrugada. O policial advertiu-me: "O senhor tem hoje e amanhã para decidir falar. Senão a turma da pesada repete o mesmo pau. Já perderam a paciência e estão dispostos a matá-lo aos pouquinhos". [...] Ao meio-dia tiraram-me para fazer a barba. Raspei mal a barba, voltei à cela. Passou um soldado. Pedi que me emprestasse a gilete para terminar a barba. Tomei a gilete. Enfiei-a com força na dobra interna do cotovelo, no braço esquerdo. O corte fundo atingiu a artéria. O jato de sangue manchou o chão da cela. Aproximei-me da privada, apertei o braço para que o sangue jorrasse mais depressa. Mais tarde, recobrei os sentidos num leito do pronto-socorro do Hospital das Clínicas. No mesmo dia transferiram-me para um leito do Hospital Militar. [...]

Na segunda noite recebi a visita do juiz auditor acompanhado de um padre do convento e um bispo auxiliar de São Paulo. Um médico do hospital examinou-me à frente deles mostrando os hematomas e cicatrizes, os pontos recebidos no Hospital das Clínicas e as marcas de tortura. O juiz declarou que aquilo era "uma estupidez" e que iria apurar responsabilidades. Pedi a ele garantias de vida e que eu não voltaria à OBAN, o que prometeu. [...] Mas fui levado de manhã para a OBAN.

A repercussão dos relatos de Tito na Europa levou o papa Paulo VI a substituir dom Agnelo Rossi, que não intercedera em favor dos presos, por dom Paulo Evaristo Arns, no comando da Arquidiocese de São Paulo. O arcebispo de Diamantina (MG), dom Geraldo Proença Sigaud, autor do *Catecismo anticomunista* e próximo do presidente Médici, emitiu uma declaração estarrecedora para um prócer da Igreja naquele momento: "É preciso entender que não se arrancam confissões com bombons". Dom Sigaud foi membro da TFP por algum tempo, mas seria desligado da organização, considerado "progressista demais" por apoiar a reforma agrária proposta pelo governo militar.

Religião e crimes em nome da lei também se misturaram na vida do ex-delegado do DOPS e agente do SNI Cláudio Guerra, tornado pastor da Assembleia de Deus anos depois. Convidado pelo coronel Freddie Perdigão Pereira a compor a Operação Radar, nos anos 1970, ele ajudou a executar dezenove militantes do PCB e incinerou corpos de diversos mortos pela tortura no forno de uma usina de açúcar em Campos dos Goytacazes, norte fluminense. No livro *Memórias de uma guerra suja* (2012) e no cinedocumentário *Pastor Cláudio* (2017), realizado pela diretora Beth Formaggini, ele relata em detalhes tanto os assassinatos praticados quanto a forma de livrar-se dos cadáveres dos militantes Ana Rosa Kucinski, Davi Capistrano, João Massena, Fernando Augusto Santa Cruz, Eduardo Collier Filho, Thomaz Antônio Meirelles e muitos outros. "Como todos os agentes da ditadura, eu fazia o que precisava ser feito", afirmou no lançamento do filme, lembrando o relato do nazista Adolf Eichmann, em que Hannah Arendt se baseou para cunhar o conceito de "banalidade do mal".

As sessões de tortura podiam durar horas ou dias seguidos, dependendo da resistência mental e física do preso. De acordo com

Correio da Manhã - Arquivo Nacional, Rio de Janeiro

Sob o comando de Médici, a truculência militar aumenta em todo o país

testemunhos, uma das piores sensações dos prisioneiros era a espera pela próxima etapa, que, conforme a promessa dos algozes, seria pior que a anterior. Preso no começo de 1975, no Rio de Janeiro, o deputado federal Marco Antonio Tavares Coelho, dirigente do PCB eleito em 1962 e cassado após o golpe, descreveu à esposa sua experiência nas dependências do DOI: "É uma câmara de execução em que só se pensa na morte. Dentro dela o preso só lastima uma coisa: o 'diabo' do corpo continua aguentando".

Poucos resistiram tanto quanto o jornalista Antonio Pinheiro Salles, torturado praticamente em todos os dias dos dois primeiros anos dos nove que passou detido no Rio Grande do Sul e em São Paulo. "Criavam mil formas de nos torturar. Só não me colocaram na cadeira-de-dragão – e não sei por quê. Nos quatro primeiros meses, fiquei completamente nu e sem tomar banho", relatou Salles, que viria a ser presidente da Comissão da Verdade em Goiás, onde ele próprio foi depoente, expondo detalhes aterradores de seus castigos.

> Fiquei tão machucado que já não andava mais. Era mantido num cubículo sem janela, sem cama ou colchão, cheio de ratos e com apenas um buraco no canto para defecar. Não conseguia sequer andar ou ficar de pé. Dois soldados me arrastavam pelos corredores do presídio, puxando pelas pernas, com o corpo no chão, para me levar à sala de torturas, onde davam continuidade às sessões de espancamentos e choques elétricos nas orelhas, na língua, no pênis e no ânus – ou nos dois ao mesmo tempo, com o ânus entupido com uma bucha de Bombril. E tinha um torturador que sempre que chegava na sala desabotoava a braguilha e urinava na minha cara. Um dia, fizeram-me ficar de pé e me olhar num espelho. Eu não me reconheci: meus cabelos e barbas estavam muito longos; meus olhos não tinham a parte branca – era tudo preto; uma casca de ferida tomava toda a minha testa e as faces eram todas pretas de hematomas. Não se pode imaginar tanto horror! Tinha uma companheira – a Maildes Cresqui –, que era tão barbaramente torturada por um determinado agente, que, nos contou ela, era capaz de reconhecer os sons de seus passos, e só de ouvi-los tinha uma hemorragia vaginal, de tanto medo, de tanto terror.

No dia 9 de outubro de 1975, o professor de história Miguel Trujillo foi preso na escola onde lecionava, em Sorocaba, diante dos alunos, após ter sido denunciado por um vereador. Desde criança, Trujillo se envolvera com a militância. O pai era operário da estrada de ferro Sorocabana e fizera parte da Juventude Comunista. Nas salas de torturas no DOI-CODI, passou pela máquina de choque, pau-de-arara, palmatória e cadeira-do-dragão. "As torturas físicas vinham acompanhadas pelas psicológicas", descreveu ao repórter Marcelo Andrade do jornal *Cruzeiro do Sul*, em 2017. "Quanto mais se falava, mais havia tortura, pois eles achavam que a gente tinha mais informações. Por isso, era fundamental resistir." Depois, Trujillo foi levado ao DOPS e ficou incomunicável até desaparecerem as feridas, as marcas de sangue, os roxos debaixo das unhas. "Essa medida adotada por eles era para irmos aos juízes militares bonitinhos, para que não pudessem alegar que havíamos sido torturados."

Se o preso sobrevivesse à fase do suplício, era entregue à Justiça para ser processado e julgado. Depois da condenação, as violências físicas diretas costumavam cessar. No meio da luta armada costumava-se dizer que a OBAN era o "inferno", o DOPS, o "purgatório", e o presídio Tiradentes, o "paraíso". Apesar disso, houve casos de presos retirados dos lugares onde cumpriam pena para serem torturados e até mortos. No livro *Das catacumbas*, em que reuniu as cartas à família e aos amigos, escritas no Tiradentes durante os quatro anos de cumprimento de pena, Frei Betto demonstrou que ali também não se estava inteiramente a salvo:

> De noite, ouvimos berros terríveis, em meio a profundo silêncio. Silêncio de quem já se acostumou a sentir-se impotente para fazer alguma coisa. O prisioneiro grita, xinga, chora como um bebê. Perguntamos ao carcereiro o que está havendo e a resposta é sempre a mesma: o cara é louco, ou, então, é briga na cela. A hipótese provável é que o preso esteja sendo torturado. Porém, os casos de enlouquecimento são frequentes aqui. Mês passado houve mais um suicídio.

Os presos políticos, em geral, encaravam a vida na prisão como continuidade de sua luta contra o regime. As organizações tentavam manter seus elos atrás das grades e trocavam "quedogramas", listas atualizadas de militantes que haviam "caído"– presos ou mortos – pela repressão. Realizavam ainda discussões, grupos de estudo de teoria política e denúncias formais de maus-tratos. Vários relatos desse teor foram escritos dentro das prisões e enviados para fora clandestinamente, por exemplo, o *Documento de Linhares*, de 1969, a primeira denúncia feita por presos políticos da tortura sistemática.

Nos presídios, quadros mais "altos" na hierarquia da esquerda faziam questão de preservar certo aspecto de casta em relação aos integrantes mais novos da militância política. O dirigente do PCdoB e ex-secretário-geral do PCB, Diógenes Arruda Câmara, por exemplo, chegou ao presídio Tiradentes com uma aura de heroísmo, por ter passado pela tortura sem ter revelado qualquer informação. Mas logo seu comportamento faria alguns colegas de pavilhão adotarem uma visão diferente a seu respeito. "Era uma pessoa extremamente autoritária e arrogante. Sectário ao extremo", recordaria Ricardo de Azevedo anos depois. "Não admitia um trotskista na sua cela. Isso para mim era injustificável. Afinal de contas, éramos todos companheiros de esquerda, sofrendo os mesmos problemas." Segundo Azevedo, Arrudão nunca se pronunciava quando estava por perto o membro do PCBR Jacob Gorender, historiador e cientista social, que àquela altura começava a questionar se o Brasil reunia as condições para abraçar o socialismo.

Além do Tiradentes, em São Paulo, os principais presídios políticos da época eram o Milton Dias Moreira e o Instituto Penal Cândido Mendes, na Ilha Grande, ambos no Rio de Janeiro, e a penitenciária regional de Linhares, em Juiz de Fora, Minas Gerais. O sistema prisional legalizado convivia com centros de interrogatório e cárcere abrigados em instituições militares ou policiais, nos quais não havia proteção judicial ao preso. Ali, eles ficavam à mercê de seus algozes. Os principais centros eram: DOI-CODI – rua Tutoia, São Paulo (SP), DOI-CODI – rua Barão de Mesquita, Rio de Janeiro (RJ), Quartel da Polícia do Exército, Vila Militar, Rio de Janeiro (RJ); Base Aérea do Galeão, Rio de Janeiro (RJ) e Base Naval da ilha das Flores, Rio de Janeiro (RJ).

Foram criados ainda DOI-CODIs em Brasília, Curitiba, Belo Horizonte, Salvador, Recife, Belém, Fortaleza e Porto Alegre. Aproximadamente 450 militares trabalharam no sistema DOI-CODI nos anos 1970. Além desses locais com endereço conhecido e participação das instituições policiais e militares, havia centros de interrogatório, extermínio e desaparecimento clandestinos, como a "Casa da Morte", em Petrópolis (RJ), onde estima-se que 22 prisioneiros perderam a vida. A intenção era a de evitar a utilização de instalações oficiais para cometer atos ilegais.

O relatório final da Comissão Nacional da Verdade (CNV) apontou que pelo menos 1.843 pessoas em todo o Brasil foram submetidas a tortura e que houve 6.016 denúncias de atos de desrespeito aos direitos humanos no regime militar. No entanto, o colegiado reconheceu que o número de pessoas torturadas certamente era maior. Até 2014, no encerramento dos trabalhos da comissão, o número de mortes listadas em decorrência da tortura ou eliminação sumária no período chegava a 434 e eram 210 os desaparecidos.

A ocultação de cadáveres em decorrência da morte em interrogatórios não era um processo simples ou improvisado. Essa técnica incluía:

> 1) A retirada clandestina dos corpos no caso das dependências oficiais;
> 2) A quebra da arcada dentária e a decepação das falanges (dedos), para dificultar eventual identificação posterior (sobretudo se o corpo era enterrado em valas comuns);
> 3) O esquartejamento, a incineração ou a imersão em ácido para fazer o corpo, literalmente, desaparecer, ou o arremesso dos corpos em rios e mares, com peso atado.

"Naquela época não existia exame de DNA. Então, quando o senhor vai se desfazer de um corpo, quais são as partes que, se acharem o corpo, podem determinar quem é a pessoa? Arcada dentária e digitais. Só. Quebravam os dentes e cortavam os dedos", relatou o coronel Paulo Malhães, ex-agente da repressão, à Comissão da Verdade.

Depois do desaparecimento, havia todo um sistema de contrainformação para despistar os familiares que buscavam informações, tentando desviar possíveis investigações privadas, já que as autoridades nada faziam para elucidar tais casos. Uma década depois de deixar o poder, o general Médici se mostraria satisfeito com os métodos utilizados pelo aparelho do Estado, que, segundo ele, "devolveram a paz" ao Brasil: "Se não agíssemos drasticamente, até hoje teríamos o terrorismo", afirmou.

Em meio ao enredo que se desenvolvia nas sombras, o delegado Sérgio Fleury marcaria um tento extraordinário sob o ponto de vista do regime: a eliminação daquele que era considerado o inimigo público número 1, Carlos Marighella, autor do *Manual do guerrilheiro urbano*, campeão de cópias nos meios clandestinos. O fio da meada que levou ao líder da ALN foi iniciado com a prisão de Paulo de Tarso Venceslau, participante do sequestro do embaixador Elbrick, no litoral paulista, em 1º de outubro de 1969. Após mais de três dias sob tortura na OBAN, o guerrilheiro revelou o endereço de seu "aparelho", onde já sabia não haver mais ninguém. Durante a revista no local, foi encontrado um talão de cheques no qual estava anotado um número de telefone – o do convento dos dominicanos, no bairro de Perdizes. O rapaz foi então entregue ao delegado Fleury no DOPS. "Ele era um sádico, passou horas me vendo sofrer no pau-de-arara, sem dar uma palavra, sem fazer uma pergunta sequer", recordou Paulo de Tarso em 2019. "No dia seguinte, depois de sessões de 'afogamento', respondi que meu contato no convento era frei Osvaldo Rezende. Eu sabia que ele estava na Europa e, assim, minha 'confissão' não teria consequências."

Na capital paulista, os frades dominicanos mantinham intensa atuação política, sempre dando abrigo às lutas sociais da esquerda e da militância estudantil. O espaço onde se situa o conjunto formado pela igreja de São Domingos e pelo Convento Santo Alberto Magno, na rua Caiubi, fora adquirido da família Cardoso de Almeida por quatro integrantes da ordem vindos da França em 1938. Impulsionados pelas conferências organizadas pela Igreja Católica durante o Concílio Vaticano II, que buscava modernizar a religião, os dominicanos já haviam aderido a muitas propostas vanguardistas para a época, por exemplo, a missa na língua nativa em vez de latim, antes mesmo que o Vaticano houvesse liberado esse uso. Em 1965, os frades editavam o periódico *Brasil Urgente* e promoviam a Campanha de Solidariedade ao Desempregado, que envolvia a articulação de questões de classe e direitos trabalhistas com o povo. Desde então, o convento era observado por agentes do DOPS.

Em 1967, a ordem iniciara uma articulação com a ALN de Marighella, para a qual a proximidade entre a religião e o povo era essencial como meio de se fazer a revolução a partir das bases. Na época, frei Osvaldo Rezende organizou o primeiro encontro do líder guerrilheiro, apresentado como Professor Menezes, com um grupo de dominicanos no convento. Os frades acolheram a ideia de abrigar militantes e material da organização, dar asilo a feridos e perseguidos políticos, possibilitando-lhes a fuga do país, assim como realizar levantamentos de áreas adequadas para o desenvolvimento da guerrilha rural. Seu engajamento também se estendia ao campo das artes: na Semana Santa de 1968, o convento de Perdizes promoveu a encenação de *Paixão segundo Cristino*, peça de denúncia social escrita por Geraldo Vandré.

Após a descoberta da ligação da ALN com os dominicanos, a equipe policial do delegado Fleury deu início à operação Batina Branca, visando os religiosos do convento. Os freis Ivo (Yves Lebauspin, de nascimento) e Fernando Brito, ambos com pouco mais de vinte anos, foram presos na manhã de 2 de novembro no Rio de Janeiro, onde estavam auxiliando no trânsito de militantes vindos de Cuba. Fleury recebeu os frades no quinto andar da sede local do Ministério da Marinha, onde torturadores do Cenimar os espancaram com canos de borracha e os submeteram a sessões de choques elétricos sobre os corpos molhados até o cair da noite. Depois de gravar uma confissão em vídeo, Ivo e Fernando foram levados para São Paulo.

Na madrugada de 4 de novembro, a equipe do delegado invadiu o convento de Perdizes e prendeu mais quatro religiosos – Frei Betto, Frei Maurício (João Antônio Caldas Valença), Frei Roberto (Giorgio Callegari) e Frei Tito. Ivo e Fernando foram obrigados a marcar um encontro com Marighella na alameda Casa Branca, próximo à esquina da alameda Lorena, no Jardim Paulista, para as 20h daquele mesmo dia. À noite, conforme o combinado, Marighella aproximou-se do local, usando uma peruca de tom escuro e carregando uma pasta preta. Os frades, mal conseguindo disfarçar o extremo nervosismo, o esperavam em um Volkswagen azul, em frente ao número 806. A área estava cercada por 29 policiais à paisana. Assim que Marighella entrou no veículo, os frades saltaram fora e jogaram-se ao chão. Fleury iniciou um tiroteio que não apenas matou o líder guerrilheiro com cinco disparos, como balas perdidas atingiram um dentista que passava em um carro e feriram mortalmente uma investigadora que, de tocaia, fingia namorar um outro. Também saiu ferido na perna o delegado Rubens Tucunduva, que em 2016 revelou: "O plano não era matar Marighella. Deu tudo errado".

O cadáver do líder guerrilheiro foi fotografado pela perícia e pela imprensa tombado do banco traseiro. Frei Ivo afirmaria mais tarde que o líder da ALN fora morto na rua e seu corpo colocado no carro *a posteriori*. Na pasta preta foram encontrados um revólver .38 e duas cápsulas de cianureto. O governador Abreu Sodré fez anunciar a notícia da ação por diversos meios, inclusive pelos alto-falantes do estádio do Pacaembu, no intervalo do jogo Corinthians x Santos. As TVs entraram com plantão em edições extraordinárias. Depois de liberado, o corpo seria enterrado como de indigente.

A partir dessa execução, que marcou o sucesso da operação Batina Branca, a imagem dos dominicanos perante a sociedade ficou maculada: para o grande público, os frades passaram a ser vistos como traidores da pátria; para parte da esquerda, tachados como delatores a serviço da repressão. Já para o regime e seus aliados, a vitória contra o maior símbolo da guerrilha foi maiúscula. Foram recomendadas 45 promoções a policiais que participaram, direta ou indiretamente, da emboscada a Marighella.

A luta armada sofria a mais dura derrota desde o golpe de 1964 e seu futuro estava cercado de incertezas. Apesar dos graves danos colaterais da ação – a morte de uma agente e de um passante –, os métodos de Fleury para conseguir informações e combater o terrorismo foram considerados eficazes, e ele receberia passe livre do regime para agir com ainda mais liberdade. Sob seu comando, nos tempos à frente, centenas iriam para as câmaras de tortura e dezenas jamais sairiam com vida.

XXIII

EM RITMO DE BRASIL GRANDE

Em fevereiro de 1969, a Confederação Brasileira de Desportos (CBD, futura CBF) surpreendeu ao anunciar o jornalista João Saldanha como o novo técnico da seleção, com vistas à Copa do Mundo no ano seguinte. Já consagrado como cronista esportivo, ele não era um neófito no futebol, tendo jogado profissionalmente no Botafogo. Como treinador, havia levado o time ao título carioca de 1957. A razão para a surpresa geral tinha mais relação com o momento político: era sabido que havia atuado por toda a vida adulta no Partido Comunista Brasileiro e chegara à sua cúpula, o que tornava a escolha de seu nome para o cargo inusitada dentro do regime.

Apelidado por Nelson Rodrigues como João Sem-Medo, Saldanha tinha posições firmes e, por vezes, intransigentes, como o preconceito contra jogadores de cabelos longos e com os que usavam cabeleiras *black power*. De qualquer forma, se consolidava a cada dia como a maior autoridade no esporte nacional. Nenhuma voz era tão respeitada quanto a dele no que dizia respeito à seleção brasileira, sobretudo depois do estrondoso fiasco na Copa de 1966. Mesmo ciente da militância de esquerda do jornalista, a CBD, alinhada ao governo por meio da Comissão de Desportos do Exército, resolveu apostar em seu nome na tentativa de aplacar as críticas da imprensa sobre o escrete canarinho.

A influência militar na comissão técnica que viajava às terras astecas era expressiva. O brigadeiro Jerônimo Bastos chefiava a delegação. Carlos Alberto Parreira, filho de oficial, era preparador físico, auxiliado por Claudio Coutinho e Admildo Chirol – ambos formados na Escola de Educação Física do Exército. Pelo fato de o México ser um país de climas diversos e com várias cidades apresentando altitudes superiores a 2 mil metros, a preparação feita pelos competentes profissionais fez a diferença para aquela geração. Prova disso é o fato de que onze dos dezenove gols marcados pelo Brasil seriam anotados no segundo tempo das partidas, quando os adversários sentiam mais intensamente o cansaço, inclusive na final, diante da Itália, em que Gérson, Jairzinho e Carlos Alberto Torres balançaram as redes na etapa complementar.

No final de 1969, o assassinato de Carlos Marighella, amigo de longa data e ex-companheiro de PCB, fez com que o treinador acentuasse as críticas ao regime. Em sua passagem pelo México, por ocasião do sorteio dos grupos da Copa, em janeiro de 1970, ele distribuiu a autoridades internacionais um dossiê em que citava mais de 3 mil presos políticos e centenas de mortos e torturados pela ditadura brasileira. Os atritos com o governo do general Médici não parariam por aí. Em março, o treinador foi questionado por um repórter sobre o pedido do presidente, que, assim como ele, era gaúcho, para convocar o atacante Dario, o Dadá Maravilha, do Atlético Mineiro. João Saldanha não pestanejou: "Ele escala o ministério; eu convoco a seleção". Duas semanas depois da resposta desafiadora, e após recusar um convite para jantar com o general em Porto Alegre, Saldanha foi demitido da seleção pelo presidente da CBD, João Havelange, e deu lugar a Mário Jorge Lobo Zagallo, que seria o único futebolista na história a se tornar campeão mundial como jogador (1958 e 1962), como técnico (1970) e como assistente técnico (1994). Pelé encerraria sua carreira em Copas do Mundo como o primeiro jogador a vencer a competição por três vezes. Dadá foi convocado, mas não disputou nenhuma partida. Jairzinho marcou pelo menos um gol em cada um dos jogos do torneio. E pela primeira vez foi possível assistir à Copa do Mundo ao vivo pela TV em todo o Brasil.

A militância de esquerda tentou combater o entusiasmo com a possibilidade da conquista do Tri. "Havia uma minoria que analisava politicamente a questão e chegava à conclusão de que a ditadura iria capitalizar se o Brasil fosse campeão", relatou Ricardo de Azevedo, então militante da AP. "Mas, com o desenrolar da Copa, aquele futebol maravilhoso de Pelé, Tostão, Gérson, Jairzinho, Rivelino, Carlos Alberto, Clodoaldo e companhia foi contagiando todo mundo."

O título pôs o Brasil como a primeira seleção a ser tricampeã, confirmando a superioridade brasileira no futebol mundial. O capitão Carlos Alberto levantou a taça Jules Rimet, entregue ao país em caráter permanente. Infelizmente, a taça seria roubada em 1983, no Rio de Janeiro, e nunca recuperada. A festa para recepcionar os campeões foi tamanha que o governo decretou feriado nacional. Em Brasília, esperavam pelos craques mais de 200 mil pessoas, embaladas pelo hino "Pra frente Brasil", de Miguel Gustavo: "Noventa milhões em ação/ Pra frente Brasil/ Do meu coração/ Todos juntos vamos/ Pra frente Brasil/ Salve a seleção!". Um carnaval em pleno junho.

Em São Paulo, os jogadores da seleção foram presenteados pelo prefeito Paulo Maluf com Fuscas zero-quilômetro. No total, foram comprados 25 automóveis com dinheiro público. Cada veículo trazia sobre o capô uma dúzia de rosas vermelhas. No para-brisa traseiro, além do logotipo da concessionária, havia um plástico com os dizeres: "Brasil, ame-o ou deixe-o", o lema do regime naqueles dias em que eram frequentes os casos de exílio forçado ou induzido.

Naquele ano, o piloto brasileiro de Fórmula 1 Emerson Fittipaldi conquistaria três pódios em seu segundo ano na categoria, depois de ter passado com brilho pela Fórmula Ford e pela Fórmula 3. Em 1972, com cinco vitórias, tornou-se o campeão mundial mais jovem da história da F-1, aos 25 anos, recorde que só seria quebrado em 2005, pelo piloto espanhol Fernando Alonso. Em 1973, Fittipaldi venceu mais três corridas e, em 1974, pela McLaren, sagrou-se bicampeão do mundo. O corredor foi decisivo para popularizar o esporte no Brasil e incentivar uma linhagem de astros brasileiros dos autódromos, como Nelson Piquet e Ayrton Senna.

A euforia pelas vitórias nacionais no mundo dos esportes alimentava a onda de patriotismo e coincidia com o momento econômico extremamente positivo. Após um período marcado pela reorganização do sistema financeiro, pela recuperação da capacidade fiscal do Estado e estabilização monetária – de abril de 1964 até fins de 1967 –, iniciou-se uma etapa de forte expansão no Brasil. De 1968 a 1973 o PIB atingiu taxas acima de 10% anuais e a construção civil cresceu, em média, 15% ao ano. No decênio iniciado em 1969, a renda per capita subiu 6,1%, a maior elevação da história.

O principal arquiteto e executor das políticas econômicas de Costa e Silva fora o ministro Delfim Netto, da Fazenda, tendo Hélio Beltrão no Ministério do Planejamento. Quando Médici assumiu a Presidência, Delfim foi mantido e coube a João Paulo dos Reis Veloso a pasta do Planejamento. Essas equipes adotaram medidas de inspiração keynesiana, aumentando o investimento nas empresas estatais, agora recapitalizadas graças à política da chamada verdade tarifária (isto é, fixação das tarifas sem influências políticas), que as tornava lucrativas e competitivas. O *boom* econômico foi também o desdobramento de medidas adotadas por Octávio Gouveia de Bulhões e Roberto Campos, respectivamente ministros da Fazenda e do Planejamento de Castello Branco, com foco na infraestrutura.

Durante esse período, que ganharia o rótulo de "Milagre Brasileiro", criado pelo assessor especial de Relações Públicas do governo, coronel Otávio Costa, o Estado tratou de implementar vários programas nas áreas de transportes, energia e de estratégia militar. A imprensa referiu-se a alguns desses projetos como "faraônicos", questionando seu gigantismo e sua utilidade. Porém, ao longo dos anos, a maioria dessas obras mostrou-se relevante. A construção de hidrelétricas, por exemplo, impulsionou o desenvolvimento, ainda que trouxesse questões ambientais e até geopolíticas. Quando foi planejada a instalação da usina de Itaipu, na fronteira entre Brasil e Paraguai, o presidente do país vizinho, general Alfredo Stroessner, aproveitou o momento para reivindicar parte do território perdido em tratado de 1872, firmado após a Guerra da Tríplice Aliança. Chegou-se a um acordo, definindo-se que o lago formado pela represa cobriria a área em litígio. Porém, a massa de água que deveria solucionar o problema inundou apenas 10% da área disputada. A solução diplomática foi transformar o entorno em refúgio biológico. Havia ainda a resistência do governo argentino em aceitar o projeto. A usina era considerada por Buenos Aires uma arma de destruição em massa, porque acreditava-se que, na eventualidade de um acidente ou de uma guerra entre os países, várias províncias argentinas banhadas pelo rio Paraná seriam inundadas. Só depois de muita negociação, a tensão diminuiu. Foi demonstrado que, além de possuir diversos sistemas de segurança, a hidrelétrica seria construída em módulos. Ou seja, ainda que alguma comporta se rompesse, as outras continuariam funcionando normalmente, barrando o avanço da água.

O crescimento da produção de bens duráveis de consumo no Brasil daquele período alcançou a taxa média de 23,6% ao ano, e o de bens de capital 18,1%. O consumo de energia crescia 10% ao ano; as montadoras de veículos produziram, em 1970, 307 mil carros de passeio, o triplo de 1964. A Embratel tornou-se sinônimo de transmissões de satélite no país, especialmente por meio da televisão. Quanto aos aparelhos em si, os brasileiros passaram a ter em casa 4,58 milhões de televisores, contra o 1,66 milhão de 1964. A confiança na economia e a rápida capitalização das empresas provocaram o crescimento da demanda por ações pelos investidores, sem que houvesse um significativo aumento nas emissões dos papéis. Em consequência, entre 1970 e 1971, as cotações dispararam nas Bolsas de Valores.

Visando a inserção da região Norte ao restante do país, sob o lema "Integrar para não entregar", adotado no governo Castello, assim como prevenir um suposto risco de internacionalização da parte brasileira da Amazônia, o governo tomou uma série de medidas que permitiriam sua ocupação e desenvolvimento. Para isso, foi retomado o antigo Projeto Radam – cujo objetivo era mapear e monitorar a vasta região amazônica – e ganhou novo impulso a zona especial de incentivo fiscal, criada em Manaus, em 1957, como Zona Franca. Uma tentativa de romper com a estagnação econômica local. Também construiu-se extensa rodovia não pavimentada, que partia do Nordeste e cruzava grande parte da Amazônia Legal – a Transamazônica, com 4 mil km de extensão. Infelizmente, neste e em outros processos de expansão naquele território, os povos indígenas sofreram significativos reveses: os tapaiúnas, conhecidos como Beiços de Pau, com cerca de quatrocentas pessoas, tiveram aldeias destruídas, dando lugar a colonos que teriam lhes dado comida envenenada por arsênico e formicida. Os bororos quase sucumbiram a um completo genocídio. A tribo dos carajás, que tinha cerca de 4 mil indivíduos, estava reduzida a menos de quatrocentos no começo dos anos 1970. Os xavantes perderam igualmente parte expressiva da população. Duas aldeias de patchos foram eliminadas com uma infecção de varicela. De quase 20 mil integrantes dos mundurucus, restaram apenas 1.200 após a abertura da estrada. Os guaranis da região e os tapaiúnas foram extintos. O desmatamento também se acelerou nas regiões Norte e Centro-Oeste no período, fosse por exploração ilegal de madeira, fosse pela abertura de pastos de gado ou plantio de soja. Antes de 1970, o território da Amazônia coberto pela floresta original era de 99,6%, com 4,1 milhões de km^2. Ao final do regime militar caíra para 91,3%, uma perda de 355 mil km^2. E o ritmo prosseguiria pelas décadas seguintes. Em 1976, o governo faria na Amazônia a regularização de terras de até 60 mil hectares que tivessem sido adquiridas irregularmente, mas "com boa-fé", permitindo a utilização de 50% das propriedades em agricultura ou pecuária. E desde o início da década expandia-se o Projeto Jari, iniciado após 1967, pelo empresário norte-americano Daniel Ludwig, que ali adquirira por US$ 4,7 milhões uma área do tamanho do estado de Sergipe para a criação de um polo industrial destinado à produção de celulose, plantio de arroz, extração de caulim, bauxita e outros minérios. Em meio a questões legais e à demora em ter retorno financeiro, o projeto acabaria nacionalizado.

Apesar do desempenho do PIB, nem tudo ia bem no plano socioeconômico. Dados de 1970 já mostravam um crescimento da desigualdade: os 5% mais ricos da população haviam aumentado sua participação na renda nacional em 9% em relação a 1960, passando a deter 36,3% dessa renda, enquanto a faixa dos 80% mais pobres diminuíra sua participação em 8,7%, e ficara com 36,8% da renda. O salário mínimo real, apesar de cair menos do que entre 1964 e 1966, quando sofreu uma diminuição de 25%, baixou mais 15%

entre 1967 e 1973. Dessa forma, as vantagens da expansão econômica não foram igualmente distribuídas pelas diversas camadas da população. Ficaram famosas as explicações dadas por Delfim Netto a respeito, como: "É preciso primeiro aumentar o 'bolo', para depois reparti-lo". Ainda assim, graças à situação de quase pleno emprego, os operários mais especializados conseguiram, na sua maioria, descolar seus ganhos do salário mínimo oficial e foram beneficiados pelo impulso econômico. O ex-presidente Lula, na época metalúrgico no ABC Paulista, comentaria mais tarde, com exagero: "Havia tanto emprego que o operário é que escolhia o patrão".

Para ampliar a extensão desse rápido crescimento, foi criado o Plano Nacional de Desenvolvimento (PND), que visava aproveitar a capacidade ociosa da indústria. O objetivo era investir na fabricação de insumos básicos e bens de capital, calcanhar de aquiles da industrialização brasileira, focada em bens de consumo. Com a conjuntura econômica favorável, a população civil sentia de forma menos aguda a impossibilidade de escolher representantes políticos e mostrava condescendência com as limitações nas suas liberdades. Houve quem dissesse, obviamente sem condições de comprovação, que "se Médici fosse candidato em eleições diretas, provavelmente venceria com folga".

Enquanto o Centro de Informações do Exército (CIE) distribuía adesivos nas cores verde e amarela, para serem exibidos nos carros e nas janelas de casas e apartamentos, a dupla Dom e Ravel criava o verdadeiro hino da era do Milagre: "Eu te amo, meu Brasil", cujos versos diziam "Meu coração é verde, amarelo, branco e azul-anil". A canção foi gravada pelo conjunto Os Incríveis, que tentaria repetir o sucesso mais tarde, com "Este é um país que vai pra frente". Sem o mesmo intuito ufanista, mas igualmente contagiante foi a composição "País tropical", de Jorge Ben, que falava em um Brasil "abençoado por Deus e bonito por natureza". A música seria tema de uma sátira de Juca Chaves, intitulada "Paris tropical".

Sob o ambiente de orgulho nacional, persistia a guerra subterrânea entre as forças do regime e os grupos clandestinos – estes combalidos pelas prisões e pelas baixas em confrontos ou nos porões. A demonstração de que a queda de braço ainda estava longe de terminar viria com uma nova onda de ações armadas que poria o país em suspense.

XXIV

GUERRILHA EM CAMPO MINADO

No fim da tarde de 11 de março de 1970, uma quarta-feira, terminado o expediente na representação de seu país em São Paulo, Nobuo Okushi, cônsul do Japão, voltava para a residência oficial, na rua Piauí, em Higienópolis. Até então, o trânsito na capital parecia menos moroso e confuso que o habitual para o horário. Porém, ao ladear a praça Buenos Aires pela rua Alagoas, um Volkswagen azul, aparentando realizar uma manobra descuidada, interpôs-se em seu caminho. Okushi, no banco traseiro, não se alarmou quando viu um rapaz alto sair do veículo com uma metralhadora na mão direita e caminhar em sua direção. Julgou ser uma verificação de rotina da polícia civil. Logo perceberia o engano. Sob a mira da arma, foi retirado do carro e levado para um Volks vermelho, estacionado do outro lado da rua, onde foi colocado no banco traseiro. O diplomata ficaria no cativeiro, em Indianópolis, na zona sul, por quatro dias.

A ação, comandada por Ladislau Dowbor, o Jamil, foi a primeira do gênero executada pela VPR de Carlos Lamarca. A organização clandestina exigiu a libertação de cinco presos políticos, que deveriam ser enviados para o México. Na lista, estavam Damaris Lucena, mulher de Antônio Raymundo Lucena, morto dias antes pela repressão, e seus três filhos menores. Os outros eram Diógenes Carvalho de Oliveira e Mário Japa, como era conhecido Shizuo Ozawa, ambos militantes da VPR, Otávio Ângelo, o Tião, dirigente da ALN, e a freira Maurina Borges da Silveira.

Damaris e seus filhos haviam sido capturados no dia 20 de fevereiro, quando, ao investigar o roubo de um carro, quatro policiais chegaram à sua casa na região de Atibaia, sem saber que era um "aparelho". Ao pedirem que os moradores se identificassem, foram recebidos a bala. De imediato, o segundo sargento PM Antonio Aparecido Posso Nogueró foi morto e o segundo sargento, PM Edgar Correia da Silva, ficou gravemente ferido. Os outros dois policiais reagiram e mataram Antônio Lucena, que, como sua mulher Damaris, era militante da VPR. No endereço foram encontrados 24 fuzis, 4 metralhadoras, 2 carabinas, 2 espingardas, 1 rifle Winchester, explosivos e cartuchos diversos. Damaris foi levada para o DOI-CODI e as crianças encaminhadas à Fundação Estadual do Bem-Estar do Menor (Febem).

Madre Maurina havia sido presa em 25 de outubro de 1969, aos 43 anos, quando era diretora do orfanato Lar Santana, em Ribeirão Preto. Ela fora acusada de ceder uma sala para reuniões de estudantes pertencentes ao grupo guerrilheiro Forças Armadas de Libertação Nacional (FALN). Presa pela OBAN, fora torturada durante cinco meses. O episódio resultou na excomunhão pela Igreja dos delegados Renato Ribeiro Soares e Miguel Lamano, que comandaram os interrogatórios. Mário Japa estivera na Argélia, onde fizera um curso de guerrilha. De volta a São Paulo, sofreu um acidente automobilístico e, ao ser socorrido, foram encontrados documentos e fuzis dentro de seu carro, o que provocou seu encarceramento no DOPS e no DOI-CODI. Já Diógenes estivera envolvido nos atentados ao II Exército, onde morrera o soldado Mário Kozel, e ao capitão Charles Chandler. Libertar Diógenes e Shizuo era vital para o movimento, já que eles detinham informações sobre a área do Vale do Ribeira onde Lamarca instalava as bases para a guerrilha rural e, sob interrogatório, não tardariam a falar.

Além de Ladislau Dowbor, participaram da captura do cônsul japonês pela VPR os guerrilheiros Liszt Benjamin Vieira (Fred), Marco Antônio Lima Dourado (Orlando ou Elói), Mário de Freitas

Gonçalves (Dudu), Osvaldo Soares (Miguel ou Fanta), José Raimundo da Costa (Moisés), Alceri Maria Gomes da Silva e Joelson Crispim. Pela Resistência Democrática (Rede), Denise Peres Crispim (Célia) e Eduardo Collen Leite (Bacuri), que eram casados – ela, irmã de Joelson; e Fernando Kolleritz (Ivo, Raimundo). Pelo Movimento Revolucionário Tiradentes (MRT), Devanir José de Carvalho (Henrique), Plínio Petersen Pereira (Gaúcho) e José Rodrigues Ângelo Júnior.

Bacuri, Ladislau e Liszt permaneceriam vigiando o diplomata até a sua libertação. Denise, além de cuidar das compras e da alimentação, foi incumbida de deixar os comunicados dos sequestradores e as mensagens do cônsul em locais movimentados. Os guerrilheiros alertaram as autoridades que dinamitariam o cativeiro, com todos que lá estivessem, caso houvesse alguma tentativa de resgate. Todos os comunicados eram assinados pelo "Comando Lucena da VPR", em alusão ao colega morto em Atibaia.

Atendidas as exigências, no domingo, 15 de março, às 18h, Nobuo Okuchi foi vendado e levado por Ladislau para o banco traseiro do Volks vermelho, estacionado na garagem da casa. Após esquadrinhar o imóvel e queimar documentos para não deixar qualquer pista, Bacuri e Denise trancaram a porta e embarcaram no Fusca. Depois de rodar algum tempo, para se certificarem de que não estavam sendo seguidos, pararam na rua Arujá, atrás da cervejaria Brahma. Ladislau saiu com o cônsul, enquanto Bacuri e Denise foram dar uma circulada de carro pelas redondezas, para verificar se havia algum policiamento na região. Estava combinado que, caso não voltassem, Ladislau mataria o diplomata. Para sorte de Okuchi, o Volks retornou e recolheu Ladislau. O diplomata chegou à sua casa de táxi, abatido, mas com sua integridade física preservada.

Com o sucesso do plano, a guerrilha urbana impunha uma nova derrota ao regime militar. Mas a resposta não tardaria: quase todos os envolvidos no sequestro seriam presos e parte deles seriam mortos pelos órgãos de segurança. A caça aos guerrilheiros tornou-se intensa, e as sessões de tortura atingiram uma brutalidade jamais vista na história do país. O regime mantinha os seus dispositivos repressivos em atividade febril, e cobrava deles a obrigação de evitar ações terroristas que pudessem comprometer o campo das relações exteriores.

Apesar das baixas sofridas, as organizações clandestinas de esquerda não arredavam da intenção de sequestrar diplomatas como forma de luta pela libertação de seus companheiros e de chamar a atenção da comunidade internacional para o que ocorria no Brasil. Tendo isso em mente, a VPR de Lamarca uniu-se à Frente de Libertação Nacional (FLN) de Joaquim Pires Cerveira, para dar continuidade a esses planos. Em abril de 1970, a coalizão empreendeu uma fracassada tentativa de capturar o cônsul dos Estados Unidos em Porto Alegre. Ficou decidido a seguir que o alvo seria o embaixador do Japão. A investida foi abortada no momento da execução, pela presença no local de uma viatura da polícia. A alternativa, uma emboscada ao cônsul da Suécia, foi abandonada por causa de sua constante mudança de itinerário. Por fim, decidiu-se pelo sequestro do embaixador da então Alemanha Ocidental, Ehrenfried Anton Theodor Ludwig von Holleben, no Rio de Janeiro. O planejamento do sequestro ficou, inicialmente, a cargo de Alex Polari de Alverga, com a colaboração de Lúcia Velloso Mauricio, sua namorada, Júlio César Covello Neto e Vera Thimóteo. Na ação seriam utilizados quatro carros roubados, dois Fuscas, uma Rural e um Chevrolet Opala. Como cativeiro, foi alugada uma casa em Cordovil, na zona norte.

As cadeias se encontravam cheias de militantes presos, submetidos às atrocidades da tortura, e aquele sequestro era visto como a salvação de muitos deles. Tendo isso em vista, no início de junho, ocorreu em São Paulo uma reunião entre as principais lideranças das organizações que promoviam a luta armada no Brasil. Dela fizeram parte Carlos Lamarca, Joaquim Câmara Ferreira, da ALN – que ainda não havia sido capturado –, e Devanir José de Carvalho, do MRT (Movimento Revolucionário Tiradentes). Entre as decisões tomadas, foram definidos os nomes de quarenta prisioneiros que seriam trocados pelo embaixador alemão. Seria a lista mais longa e mais representativa até então. Ao fim do encontro, os sequestradores receberam como reforço os militantes da ALN José Milton Barbosa e Eduardo Collen Leite, o Bacuri (ex-Rede), que ficou designado para comandar a ação.

No dia 11 de junho, jogavam pela Copa do Mundo as seleções da Inglaterra e da Tchecoslováquia. Minutos antes do intervalo da partida, às 19h40, Von Holleben deixou a embaixada da Alemanha, no bairro das Laranjeiras, em direção à residência oficial, em Santa Teresa. Estava bem escoltado. Nos bancos da frente de sua Mercedes-Benz, seguiam seu motorista, Marinho Huttl, e um agente da Polícia Federal, Irlando de Souza Régis, portando uma arma. Em uma Variant, logo atrás, mais dois agentes da mesma PF, Luiz Antonio Sampaio e José Banharo da Silva. Em meio ao trajeto, na confluência da rua Cândido Mendes com a Ladeira do Fialho, o veículo da frente foi atingido pela Rural dirigida por José Maurício Gradel. Imediatamente, Sonia Lafoz e José Milton Barbosa, que se faziam passar por um casal de namorados, dispararam rajadas de metralhadora contra a Variant da segurança, ferindo Sampaio no abdome e Banharo na cabeça. O agente Irlando, dentro do carro diplomático, ainda tentou sacar a arma, mas foi abatido por três tiros desferidos por Bacuri. O embaixador foi retirado do carro diplomático por Herbert Eustáquio de Carvalho, sob a mira de uma pistola .45, e empurrado para dentro do Chevrolet Opala, dirigido por José Roberto Gonçalves. Três carros seguiram para o cativeiro em fila indiana, levando o embaixador no veículo do meio.

No local onde ficaria isolado, em Cordovil, o embaixador foi recebido com chá e salgadinhos pelo militante Alfredo Sirkis, de dezenove anos, que conversou com ele, em inglês, explicando-lhe as razões ideológicas do sequestro, sem comentar, no entanto, a morte do segurança. Sirkis contou que Bacuri entrou uma vez no quarto sem capuz, sendo repreendido por um irritado Von Holleben, que protestou: "Nada de rostos, por favor!". O diplomata sabia que essa exigência o pouparia da ingrata tarefa de fazer reconhecimentos mais tarde. "Pensei que vocês fossem mais organizados!", repreendeu.

Concluída essa parte, Bacuri datilografou um comunicado com as exigências às autoridades do governo. Exigia que o texto fosse lido na Rádio Nacional, e que ali fosse divulgada a lista com os nomes dos presos que deveriam ser libertados. Da relação constavam vinte militantes da VPR. Cinco dias se passaram em negociações. Finalmente, o governo brasileiro cedeu e os presos foram banidos por decreto e enviados em um avião da Varig para a Argélia. Von Holleben foi libertado na noite de 16 de junho, na Tijuca. Levava no bolso do casaco um documento relatando torturas, que se dispusera a divulgar na Europa. O embaixador nada falou à polícia sobre as conversas com Sirkis ou sobre o documento. Paradoxalmente, tornara-se um simpatizante da causa dos guerrilheiros.

Eduardo Collen, Bacuri, o mais intensamente caçado do grupo, foi entregue por Artur Paulo de Souza e Jorge Zuchowski, infiltrados na Frente de Libertação Nacional. O delegado Sérgio Fleury em pessoa o algemou em uma rua do bairro da Gávea, onde os guerrilheiros estavam fazendo levantamentos para sequestrar o embaixador britânico David Hunt, ex-secretário do primeiro-ministro Winston Churchill. O militante foi levado para a primeira sessão de pancadaria em um centro clandestino de São Conrado. Depois, encaminhado à delegacia de Vila Rica, em São Paulo, para que Fleury pudesse continuar o serviço. Bacuri ainda retornaria ao Rio de Janeiro, passando pelo presídio da Ilha das Cobras. Mais tarde, seria devolvido a São Paulo, dessa vez para a OBAN.

Collen não chegou a conhecer a filha que ele e Denise Crispim geraram na clandestinidade. Após meses de prisão, em agosto de 1970, Denise, que também havia sido capturada, foi retirada de sua cela por um policial civil de corpo avantajado, vestindo uma camisa social branca, gravata preta e calça de tergal. "Sou o famoso Fleury", disse o delegado, conduzindo-a a seguir, vendada, por um caminho que levou a uma porta: "Seu marido está naquela sala", disse. "Entra lá, porque ele se recusa a comer e falar antes de te ver. Você tem um minuto." Denise viu Bacuri sentado atrás de uma escrivaninha, com as mãos algemadas em cima da mesa. Tinha hematomas e queimaduras por toda a pele. Tocaram-se as mãos e Denise se aproximou para que ele sentisse o bebê na barriga. O encontro foi encerrado ali. Seria a última vez que veria o marido, um dos prisioneiros que mais tempo permaneceram sob tortura na ditadura militar – 109 dias consecutivos. No DOPS, massacrado fisicamente, ele leu, no sábado 26 de outubro, as publicações de jornais de que tinha conseguido fugir. Ao ver as notícias, teve a certeza de que seria morto. A trágica ironia é que nem sequer andava mais. Devido à violência sofrida, quatro dias após ser preso, já havia perdido o movimento das pernas. Segundo o relato de um soldado, Bacuri foi executado em 8 de dezembro de 1970, no Forte dos Andradas, no Guarujá, em São Paulo. Seu corpo, encontrado no litoral de São Sebastião, foi entregue à família em um caixão lacrado, na tentativa de esconder o que ele havia passado nas mãos dos torturadores. Porém, seus familiares abriram o caixão e se depararam com um cadáver desfigurado, com orelhas decepadas, queimaduras, dentes arrancados, olhos vazados, dois tiros no peito e dois na cabeça.

A captura de indivíduos não era a única modalidade de sequestro empreendida pela esquerda armada. Entre 1969 e 1975, grupos de guerrilheiros tomaram dezenas de aviões comerciais com o intuito de pedir asilo político a Fidel Castro. No período, os sequestros de aeronaves estavam se tornando tão corriqueiros que a rota de uma companhia aérea foi apelidada de "Expresso Cubano" pelos próprios funcionários, por ter sido desviada várias vezes para a ilha do Caribe. Nem todas essas empreitadas, no entanto, tinham êxito. Em 1º de julho de 1970, quinze minutos depois do Caravelle PP-PDX da Cruzeiro do Sul decolar do Rio com destino a São Paulo, quatro jovens obrigaram o piloto a voltar para o aeroporto do Galeão. Os sequestradores eram integrantes do "Comando Reinaldo Silveira Pimenta", nome dado em homenagem a um militante da Dissidência Estudantil de Niterói, morto um ano antes, e exigiam a libertação de quarenta presos políticos. Em solo, o avião foi cercado por tropas especiais da Aeronáutica que, depois de esguichar espuma nas janelas para impedir a visão de dentro para fora, arrombaram a porta e invadiram o aparelho. Eiraldo Palha Freire, um dos sequestradores, foi baleado e morreria uma semana depois. Os demais se renderam.

Embora a prática dos sequestros tenha se revelado a forma mais eficiente de se obter a libertação de militantes capturados, seriam necessárias dezenas de investidas do gênero para "zerar" o número desses encarcerados pelo regime – mais de quinhentos ao final de 1970. Mesmo diante da magnitude do desafio, a VPR persistia no método. E estabelecera como nova vítima o embaixador suíço Giovanni Bucher.

Com 57anos, Giovanni Enrico Bucher era conhecido nos meios diplomáticos do Rio de Janeiro por seu bom humor e pelo hábito singular de preparar cigarros com sofisticadas misturas de fumos ingleses. Seguia todos os dias para a embaixada no mesmo horário, sem carros de segurança e sem mudar o itinerário, desprezando as recomendações da Polícia Federal. Como a Suíça era um país neutro, ele acreditava estar a salvo de atos terroristas. Era o alvo ideal. Por arte do destino, Bucher havia chamado a atenção dos integrantes da VPR justamente por fazer a defesa dos presos políticos. Em outubro de 1969, ele havia intercedido junto ao governo brasileiro em favor de Jean Marc von der Weid, então presidente da UNE, por causa da nacionalidade suíço-brasileira do detido. Na ocasião, criticou o governo brasileiro por não coibir a tortura.

No dia 7 de dezembro de 1970, sob o comando de Gerson Theodoro de Oliveira, da VPR, o complô começou a ser posto em prática, seguindo um roteiro semelhante aos dos sequestros anteriores. Bucher deixou sua residência na rua Conde de Baependi, em Laranjeiras, e dirigia-se para a embaixada em um Buick azul, conduzido pelo motorista Hercílio Geraldo e escoltado pelo agente da Polícia Federal Hélio Carvalho de Araújo. Um "olheiro" ficou de prontidão. Quando avistou o carro do embaixador, sinalizou. Um Aero Willys do grupo foi jogado contra o veículo. Um Fusca turquesa, dirigido por Inês Etienne Romeu, codinome Alda, deu marcha à ré e bloqueou o carro do diplomata, que tentava escapar. Para garantir o sucesso da ação, um Fusca branco, no qual estava um dos membros do grupo, simulou uma pane mecânica, atravessado na esquina, impedindo que qualquer outro veículo entrasse naquela rua. Entre os participantes da ação estava ninguém menos que o mítico Carlos Lamarca, usando um cavanhaque como disfarce. Ele desferiu dois tiros no policial, que morreria no hospital três dias depois. O motorista foi rendido e obrigado a deitar-se na calçada. Os sequestradores levaram Bucher para uma Kombi, onde ele foi disfarçado com um macacão de operário e um boné na cabeça. A ação durou menos de um minuto. O embaixador foi levado para uma casa em Rocha Miranda, bairro da zona norte da cidade. Faziam parte ainda do grupo de captores Herbert Daniel e a namorada de Lamarca, Iara Iavelberg.

O relacionamento com Lamarca não era o primeiro importante de Iara. Com 26 anos, ela já havia abandonado, aos dezenove, seu casamento de quase três anos com um médico. De uma rica família judia do Ipiranga, ingressara em 1963 no curso de Psicologia da USP, onde iniciou sua militância política. No período de Movimento Estudantil chegou a ter um namoro com o presidente da UEE, José Dirceu. Depois, militou em organizações que combatiam o regime militar, como a Polop, o MR-8 e a VPR. Nesta última, conheceu Carlos Lamarca em abril de 1969, pouco depois de ele ter desertado do Exército. Os dois se apaixonaram e Lamarca separou-se de sua mulher para ficar com Iara.

Nos início de 1970, a 2ª Auditoria Militar de São Paulo condenou Lamarca, à revelia, a 24 anos de prisão pelo roubo das armas do quartel de Quitaúna. A partir daí, após uma cirurgia plástica para dificultar sua identificação pelas forças da repressão, Lamarca passaria a viver em esconderijos, algumas vezes separado de Iara. Uma testemunha da intensidade do romance foi a guerrilheira Vanda, codinome da futura presidente Dilma Rousseff. Ela declararia à revista *IstoÉ*: "Eu e Lamarca lavamos muitos pratos juntos e nessas horas ele me fazia confidências sobre sua paixão por Iara". Em cartas, Lamarca demonstrava amor e ciúmes: "Quando estou longe de você, tudo muda. É outro mundo, falta aquele calor que só emana de você". "Falei em abertura, pelo seu lado (do meu não admito), do nosso relacionamento."

Depois de dez meses trancado na cidade, Lamarca deixou São Paulo em companhia de Iara e de mais dezesseis companheiros em direção ao Vale do Ribeira, no sul do estado, onde o grupo pretendia fazer treinamento militar. No acampamento no meio da floresta, na altura do quilômetro 250 da BR-116, Iara deu aulas de marxismo aos militares e guerrilheiros do grupo. Ela retornaria à cidade em algumas semanas para tratar de problemas de saúde causados por hipotireoidismo e pelas duras condições do local.

Em abril de 1970, vários integrantes da VPR foram presos no Rio de Janeiro. Um deles confessou que Lamarca se encontrava em algum lugar próximo de Registro, e a região foi cercada pelo Exército. No dia 21, as Forças Armadas acorreram ao local, com 2.500 homens mais um contingente cedido pelo governo de São Paulo. "A princípio, quem iria para a operação era o Cláudio Guerra, então investigador no DOPS", recordou Carlos Alberto Augusto, o Carteira Preta (referência ao tipo de documento de investigador). "Fui mandado para lá com um revólver .32, acompanhando o grupo da polícia civil. Só ao chegarmos ao local, pudemos abrir o envelope que informava a missão. A partir daí, foram vinte dias com a roupa do corpo."

A força-tarefa oficial bloqueou estradas vicinais, prendeu 120 pessoas, varreu a mata com helicópteros, fechou a rodovia e usou um B-26 da FAB para bombardear áreas civis suspeitas de abrigar os dezessete guerrilheiros. Oito deles conseguiram sair da região misturados à população e dois foram presos pelos militares, incluindo o ex-sargento Darcy Rodrigues, depois de se perderem do resto do grupo. Lamarca embrenhou-se na mata com os sete remanescentes. Durante semanas, o pelotão formado por ele, Yoshitane Fujimori, Edmauro Gopfert, Gilberto Faria Lima, José Araújo da Nóbrega, o ex-soldado da Brigada Militar Diógenes Sobrosa de Souza e o adolescente Ariston Lucena, de dezessete anos, vagou pelo vale. O primeiro encontro entre os grupos se deu em 8 de maio, quando os guerrilheiros, se passando por caçadores, entraram no vilarejo de Barra do Areado querendo alugar uma camionete. A Polícia Militar foi avisada. Uma barreira foi montada em Eldorado Paulista, onde, após troca de tiros, Lamarca e seus homens conseguiram continuar o caminho.

O confronto seguinte, na mesma noite, foi perto de Sete Barras. Cruzando com um contingente da PM, a luta foi rápida. O treinamento dos guerrilheiros e sua superioridade em armamento – os fuzis FAL roubados de Quitaúna – decidiram o combate. Um tenente, dois sargentos, dois cabos e onze soldados foram mortos, feridos ou aprisionados pelo grupo clandestino. O comandante da tropa da PM, tenente Alberto Mendes Júnior, de 23 anos, feito refém, seguiu com os guerrilheiros no caminhão. Pouco depois, outro comboio militar foi avistado e todos se embrenharam na mata. Depois de dias caminhando, toparam com uma escaramuça entre as tropas do 6º Regimento de Infantaria e do Destacamento Logístico do Exército, que atiraram umas nas outras pensando ser o inimigo. Na confusão, dois guerrilheiros perderam-se do grupo e foram capturados. Restaram apenas cinco da VPR e o tenente Mendes Júnior.

Com a fuga sendo retardada pela presença do tenente – que já havia tentado capturar uma metralhadora, impedido por Lucena – e a desconfiança de que ele os tinha levado a uma emboscada, pelo encontro anterior com as tropas do governo, Lamarca e seus homens decidiram matar o prisioneiro. Com o aval e ordem de Lamarca, Mendes Júnior foi assassinado por Yoshitane Fujimori – a coronhadas, porque receavam que um tiro pudesse denunciar sua localização aos perseguidores. O crânio do jovem foi esfacelado a golpes de fuzil, com a ajuda de Diógenes Sobrosa. Seu corpo foi deixado na mata, em cova rasa, e só seria descoberto quatro meses depois, recebendo funeral com honras pela PM.

Os cinco da VPR prosseguiram pela mata enquanto as buscas do Exército e da polícia se intensificavam. Acamparam por vários dias sobre uma grande pedra, para se protegerem da chuva, alimentando-se de abacaxis e bananas. Por três vezes tentaram descer a algum povoado para comprar comida e por três vezes foram denunciados. Emboscados por uma patrulha sob as ordens do coronel Erasmo Dias – que não participou pessoalmente da ação –, escaparam mais uma vez pela floresta.

O rompimento final do cerco se deu 41 dias depois de seu início. Famintos e com os pés feridos, os integrantes do grupo resolveram tentar a sorte na estrada. Sem ficha na polícia, Gilberto Faria Lima, o Zorro, fez sinal para um ônibus da linha Sete Barras--São Miguel e foi embora sem ser incomodado. Na tarde de 31 de maio, os quatro que restaram, Lamarca, Ariston Lucena, Fujimori e Diógenes, atacaram um caminhão do Exército, do Regimento de Obuses de Itu. Os ocupantes, cinco soldados, foram rendidos e deixados de cuecas dentro do veículo. Usando os uniformes da patrulha, o grupo seguiu até uma última barreira, perto de Taquaral. Parados por homens do Exército e inquiridos para onde iam, Lucena respondeu com um simples: "É ordem do coronel". A barreira foi aberta e, às 22h30, os guerrilheiros abandonaram o caminhão com os prisioneiros na Marginal Tietê, na capital, dispersando-se a seguir. Lamarca e seus homens haviam escapado da maior mobilização da história do II Exército.

Durante a captura do embaixador Enrico Bucher, meses depois, Lamarca comandou as negociações mais longas e dramáticas dentre as ações do gênero. Assim que foi notificado da ação, o governo da Suíça emitiu uma nota qualificando o ocorrido como "um atentado aos direitos humanos". A VPR exigiu a libertação de setenta militantes, mas, dessa vez, o regime militar resolveu jogar duro. Com a prática do sequestro político se tornando rotineira, e com demandas crescentes, julgava ser preciso um basta, talvez até com o sacrifício de uma autoridade estrangeira. O governo brasileiro refutou treze nomes da lista divulgada, sob a alegação de que alguns dos relacionados "já estavam em liberdade" e outros haviam "cometido crimes muito graves". Também se negou a divulgar o manifesto da VPR, fato que agitou os militantes. A morte de Bucher chegou a ser votada pelos sequestradores, que recuaram dias antes do Natal. Lamarca argumentou contra a medida, considerando que a morte de Bucher seria usada contra a organização e não serviria para libertar os presos que sofriam as agruras da tortura: "Sou o comandante da ação, decido eu: não vamos matar o embaixador", teria dito.

Nos quarenta dias que decorreram entre o sequestro e a libertação, Bucher jogou cartas com seus captores, teve direito a banho de sol no quintal e pôde fumar os cigarros de sua marca favorita. No início, os carcereiros o receberam encapuzados, mas, uma semana depois, passaram a apresentar-se com rostos descobertos. Os sequestradores chegaram a promover uma festa de ano-novo na casa, com a presença de vizinhos e o diplomata preso em um quarto nos fundos.

Somente no dia 13 de janeiro de 1971, após duras negociações, setenta banidos, escoltados por agentes federais, foram embarcados em um Boeing da Varig rumo ao exílio em Santiago do Chile. Entre eles estavam Frei Tito e o próprio Jean Marc, a essa altura detido na Base Aérea do Galeão, onde, por causa da sua dupla nacionalidade, ouvira do brigadeiro Burnier: "Se matarem o embaixador Bucher, eu mato você; fica um suíço pelo outro". Na manhã do dia 16 de janeiro de 1971, Giovanni Bucher foi deixado próximo ao penhasco da igreja da Penha.

Apesar do desfecho favorável à VPR, o episódio do embaixador suíço encerraria o ciclo de sequestros a diplomatas realizados pelas organizações da esquerda. Empreitadas como essas vinham se tornando mais arriscadas e ficara claro que o governo Médici não iria negociar com facilidade as condições impostas pelas organizações envolvidas.

Nesse embate cada vez mais intenso, que deixava para trás mortos e desaparecidos, retornaria à cena um personagem de quem poucos ainda se lembravam, mas cuja colaboração seria crucial para desmantelar definitivamente a resistência em curso.

XXV

A VOLTA DO CABO ANSELMO

No final de 1970, José Anselmo dos Santos, o cabo Anselmo, celebrizado como líder da Revolta dos Marinheiros em 1964, chegou a São Paulo vindo de Havana, após mais de três anos fora do Brasil. Procurado pelo regime, chegara com um passaporte falso, sob o nome de Mauro Soria Mauri, cidadão de Trinidad e Tobago que supostamente estaria em trânsito rumo à Bolívia. Em momento de auge do regime militar e de vigilância estrita sobre possíveis guerrilheiros retornados – em que não eram raros episódios de encaminhamento de alguns direto do desembarque para os organismos de repressão –, a probabilidade de ser descoberto não era pequena. Por esse motivo, Anselmo não ficou supreso quando, ao passar pela alfândega, durante a conexão, policiais federais encarregados da triagem o separaram dos demais passageiros. "Pronto... Vou ser preso logo no meu primeiro dia de volta ao Brasil", pensou ele. O motivo, no entanto, era trivial: "Verificamos que o senhor não está vacinado contra febre amarela", disse um dos agentes. "Será preciso fazer a vacinação para seguir viagem." O cabo sorriu com alívio, foi ao local do aeroporto onde recebeu a vacina e, liberado, despistou os agentes e tomou o caminho do desembarque, dando os passos iniciais para a nova vida na capital paulista.

Definindo-se décadas depois como integrante de um grupo que "mordeu a isca e foi colhido no 'anzol vermelho' como massa de manobra", Anselmo havia cumprido desde 1964 uma trajetória que, se contada em uma ficção de espionagem, talvez não fosse considerada verossímil. No momento conturbado após a queda de Jango, não conseguia contato com as figuras públicas que o haviam apoiado antes da tomada do poder pelos militares. E não sabia para onde ir. Após alguns dias escondido em Niterói, em companhia de Edgar Aquino Duarte, fuzileiro naval rebelado, foi com ele até a representação do México, onde ambos pediram asilo. Lá encontraram líderes de esquerda, como Aluísio Palhano, representante sindical bancário, e o padre Alípio de Freitas, que declarava ser "melhor a leitura do *Livro vermelho* de Mao que do breviário católico", e seria arrolado no atentado do Guararapes. Meses depois, Anselmo deixaria a embaixada e seria preso em uma operação conjunta do DOPS e do Cenimar. Respondeu a IPMs e passou de cadeia em cadeia, sem sofrer maus-tratos físicos, até ficar em definitivo em uma prisão no Alto da Boa Vista. Nesta última, quase em regime semiaberto, era autorizado a sair por alguns momentos com a promessa de voltar à cela antes de anoitecer. No final de 1966, após ter vários pedidos de *habeas corpus* negados, não retornou mais à detenção e iniciou uma fuga do país, organizada com a ajuda da AP e da Polop. Levado a São Paulo, foi integrado à VPR, que o abrigou na casa da sogra do general Zerbini, frequentada pelo militante Onofre Pinto. E seria enviado a Montevidéu, onde Leonel Brizola o esperava.

Na capital uruguaia encontravam-se centenas de brasileiros. Os exilados que não recebiam ajuda dos familiares do Brasil e não tinham situação legalizada por ali sobreviviam de doações. Anselmo pretendia ficar na cidade e dedicar-se aos estudos. Mas Brizola, cujo Movimento Revolucionário Nacionalista, o Morena, já estava conectado com os Tupamaros locais, determinou que ele fosse para Cuba a fim de receber treinamento de guerrilha. Sem muita convicção, Anselmo submeteu-se à decisão do comandante da resistência no exílio. Inicialmente iria para Buenos Aires, primeira parada de um longo percurso que continuaria pela Europa. Após duas semanas de turismo em Paris, embarcou em um voo da companhia tcheca de aviação, com instruções de se hospedar na embaixada de Cuba em Praga. Ao chegar ao país da então chamada Cortina de Ferro, estranhou as ruas quase sem população civil e carros, mas com movimentação permanente de soldados. Dias depois tomaria o avião para a capital cubana, com uma escala em Montreal, no Canadá, onde fazia 20 graus negativos. Com ele seguiam Edson Neves Quaresma e Evaldo Luiz Ferreira de Souza, seus amigos da Associação dos Marinheiros, e outros três colegas chamados Francisco, Osmar e Osvaldo. O grupo desembarcou em Havana em uma manhã de fevereiro, com temperatura de 35 graus. Na fachada do aeroporto José Martí um letreiro dizia: "Cuba, territorio libre de América".

Recebidos pelo contato designado para acompanhá-los, foram informados em linhas gerais do treinamento que teriam, deram um giro pelos locais turísticos, foram advertidos sobre lugares que não deveriam frequentar e conversaram com dois guerrilheiros que estavam para embarcar de volta ao Brasil, levando em maletas tipo 007 granadas e cópias de fuzis americanos M-4, desmontados. Depois, receberiam fardas verde-oliva, botas e mochilas. O tempo em Cuba se dividiria entre o treinamento em campo – sobre montagem e acionamento de explosivos, simulação de emboscadas e até captura de porcos selvagens –, idas a espetáculos de balé com a estrela Alicia Alonso e a projeções de filmes soviéticos de propaganda. Entre uma atividade e outra, o voluntariado para o corte de cana nas áreas rurais contava pontos a favor dos militantes.

Em agosto de 1967 se daria o ponto alto da permanência do grupo de ex-marinheiros na ilha, com a realização da I Conferência da Organização de Solidariedade aos Povos da América Latina (OLAS), composta por diversos movimentos revolucionários e anti-imperialistas, que preconizou a guerra de guerrilhas como meio para estender a revolução a toda a América Latina. O evento contou com 165 delegados oriundos de 27 países da região, representando 53 partidos comunistas e organizações clandestinas. Integravam o Comitê Executivo da OLAS delegados da Bolívia, Brasil, Colômbia, Cuba, Guatemala, Peru, Trinidad-Tobago, Uruguai e Venezuela. Betinho, da AP, integrava o Comitê e permaneceria na ilha por alguns meses. Na ocasião, Carlos Marighella, representando a então emergente ALN, tornou público à Comissão Executiva seu desligamento do

PCB. Como peça de propaganda, foi simulada a chegada do "revolucionário cabo Anselmo" ao país comunista. Em uma encenação bem preparada, o marinheiro foi recepcionado no aeroporto, como se estivesse desembarcando naquele momento, e levado ao hotel Hilton na qualidade de "hóspede do Estado", onde pôde desfrutar de um apartamento de luxo e regalias como bifes, frutas e sucos tropicais de produção cubana exclusiva para exportação. Depois, seria bastante festejado ao longo da conferência e faria declarações à imprensa mundial como "liderança da revolução em marcha no Brasil". No comando da delegação brasileira estava Palhano, designado representante do MNR de Brizola em Cuba.

O evento da OLAS foi encerrado em 10 de agosto, no teatro Chaplin, com a presença de Fidel e Raúl Castro e do então presidente de Cuba, Dorticós Torrado. Nessa sessão foi aprovada por aclamação a concessão do título de "Cidadão da América Latina" a Ernesto Che Guevara, ausente por estar conduzindo a guerrilha rural na Bolívia. O líder revolucionário, porém, seria morto dois meses depois, em terras bolivianas, e o Comitê Executivo praticamente se dissolveu. A essa derrota somou-se a tentativa frustrada da guerrilha na serra do Caparaó, em Minas Gerais. Em breve, o governo de Cuba optaria por transferir seu apoio ao movimento de Marighella. Abatido pela sucessão de fracassos, Brizola desistiria da tomada do poder pelas armas e abraçaria gradualmente a social-democracia europeia. Com isso, os marinheiros que haviam sido enviados a Cuba passaram a uma espécie de limbo, perdendo a razão de ser de sua permanência na ilha e sua ligação com o mundo exterior.

Mais de três anos seriam vividos nessas condições até que Anselmo conseguiu uma oportunidade de voltar ao Brasil. "Eu já não acreditava em mais nada daquilo", resumiu o cabo em 2019, dizendo que estava cansado do isolamento, dos treinamentos precários, da imprensa local – formada por apenas dois veículos oficiais do Partido Comunista Cubano (PCC), o *Granma* e o *Juventude Rebelde*, e pela TV estatal, que culpava o "imperialismo" até pela baixa produção agrícola nacional – e dos núcleos soviéticos no país, que nem sequer era autorizado a frequentar. Na volta de uma estada na Coreia do Norte, Aluísio Palhano levou o grupo de marinheiros para uma visita à embaixada daquele país, onde o grupo assistiu filmes, tomou aguardente de ginseng e ficou sabendo que os coreanos do Norte não conheciam a televisão. Apelando à VPR, Anselmo finalmente conseguiu documentos falsos para partir. Na nova década estava de volta ao Brasil, trazendo senhas e locais decorados para as primeiras missões, sendo a mais importante delas a entrega de trinta fotogramas de explosivos para Carlos Lamarca.

Após as baixas sofridas, as prisões, torturas e perseguições, as organizações que empreendiam a luta armada haviam iniciado o ano de 1971 movidas mais pela força ideológica do que pela capacidade de combate. Cinco siglas uniam-se em uma frente formada pela própria VPR, pela Ação Libertadora Nacional (ALN), o Movimento Revolucionário Oito de Outubro (MR-8), o Partido Comunista Brasileiro Revolucionário (PCBR) e o Movimento Revolucionário Tiradentes (MRT). Montara-se uma divisão de tarefas entre os sobreviventes de cada grupo: uns faziam levantamentos de alvos, outros forneciam carros roubados e armas para assaltos.

Em terras brasileiras, onde já era dado como morto por alguns setores da esquerda, um dos primeiros contatos de Anselmo com integrantes da organização foi com o ex-marinheiro Edson Quaresma. Osvaldo e Osmar nem retornariam ao país, aproveitando a escala em Paris para abandonar de vez a militância. De Francisco, não ouviu mais falar. E Evaldo ficaria por mais algum tempo em Cuba. Quaresma relatou-lhe a situação dos presos políticos, dos assaltos a banco que persistiam como forma de financiar as ações e das dificuldades de encontrar famílias para abrigar os clandestinos em suas casas. Nos dias seguintes, Anselmo conseguiu alugar um quarto na Vila Mariana e um emprego, sem necessidade de registro, como corretor de terrenos. Finalmente, foi enviado ao Rio de Janeiro para o encontro com Lamarca. Levado com uma venda nos olhos pela guerrilheira Inês Etienne Romeu a uma casa de madeira em um subúrbio carioca, viu-se frente a frente com o Capitão e sua companheira, Iara, passando-lhes os filmes e as listas de contatos. Nas 24 horas em que passou no lugar, o líder da VPR falou-lhe das dificuldades em conseguir pessoas preparadas para as tarefas futuras e revelou-lhe que recusara uma oferta recente de fuga para Cuba. Prometeu ao cabo enviar recursos e instruções para novas missões. Depois das despedidas, Inês Etienne o conduziu de volta à zona sul, novamente de olhos vendados, e o deixou em uma rua de Copacabana. Para ela, a missão seria uma das últimas de sua experiência como guerrilheira.

Nascida em Pouso Alegre, sul de Minas Gerais, Inês estudara história e fora bancária. Já nessa época atuava à frente do Movimento Estudantil e do sindicato de sua categoria. No dia 5 de maio de 1971, foi detida na avenida Santo Amaro, em São Paulo, sob a acusação de participar do sequestro do embaixador Giovanni Bucher, meses antes. Sob a custódia do delegado Fleury, foi levada para o DOPS, onde, pendurada no pau-de-arara, passou pelo primeiro espancamento. Decidida a não entregar ninguém, inventou um encontro com um companheiro de organização em Cascadura, no Rio. Ao chegar ao local, tentou se matar, jogando-se na frente de um ônibus. Foi levada ao Hospital Carlos Chagas, registrada sob o nome de Maristela de Castro, onde permaneceu somente o tempo necessário para os primeiros socorros, sendo transferida depois para o Hospital Central do Exército. Dali, foi levada para a casa da rua Arthur Barbosa 668, em Petrópolis, do empresário Mario Lodders, que ficaria conhecida como a "Casa da Morte". Pela construção térrea e compacta de três quartos, sala, banheiro e garagem subterrânea, teriam passado 22 militantes que se tornariam desaparecidos políticos.

Inês foi mantida na casa até agosto do mesmo ano, sob constantes espancamentos e sessões de choques. No inverno da região serrana fluminense, era obrigada a deitar nua no cimento molhado. Teria sido estuprada duas vezes por um deles, ex-segurança do presidente João Goulart, que reconheceria como Antônio Waneir Pinheiro de Lima, o Camarão. Durante esse período, a militante tentou por quatro vezes o suicídio, sendo mantida viva por médicos designados pelos militares, a fim de que os interrogatórios e as possíveis confissões sobre organização prosseguissem. A partir de certo momento, se deu conta de que sua tortura não era mais para conseguir informação – pelo tempo decorrido desde sua prisão, ela já era inútil como informante –, mas continuava apenas pelo sadismo de seu principal algoz, o capitão

Reprodução de cartaz no período da ditadura militar

Terroristas à solta...

Freddie Perdigão Pereira, conhecido como Dr. Roberto. Sua morte chegou a ser anunciada, o que motivou uma carta de seus pais ao então comandante do I Exército, general Sylvio Frota, solicitando a entrega de seu corpo.

Em 7 de julho, depois de dois meses de tormentos físicos e psicológicos, sabendo-se condenada à morte, aceitou a saída proposta por um deles, Dr. Teixeira, um oficial do Exército não identificado – a de um honroso suicídio. Inês aceitou e pediu um revólver, mas seus captores preferiam que sua morte se desse em público, com ela se jogando na frente de um ônibus, como tinha feito quando foi capturada. Levada a uma avenida, em vez de se atirar na frente de algum veículo, ela começou a gritar e chorar agarrada às pernas de um de seus captores, chamando a atenção dos passantes. Foi então reconduzida à casa e voltou a ser torturada por duas semanas com choques elétricos, palmatórias e socos que deformaram seu rosto. Nesse período foi obrigada a cozinhar nua para os carcereiros. No fim dessas semanas, receberia a proposta de tornar-se uma agente infiltrada nas organizações de guerrilha urbana, que fingiu aceitar para escapar dali. Para garantir que não seriam traídos, a fizeram assinar várias declarações acusando a própria irmã – que não tinha militância – de subversão e a gravar um vídeo em que dizia ser agente do governo, paga para isso.

Consta que Inês foi a única pessoa torturada na casa de Petrópolis a sair dela com vida. Um de seus captores, o tenente-coronel reformado Paulo Malhães (Dr. Diablo), declarou, mais de quarenta anos depois, que os torturadores aceitaram libertá-la acreditando que, depois de três meses de tortura, ela tivesse aceitado o papel de infiltrada em sua própria organização. Libertada, foi deixada em frente à casa da irmã, em Belo Horizonte, pesando apenas 32 kg. A família a internou com o nome verdadeiro em um hospital, onde sua prisão foi oficializada – o que foi a sua salvação e a dos companheiros que eventualmente teria de entregar. Condenada à prisão perpétua, cumpriria pena até 1979.

No final de 1970, o principal dirigente da VPR em São Paulo era Yoshitane Fujimori, um dos militantes que ajudaram Lamarca no rompimento do cerco à VPR no Vale do Ribeira e que matara a coronhadas o tenente da PM Alberto Mendes Junior. Fujimori e Anselmo foram a Ibiúna encontrar um dos contatos indicados por Lamarca, que lhes daria uma caixa de munição. O rapaz em questão, porém, afirmou que não poderia mais ajudá-los e que "não acreditava em mais nada". Comentou que a irmã fora banida para a Argélia e que ele próprio estava sendo vigiado pelo DOPS. No caminho de volta, Fujimori, que conduzia Anselmo em um Fusca, parou, para juntos enterrarem a caixa à beira de uma represa, seguindo lições cubanas.

Já sabedor de uma "queda" importante, a de Joaquim Câmara, sucessor de Marighella na ALN, Anselmo marcou um encontro com Edson Quaresma para o dia 5 de dezembro, um sábado, mas o colega não apareceu. Na segunda-feira, jornais estampavam nas primeiras páginas as mortes de Quaresma e Fujimori, ocorridas na praça Santa Rita de Cássia, zona sul da capital. Ao passar pelo local, os dois haviam sido reconhecidos por uma patrulha, que os perseguiu e metralhou seu carro. Mesmo ferido, Quaresma tentou correr, sendo alcançado pelos policiais e jogado ao chão. Um dos agentes agarrou-lhe um dos braços e outro, segurando o outro braço, pisoteou sua garganta, matando-o por esganadura. Fujimori foi eliminado com um tiro na cabeça. Os laudos de necropsia seriam assinados por Armando Canger Rodrigues e Harry Shibata, este um legista posteriormente acusado de fornecer atestados com *causas mortis* falsas para mortes em execuções e sob tortura. As organizações estavam perdendo suas últimas lideranças. No começo de maio, Aluísio Palhano foi preso pelo delegado Sérgio Fleury. Altino Dantas Jr., seu companheiro de prisão, denunciaria em carta ao STM o assassinato do dirigente da VPR no DOI-CODI da rua Tutoia, na madrugada de 21 de maio de 1971, após torturas comandadas pelo agente Dirceu Gravina durante onze dias. O corpo de Palhano nunca foi encontrado.

Em maio de 1971, Anselmo estava morando no apartamento de Edgar de Aquino Duarte, na rua Martins Fontes, pequeno trecho próximo ao centro entre as ruas Augusta e Consolação. Edgar arranjara emprego em uma corretora de valores e, apesar de ter abandonado a militância clandestina, mantinha sua antiga amizade com Anselmo. No dia 29, ao chegar em casa, o cabo foi preso e conduzido à sede do DOPS, na Luz. Horas depois, Edgar Aquino também seria capturado pela equipe de Fleury e, nos dois anos seguintes, passaria por diversos órgãos de repressão política, até, finalmente, integrar a lista dos desaparecidos políticos. No DOPS, carcereiros costumavam lhe dizer que seria libertado em breve. Edgard comentava com os outros presos que era tudo uma farsa: "Eles vão me matar". De fato, em uma ocasião, um carcereiro lhe falou: "Você mexeu com segredo de Estado, vai ter que morrer". Naqueles corredores, havia comentários de que o "segredo" seria sua descoberta da dupla militância de Anselmo.

Em 2019, o Anselmo relatou que, um dia depois de ser preso, "em uma cela isolada e fétida", foi levado a uma sala enfumaçada, repleta de policiais, onde ordenaram que tirasse as roupas e onde foi pendurado em um pau-de-arara para um interrogatório sob choques e pauladas. "Não existe nada mais humilhante e desumano que a tortura", declarou. "Só quem passou por isso pode avaliar a crueldade e a selvageria dessa prática." Segundo ele, na madrugada seguinte, a dose se repetiria.

No terceiro dia, foi levado à sala do delegado Fleury, em cujas paredes estavam montados diagramas das organizações clandestinas em atividade, com fotos e informações de integrantes foragidos, presos e abatidos. Ouviu do policial que sua identidade já era conhecida e que tinha uma oferta a fazer: "Você me ajuda e eu te ajudo. Descobre quando é o próximo ponto de fulano, com quem e a que horas, se tem senha, esse tipo de coisa. Nós nem vamos prender esses caras. Vamos seguir e fazer trabalho de inteligência para chegar aos peixes grandes".

Anos mais tarde, Anselmo admitiu ter pensado que a proposta podia ser um blefe ou um teste, para colocá-lo em situação pior com todas as partes. Mas acabou consentindo. Fleury festejou: "Muitos outros se livraram assim; já mandamos gente até para Cuba".

"Ajudar a polícia foi um risco assumido", escreveu Anselmo na autobiografia *Minha verdade*, lançada em 2015. Racionalizando os motivos da mudança de "lado" na história, sem entrar no mérito da quantidade de militantes torturados e mortos por seu intermédio a partir daquela decisão, afirmou acreditar que o término das ações terroristas facilitaria a abertura política, a anistia, a volta dos exilados, o fim da censura à imprensa e os movimentos que culminariam com as eleições diretas. Para os policiais, porém – assim como futuramente para os ex-colegas de militância –, era mais um informante, um "dedo-duro", um "cachorro". "Paquera" e "cachorro" eram algumas das denominações dos alcaguetes a serviço das forças de repressão da época. O primeiro limitava-se a manter vigilância sobre quem seria preso. O segundo teria papel mais ativo, interagindo e, em alguns casos, convivendo com os membros de grupos clandestinos, reportando tudo o que via e ouvia. Em ambos os casos, os informantes eram mantidos sob a estreita fiscalização dos agentes. Anselmo recebeu o nome de guerra de Montenegro, mas também era conhecido no DOPS como Doutor Kimble, uma alusão ao personagem da série de TV *O Fugitivo*. Como sua "sombra", foi designado o então Carlos Alberto Augusto, o Carteira Preta, braço direito de Fleury. Com 29 anos – a mesma idade de Anselmo –, Augusto tinha, além da experiência em ações de campo, uma grande facilidade de passar-se por militante de organizações. Utilizando essa habilidade, fora responsável pela prisão do companheiro de Dilma Rousseff, Carlos Franklin Paixão de Araújo, integrante da VAR-Palmares de codinome Max, em um bar da rua Padre Chico, na Pompeia. "Um informante havia marcado ponto com ele e me dera o sinal combinado, que era passar a mão no cabelo. Naquele instante, pus a algema em sua mão e o levei preso", recordou Carteira em 2019. "No DOPS, fui torturado violentamente", relataria Araújo, mais tarde, sobre essa detenção. "No processo de tortura, tomei uma decisão: a de me matar. Disse que tinha um encontro marcado com o Lamarca no dia seguinte pela manhã. Escolhi um lugar, uma avenida da Lapa, onde passavam carros em altíssima velocidade, e me atirei embaixo de uma Kombi. Fiquei bastante ferido. Mas depois de um tempo no hospital voltei para a tortura, dessa vez na OBAN." No meio-tempo entre a prisão de Dilma e a sua, Paixão teria um breve romance com a atriz Bete Mendes, que se projetara interpretando a bela Renata Lins da novela *Beto Rockfeller* e fora torturada no DOI-CODI entre setembro e outubro de 1970, pelo envolvimento com a VAR-Palmares.

No DOPS, também cumpria expediente, lotado no 5º andar, o delegado Romeu Tuma, encarregado da retaguarda, de analisar as informações obtidas e de formular a estratégia da repressão. "Um [Fleury] fazia o serviço 'sujo'; o outro [Tuma] movia as pedras do jogo", avaliou Anselmo em retrospecto. Apesar de ter protegido o cabo pelo resto da vida, Carlos Alberto Augusto negou que ele tenha passado pela tortura. "Nunca houve tortura no DOPS", disse em 2019. "No máximo, devem ter dado uma 'dura' nele. A polícia civil de São Paulo é legalista. Os homens honrados da época não permitiriam tortura. Nem psicológica. Essas narrativas foram uma maneira de muitos da esquerda se safarem das responsabilidades e ficarem bem com os companheiros." Perguntado sobre o trânsito de Sérgio Fleury no DOI-CODI, Carteira Preta foi ambíguo: "Fleury tinha trânsito no Brasil inteiro".

José Paulo Bonchristiano, contemporâneo de Fleury, confirmou a existência de tortura no departamento: "O Fleury era o homem de ligação do DOPS com os militares, era delegado do Alto-Comando. Não obedecia a ninguém. Interrogava presos no DOPS, no DOI-CODI, em delegacias, sítios, onde quisesse. Todo o segundo andar do DOPS era dele. Era preciso telefonar antes: 'Fleury, eu vou descer pra falar com você'. Se não, a gente não entrava. Ele tinha uma 'porta' lá, todo misterioso". Autor da aterradora frase "No pau-de-arara, se o cara falar logo não fica nem marca", Mr. Dops, como Bonchristiano ficou conhecido, lembrou ainda que ocasionalmente "disputava" prisioneiros com o colega. "Uma vez prendi um cara em um 'aparelho' no Tremembé e, quando estava chegando ao DOPS, o Fleury pediu o preso 'emprestado'. Depois de dois dias, ele veio me pedir desculpas; tinha matado o cara, que eu nem ouvi", relatou, como tratando de um contratempo na repartição.

Após o esquema acertado com Fleury e Augusto, cada integrante de organização que se aproximava de Anselmo via-se, sem saber, automaticamente em risco. Desmentindo aos companheiros os "boatos" de que havia "caído", Anselmo instalou-se em um apartamento – montado pelo DOPS – no Sumaré, zona oeste, que se tornaria uma verdadeira arapuca para guerrilheiros. Em julho, um grupo da ALN foi emboscado pela polícia após ter tido uma reunião com ele no local. José Raimundo da Costa, o Moisés, dirigente da VPR, foi preso ao sair do imóvel e morto sob torturas em 5 de agosto de 1971. No mesmo mês, e de forma semelhante, desapareceriam Paulo de Tarso Celestino, da ALN, e sua companheira Heleny Guariba, da VPR. Segundo estimativas – admitidas pelo próprio Anselmo certa vez –, sua atuação como informante ou isca teria acarretado a eliminação de mais de cem pessoas.

Carlos Eugênio Sarmento Coelho da Paz, o Clemente, que aos vinte anos incompletos havia sido escolhido o sucessor de Marighella na direção da ALN e comandante militar do movimento, escapou por pouco de seguir o mesmo caminho após um contato com o famoso ex-marinheiro. A pouca idade de Paz era compensada pela experiência em estratégias de sobrevivência e liderança, adquirida dos anos de escotismo, na infância, à passagem pelo Exército, que lhe valera uma condecoração por desempenho em treinamentos e prática de tiro. Em uma jura de fidelidade a Marighella, ele havia declarado em tom solene: "Minha vida pertence à revolução. Conte comigo para o que der e vier". Não seria uma promessa vã. As ações que planejaria e executaria fariam dele um guerrilheiro quase tão perigoso para o regime quanto seu mentor.

Em 1971, Paz liderou o grupo que perpetrou o assassinato de uma figura decisiva no financiamento e apoio aos órgãos de repressão. Carismático, atlético e fanfarrão, o dinamarquês Henning Boilesen estava no Brasil havia três décadas. Da área contábil da Ultragaz chegara a presidente do grupo. Fora também o criador do Centro de Integração Empresa-Escola (CIEE), voltado à capacitação e inserção de estudantes no mercado de trabalho. Por sua proximidade com o delegado Fleury e outras figuras do meio policial-militar, o industrial não apenas costumava pagar "ingresso" para assistir a violentos interrogatórios, como teria trazido para o Brasil uma máquina de choques por teclados, que ficaria conhecida como "pianola de Boilesen", para ser aplicada em presos políticos. O instrumento permitia que cada nota tocada infligisse diferentes cargas de choques elétricos ao torturado. Seu nome era um dos primeiros em uma lista de vingança preparada pela ALN no começo daquele ano. "Inicialmente, a intenção era a de sequestrá-lo e pedir resgate por sua libertação", relatou Carlos Eugênio da Paz, anos depois. "Mas convenci meus companheiros de que era um caso para 'justiçamento'."

Em 15 de abril daquele ano, informados do trajeto a ser feito pelo empresário, seis membros da ALN saíram em dois carros rumo à rua Barão de Capanema, no Jardim Paulista, a uma quadra de onde havia sido morto Carlos Marighella um ano e meio antes. Ao avistar o carro em que Boilesen seguia, conduzido por motorista, os veículos emparelharam e Carlos Eugênio deu-lhe o primeiro tiro, com um fuzil Mauser 762. A bala acertou sem profundidade a nuca do industrial, que imediatamente saltou do carro e ganhou a rua, tentando escapar. Os guerrilheiros também desceram dos carros e saíram em sua perseguição. Cambaleante, Boilesen foi alvejado pelos tiros do Mauser de Paz e das metralhadoras INA dos demais militantes, até cair próximo à traseira de uma camionete estacionada na rua. Caberia ao jovem líder da ALN o tiro de misericórdia na cabeça do alvo da operação. Era o mais importante "troféu" de sua gestão até ali.

No começo de junho de 1971, sob a identidade de Clemente, Carlos Eugênio havia levado Paulo de Tarso Celestino a um rápido encontro com Anselmo, no Brooklin. Ao buscá-lo de volta, um Chevrolet Opala passou por eles e a dupla tomou um susto ao identificar, na direção do veículo, o delegado Fleury, que em seguida desapareceu no trânsito. Dias depois, Anselmo conseguiu que Paz o encontrasse para fazer a entrega de uma arma, na rua Rouxinol, quase na esquina da avenida Santo Amaro. O comandante da ALN foi deixado próximo dali, em um Fusca dirigido pelo colega Iuri Xavier Pereira, o Big, que combinou de voltar para buscá-lo em alguns minutos. No carro, estavam ainda o irmão de Iuri, Alex, e José Milton Barbosa, o Célio. Ao retornar, desconfiado, Paz pediu a Iuri para dar meia-volta e seguir até a rua para onde Anselmo havia se encaminhado após o encontro. Ao passarem pelo local, avistaram, em carros parados, o delegado Fleury, vários policiais civis – e o cabo. Percebendo que seu esquema havia sido descoberto, os policiais iniciaram uma perseguição aos guerrilheiros, que se intensificou pelas ruas da Vila Mariana. Em meio a um tiroteio que destruiu todos os vidros de seu veículo, Iuri chegou a bater em alguns carros estacionados, enquanto Paz atirava nos perseguidores com sua pistola Luger. Alex e Célio mantinham-se abaixados nos bancos traseiros. No fogo cerrado, um tiro de raspão passou pelo nariz de Fleury. Um projétil feriu Iuri na orelha. Finalmente, chegando ao bairro da Aclimação, os guerrilheiros conseguiram despistar os agentes e abandonaram o carro crivado de balas na rua Pires da Mota.

Ainda em 1971, Carlos Eugênio da Paz foi um dos idealizadores e comandantes de uma das operações mais ousadas da guerrilha. Armados de metralhadoras, ele e dez membros da ALN cercaram uma igreja batista na rua Joaquim Távora, Vila Mariana, zona sul, de onde o general Humberto de Souza Mello, sua família e sua segurança saíam, e avisaram que levariam o militar. Dado o alarme, quatro camionetes do II Exército não tardaram a chegar ao local, desembarcando agentes do DOI-CODI, que também apontaram suas armas para os guerrilheiros. "Um cerco dentro do cerco", definiria

Paz. O oficial encarregado propôs, "para não haver um morticínio", que todos se retirassem daquela cena, cada grupo para seu lado. "Tudo bem. Vamos fazer assim", concordou Clemente. "Mas, se algum tiro for disparado, a primeira rajada será no peito do general." O militar respondeu: "Podem se retirar. Aqui ninguém vai morrer hoje". Graças a essa surpreendente negociação, o episódio acabou sem feridos ou sequestrados. E, por determinação da censura, não foi noticiado pelos jornais.

Pelo lado da VPR, Carlos Lamarca vinha defendendo um recuo nas ações armadas urbanas e a concentração de esforços na guerrilha rural. Em março de 1971, o Capitão ingressou no MR-8, no qual militava Iara Iavelberg. Na nova organização, Iara, intelectual, teve um cargo de cúpula e Lamarca, considerado despreparado pela nova direção, foi rebaixado a militante de base, designado para o município de Brotas de Macaúbas, no sertão baiano, com a finalidade de estabelecer um núcleo naquela região, enquanto sua mulher deveria se fixar em Salvador. Os dois estavam entre os mais procurados, com cartazes espalhados em diversos lugares do país. A viagem do casal do Rio de Janeiro para a Bahia, em junho, seria a última vez em que estariam juntos. Segundo a versão oficial, desmentida trinta anos depois, Iara teria dado fim à própria vida em 20 de agosto, após se ver cercada pelas forças de segurança em um "aparelho" no bairro do Pituba. A família teve que aceitar que a filha fosse enterrada na ala dos suicidas no Cemitério Israelita do Butantã, o que significava grande humilhação na comunidade judaica.

O destino de Lamarca começou a ser traçado em 21 de agosto, dia seguinte à morte de Iara, quando o guerrilheiro César Benjamin (MR-8), fugindo de um cerco em Salvador, deixou no carro abandonado um diário do Capitão e cartas dele para a namorada. Cruzando os dados de topografia e vegetação descritos na correspondência com informações obtidas de guerrilheiros capturados na Bahia, os militares identificaram a área de Buriti Cristalino, a 590 km da capital, como o provável esconderijo do criador da VPR. De posse das informações, o comandante do DOI-CODI baiano e chefe da 2ª Seção da 6ª Região Militar, major Nílton de Albuquerque Cerqueira, montou uma operação para caçar Lamarca, que batizou de Pajuçara, em homenagem a uma praia de Maceió, sua cidade natal. Na investida foram mobilizados 215 homens das três Forças Armadas, mais policiais federais, do DOPS, da PM da Bahia.

"Ousar lutar, ousar vencer." Era assim que Carlos Lamarca terminava seus escritos aos militantes das organizações que integrou e comandou. Em Buriti Cristalino, ele vivia confinado em uma tenda, tomava banho de noite e enterrava suas fezes para não deixar rastros. Seu dispositivo na região havia sido montado por José Campos Barreto, o Zequinha Barreto, ex-metalúrgico organizador das greves no ABC Paulista em 1968, que já havia passado pela VPR e pela VAR-Palmares antes de se ligar ao MR-8. Com Barreto estavam seu pai, irmãos e um professor socialista, seu amigo.

Em 28 de agosto de 1971, a tropa atacou o sítio dos Barreto. Um irmão de Zequinha, Olderico, caiu ferido com um tiro no rosto. Outro, Otoniel, foi morto a rajadas de metralhadora. O professor se suicidou com um tiro na cabeça. O patriarca, José, lavrador, não estava na casa no momento. Ao retornar, foi torturado junto com o filho ferido. Pendurado de cabeça para baixo, ficou horas apanhando dos homens de Cerqueira e de Sérgio Fleury, que fora à Bahia participar da operação.

Logo que ouviram o tiroteio, Lamarca e Zequinha abandonaram o acampamento e saíram em marcha pelo sertão. Os dois fugiram por 300 km durante vinte dias até chegarem à localidade de Pintada, um povoado no meio do nada, com apenas cinquenta casas, no município de Ipupiara. Um menino viu os homens deitados descansando sob uma baraúna e em pouco tempo a notícia chegou aos perseguidores. Às 15h de 17 de setembro, os comandados de Cerqueira chegaram ao local e surpreenderam a dupla. Zequinha tentou correr, mas foi morto por uma rajada de metralhadora. Lamarca foi alvejado com sete tiros quando tentava se levantar. O cadáver foi pendurado num pau e levado até uma camionete, de onde foi transportado a Brotas de Macaúbas e, de lá, para a base aérea de Salvador, onde os corpos foram fotografados no chão de cimento. Lamarca ainda estava com os olhos abertos. O Capitão tinha 33 anos.

O corpo de Lamarca foi sepultado no Campo Santo de Salvador, em cova com número, mas sem nome. Sua morte foi seguida de um comunicado da Censura Federal a todos os meios de comunicação: "Por determinação do presidente da República, qualquer publicação sobre Carlos Lamarca fica encerrada a partir da presente, em todo o país. Qualquer referência favorecerá a criação do mito ou deturpação, propiciando imagem de mártir que prejudicará interesses da segurança nacional". O fim do líder guerrilheiro golpeou duramente a luta armada e causaria uma dispersão de seus quadros.

Em novembro de 1971, o delegado Fleury enviou o cabo Anselmo para o Chile com a missão de espionar os membros da VPR no exílio, que ignoravam o fato de ele ter se tornado um "funcionário" da repressão. Em Santiago, ele reencontrou antigos companheiros, como José Manoel da Silva – ex-colega de Marinha – e a paraguaia Soledad Barret Viedma, filha de militantes comunistas a quem conhecera em Cuba quando ela era companheira de José Maria Ferreira de Araújo, o Boêmio ou Arariboia, pai de sua filha, que fora morto ao voltar ao Brasil. Antes de "cair", Inês Etienne havia enviado uma mensagem à direção do grupo no Chile, com alertas sobre Anselmo. Informava ter sabido que ele havia sido preso e possivelmente estaria colaborando com a repressão. A mesma advertência foi feita pela direção da ALN. Como a cúpula da VPR estava dividida, o alerta foi ignorado e atribuído às intrigas internas.

O risco para Anselmo não era desprezível. Nas organizações guerrilheiras, a mera suspeita de vacilação ou defecção resultava em sentença de morte, em "justiçamento". Um caso emblemático havia sido o do jovem Márcio Leite de Toledo, integrante da ALN executado pelos próprios companheiros meses antes, no Jardim Paulista, também a poucos metros de onde Marighella havia sido morto no final de 1969. Márcio fizera curso de guerrilha em Cuba aos dezenove anos. Ao voltar, em 1970, tornou-se integrante da Coordenação Nacional da facção, sob o codinome Vicente. Em outubro, após a morte de Joaquim Câmara sob tortura, ele propôs uma pausa na "guerra", "antes que sejamos exterminados", o que deu início às suspeitas dos colegas, agravadas por uma breve prisão do rapaz sem maus-tratos. No início de fevereiro de 1971, aos 26 anos, Márcio foi convocado pela Coordenação e, ainda sem perceber o risco que corria, descreveria em carta o ambiente do encontro: "Chamaram-me para uma reunião, a qual transcorreu num clima pouco amistoso. Confesso que fiquei surpreso com a reação dos companheiros, por não denotarem qualquer autocrítica e entenderem a minha conduta como ato de indisciplina".

Carlos Eugênio da Paz, o Clemente, convenceu o restante da cúpula de que o companheiro estava prestes a traí-los e a entregar à polícia o muito que sabia. Montou o "tribunal" que aprovou a condenação de Márcio à morte, com a única discordância de José Milton Barbosa, o Célio. Apesar do voto contrário – ou talvez por causa dele –, Célio foi encarregado de levar o "condenado" ao local do próprio extermínio, a pretexto de "cobrir um ponto" (comparecer a um encontro). No final da tarde de 23 de março de 1971, os dois caminhavam na altura do número 104 da rua Caçapava, quando aproximou-se um Volks, com dois ocupantes, que dispararam mais de dez tiros de revólver .38 e pistola 9 mm. Um Ford Galaxy, com três ocupantes, deu cobertura à ação. Apesar da reação de Márcio, que chegou a descarregar seu revólver .38, o jovem foi atingido por oito dos disparos e agonizou na calçada. Além de Célio e Paz, tomaram parte na ação Iuri Pereira, Ana Maria Nacinovic Corrêa, Antônio Sérgio de Mattos e Paulo de Tarso Celestino. Ao lado do corpo, foram jogados panfletos, nos quais a ALN assumia a autoria do "justiçamento": "Esta execução teve o fim de resguardar a organização. Uma organização revolucionária, em guerra declarada, não pode permitir a quem tenha uma série de informações como as que possuía, vacilações desta espécie, muito menos uma defecção deste grau em suas fileiras. A revolução não admitirá recuos!".

Àquela altura, a ALN era a organização mais visada pela repressão, até por ser praticamente a última clandestina em atividade no país. O processo de seu desmantelamento e de extermínio de seus integrantes era uma realidade inegável. Em 14 de junho de 1972, uma operação policial à luz do dia, em São Paulo, chegou a requintes brutais. Naquela data, Iuri, Ana Nacinovic, Marcos Nonato da Fonseca e Antônio Carlos Bicalho Lana almoçavam no restaurante Varella, na Mooca, quando o proprietário do estabelecimento, que tinha conhecidos na polícia, telefonou para o DOI-CODI, avisando da presença de pessoas que tinham suas fotos em cartazes de procurados distribuídos pelos órgãos de segurança. Os agentes não demoraram a chegar e montaram um cerco em torno do restaurante. Os jovens tentaram fugir em meio aos tiros, que vinham de todos os lados. Bicalho Lana foi alvejado nos braços, nas pernas e no pé direito. Ainda assim, conseguiu chegar ao seu carro. Tentou utilizar uma metralhadora que estava no veículo, mas a arma travou. Afinal, deu a partida e conseguiu escapar. Iuri e Marcos Nonato foram fuzilados na rua. Ana Maria foi baleada na perna, mas ainda estava viva quando um policial aproximou-se desferindo-lhe uma rajada de fuzil FAL. Em seguida, três policiais agarraram seu corpo e começaram a jogá-lo de um lado para o outro, às vezes lançando-o para o alto e deixando-o cair abruptamente no chão. Depois desfecharam-lhe coronhadas com seus fuzis. Tal cena repetiu-se com os cadáveres de Iuri e Marcos Nonato, sob protesto dos populares que testemunhavam a cena. Os corpos seriam levados ao IML e desapareceriam sem deixar pistas. "Não posso negar que nós comemorávamos cada morte dessas", admitiu uma policial aposentada que trabalhou para a equipe do delegado Sérgio Fleury.

> Nossa atuação não era covarde, como muitos disseram. Os guerrilheiros que tinham feito treinamento fora, e eram bem armados, esses a gente eliminava de cara mesmo. Primeiro, porque eles já não existiam oficialmente, tinham identidade nova. Depois, porque estavam muito mais preparados que a gente, que saía com um [.]38 e às vezes mal podia botar gasolina no carro, enquanto eles tinham metralhadora, pistola 9 [mm]... E muitos dos que sobreviveram disseram que foram torturados, para posar de heróis.

Enquanto isso, no Chile, acusado de ser delator, Anselmo era defendido por Onofre Pinto, então um dos cabeças da VPR, após uma conversa olho no olho: "Você está com a faca e o queijo", desafiou o cabo, ao ser confrontado. "Se acredita nesses boatos infames, pode me matar agora mesmo." Convencido por essas palavras, Onofre colocou uma pá de cal no caso e mandou o colega de volta ao Brasil para preparar uma base guerrilheira no Nordeste. Para ali seriam enviados novos militantes que faziam curso em Cuba. Preparava-se, assim, o último e trágico ato para a organização. Ao retornar, Anselmo se encontrou com Fleury e lhe passou todos os planos da VPR.

O cabo levou para a missão iniciada em Pernambuco outro agente infiltrado, apresentado como César, suposto militante que, entre outras vantagens, trazia a promessa de conseguir documentos falsos para o grupo. Na verdade, César era o policial Carlos Alberto Augusto, o Carteira Preta, encarregado de vigiar e proteger o *cachorro* naquela base – e, claro, com acesso oficial ao serviço de identificação local. Entre os membros da VPR aglutinados no estado encontravam-se Evaldo Luiz Ferreira de Souza, ex-marinheiro mandado a Havana com Anselmo em 1967, Soledad Barret Viedma, Eudaldo Gomes da Silva, Jarbas Pereira Marques, José Manoel da Silva e a psicóloga tcheca Pauline Reichstul, que havia sido namorada de Ladislau Dowbor, naquele momento banido. Moça de belos traços e cabelos dourados, Soledad tornou-se companheira de Anselmo e os dois passaram a viver juntos em Olinda, montando um negócio de fachada, uma butique de blusas bordadas à mão e peças artesanais que ambos produziam. Depois de um tempo, o irmão de Soledad, Jorge Barret, foi visitá-los. O delegado Fleury fazia idas esporádicas ao estado para acompanhar o rumo dos trabalhos e chegou a dançar com Soledad em uma festa pública, sem ser reconhecido.

No final de 1972, o dirigente do PCdoB Diógenes Arruda Câmara, libertado do presídio Tiradentes, encontrou-se com a direção da VPR no Chile. Levava consigo relatórios sobre a prisão de Anselmo, confirmando a traição de que se suspeitava. Em uma reunião tensa, conseguiu convencer Onofre Pinto, que decretou a eliminação do companheiro.

No dia 7 de janeiro, dia seguinte ao aniversário de 28 anos de Soledad, a ordem de justiçamento do cabo foi enviada a ela por meio de mensagem codificada. Coube ao próprio Anselmo ajudar a decifrá-la diante de seu grupo, em um apartamento em Recife. Ele jurou que a acusação era injusta, mas declarou que aceitaria o julgamento da maioria. César, o policial infiltrado, fez uma "ponderação": convenceu a todos de que a execução não poderia ocorrer na zona urbana e que o ideal seria matar Anselmo na chácara São Bento, em Paulista, região metropolitana de Recife, local que costumavam utilizar para treinamento de ações guerrilheiras. E se ofereceu para conduzir o sentenciado ao local, em seu carro. Enquanto o grupo se encaminhava para a propriedade, à espera da suposta chegada de Anselmo, César – Carlos Alberto Augusto – embarcou o ex-marinheiro para São Paulo. Sabedor de que os agentes do DOPS cercariam o local para capturar os militantes, Anselmo contatou Fleury e apelou a ele para que poupasse a companheira, e recebeu do delegado a promessa de que Soledad não seria presa nem morta, mas deportada para Cuba, onde poderia reencontrar a filha.

A partir daí, o que ocorreu é objeto das mais variadas narrativas. A versão oficial foi a de que integrantes dos órgãos de repressão, civis e militares, alertados por César, emboscaram os guerrilheiros, foram recebidos a tiros e abateram todos no próprio local. "Pelo que soube, os soldados foram atacados por um cachorro ao chegar à chácara e atiraram nele. Isso deu o alerta aos guerrilheiros, que saíram da casa atirando e foram fuzilados", relatou o próprio Carlos Alberto, já delegado aposentado, em 2019. Uma segunda versão aponta que na chácara se deu uma matança, sem que tenha havido qualquer resistência. Jorge Barret, preso em seguida, corroborou essa versão a José Genoino, quando os dois estiveram detidos no DOPS-SP, pouco depois. "Os integrantes do grupo foram sumariamente executados, e pelas costas, segundo o Jorge me disse", afirmou Genoino em 2019. Essa tese é abraçada pelo antropólogo Luiz Felipe Campos em seu livro *O massacre da Granja São Bento* (2017), que ressaltou: "Dos 32 projéteis encontrados nos corpos, catorze estavam alojados nas cabeças das vítimas. Diversas armas foram espalhadas ao redor dos cadáveres. [...] E nenhum policial saiu ferido". Uma terceira hipótese garante que os seis militantes da VPR foram presos em locais diferentes, conduzidos com vida para dependências policiais em Recife, torturados até a morte e seus corpos levados à área rural, onde teria sido montada uma simulação de confronto. A Comissão Especial sobre Mortos e Desaparecidos Políticos, com base nos legistas que examinaram os corpos, apontou:

> Soledad, Pauline, Eudaldo e José Manoel receberam quatro tiros na cabeça. Jarbas dois na cabeça e dois no tronco. Evaldo três tiros na cabeça, além de outros no tronco. As mulheres tinham marcas nos pulsos, produzidas por algemas ou cordas, visíveis na foto de Pauline. Três dos militantes – Evaldo, Pauline e Jarbas – apesar dos tiros que levaram, inclusive na cabeça, empunhavam as próprias armas, denotando montagem de cena. Também nas fotos de Eudaldo são visíveis deformações no rosto, além de hematomas, sulcos e vergões nos ombros. Soledad tinha marcas de algemas nos pulsos e equimoses no olho direito.

No dia seguinte à chacina, a advogada de direitos humanos Mércia de Albuquerque Ferreira conseguiu licença para ver os cadáveres no necrotério que funcionava em frente ao Cemitério Santo Amaro. Segundo seu relato, os corpos estavam desfigurados:

> Em um barril estava Soledad Barret Viedma. Ela estava despida, tinha muito sangue nas coxas, nas pernas e no fundo do barril onde se encontrava, havia também um feto. Como Soledad estava em pé com os braços ao lado do corpo, eu tirei a minha anágua e coloquei no pescoço dela. Era uma mulher muito bonita. E deitada numa mesa, estava Pauline. Eu a cobri com uma toalha que tinha na entrada do necrotério. [...] Jarbas, que eu conhecia muito, estava também numa mesa, com uma [cueca] Zorba azul clara e tinha uma perfuração de bala na testa, uma no peito e uma mancha profunda no pescoço, de um lado só, como se fosse corda, com os olhos abertos e a língua fora da boca, o que me deixou muito chocada. Os corpos estavam muito massacrados. Pauline tinha a boca arrebentada, marcas pela testa, pela cabeça e o corpo [...]. Soledad estava com os olhos abertos com expressão

de terror [...] e o feto estava lá nos pés dela, não posso saber como foi parar ali ou se foi ali mesmo no necrotério que ele caiu, que ele nasceu, naquele horror.

A notícia de que o cabo Anselmo havia "condenado" a companheira à morte estando ela grávida de quatro meses foi o aspecto mais chocante e sempre lembrado em todas as narrativas do chamado Massacre da Granja São Bento. Anselmo sempre afirmou que não era Soledad quem estava grávida e sim Pauline, namorada de Eudaldo. "Soledad usava DIU [Dispostivo Intrauterino, anticoncepcional] e não podia engravidar", garantiu. "Pauline, sim, esperava um bebê e, dias antes, Soledad a havia acompanhado a uma consulta com um obstetra." Ele acrescentou que a polícia pernambucana fez uma troca nas fotos de identificação dos corpos, o que poderia ter provocado o equívoco. O cabo afirmou ter tido um choque ao abrir o jornal, em São Paulo, com a notícia das mortes. Ao cobrar Sérgio Fleury pelo descumprimento da promessa de poupar Soledad, recebeu como resposta um tapa na cara e um simples "E daí? O que você vai fazer?".

Depois da chacina em Recife, Anselmo passou de vez para a clandestinidade. Na mesma semana, foi enviado por Fleury para um cirurgião plástico em São Paulo, a fim de ter sua aparência modificada. O formato redondo do rosto foi alongado, o osso da fronte teve a largura reduzida, o queixo foi afilado e o nariz, originalmente pequeno, recebeu um fragmento da própria costela, para ganhar um formato adunco. "Fiquei um mês em recuperação. Naquele tempo, uma operação dessas era ainda mais complicada", disse.

Nos porões do regime, Anselmo ainda prestou por algum tempo serviços como analista de documentos e de interrogatórios de militantes, além de dar palestras para agentes dos órgãos de segurança. Finalmente, foi liberado para a vida civil. Sob nome falso, foi trabalhar em uma empresa de transporte de madeiras. Lá, reencontrou entre os diretores o general Zerbini, que havia conhecido em 1964. O círculo se fechava e ele entraria na obscuridade, depois de uma década de convivência com personagens históricos, testemunhando momentos decisivos e – de forma inequívoca – agindo sobre eles.

XXVI

A NAVALHA DA CENSURA

Em setembro de 1970, o maestro Erlon Chaves desfrutava do momento de maior sucesso pessoal e profissional de sua vida. Ex-cantor mirim de rádio, ele havia cursado o conservatório musical Carlos Gomes, em São Paulo, e atuara como diretor musical na TV Excelsior, na TV Tupi e na TV Rio. Compôs o tema de abertura do Festival Internacional da Canção, acompanhou a cantora Elis Regina no Olympia de Paris, em 1968, e criou os arranjos de diversas trilhas de novelas da TV Globo. Em 1969, causou reações negativas ao iniciar um namoro com a então Miss Brasil, a loira catarinense Vera Fischer. Boa parte da sociedade brasileira recebeu mal o fato de um homem negro, mesmo bem-sucedido e popular, ter um romance com uma bela mulher branca. Nada se compararia, porém, ao "escândalo" em rede nacional ocorrido no V FIC.

Durante o festival, transmitido pela Globo, acompanhado de sua Banda Veneno, Chaves regeu um coral de quarenta vozes, em uma longa interpretação de sua canção "Eu também quero mocotó". Percorrendo o palco e a passarela com ar malicioso e deixando claro que a composição fazia referência a atributos físicos femininos, era beijado por diversas loiras em maiôs cor da pele durante a apresentação. Na plateia estava o presidente da República, o general Emílio Garrastazu Médici, visivelmente contrariado. Por causa da performance, o maestro seria acusado de assédio moral e intimado a depor no DOPS, em companhia do produtor José Bonifácio de

Oliveira Sobrinho, o Boni. Tornou-se *persona non grata* do regime e muita gente o renegou. O jornal da rede onde trabalhava publicou editorial de primeira página em que criticava o show por "mau gosto" e lamentava a quebra de confiança do músico com a emissora. Pouco depois, policiais o detiveram e o mantiveram incomunicável por vários dias. Não o torturaram fisicamente, mas o ameaçaram e insultaram, lembrando o fato de ele ter "beijado mulheres loiras no palco". Jogado ao ostracismo depois do episódio "Mocotó", Chaves morreria de um infarto fulminante quatro anos depois, aos quarenta anos.

Em meio ao seu problema pessoal, o músico também se vira profundamente abalado com a controvérsia no meio artístico envolvendo o amigo Wilson Simonal. Na virada da década, Simonal, cantor elegante, de voz grave e interpretações cheias de *swing*, vivia o auge de sua carreira. Colecionava *hits* como "Tributo a Martin Luther King", em parceria com Ronaldo Bôscoli, e "Sá Marina", de Antonio Adolfo e Tibério Gaspar. Fora assunto de um filme – *É Simonal* – e até fizera um admirável dueto com a grande dama do jazz, a "divina" Sarah Vaughan, em uma passagem dela pelo Brasil. Em 1971, contudo, sua vida pessoal e profissional tornou-se um caos, por levar uma queixa contra seu contador ao DOPS, após descobrir um rombo nas contas de sua empresa de produções artísticas. Na denúncia, Simonal declarava-se "antigo colaborador do departamento" e "divulgador do programa democrático do governo da República". O cantor terminava oferecendo seu carro e motorista ao órgão, que supostamente estaria com poucos veículos para realizar diligências. No dia seguinte, os policiais foram à casa do contador no Chevrolet Opala do cantor e se identificaram como "a serviço do Simonal". O funcionário foi espancado para confessar os supostos desfalques e sua mulher registrou uma denúncia contra o artista, por sequestro e extorsão. Simonal se livraria das acusações, mas ficaria marcado pelos colegas e pelos críticos como um colaborador da repressão.

Meses depois, a referência a "mocotó" causaria novos estragos – na verdade, a prisão de quase toda a redação do tabloide semanal *O Pasquim*, que provocava e satirizava o regime militar da primeira à última página. Lançado em 1969, *O Pasquim* vendia em média

100 mil exemplares, mais que as revistas *Veja* e *Manchete* juntas. O projeto nascera no fim de 1968, após uma reunião entre o cartunista Jaguar e os jornalistas Tarso de Castro e Sérgio Cabral. O nome, que significa "jornal difamador, folheto injurioso", foi sugestão de Jaguar. "Terão de inventar outros nomes para nos xingar", disse ele, já prevendo as críticas de que seriam alvo. Como símbolo do jornal foi criado o ratinho Sig (de Sigmund Freud), desenhado por Jaguar, para quem "se Deus criou o sexo, Freud criou a sacanagem". Nos primeiros tempos, foi designada para fiscalizá-los uma censora que se divertia com o humor dos jornalistas e até dividia doses de uísque com eles. Sua leniência custou-lhe o cargo e o envio de um substituto implacável. Dias depois das comemorações da Independência do Brasil, em 1970, o impresso pusera na capa a imagem de dom Pedro I dando o "brado do Ipiranga" e um balão de diálogo com a frase: "Eu quero mocotó!". Foi o bastante para despertarem de vez a fúria do regime. Em uma batida do DOPS, foram presos Jaguar, Paulo Francis, Ivan Ângelo, Tarso de Castro, Sérgio Cabral, Ziraldo, Luiz Carlos Maciel, Sérgio Augusto e outros.

A primeira edição após a prisão da equipe, concluída pelos cartunistas Henfil e Miguel Paiva, recebeu a manchete "Enfim um *Pasquim* totalmente automático: sem o Ziraldo, sem o Jaguar, sem o Tarso, sem o Francis, sem o Flávio [Rangel], sem o Sérgio, sem o Fortuna, sem o Garcez, sem a redação, sem a contabilidade, sem a gerência e sem caixa". Apesar do clima da época, os detidos não sofreram maus-tratos nos três meses de detenção. É verdade que, em um determinado momento, tomaram um susto, ao serem levados para uma sala onde receberam a ordem de tirar as roupas. Pensaram em tortura, mas tratava-se apenas de um exame médico para verificar se todos estavam em boa situação de saúde. O ambiente descontraído da redação se reproduziu no presídio, a ponto de um soldado, certo dia, ter lhes entregado o fuzil, a fim de tocar violão para o grupo. A edição de 13 de agosto de 1970, pouco depois da conquista da Copa, já produzira problemas. Jaguar desenhara uma família de miseráveis, inspirada no quadro *Retirantes*, de Candido Portinari, com uma bandeira do Brasil e o título "Avante Seleção!". Acima, reproduziu um trecho do poema "E agora, José?", de Carlos Drummond de Andrade. Uma crítica sobre a festa passageira e a dura realidade de boa parte da população. Mas a repressão não caiu sobre Jaguar, e sim sobre Drummond. "A ilustração quase provocou a prisão do poeta. Tive um trabalho danado para convencer o general da censura que publiquei sem pedir a autorização dele", contou o humorista. Outro atrito com a censura se dera meses antes, ao publicarem uma entrevista com a atriz Leila Diniz, entremeada de palavrões e ideias irreverentes, na contramão da sisudez do momento. Conduzidas com a participação de figuras de destaque na imprensa, entrevistas como essa abriam espaços para personalidades críticas ao regime vigente, como dom Helder Câmara, o "bispo vermelho", capa da edição de número 40.

Em entrevista ao portal de notícias *Money Report*, Sérgio Augusto, colaborador do jornal, lembrou esse período: "Cheguei a ser censurado ao mesmo tempo nos três veículos com os quais colaborava [*Veja*, *Pasquim* e *Opinião*]. A censura atingiu níveis paranoicos porque os militares imaginavam que tudo era conteúdo subversivo. Até uma coluna sobre xadrez chegou a ser proibida. Eles achavam que era alguma linguagem cifrada. Algumas vezes mal tínhamos conteúdo restante para fechar uma edição".

O Conselho Superior de Censura foi criado em 21 de dezembro de 1968, dias após a promulgação do AI-5, para julgar os órgãos de comunicação, que ficavam sujeitos a ser fechados pelos DOPS. Na época, fora nomeado como chefe da Censura Federal o ator e autor Wilson Aguiar, que declarou: "Quando tomei posse, assumi o compromisso de fazer da censura uma atividade artística e cultural". No período em que essa prática vicejou, 950 peças e filmes foram proibidos. *A navalha na carne*, de Plínio Marcos, seria uma das primeiras obras teatrais suspensas, no Rio de Janeiro, embora já tivesse feito uma temporada de sucesso em São Paulo por um ano. Seguiriam-se a ela *Roda viva*, de Chico Buarque, *Liberdade, liberdade*, de Flávio Rangel e Millôr Fernandes, *Rasga coração*, de Oduvaldo Vianna Filho, e muitas outras.

A liberdade de expressão já vinha sendo controlada pela lei nº 5.250, de 9 de fevereiro de 1967, a Lei de Imprensa. Mas o Decreto-Lei nº 1.077, de 21 de janeiro de 1970 instituiu a censura prévia, exercida de dois modos: ou uma equipe de censores, enviada pela Polícia Federal, instalava-se nas redações de jornais e revistas, para decidir o que poderia ser publicado, ou os veículos eram obrigados a enviar o que pretendiam publicar para a Divisão de Censura da PF, em Brasília. Em telegrama específico ao diretor do jornal *O Estado de S. Paulo*, Julio de Mesquita Neto, o gabinete do ministro da Justiça determinou: "Fica expressamente proibida a publicação de notícias, comentários, entrevistas ou critérios de qualquer natureza, sobre abertura política, democratização ou assuntos correlatos; anistia a cassados ou revisão parcial de seus processos; críticas, comentários ou editoriais desfavoráveis sobre a situação econômico-financeira; ou problema sucessório e suas implicações". Com o passar do tempo, a atuação dos censores passou por um processo de uniformização, que exigia nível universitário e testes na Academia Nacional de Polícia que, teoricamente, aprimoravam a sua capacitação para compreender a realidade jornalística. Crescia ainda o fenômeno da autocensura, ou seja, a introjeção dos ditames do Estado na edição das notícias, um cerceamento imposto pelos profissionais de imprensa ao próprio trabalho.

Alguns jornais, como o *Correio da Manhã*, revistas como *Veja* ou *Realidade* e os veículos da família Mesquita não aceitaram fazer autocensura. "Façam as reportagens, os censores que cortem", era a orientação nessas redações. Os funcionários da PF permaneceram no prédio da rua Major Quedinho, sede do *Estadão* no centro da cidade, até o dia 6 de janeiro de 1969. Depois se retiraram, só voltando em agosto de 1972. Nesse intervalo, a censura prévia era feita por telefonemas da polícia, bilhetes e listas de assuntos proibidos. Como o regime não permitia deixar espaços em branco nos locais cortados, recorria-se a textos aleatórios para mostrar aos leitores o que estava ocorrendo. Cartas absurdas inventadas pelos redatores, orientações de cultivo de flores e falsas receitas de bolo interrompiam com destaque o noticiário nas páginas nobres, para cobrir o vazio de editoriais e reportagens que o lápis vermelho do censor havia riscado. A estratégia demorou a funcionar, porque os leitores levavam aquelas publicações a sério. Muitos telefonavam ou escreviam para cumprimentar o *Estadão* pelo apoio à literatura e à jardinagem. E houve reclamações sobre receitas culinárias que não estavam dando certo. Diante disso, Julio de Mesquita Neto determinou que se editasse alguma coisa continuada, de modo que o leitor identificasse a censura. Proibido de noticiar a demissão do ministro da Agricultura, Cirne Lima, que havia entrado em choque com o ministro Delfim Netto, a primeira página do *Estadão* substituiu a foto-legenda por uma peça publicitária da Rádio Eldorado, emissora do grupo: "Agora é samba". Finalmente, passaram a exibir trechos dos *Lusíadas*, de Camões.

A revista *Veja*, fundada no conturbado 1968, produziu pelo menos duas capas que furaram o bloqueio informativo imposto pelo regime militar. Uma delas foi a edição de 10 de dezembro de 1969, intitulada *Torturas*, em plena escalada da repressão, ilustrada pela imagem antiga de uma câmara de suplícios da Inquisição espanhola. Para produzir o conteúdo, o repórter Raimundo Rodrigues Pereira havia levantado 150 casos de abusos nos porões do regime e conversado com o ministro da Justiça, Alfredo Buzaid, que prometera: "Vou investigar". "O presidente da editora Abril, Victor Civita, mandou-a para o governo para mostrar que nosso empenho era 'ajudar a apurar a tortura'. E para livrar o lado dele também", contou Pereira, divertindo-se ao recordar o risco que todos correram ao tratar do assunto. Outra capa, a de 4 de outubro de 1972, trazia a chamada *Meningite, a epidemia da desinformação*. Na ocasião, o país vivia o maior surto da doença em sua história, e fazia vítimas de maneira mais intensa na cidade de São Paulo. Em tempo de Milagre, sob o general Médici, as autoridades consideravam a epidemia uma ameaça à imagem do Brasil no exterior, um fracasso a esconder sob o tapete. Com a entrada do general Ernesto Geisel no governo, em 1974, houve uma mudança de atitude das autoridades e foi criada a Comissão Nacional de Controle da Meningite, encarregada de traçar a política de vigilância epidemiológica e organizar uma campanha de esclarecimento. Ainda assim, o número de casos fatais da doença chegou a novecentos no país naquele ano, sendo 411 somente na capital paulista. O Brasil não dispunha de doses suficientes de vacinas, porque os pesquisadores da fundação Oswaldo Cruz que produziam os medicamentos haviam sido cassados, sem que suas vagas fossem preenchidas. Em março de 1975 foram importados 80 milhões de doses a um custo de US$ 40 milhões. Em São Paulo, seria realizada a vacinação de 10 milhões de pessoas em apenas quatro dias. A partir daí, os casos foram diminuindo.

Os jornalistas faziam de tudo para infernizar a vida dos censores, "contrabandeando", por exemplo, informações passíveis de veto no interior de matérias anódinas. E não apenas isso. "Também esvaziando os quatro pneus do carro deles, apenas para vê-los, da janela, suando a camisa num trabalho mais digno", como contou Carlos Brickmann, então repórter político. Ivan Ângelo, ex-secretário de redação do *Jornal da Tarde*, lembra-se do dia em que, à entrada do censor, todos os profissionais de imprensa se retiraram em protesto. No *JT*, veículo então relativamente novo e com a marca da inventividade, o diretor Ruy Mesquita não deixava de protestar contra as medidas de arbítrio. Em telegrama ao ministro da Justiça, Alfredo Buzaid, em setembro de 1972, quando a PF baixou novas regras de censura. Dizia: "Ao tomar conhecimento dessas normas emanadas de V.Sa. o meu sentimento foi de profunda humilhação e vergonha. Senti vergonha pelo Brasil, degradado à condição de uma republiqueta de banana ou de uma Uganda qualquer por um governo que acaba de perder a compostura".

Nem todas as atitudes de resistência passaram imunes. Repórteres e correspondentes do *Estadão* em outros pontos do país foram perseguidos por causa do seu trabalho. O chefe da sucursal de Recife, Carlos Garcia, foi preso e torturado em março de 1974, na véspera da posse de Geisel. Em outubro de 1975, Luiz Paulo Costa, correspondente em São José dos Campos, foi preso e torturado no DOI-CODI do II Exército, na mesma semana e local em que o jornalista Vladimir Herzog seria morto sob torturas. Em setembro de 1976, no Rio, um censor de nome Guerreiro, armado, ameaçou de morte o autor de um editorial defendendo a anistia, na *Tribuna da Imprensa*.

Arquivo/Agência O Globo

O Píer de Ipanema se tornou o "point" dos artistas que voltavam do exílio e dos anônimos de comportamento libertário, do topless e da maconha

A música popular sofreu igualmente com as tesouras federais. E poucos tiveram trabalhos proibidos com tanta frequência quanto o compositor Chico Buarque, após sua volta do exílio voluntário no início de 1970. A canção "Cálice", cujo título fazia um jogo sonoro com a expressão "Cale-se!", ficou proibida por seis anos. No festival Phono 73, no Centro de Convenções do Anhembi, em São Paulo, ele e o parceiro na composição, Gilberto Gil, tiveram os microfones desligados ao tentar interpretá-la em público pela primeira vez. Sua peça teatral *Calabar, o elogio da traição* teve tantas canções cortadas parcial ou inteiramente que teve a produção suspensa. Para driblar o crivo e conseguir tratar da repressão sem ser percebido, o músico escudou-se no pseudônimo Julinho da Adelaide ("Acorda, amor/ Eu tive um pesadelo agora/ Sonhei que tinha gente lá fora/ Batendo no portão/ Que aflição! Chame o ladrão!"). A lenda de que, em sua versão "Julinho", escrevera "Jorge Maravilha" para Amália Lucy, filha do general Ernesto Geisel, foi desmentida pelo compositor. Sobre o verso "Você não gosta de mim, mas sua filha gosta", Chico explicaria, em entrevista à *Folha de S.Paulo*: "Fui detido por agentes do DOPS e, no elevador, o cara pediu autógrafo para a filha dele". O heterônimo do compositor chegou a ser objeto de uma "entrevista" ao jornalista e escritor Mario Prata no jornal *Última Hora*, ilustrada com uma foto da suposta Adelaide, que seria a "musa inpiradora" do artista. Tudo uma grande brincadeira, combinada com o verdadeiro autor das canções. Depois de descobrir o "esquema" de Chico Buarque, a censura passou a exigir RG e CPF de quem lhe enviava composições.

A falta de lógica dos censores permitiu a liberação de "Apesar de você", lançada em compacto com grande sucesso. Composta para afirmar o descontentamento com a situação do país em 1970, Chico tinha certeza de que seria vetada. Mas não foi. Em contrapartida, entre os arquivos da censura, está uma nota sobre outra canção do autor: "Proibida por conter o verso 'João ama sua filha'. Quem ama sua filha está cometendo incesto". Nesse tempo, em que o humor involuntário desses critérios era constante, após o veto à encenação da peça *Um bonde chamado desejo*, do norte-americano Tennessee Williams, a atriz Maria Fernanda foi procurar o deputado Ernani Sátiro (Arena-PB), em Brasília, para que ele agisse em defesa da classe teatral. Lá pelas tantas, quando a atriz deu um grito de "Viva a democracia!", o parlamentar reagiu: "Insulto eu não tolero!".

A má formação cultural dos censores podia causar arbitrariedades, mas em alguns casos funcionava a favor. No início dos anos 1970, quando nos aeroportos as bagagens eram revistadas atrás de livros "subversivos", Nelson Silva, chefe de redação da *Veja* no Rio de Janeiro, cometeu a ousadia de entrar na sala de embarque de Congonhas com o livro *Trotski, o profeta armado*. O censor pegou o livro, examinou a capa e, com ar intrigado, a contracapa. Depois de alguns segundos, olhou firmemente para o jornalista e disse: "Ah, o senhor é crente... Eu também sou".

Cassandra Rios foi talvez a escritora mais censurada do Brasil, com 33 de seus 36 livros proibidos na década de 1970. Ainda assim, conseguiu se tornar a primeira mulher a atingir a marca de 1 milhão de exemplares vendidos. Títulos como *O prazer de pecar*, *Tessa, a gata* e *Carne em delírio* tratavam, a partir do suspense e do mistério, do universo erótico e, principalmente, da homossexualidade feminina. E as recomendações mirabolantes se sucediam. Profissionais de imprensa foram avisados que só poderiam exibir um único seio em fotos publicadas – talvez como alusão à amamentação. Segundo o critério, dois seios na mesma imagem constituíam pornografia.

À frente da Divisão de Censura de Diversões Públicas (DCDP) estava a temível superintendente Solange Teixeira Hernandes, cuja indefectível assinatura se tornaria constante nos certificados apresentados antes da exibição de filmes nos cinemas e de programas de TV. Até o fim do período militar, Solange Hernandes exigia máximo rigor dos subordinados na análise de letras musicais e de todo tipo de produto cultural. Um relatório de atividades de 1981 guardado no Arquivo Nacional de Brasília sobre a DCDP mostra o perfil do organismo: tinha na época 279 funcionários, sendo 87 lotados em Brasília e o restante espalhados pelos estados; ao longo daquele ano, foram analisadas 56.877 letras, das quais 1.168 acabaram vetadas. Solange, entretanto, achava pouco. No documento, reclamava da dotação orçamentária e da carência de pessoal. Para provocá-la, o roqueiro Leo Jaime fez uma versão para uma música do conjunto The Police que dizia: "Eu tinha tanto pra dizer/ Metade eu tive de esquecer/ E quando eu tento escrever/ Seu nome vem me interromper/ Eu tento me esparramar/ E você quer me esconder/ Eu já não posso nem cantar/ Meus dentes rangem por você/ Solange, Solange".

Um dos grandes trabalhos de Milton Nascimento, *Milagre dos peixes*, de 1973, foi de tal forma mutilado que se tornou quase um LP instrumental: oito das onze faixas tiveram suas letras proibidas. A intervenção não intimidou o cantor, que recusou a sugestão da gravadora de abandonar o projeto e as gravou cantando as melodias sem palavras. Sobre essa situação, Milton disse:

> As músicas tinham um teor político, mas não era nada explícito. Houve um exagero, porque nunca preguei que o pessoal pegasse em armas e coisa e tal; a gente só botava pra fora o descontentamento com tudo, não só com o Brasil, mas com o mundo. Fiquei puto da vida quando a gravadora me propôs gravar um outro disco. Disse que o disco ia sair como estivesse; se não havia letras, que as pessoas entendessem. E foi uma surpresa para

a EMI Odeon, porque o disco vendeu bem, fora a repercussão que causou. Como músico, o "Milagre" foi muito importante, porque foi aí que me larguei de uma forma diferente; passei a usar minha voz como um instrumento.

Dos compositores perseguidos pela censura, é provável que nenhum tenha sido tão atingido quanto Taiguara. Conhecido pelas ligações, suas e de seu pai – o maestro e bandoneonista uruguaio Ubirajara Silva –, com o PCB, ele teve 68 de suas canções proibidas. "Que as crianças cantem livres", por exemplo, só pelo título foi considerada uma afronta ao regime. Impedido de trabalhar, optou pelo exílio, na África. Ironicamente, o nome Taiguara significa "livre" na língua tupi-guarani.

Tendo provocado ao mesmo tempo escândalo e enorme sucesso em seu surgimento, no ano de 1973, a banda Secos & Molhados não precisava nem interpretar suas canções para ser uma afronta aos "bons costumes": bastaram a maquiagem, o rebolado e o dorso nu do vocalista Ney Matogrosso para que a censura se pusesse alerta. Quando a música começava, o cantor, com voz feminina, causava um estupor adicional. A DCDP recomendava que o artista não fosse filmado em close na TV e que seus movimentos fossem registrados à distância. Porém, a qualidade do grupo foi se impondo e ganharia a admiração da maioria dos brasileiros. Em 1975, a capa do disco *Índia*, de Gal Costa, assim como a de *Joia*, de Caetano Veloso, foram proibidas pela "nudez" apresentada – ainda que, no caso de Caetano, se tratasse de uma gravura, e que as genitálias do cantor estivessem cobertas por pombas. No fim, só restaram as pombas. O disco de Gal, que focalizava a parte inferior do seu corpo em um biquíni justo, teve de ser vendido com uma capa plástica cobrindo a original.

No entanto, contraparafraseando Nelson Rodrigues, nem toda nudez era castigada. No cinema, crescia o gênero pornochanchada, com produções da chamada Boca do Lixo, região do centro de São Paulo, enquanto filmes com temas mais artísticos ou politizados, principalmente europeus, ficavam retidos nas gavetas do regime. Entre eles estavam *Giordano Bruno*, de Giuliano Montaldo, *Os demônios*, de

Ken Russell, *A comilança*, de Marco Ferreri, *Último tango em Paris*, de Bernardo Bertolucci, *O império dos sentidos*, de Nagisa Oshima, e muitos outros. Alguns passavam com cortes esdrúxulos, como o musical *Tommy*, em que a sequência com o guitarrista Eric Clapton, na qual uma imagem gigantesca da atriz Marilyn Monroe ocupava o centro de um templo, foi eliminada por suposta ofensa religiosa. *O sopro no coração*, de Louis Malle, saiu sem a cena final, esclarecedora da trama sobre incesto. No longo painel histórico *1900*, de Bertolucci, foram cortadas as cenas de cunho sexual, mas preservadas algumas de extrema violência, como aquela em que o personagem de Donald Sutherland esmaga um gato contra um muro e outra em que espanca uma criança. *Laranja mecânica*, de Stanley Kubrick, só conseguiu liberação em 1978, sete anos após seu lançamento. Mesmo assim, bolinhas pretas foram adicionadas para cobrir os seios e os genitais dos atores em cenas de nudez – nem sempre conseguindo acompanhar com precisão os movimentos dos corpos e provocando estrondosas gargalhadas na plateia.

Quando o filme *El justicero*, de Nelson Pereira dos Santos, foi lançado em Brasília, em 1967, enfocando um adolescente rebelde, filho de um general aposentado, a menção ao Exército não agradou aos militares, que mandaram proibir o longa. A anotação da censura definia o trabalho como "uma propaganda dos transviados", que "mostra cabeludos, com suas ideias erradas". Mas poucas decisões do gênero atingiriam grau mais absurdo do que o veto à transmissão, pela TV, da encenação de *Romeu e Julieta* pelo Ballet Bolshoi, de Moscou, em 1976. Segundo explicação do ministro da Justiça da época, Armando Falcão, o Bolshoi era uma companhia russa e fazia parte da União Soviética. Portanto, era comunista.

A pressão econômica era uma outra forma de se exercer o controle sobre os meios de comunicação. Em 1969, a TV Excelsior passava por enormes dificuldades financeiras e estava mergulhada em dívidas de impostos. Seu proprietário, Celso da Rocha Miranda, oposicionista do regime, já havia perdido a companhia aérea Panair pelos mesmos problemas de gestão. Em julho de 1970, ocorreram ainda dois incêndios nos estúdios em uma única semana. Não foi a única emissora a ter equipamentos e arquivos devorados pelas chamas. A TV Record enfrentou cinco sinistros entre 1966 e 1970, e a Globo, um em São Paulo e dois no Rio de Janeiro entre 1969 e 1971. Houve quem atribuísse parte deles a atentados por grupos de esquerda, que consideravam essas redes responsáveis pela alienação política da população. Mas não se pode ignorar que as normas de segurança da época eram frágeis, e o uso de materiais de fácil combustão produziam uma combinação fatal. Foi dado à Excelsior o prazo até dezembro de 1970, para pagar ao menos metade do que devia ao governo. Em 30 de setembro, a empresa não havia quitado nem 1%. Às 18h40 daquele dia, em plena exibição ao vivo do humorístico *Adélia e suas trapalhadas*, técnicos do Dentel invadiram a central e lacraram as antenas, tirando a emissora do ar.

À DCDP foi conferido o poder de vetar, coibir e limitar temas como aborto, drogas, racismo, política, polícia, adultério, sexo, incesto, gravidez, separação, religião, violência e outros, em nome da moral e dos bons costumes, e pela manutenção da tríade: tradição, família e propriedade. A novela *Meu pedacinho de chão*, de 1971, enfrentou problemas por cenas como a que mostrava um personagem cantando o Hino Nacional para um grupo de caboclos. Em seguida, um aluno cantava o hino na escola, tendo a bandeira do Brasil estendida sobre a mesa. A censura alegou que o hino não podia ser cantado naqueles ambientes e que a bandeira só deveria aparecer em "cenas especiais".

Na novela *Selva de pedra*, de 1972, a Censura Federal impediu o casamento de Cristiano (Francisco Cuoco) e Fernanda (Dina Sfat), ainda que ele acreditasse estar viúvo de Simone (Regina Duarte). Os censores alegaram que, caso se casasse novamente, o personagem estaria incorrendo no crime de bigamia. Em decorrência da decisão, 22 capítulos foram descartados. A censura também não viu com bons olhos a participação do estilista Clodovil Hernandes na trama. Um funcionário justificou seu veto a uma cena: "Faz com as mãos gestos irreverentes". E, ao recomendar outro corte, errou o nome do costureiro: "*Cordovil* aparece com jeitinho afeminado".

Em *O Bem-amado* (1973), a censura implicou com o termo "coronel", que vinha sendo usado para se referir ao prefeito Odorico

Paraguaçu (Paulo Gracindo), e "capitão", como era chamado o matador Zeca Diabo (Lima Duarte). A produção teve de apagar o áudio dessas citações em quinze capítulos gravados. Palavras como "ódio" e "vingança" também foram vetadas. Em *O Rebu* (1974), a homossexualidade foi tratada pela primeira vez em uma telenovela – embora não abertamente. Conrad Mahler (Ziembinski) tinha um caso com o jovem Cauê (Buza Ferraz), que transparecia nas entrelinhas. Uma cena sem diálogos foi cortada por associar imagens de Cauê e Silvia (Bete Mendes), de mãos dadas, com as imagens de Cauê e Mahler na mesma atitude.

"Fizemos três novelas em uma só: a que foi escrita, outra que foi realizada e uma terceira que foi ao ar." Assim um dos diretores da TV Globo definiu a batalha que foram as gravações de *Fogo sobre terra* (1974), por causa da interferência da censura. O pivô da celeuma era o personagem Pedro Azulão (Juca de Oliveira), que liderava os moradores de uma cidadezinha contra a obra de uma represa. Na época, o governo federal construía a hidrelétrica de Itaipu e enxergou na trama críticas ao projeto. Em *Escalada* (1975), de Lauro César Muniz, apesar de uma referência à construção de Brasília, o nome do presidente Juscelino Kubitschek não pôde ser mencionado por imposição do governo militar. JK ainda era *persona non grata* ao regime. *Roque Santeiro*, de Dias Gomes, já tinha dez capítulos editados e quase quinhentas horas gravadas quando, na noite de sua estreia, em 27 de agosto de 1975, foi proibida de ir ao ar. Faltando poucos minutos para começar a atração, o apresentador Cid Moreira deu a notícia no *Jornal Nacional*, com a justificativa do governo: "A novela contém ofensa à moral, à ordem pública e aos bons costumes, bem como achincalhe à Igreja". Em 1985, enfim, iria ao ar, tornando-se um dos maiores sucessos da TV.

Apesar de experimentar o realismo fantástico, trabalhando com simbologias, Dias Gomes não escapou da censura em *Saramandaia* (1976). Quase todos os capítulos tiveram algum tipo de corte. O autor driblou como pôde a ação dos censores e usava um estratagema: como os critérios eram extremamente variáveis e os censores eram trocados frequentemente, repetia adiante uma cena vetada vinte capítulos antes e, se novamente cortada, voltava a repeti-la, até ela ser finalmente exibida.

A navalha da censura explicitava uma característica do "Brasil cordial": sua incapacidade crônica de lidar de forma franca com questões históricas ou contemporâneas. Ou, ao menos, de enfrentá-las sem infantilização, moralismo tolo e eufemismos. Ao adaptar *A escrava Isaura* (1976), do antigo romance de Bernardo Guimarães, Gilberto Braga foi chamado a Brasília para conversar com os censores. Ouviu que, para a novela ser liberada, teria de tirar dos diálogos a palavra "escravo", substituindo-a por "peça". "Uma censora me disse que a escravatura tinha sido uma mancha na história do Brasil e que não deveria ser lembrada", contaria Braga depois. "Aliás, segundo ela, o ideal seria 'arrancar essa página' dos livros didáticos. Outro censor falou que a novela podia despertar sentimentos racistas na netinha dele, porque ela, vendo os brancos bater nos escravos na televisão, podia 'querer bater nas coleguinhas pretas dela'. Aí eu disse que ele devia ver um psicólogo para a menina..." A desobediência às regras podia resultar em afastamento ou a demissão de funcionários, o que aconteceu, por exemplo, com um superintendente de produção da TV Tupi, por ter mostrado, em um capítulo de *O profeta* (1977), a figura de dom Paulo Evaristo Arns, o cardeal arcebispo de São Paulo, que militava ativamente pelo respeito aos direitos humanos.

XXVII

O "DESBUNDE" E A VIDA NO EXÍLIO

O ano de 1972 marcou o auge do governo militar, impulsionado pela inauguração de grandes obras e um crescimento econômico de 11,9%, a maior taxa de todos os tempos no país. Era o quinto ano consecutivo de altas no PIB superiores a 9%. Uma pesquisa do IBOPE realizada em julho de 1971 atribuíra a Emílio Garrastazu Médici inéditos 82% de aprovação. "Sinto-me feliz todas as noites quando ligo a televisão para assistir ao jornal", declarou o general-presidente naquele momento. "Enquanto as notícias dão conta de greves, agitações, atentados e conflitos em várias partes do mundo, o Brasil marcha em paz, rumo ao desenvolvimento. É como se eu tomasse um tranquilizante após um dia de trabalho." Na época, o ministro da Justiça, Alfredo Buzaid, declarou que o país vivia uma democracia plena. A realidade, porém, mostrava um quadro em que não havia eleições e as práticas da tortura e dos desaparecimentos persistiam. "No Brasil, ninguém sofre perseguição por suas convicções políticas; existe até um partido oposicionista, que pode criticar o governo, e de fato o faz", argumentou o ministro.

O Congresso Nacional, de fato, voltara a funcionar desde a confirmação da escolha de Médici. Uma medida aprovada, em especial, representou um avanço social necessário: a lei nº 5.859 estabeleceu pela primeira vez, em detalhes e com regras claras, os direitos dos trabalhadores domésticos, como benefícios e serviços da Previdência Social, férias anuais com o adicional de 1/3 e carteira de trabalho. O cumprimento de garantias no trabalho doméstico, contudo, só começaria a ser efetivado na prática um século depois da Lei Áurea, com o advento da Constituição de 1988.

As celebrações do sesquicentenário da Independência do Brasil, abertas pelo presidente em 21 de abril, feriado de Tiradentes, constituíam uma oportunidade para ampliar ainda mais o apoio da sociedade ao regime. Embora persistisse uma resistência subterrânea, cada vez mais oculta pelos órgãos de censura e entrando nos seus estertores devido à repressão, o clima geral era de festa.

Em 30 de abril, véspera do Dia do Trabalhador, um concerto de música erudita atraiu 100 mil pessoas ao parque do Flamengo, no Rio de Janeiro. As primeiras notas da ópera *O escravo*, de Carlos Gomes, executada pela Orquestra Sinfônica Brasileira e os cantores da Associação de Canto Coral, com regência de Isaac Karabtchevsky, marcaram o começo do Projeto Aquarius, concebido por Roberto Marinho, dono do grupo de comunicação Globo, e cujos concertos, gratuitos, seriam voltados a atender um público criado distante das salas de espetáculo e carente de educação musical. No final do evento, a multidão entoou animada o Hino da Independência com a orquestra e o coro.

Em 1972, os brasileiros acompanharam o cortejo dos restos mortais de dom Pedro I – trazidos de Portugal –, torceram pela seleção tricampeã na Taça Independência e fizeram filas nos cinemas para assistir *Independência ou morte!*, protagonizado pelo primeiro casal das telenovelas, Tarcísio Meira e Glória Menezes. Sob a pressão do regime para que o sistema de cores fosse rapidamente implantado na TV brasileira, naquele ano foram feitas as primeiras transmissões locais no padrão PAL-M, híbrido do norte-americano e do europeu. A exibição da tradicional Festa da Uva, em Caxias do Sul (RS), aberta no dia 19 de fevereiro pelo presidente Médici, marcou o começo dessa nova era, em que a televisão se firmava como principal instrumento de informação e entretenimento da população.

A desmobilização da sociedade e o desencanto com a luta armada fizeram com que boa parte dos que antes haviam apostado na militância política – por meios pacíficos ou não – direcionassem seu ativismo ao campo do comportamento. Nesse período, a palavra "desbunde" passou a designar – de forma pejorativa, ao menos a princípio – não só quem tivesse abandonado a resistência ao regime, mas todo aquele interessado em viver os ideais da contracultura, liberto da rigidez das ideologias e dos controles sociais. Quem "desbundava" geralmente havia se originado de uma condição pequeno-burguesa, ou, no extremo oposto, tivera uma passagem pela clandestinidade que lhe fizera rever seus ímpetos de mudar o mundo, optando pela redescoberta pessoal. Se não conseguira se encaixar ou desistira de dar a vida por crenças políticas que já pareciam ultrapassadas, não teria muita outra opção senão "cair fora". "O sonho acabou/ Quem não entrou no sleeping-bag, nem sequer sonhou", sintetizou Gilberto Gil. A filosofia também era cantada em composições de Zé Rodrix, tendo como parceiros Sá e Guarabyra ou Tavito, com quem criou "Casa no campo", manifesto gravado por Elis Regina: "Eu quero uma casa no campo/ Onde eu possa ficar do tamanho da paz/ E tenha somente a certeza/ Dos limites do corpo e nada mais [...] Eu quero uma casa no campo/ Do tamanho ideal, pau a pique e sapê/ Onde eu possa plantar meus amigos/ Meus discos e livros/ E nada mais!".

Para os "desbundados" que quisessem se manter antenados existiam veículos de imprensa especializados, como *Bondinho*. Eles também liam os escritos da geração *beat* e poetas que vendiam livros mimeografados pelas orlas boêmias das cidades brasileiras. Misticismo, orientalismo, terapias alternativas, terapia reichiana e ecologia eram temas emergentes, pois muitos buscavam aprender e praticar essas linhas de conhecimento na tentativa de aliviar o "sufoco", como era definido o sentimento de opressão que pairava no ar. O descaso com o ganho material também era parte integrante dessa forma de pensar, como atestaria Paulo Diniz, o autor de sucessos como "Quero voltar pra Bahia": "Ganhei muito dinheiro, gastei tudo; não me arrependo", admitiria ele depois.

Se o conteúdo daquela juventude era não convencional, o visual rompia ainda mais com os padrões vigentes. Os homens deixavam o cabelo crescer. As roupas eram, de preferência, usadas ou desbotadas. Camisetas tingidas com a técnica *tie-dye* eram bastante populares, assim como calças boca de sino. Naquele tempo, entre essa faixa da população, o campo da sexualidade se caracterizava pelo amor livre e a amizade colorida, a possibilidade de pessoas amigas fazerem sexo sem compromisso. A busca do prazer e a negação da sociedade de consumo eram típicos nos "porra-loucas" e nos "desbundados", que se identificavam com o estilo de vida *hippie*, mas não exclusivos desse tipo de comunidade. Essa resistência pacífica, ou absoluta falta de resistência, contou com certa complacência do regime militar, por ela ser uma via de escape da realidade política e social, o que beneficiava a manutenção do *status quo*.

No campo dos espetáculos teatrais, as atrizes Marília Pêra e Leila Diniz embarcaram na onda com *A vida escrachada* e *Tem banana na banda,* montagens que recorriam a elementos do teatro de revista. Outros, optavam pelo deboche escancarado. Era o caso de *Dzi Croquettes*, idealizado pelo bailarino Lennie Dale, que trazia performances de homens com barba cultivada e pernas cabeludas, em sapatos de salto alto e roupas femininas. No Brasil musical de 1972, os Novos Baianos fundavam uma comunidade em Jacarepaguá e gravavam o clássico "Acabou chorare", Milton Nascimento agregava o "Clube da Esquina", Gilberto Gil vinha com "Expresso 2222" e Jorge Ben, encantado com o carisma do dentuço comandante do ataque do Flamengo, compunha "Fio Maravilha", vencedora do Festival da Canção na voz grave da cantora Maria Alcina.

Alguns locais do país tornavam-se mecas para os que buscavam o cultivo da paz e do amor. Arembepe, uma vila de pescadores situada a 46 km de Salvador (BA), recebeu a primeira grande colônia *hippie* do país e atraiu nomes como a cantora Janis Joplin e o roqueiro Mick Jagger, que em suas primeiras visitas ao Brasil foram direto para aquele refúgio. Mais adiante, o mesmo "astral" se reproduziria em outras partes daquele litoral, como Trancoso, Arraial d'Ajuda e Morro de São Paulo. Já as chamadas comunidades alternativas, que tinham nas práticas ecologicamente corretas e na produção e consumo de alimentos naturais sua principal marca, espalharam-se pelo triângulo formado pelas vilas de Visconde de Mauá, Maringá e Maromba, região de vales e cachoeiras na Mantiqueira, entre os estados do Rio, Minas Gerais e São Paulo.

Dos centros urbanos também brotavam adeptos ou simpatizantes do "desbunde". Se fosse morador da cidade do Rio de Janeiro com certeza frequentaria as "dunas do barato", faixas de areia de Ipanema que ganharam seu nome por serem ponto de emanações da droga mais popular e acessível da época – a maconha. Território livre entre as ruas Farme de Amoedo e Teixeira de Melo, as dunas apareceram em função da retirada de toneladas de areia do mar ao se erguer um píer, em 1970, para a obra de um emissário submarino de esgoto. No começo, atraíram os surfistas, por terem alterado a morfologia do solo e elevado a qualidade das ondas. Logo se tornaram *point* de artistas como Caetano Veloso, retornado do exílio; os poetas Chacal, Jorge e Waly Salomão; a cantora Gal Costa e o cineasta Glauber Rocha, além de musas de verão e anônimos de comportamento libertário. À sua volta se dariam, por exemplo, as primeiras manifestações de *topless* em uma praia urbana brasileira. O músico Jards Macalé, frequentador assíduo, em artigo publicado em *O Globo*, em dezembro de 2007, definiu bem o clima "liberou geral" em torno do píer: "Naquele pedaço, nos deixavam fazer quase de tudo. Boa parte da arte psicodélica daquela época surgiu na areia". Por pouco, o lugar não recebeu a visita do filósofo francês Michel Foucault, que passara pela cidade para uma conferência na PUC, em 1973. Mesmo tendo se hospedado no hotel Sol de Ipanema, bem em frente ao monstrengo erguido na praia, ele preferiu as discretas areias do Leme para uma caminhada e um mergulho. O píer seria demolido ao final de 1975, com a conclusão da obra, mas deixaria um legado cultural e comportamental para a história da cidade, inclusive com registros em filmes no então popular formato super 8.

Se as lojas de Copacabana ofereciam comportadas coleções de ternos da Ducal, os "desbundados" do píer desfilavam com sandálias de couro e bijuterias compradas na feira *hippie*, a poucas quadras, na praça General Osório. Já a galera parafinada do surfe passou de peças importadas, como tênis Keds e camisas Hang Ten, com referências californianas e havaianas, às marcas de roupas, pranchas e acessórios que os próprios adeptos passaram a criar, como foi o caso do campeão Ricardo Fontes de Souza, o Rico.

O "desbunde" se manifestava em outros endereços famosos da cidade, como o Solar da Fossa, uma pensão avarandada com 85 quartos, no pedaço de Botafogo onde seria construído o shopping Rio Sul. O lugar ganhou o apelido por causa do estado emocional dos seus frequentadores, alguns deles famosos, como Gilberto Gil, novamente Caetano Veloso, Paulo Leminski, Paulo Coelho, Tim Maia e um grande elenco de mulheres bonitas. Em seus corredores dois temas eram dominantes: filosofia e sexo, com ênfase na prática do segundo nas mais variadas formas.

À noite, o chamado Baixo Leblon se firmava como o quadrilátero mais agitado da zona sul do Rio. No espaço entre a avenida Ataulfo de Paiva, a rua Dias Ferreira e a rua Aristides Espínola, espalhavam-se bares e restaurantes – Diagonal, Pizzaria Guanabara, BB Lanches, Real Astoria, Jobi, Gatão e Luna – em cujas mesas e calçadas se reuniam todos os tipos da cidade e por onde circulavam publicações da imprensa alternativa. Os mais assíduos do Real Astoria apelidariam o local de RÁ, em referência a uma "saudação cósmica" que significava transmitir energias positivas. Em seu piano-bar, o músico Cazuza daria suas primeiras *canjas* – cantando sambas-canção –, antes de integrar a banda Barão Vermelho, que o tornou famoso.

A introdução de filosofias e práticas esotéricas trazidas do exterior marcaram fortemente o período, mas não sem conflitos. Em 1972, lideranças Hare Krishna de Nova York chegaram ao Brasil para participar de uma gincana no programa *Silvio Santos*. A religião hindu ganhara o Ocidente a partir de 1966, a reboque do movimento *hippie*. Na capital paulista, devotos e devotas foram levados em elefantes do hotel para o estúdio, onde tocaram seus instrumentos, cantaram mantras, dançaram e explicaram seus preceitos para todo o país. No início de 1973, abririam os primeiros centros da comunidade em São Paulo, no Butantã, e no Rio de Janeiro, em Santa Teresa. Com a expansão, vieram denúncias de famílias, que acusavam a organização de promover lavagem cerebral nos seguidores, muitos deles menores de idade, que eram enviados às ruas em trajes orientais alaranjados, com os cabelos raspados, para recolher donativos e fazer pregações. O Juizado de Menores do Rio de Janeiro acabou negando qualidade eclesiástica à sociedade e proibiu a presença de menores nos templos.

Muitos cantores e compositores aderiram ao "desbunde", mas alguns, como Ivan Lins e Luiz Gonzaga Jr., filho do "Rei do Baião", mantiveram o engajamento, utilizando a música como meio de crítica social. Em performances duras e de pouca interação com as plateias, Gonzaguinha criticava o conformismo em versos como "Você merece, você merece/ Tudo vai bem, tudo legal/ Cerveja, samba e amanhã, seu Zé/ Se acabarem com teu carnaval". A onda do "desbunde" foi atacada pelas esquerdas desde o começo da Tropicália, cujos temas e aspectos psicodélicos eram vistos como fuga da realidade. O fato é que os opositores do regime estavam desarticulados naquele momento. Muitas lideranças políticas e estudantis se encontravam fora do país, em exílios forçados ou voluntários. E tentavam se reorganizar em nações identificadas com seus movimentos, como o Chile, que vivia uma espécie de primavera socialista, após a ascensão de Salvador Allende. As estimativas sobre o número de pessoas forçadas a partir durante a ditadura variam entre 5 mil e 7 mil – a maior diáspora da história do Brasil. Alguns dos desterrados morreram no exterior, sem jamais terem retornado.

Enquanto Brizola e Jango mantiveram-se no Uruguai, mesmo com o golpe militar de setembro de 1973, o ex-chefe da Casa Civil, Darcy Ribeiro, vagou pelo continente por vários anos, após um tempo lecionando antropologia na Universidade da República, em Montevidéu. Em 1968, os processos que lhe eram movidos pelo regime foram anulados pelo Supremo Tribunal Federal, e ele retornou ao Rio de Janeiro em outubro. Com a edição do AI-5, no entanto, foi preso sob a acusação de infringir a Lei de Segurança Nacional. Permaneceu encarcerado em uma unidade da Marinha até setembro do ano seguinte, quando foi, afinal, absolvido. Ao ser solto, em 1969, exilou-se na Venezuela, passando depois pelo Chile, onde trabalhou

Adger Cowans/Getty Images

Arembepe, na Bahia, se tornou a primeira grande colônia hippie e recebia turistas ilustres como o cantor Mick Jagger, dos Rolling Stones

como assessor de Allende, e radicou-se no Peru durante o mandato do general Velasco Alvarado, estatizante e alinhado com o bloco soviético. Mas em agosto de 1975, o general Francisco Bermúdez, presidente do Conselho de Ministros, liderou um golpe de Estado desde a cidade de Tacna, em uma ação conhecida como Tacnazo, e Darcy acabou voltando em definitivo ao Brasil. O professor Fernando Henrique Cardoso já havia retornado no final de 1968 e, juntamente com outros intelectuais, como Boris Fausto, Francisco Weffort, Carlos Estevam Martins (ex-ISEB e ex-CPC), Octavio Ianni e Roberto Schwarz, criou o Centro Brasileiro de Análise e Planejamento (Cebrap), que mantinha canais com o MDB e seria um embrião do futuro PSDB. A entidade recebeu uma injeção inicial de 145 mil dólares da Fundação Ford, que atuava de forma ambígua no país: incentivava projetos para o fortalecimento da democracia e de redução da pobreza, mas também era vista como uma frente da CIA, vista com grande confiança pela ditadura militar.

Iniciado em 1970, o governo socialista de Allende havia atraído ao Chile diversas lideranças políticas brasileiras exiladas, como José

Serra, coordenador da chamada Base Santiago desde 1964. Segundo seus contemporâneos, era ele quem formulava as propostas do ministro da Economia, Fernando Flores, engenheiro que pouco entendia dos assuntos da pasta. Durante uma festa, conheceu sua futura esposa, Sylvia Mônica Allende, parente distante do presidente. Os dois se casaram em 1967 e seus dois filhos nasceram no país. Com Almino Affonso e outros ex-militantes da AP, o ex-líder da UNE participava do boletim Frente Brasileira de Informação, que fazia denúncias sobre o regime no Brasil. Betinho era a segunda pessoa mais importante da Base e chegou a escrever vários dos discursos do presidente da República. Mas a Ação Popular de fundo católico que eles haviam conhecido havia passado por substanciais mudanças, adotando o dogmatismo chinês. A guinada acabaria tornando essas figuras proeminentes segregadas na própria organização, então mais inclinada a revolucionários chilenos embalados pelas canções da família Parra, de Victor Jara e do grupo Inti-Illimani. Cesar Maia também havia se exilado no país, onde conheceria sua mulher, Mariangeles Ibarra, tornando-se pai dos gêmeos Daniela e Rodrigo. Estudou economia na Universidade do Chile junto com Serra, e formou-se em 1972. Após o golpe comandado por Augusto Pinochet, em 1973, retornou ao Brasil. Como era alvo de processos pendentes na Justiça Militar, foi preso no aeroporto e levado para detenção no Batalhão de Guardas do Rio. Após três meses, o caso foi arquivado por falta de provas e ele retomou, gradualmente, a vida profissional e política.

Em 1972, o MR-8 havia "rachado", restando apenas um pequeno núcleo de militantes no Brasil. No Chile, formaram-se dois grupos: um liderado por Vladimir Palmeira e Daniel Aarão Reis e o outro comandado por Franklin Martins, Carlos Alberto Muniz e Juca Ferreira, o Baca, futuro ministro da Cultura do governo Lula. Guerrilheiros como Fernando Gabeira (do MR-8), Carlos Minc (VAR-Palmares) e Alfredo Sirkis (VPR) também se encontravam no país onde a utopia socialista em terras sul-americanas parecia finalmente próxima de se tornar realidade. Sirkis havia saído do Brasil pouco depois de ter participado do sequestro do embaixador alemão. Trabalhou em Paris no jornal *Libération*, dirigido por Jean-Paul Sartre, e tornou-se seu correspondente no Chile, usando o nome de Marcelo Dias. Com a derrubada de Allende em 1973, refugiou-se na Argentina, onde também haveria um golpe de Estado. "Meus piores momentos no exílio foram as duas semanas em Santiago depois do golpe do Pinochet", recordou ele em 2019. "No ano que vivi em Buenos Aires também passei por uns 'perrengues'. O pior foi quando me pararam no meio da rua, me colocaram dentro de um camburão e fizeram um *chequeio* no computador que usavam na época. Não apareceu nada e me soltaram, depois de um interrogatório." Da Argentina Sirkis foi para Portugal, onde foi editor internacional do *Página Um* e redator-chefe do *Cadernos do Terceiro Mundo*. Na época também colaborou com o *Le Monde diplomatique*.

Em dez anos de exílio, Fernando Gabeira passaria por vários países além do Chile, entre eles Argélia e Alemanha. Na Suécia, país onde viveu mais tempo no exterior, exerceu desde a função de condutor de metrô, em Estocolmo, à de jornalista, principalmente na Rádio Suécia. Com a companheira de sequestro e banimento Vera Silvia Magalhães manteve um relacionamento que terminou por iniciativa dela, que não se adaptou à nação escandinava. "Não aguentava viver lá, achava tudo muito depressivo", diria Vera, anos depois. Mudando-se para a França, ela se ocupou como babá e estudou na Sorbonne, onde foi aluna de Fernando Henrique Cardoso. Em 1978, teria um filho com outro exilado, Carlos Henrique Maranhão.

O presidente da UNE, Jean Marc von der Weid, também havia chegado ao Chile pouco antes do golpe, com o objetivo de participar do processo revolucionário. Nos dias seguintes à invasão do Palacio de la Moneda, ele, que tinha passaporte suíço, e Serra, que tinha documentos italianos, ajudaram brasileiros a conseguir asilo nas embaixadas. Devido ao princípio da extraterritorialidade, as Forças Armadas chilenas não podiam invadi-las. A representação da Argentina abrigou centenas de refugiados: "Éramos cerca de setecentas pessoas de diversas nacionalidades, das quais 150 eram crianças", relatou o ex-guerrilheiro da VPR, Liszt Vieira. "Nós não podíamos sequer ir até o quintal ou mesmo olhar por cima do muro, pois o prédio estava cercado por militares chilenos, com seus fuzis apontados para nós.

[...] Passaram-se quase dois meses até que, no fim de novembro, um avião militar veio nos buscar e fomos enviados à Argentina." Jean Marc optaria por viver na França. Serra seguiria com a família para os Estados Unidos.

Em tempos de saída em massa do país, Vinicius de Moraes, Toquinho e Chico Buarque haviam composto o "Samba de Orly", que aludia a alguém que, do exílio, se despede de um amigo que volta ao Brasil: "Vai meu irmão/ Pega esse avião/ Você tem razão de correr assim/ Desse frio, mas veja/ O meu Rio de Janeiro/ Antes que um aventureiro/ Lance mão/ Pede perdão/ Pela duração dessa temporada/ Mas não diga nada/ Que me viu chorando/ E pros da pesada/ Diz que eu vou levando". Em 1976, Chico faria com Francis Hime outra carta musicada, "Meu caro amigo", "endereçada" ao diretor teatral Augusto Boal, então asilado em Portugal, mas extensiva a todos os que se viam em situação semelhante no exterior. "Uns dias chove, noutros dias bate sol/ Mas o que eu quero é lhe dizer que a coisa aqui tá preta", dizia o refrão.

A militante Sônia de Moraes Angel Jones, do MR-8, faria um percurso oposto ao dos demais exilados políticos. Da França, para onde fora por vias legais em maio de 1970 e onde estudava na Universidade Vincennes, ela tomou o caminho de volta, ao ter conhecimento da prisão e desaparecimento do marido, Stuart Angel Jones, em junho de 1971. Filha de um coronel do Exército, Sônia trabalhara como professora no Rio, até se casar com Stuart, em 1968, depois de um namoro iniciado em reuniões do movimento. Presa em 1º de maio de 1969, durante uma manifestação, fora levada para o DOPS para interrogatório e em seguida para o presídio feminino São Judas Tadeu. Em agosto seria absolvida pelo STM, passando à clandestinidade com o nome de Esmeralda Siqueira Aguiar. Em liberdade, exilara-se na França.

Stuart era filho do norte-americano Norman Angel Jones e da mineira Zuleika de Souza Netto, figurinista e estilista conhecida internacionalmente como Zuzu Angel. Bicampeão carioca de remo pelo Flamengo, ele estudara economia na UFRJ. Na luta armada usava o codinome Paulo. Em 14 de junho de 1971, foi preso próximo a seu "aparelho", no bairro do Grajaú, e levado à Base Aérea do Galeão para interrogatório. A versão mais conhecida e difundida de sua tortura e morte foi dada pelo ex-guerrilheiro Alex Polari, também detido no local, que assistiu a tudo da janela de sua cela. Amarrado a um carro e arrastado por todo o pátio do quartel, o rapaz, em alguns momentos, foi obrigado a colocar a boca no escapamento do veículo, aspirando os gases tóxicos emitidos. Polari ainda contaria em carta a Zuzu Angel que, sufocado e com o corpo bastante esfolado, o militante seguiu pedindo água noite adentro. Depois dali, Stuart não seria mais visto.

A Base Aérea estava sob a jurisdição do brigadeiro João Paulo Burnier, autor do plano para explodir o Gasômetro do Rio, anos antes. Burnier também seria apontado como responsável pela prisão e desaparecimento forçado do ex-deputado federal Rubens Paiva, em janeiro de 1971, e pela morte de Anísio Teixeira, cujo corpo foi encontrado no fosso do elevador do prédio onde morava o amigo filólogo Aurélio Buarque de Holanda, na praia de Botafogo, no Rio, em março do mesmo ano. À Comissão da Verdade, o professor João de Lima Rocha declarou: "Luiz Viana Filho [político baiano] me confessou saber que Anísio Teixeira fora preso e levado para o quartel da Aeronáutica, em uma operação que teve como mentor o brigadeiro Burnier, que tinha o plano de matar todos os intelectuais importantes do Brasil". Em carta dirigida ao general Ernesto Geisel, tempos depois, o brigadeiro Eduardo Gomes referiu-se a Burnier como "um insano mental, inspirado por instintos perversos e sanguinários sob o pretexto de proteger o Brasil do perigo comunista". Burnier seria reformado compulsoriamente em março de 1972, por decisão do presidente Médici.

Ao voltar ao Brasil, Sônia Angel retomou a luta armada, ingressando na ALN. Iniciou um relacionamento com Antônio Carlos Bicalho Lana, recuperado do tiroteio de que escapara na Mooca em junho de 1972, e foi morar em São Vicente em novembro de 1973. Quase em seguida, ela e Lana foram presos. Segundo versão dada à revista *Veja* em 1992 pelo ex-sargento Marival Chaves do Canto, ex-membro do DOI-CODI/SP, os dois foram levados para um sítio em Parelheiros, na zona sul de São Paulo, e torturados por vários dias, até serem mortos a tiros pelo capitão Ênio Pimentel da Silveira, o Doutor Ney, no dia 30 de novembro. Por quase vinte anos, a família de Sônia investigou os fatos relativos à sua morte. Descobriu que ela havia sido enterrada no Cemitério de Perus, na capital paulista, como Esmeralda Siqueira Aguiar, seu codinome. Através de um trabalho de identificação feito pela Unicamp, os ossos dela puderam ser identificados e foram enterrados no Rio de Janeiro em agosto de 1991.

Zuzu Angel iniciou uma cruzada pelo paradeiro do corpo de Stuart, tendo apelado inclusive ao Congresso dos Estados Unidos, por meio do senador Edward Kennedy. As versões surgidas desde então variavam. Segundo algumas fontes, o cadáver havia sido jogado em alto-mar por um helicóptero da Marinha. Outras apontavam que o corpo de Stuart havia sido enterrado como indigente, com o nome alterado, em um cemitério do subúrbio carioca de Inhaúma. A campanha da estilista chegou às suas coleções, estampadas com manchas vermelhas, pássaros engaiolados e motivos bélicos. O anjo, ferido e amordaçado, em suas estampas, tornou-se também uma alusão ao filho desaparecido. Zuzu chegou a realizar em Nova York um desfile-protesto, com elementos em negro e crucifixos. Ela morreria em 1976, em um suspeito acidente de automóvel, no Rio, sem ter encontrado o corpo de Stuart. Em 1998, a Comissão Especial dos Desaparecidos Políticos julgou o caso e reconheceu o regime militar como responsável pela morte da estilista. Cláudio Guerra, ex-delegado do DOPS, em seu livro sobre a repressão, mencionou o episódio, afirmando que o coronel Freddie Perdigão fora o organizador do atentado, segundo ele encomendado ao oficial pelo gabinete de Geisel. O ex-policial revelou ainda ter identificado Perdigão em uma foto do desastre, ocorrido na saída do túnel Dois Irmãos (hoje Zuzu Angel), em São Conrado.

XXVIII

DAS PROMESSAS À DURA REALIDADE

O governo Médici chegou ao fim com a posse, em 15 de março de 1974, de seu colega de conspiração, ex-integrante dos sucessivos gabinetes e ex-presidente da Petrobras Ernesto Geisel. O general "concorrera" pela Arena contra o deputado Ulysses Guimarães, candidato do MDB, que derrotou por quatrocentos votos – o total de deputados e senadores da Arena – contra 76 do MDB, 21 em branco e 6 ausentes. Ulysses havia sido lançado como "anticandidato", tendo como vice na "chapa" o jornalista e ex-governador de Pernambuco, Barbosa Lima Sobrinho. O objetivo era expor o que considerava "farsa eleitoral". Ele explicara a decisão com tintas fortes: "Não é o candidato que vai percorrer o país. É o anticandidato, para denunciar a antieleição, imposta pela anticonstituição, que homizia o AI-5, submete o Legislativo e o Judiciário ao Executivo, possibilita prisões desamparadas pelo *habeas corpus* e torna inaudíveis as vozes discordantes, porque ensurdece a nação pela censura".

A escolha de Geisel havia sido definida quase um ano antes, cercada de sigilo. Em agosto de 1972, o governo baixara uma norma sobre o assunto, proibindo a publicação em qualquer jornal ou revista de comentários, "críticas, sugestões ou análises a respeito da sucessão". Apesar de vedado o tema, chegou a haver certa movimentação por uma candidatura de Médici à reeleição, dessa vez pela via direta. A proposta, surgida em setores da Arena, animou alguns dos ministros, como Delfim Netto, da Fazenda, Mário Andreazza, dos Transportes, e Leitão de Abreu, do Gabinete Civil. Mas não prosperou, diante da indisposição do general de enfrentar mais um mandato. O ministro do Exército, Orlando Geisel, também havia sido cogitado, mas declinou do convite.

— Apoiei a indicação de seu nome à sucessão do Médici — revelou ao irmão mais novo.

— Por que não quer a Presidência? — espantou-se Ernesto Geisel.

— Minha saúde vem piorando a cada dia. Não teria como encarar essa responsabilidade.

Apesar dessa resposta, o novo governante enfrentou, logo de cara, um atrito com Orlando, por não tê-lo indicado para nenhum cargo – achava que isso era coisa de "república de bananas". Orlando não assimilou o papel institucional do irmão, acusando-o de ingratidão. E decidiu não desocupar o imóvel destinado ao ministro do Exército – o palacete Laguna, no Rio de Janeiro, antiga residência do Chalaça, ordenança de dom Pedro I. Apesar da rusga não resolvida, Ernesto Geisel compareceria ao enterro do primogênito, em 1979, acompanhado pelo sucessor, João Figueiredo.

Ao assumir, o general prometeu uma "distensão política", de modo a atender as reivindicações da sociedade civil organizada sem, contudo, interromper a continuidade do regime: "A nossa revolução é democrática. Minha intenção é preparar, sem precipitação, sem queimar etapas, o caminho que nos leve ao aperfeiçoamento democrático, no contexto de um processo lento, gradual e seguro", afirmou.

Os desafios de natureza econômica enfrentados por sua administração não foram menores: o primeiro se originou bem antes, quando, em agosto de 1971, o governo de Richard Nixon mudou drasticamente a estratégia monetária dos Estados Unidos, ao romper com o padrão estabelecido em Bretton Woods, pelo qual a moeda norte-americana tinha sua conversibilidade em ouro. A medida fortaleceu as divisas americanas, mas afetou seriamente a economia mundial nos anos seguintes. O segundo desafio foi a crise do petróleo, que obrigou o governo a buscar novos paradigmas energéticos, como o Programa

Nacional do Álcool (Proálcool), inaugurado em novembro de 1975. O programa substituiu a gasolina por álcool etílico, diminuindo a dependência do país do combustível importado.

Anunciado em outubro de 1974, o II Plano Nacional de Desenvolvimento era a ferramenta imaginada para impulsionar uma economia moderna e diversificada no Brasil. Seus eixos principais eram a ampliação da malha rodoferroviária e da rede de telecomunicações; a ocupação produtiva do Norte, do Nordeste e do Centro-Oeste, via Projeto Carajás e outros; infraestrutura e energia, com investimentos nas usinas de Itaipu e Tucuruí, na Telebrás e nas usinas Angra 1 e 2; e a articulação com a economia mundial. Mas o "milagre" de anos anteriores, que fizera o país crescer a taxas médias de 10% ao ano, não voltaria a se repetir. A proposta desenvolvimentista lastreada em financiamentos externos e recursos públicos logo teria sua fragilidade exposta.

Mário Henrique Simonsen, da Fazenda, proibiu o setor público de pegar empréstimos nos bancos nacionais e editou medida que permitiu a estatização da dívida externa do setor privado. Assim, se, em 1973, 67% do montante da dívida estava nas mãos do setor privado, em 1975, já se dividia meio a meio entre setor público e privado. Em 1979, o Estado já arcava com 77% desse total, chegando a US$ 43,5 bilhões. O aumento do endividamento interno e externo e a escalada da inflação pressionaram Geisel e sua equipe, gerando descontentamento não só em meio à população como nos próprios quadros militares, já que as Forças Armadas também sentiam no bolso a conjuntura econômica.

Na época, havia uma discussão mundial sobre a relação entre crescimento populacional e pobreza. Os ideólogos conservadores defendiam a ideia de que o planejamento familiar seria uma condição fundamental para elevar o padrão de vida das populações e promover uma melhor distribuição da renda. Os progressistas advogavam o inverso. No governo Geisel, o Ministério da Saúde criaria um programa de distribuição de pílulas anticoncepcionais para prevenção da gravidez de alto risco. O conceito, entretanto, estava sendo definido de forma bastante ampla, incluindo os casos de subnutrição da mãe, o que abrangia entre 20 e 25% das concepções no Nordeste. Quase metade da verba seria utilizada na distribuição de pílulas a famílias carentes, embora a taxa de fertilidade nacional já viesse caindo desde os anos 1960. A ênfase no planejamento familiar, na verdade, indicava que, em função da crise que se abatia sobre o país, os sonhos do "Brasil potência" estavam mais moderados.

Se a conduta dos presidentes e vices do período militar não chegou a despertar críticas no aspecto de probidade, nos escalões inferiores e no Congresso havia questionamentos, ainda que cercados de discrição. Castello Branco chegara a comentar que julgara mais difícil combater a corrupção que a subversão. De 1968 a 1973, a Comissão Geral de Investigações (CGI), do governo, abriu 1.153 processos, dos quais mais de mil foram rapidamente arquivados. Entre os investigados estava o senador baiano Anônio Carlos Magalhães, supostamente beneficiado pela empresa Magnesita. As obras do período do Milagre também fizeram de dez empreiteiras as detentoras de 68,7% do faturamento do setor. A Odebrecht, que até os anos 1960 havia sido uma companhia restrita à Bahia, pulou para o terceiro posto nacional. Mais tarde, seriam apurados atos de políticos como Paulo Maluf, beneficiário de dinheiro público para cobrir o rombo da empresa têxtil Lutfalla, de sua mulher, Sílvia. Em 1982, Delfim Netto (Planejamento), Mario Andreazza (Transportes) e Ernani Galvêas (Fazenda) se veriam envolvidos em um escândalo, por aceitarem terrenos que não valiam mais que 9 bilhões de cruzeiros para saldar a dívida de 60 bilhões da caderneta de poupança Delfin, a maior do país. E outro caso envolveu Delfim Netto, relativo à liberação de recursos da Caixa Econômica Federal para tentar salvar o grupo Coroa-Brastel da liquidação judicial.

Em 1º de julho de 1974, pela lei complementar nº 20, seria efetivada a fusão do estado do Rio de Janeiro com o da Guanabara, que havia sido criado em 1960 como compensação à transferência da capital federal para Brasília. Mesmo depois de perder verbas federais com o esvaziamento político, a Guanabara havia desfrutado de uma elevada receita, de dupla arrecadação com os impostos municipais e estaduais, o que lhe possibilitou o financiamento de grande número de obras públicas, em contraposição ao vizinho estado do Rio de Janeiro, cuja economia minguava desde 1927. Após o retorno à situação territorial anterior, com a principal cidade voltando a ser a capital fluminense, as finanças locais seriam irremediavelmente afetadas.

O período não traria fatos negativos apenas no plano da economia. No dia 1º de fevereiro de 1974, uma sexta-feira, ocorreria em São Paulo uma das maiores tragédias da história, quando um curto-circuito em um aparelho de ar condicionado causou um incêndio no edifício comercial Joelma, situado na região central da cidade. O fogo provocou a morte de 187 pessoas e deixou mais de trezentos feridos. Nos braços da mãe, que saltou para a morte no 15º andar, uma criança de um ano e meio foi salva em um dos episódios mais dramáticos do incidente. O incêndio aconteceu quase dois anos após outro prédio arder em chamas no centro da cidade, o edifício Andraus, com dezesseis mortos.

No próprio futebol, que havia conhecido a glória com a conquista do Tri quatro anos antes, o desapontamento foi completo. Primeiro Mundial desde 1958 sem o Rei Pelé, a Copa disputada na Alemanha Ocidental também não teria em campo supercraques como Tostão, Gérson e Carlos Alberto. O Brasil venceria o time da casa por um apertado 1 x 0, mas perderia para a Polônia e para a seleção de Johan Cruyff, cujo "carrossel holandês", em que todos os jogadores de linha alternavam posições, encantou o planeta.

No campo político, o regime também enfrentaria os maiores reveses no final de 1974. Nas eleições parlamentares de 15 de novembro, os candidatos do MDB impuseram uma derrota avassaladora ao governo, ao ficarem com 16 das 22 vagas em disputa para o Senado e aumentarem sua bancada de 54 para 161 do total de 364 na Câmara. A situação perdia, assim, a maioria qualificada. O resultado se devia em parte a uma mudança de postura das organizações da esquerda revolucionária, que desde o golpe haviam defendido o voto nulo. Em 1974, tanto a AP como o MR-8 decidiram participar do processo eleitoral, apoiando candidaturas de esquerda que se apresentavam na lista do MDB. Na campanha, seus candidatos haviam aproveitado os meios de comunicação como uma tribuna importante de denúncia da ditadura, da situação social do país e de divulgação da luta por liberdades democráticas.

Nos primeiros tempos do governo Geisel, haviam diminuído as denúncias a respeito de tortura, morte e desaparecimento de presos políticos. O AI-5 foi aplicado em raras ocasiões e acabou progressivamente substituído por "salvaguardas constitucionais". A censura prévia em redações foi suspensa em 3 de janeiro de 1975. Ainda assim, naquele ano, nada menos que 109 livros publicados seriam retidos e 20% das revistas sofreriam cortes. A aparência de uma "legalidade autoritária" cristalizaria a ideia de que a era Geisel havia sido mais branda que a de seus antecessores. Mas, décadas depois, seriam encontradas evidências de que o quadro da repressão persistia sem grandes alterações.

A pena de morte havia sido reintroduzida no Brasil em 1969, depois de um século sem aplicação, prevista na Lei de Segurança Nacional e pelo Ato Institucional nº 14 (AI-14), como punição por crimes políticos que resultassem em morte. O único condenado à pena máxima desde então – e em toda a história republicana do Brasil – fora Teodomiro Romeiro, um militante do PCBR, sob a acusação de ter disparado contra um sargento da Força Aérea, que morreu, e um policial federal, que ficou ferido. Mas a sentença seria comutada para prisão perpétua. Se não houve execuções oficiais, durante o regime militar teriam ocorrido os assassinatos extrajudiciais de mais de quatrocentos dissidentes. Documentos revelados pelo Departamento de Estado norte-americano em 2018 demonstram que não apenas os altos escalões do governo tinham conhecimento do que se passava, como decidiam a política que norteava essas eliminações. Um memorando de 11 de abril de 1974 enviado pelo diretor da CIA para o então secretário de Estado Henry Kissinger indicava, já no título, a gravidade do que vinha sendo discutido no Planalto a respeito: "Assunto: Decisão do presidente brasileiro, Ernesto Geisel, de continuar com as execuções sumárias de subversivos perigosos, sob certas condições".

Segundo o pesquisador Matias Spektor, coordenador do Centro de Relações Internacionais da Fundação Getulio Vargas, o relatório começa descrevendo encontro de 30 de março de 1974 entre o então presidente Ernesto Geisel, o general Milton Tavares de Souza e o general Confúcio Danton de Paula Avelino, respectivamente o ex-chefe e o novo chefe do Centro de Inteligência do Exército (CIE), além do general João Figueiredo, então chefe do SNI e futuro presidente do país. O relatório registra que o general Milton "enfatizou que o Brasil não podia ignorar a ameaça subversiva e terrorista, e afirmou que métodos extralegais deveriam continuar a ser empregados contra subversivos perigosos". Em seu trecho mais dramático, o documento aponta: "O general Milton relatou que cerca de 104 pessoas, nessa categoria, haviam sido executadas sumariamente pelo CIE durante o último ano. Figueiredo apoiou essa política e defendeu sua continuidade". Segundo o relatório, disponível no site do Departamento de Estado, "Geisel informou ao general Figueiredo que a política deveria continuar, mas que extremo cuidado deveria ser tomado para assegurar que apenas subversivos perigosos fossem executados" e que "o chefe do CIE deveria consultar o general Figueiredo, cuja aprovação deveria ser dada antes que a pessoa fosse executada".

Dos 210 desaparecidos políticos no Brasil, 35 ocorrências foram no ano de 1974, a maior parte após a posse de Geisel. Entre o dia da reunião registrada para a CIA e o mês de março de 1979, ao menos 89 pessoas seriam mortas pela repressão – a maioria em São Paulo e no Rio –, segundo levantamentos da Comissão Nacional da Verdade e de outras instituições. E nem todas elas estavam na clandestinidade.

O caso mais rumoroso desse período envolveria o jornalista Vladimir Herzog, que, aos 38 anos, era veterano na imprensa, tendo coberto a inauguração de Brasília e passado por importantes redações. Sua família, de origem judaica iugoslava – seu nome verdadeiro era Vlado –, viera para o Brasil depois de fugir da perseguição nazista na Europa. Em outubro de 1975, ele ocupava o cargo de diretor de jornalismo da TV Cultura e, como outros colegas, estava na mira da Operação Jacarta, conduzida pelo DOI-CODI, voltada a destruir bases do Partido Comunista em órgãos de imprensa e outras entidades.

No dia 24, o jornalista foi chamado ao departamento. Na manhã seguinte, Herzog apresentou-se à sede da OBAN, na rua Tutoia, levado àquele endereço pelo jornalista Paulo Nunes, que cobria a área militar na redação da TV Cultura.

Nunes foi dispensado na recepção e Vlado encaminhado para interrogatório. Foi então encapuzado, amarrado a uma cadeira, sufocado com amoníaco, submetido a espancamento e choques elétricos, seguindo a rotina aplicada a centenas de outros presos políticos. O jornalista Sérgio Gomes, que estava preso no mesmo DOI-CODI naquele dia, relatou, em 1992, ao jornal *Unidade*, do sindicato da categoria: "Naquela cela solitária, eu podia ouvir os gritos: 'Quem são os jornalistas?'. Pelo tipo de grito, pelo tipo de porrada, sabia que estava sendo feito com alguém exatamente aquilo pelo que eu tinha passado. Lá pela hora do almoço há uma azáfama, uma correria. Ele foi torturado durante toda a manhã e se dá o tal silêncio. A gente percebe que tem alguma coisa estranha acontecendo. Tinham acabado de matar o Vlado".

No dia seguinte, uma nota do II Exército informava a morte do jornalista naquelas instalações: "Por volta das 15h, deixado, sozinho, em uma sala, redigiu declaração dando conta de sua militância no Partido Comunista; às 16h, ao ser procurado na sala onde ficara, foi encontrado morto, enforcado em uma tira de pano". A nota afirmava que, solicitada a perícia, foi constatada a ocorrência de suicídio e que "o cadáver de Vladimir Herzog foi encontrado, junto à janela, em suspensão incompleta e sustido pelo pescoço, através de uma cinta de tecido verde" e que "o traje que vestia o cadáver compunha-se de um macacão verde de tecido igual ao da referida cinta". Na fotografia divulgada, o corpo do jornalista pendia da grade de uma janela fechada por tijolos de vidro, e se mostrava quase ajoelhado, o que tornava a versão do suicídio mais improvável do que já parecia. O rosto estava visivelmente marcado por hematomas.

O jornalista Rodolfo Konder, preso e torturado no mesmo dia, registraria depoimento no dia 7 de novembro no escritório dos advogados José Carlos Dias e Arnaldo Malheiros Filho, refutando a narrativa oficial:

Arquivo Público do Estado de São Paulo, São Paulo

Passagem de bastão: Médici entrega o país ao general Geisel

No sábado de manhã, percebi que Vladimir Herzog tinha chegado. Como o capuz é solto, por baixo dele, quando a vigilância não é severa, pode-se ver os pés das pessoas que estão perto. Ao meu lado estava sentado George Duque Estrada, do *Estado de S. Paulo*, e eu comentei com ele que Herzog estava ali presente, isto porque Vlado era muito meu amigo e nós comprávamos sapatos juntos, e eu o reconheci pelos sapatos. Algum tempo depois, Vladimir foi retirado da sala. Nós continuamos lá, sentados num banco, até que veio um dos interrogadores, levou a mim e ao Duque Estrada a uma sala de interrogatório. Vladimir estava lá, sentado numa cadeira, com o capuz enfiado e já de macacão. Assim que entramos, o interrogador mandou que tirássemos os capuzes, por isso vimos que era Vladimir, e vimos também o interrogador, que era um homem de 33 a 35 anos. Vladimir disse que não sabia de nada e nós dois fomos levados de volta ao banco de madeira onde nos encontrávamos, na sala contígua. De lá, podíamos ouvir nitidamente os gritos, primeiro do interrogador e depois de Vladimir, e ouvimos quando o interrogador pediu que lhe trouxessem a "pimentinha" e solicitou ajuda de uma equipe de torturadores. Alguém ligou o rádio, e os gritos de Vladimir se

> confundiam com o som do aparelho. A partir de determinado momento, a voz de Vladimir se modificou, como se tivessem introduzido alguma coisa em sua boca; dali a pouco o interrogador voltou para me levar até Vladimir, permitindo mais uma vez que eu tirasse o capuz. Ele estava sentado na mesma cadeira, com o capuz enfiado na cabeça, mas agora me parecia particularmente nervoso, as mãos tremiam muito e a voz era débil.

Foi a última vez que o viu com vida. Para Rodolfo Konder, Herzog não poderia ter se suicidado com o cinto do macacão, pois, segundo ele, "o macacão que lhe deram para vestir nas dependências do DOI, a exemplo de todos os outros, não tinha cinto".

Ao *El País* de 24 de maio de 2018, Ivo Herzog, filho do jornalista e fundador do Instituto Vladimir Herzog, expôs sua teoria para o que ocorreu naqueles últimos instantes:

> Num determinado momento, já bastante intenso, mandam ele redigir um bilhete, dizendo que se arrependia, fazendo *mea culpa*, algo assim. E esse bilhete é muito importante porque é uma prova de tortura, e as palavras que estão lá não são palavras que meu pai usaria. A letra é dele, mas numa grafia perturbada. Ele escreve e quando termina, num momento de reflexão, meu pai rasga o bilhete. Quando rasga, os caras foram com tudo pra cima dele. E aí ele morre. Não acho que o objetivo do Exército era que ele não saísse de lá. [...] A leitura que temos é que foi um momento de fúria que resultou na morte dele.

O fato teve repercussão em todo o país e iria impulsionar a luta pela redemocratização. A começar pelo ato ecumênico realizado na catedral de São Paulo seis dias depois de sua morte, conduzido pelo cardeal dom Paulo Evaristo Arns, pelo rabino Henry Sobel e pelo pastor Jame Wright, com o comparecimento de 8 mil pessoas. "O ato por Herzog foi um momento de união de forças a partir do qual ficou claro para o regime que a sociedade civil caminharia determinadamente para a reconstrução da democracia", disse Audálio

Dantas, então presidente do Sindicato dos Jornalistas e um dos articuladores daquela manifestação. Por decisão de Sobel, Herzog não foi sepultado como suicida no Cemitério Israelita. Quando o Shevra Kadisha (comitê funerário judaico) foi preparar o corpo para o enterro, o rabino notou os sinais de tortura. O pastor Wright havia intensificado sua luta pelos direitos humanos desde que seu irmão, Paulo, deputado cassado e militante da AP, havia sido preso e desaparecera na Semana da Pátria de 1973. A única pista sobre seu destino foi dada pelo companheiro de militância Osvaldo Rocha, que afirmou ter visto na sala de tortura da OBAN a camisa que Paulo estava vestindo no seu último encontro. Em uma intervenção sobre o episódio de 1975, o artista plástico Cildo Meireles carimbava as notas de 1 cruzeiro que recebia com a pergunta "Quem matou Herzog?", e as devolvia à circulação.

Em 1976, Clarice Herzog e seus filhos Ivo e André deram entrada na Justiça Federal uma ação pleiteando que fosse declarada a responsabilidade da União pela tortura e morte de Vlado. Somente em março de 2013, por determinação do Tribunal de Justiça de São Paulo, a família do jornalista recebeu um novo atestado de óbito, substituindo a definição anterior, "asfixia mecânica por enforcamento", por "lesões e maus-tratos sofridos durante o interrogatório nas dependências do II Exército/DOI-CODI".

O episódio de Herzog tinha antecedentes, como o caso que envolveu o quartanista de geologia da USP e integrante da ALN Alexandre Vannucchi Leme, morto aos 22 anos nas instalações do mesmo DOI-CODI/SP, em 17 de março de 1973. A auxiliar pedagógica Neide Richopo, ex-presa política torturada no local, disse ter ouvido os gritos de Alexandre durante dois dias e que, no segundo dia, ele foi arrastado, já morto, da cela onde se encontrava. Depois disso, os interrogadores apresentaram versões diferentes sobre sua morte, de atropelamento a suicídio. Na época, Geraldo Augusto de Siqueira Filho tinha 22 anos, era aluno da Geografia da USP e militava no Movimento Estudantil. Ele recordou: "A faculdade já estava meio vazia e, de repente, chegou o pessoal do centro acadêmico da Geologia, gritando: 'Mataram o Minhoca!'. O Minhoca era o

Vannucchi. Não deu nem tempo de preparar um manifesto, como vínhamos fazendo no caso de prisões para, pelo menos, mostrar que sabíamos onde ele estava e cobrar sua soltura". A necropsia assinada apresentada estabeleceu a versão segundo a qual Alexandre teria se atirado sob um veículo, sofrendo contusão na cabeça. O delegado Sérgio Fleury repetiu ao pai do estudante que o rapaz havia sido atropelado. E lhe ofereceu, como um macabro presente, a suposta placa do caminhão que o teria matado. A família pressionou diversas instâncias do regime para que o corpo fosse entregue, a fim de ser sepultado em Sorocaba, sua cidade natal.

Mesmo sem o aparecimento do corpo do rapaz, o cardeal-arcebispo de São Paulo, dom Paulo Evaristo Arns, aceitou celebrar uma missa em sua intenção, na Sé, a 30 de março de 1973. Antes da cerimônia, o clima estava especialmente tenso. Soldados do II Exército haviam se espalhado pela praça e posicionaram uma metralhadora em frente à escadaria da catedral. Mas não houve incidentes.

Em 1976, o DOI-CODI de São Paulo seria novamente cenário de uma eliminação nas mesmas circunstâncias. A morte do operário Manoel Fiel Filho foi registrada como suicídio, procedimento que vinha sendo repetido em dezenas de casos. Fiel Filho trabalhava no setor de prensas hidráulicas da Metal Arte, no bairro da Mooca. Era casado, tinha duas filhas e morava num sobrado na Vila Guarani. Na manhã de 16 de janeiro, ele foi procurado em casa por dois homens que se identificaram como agentes do DOPS. Após uma revista no local feita pelos policiais, Fiel foi autorizado a ficar a sós com sua família por alguns instantes e, em seguida, entrou no carro dos agentes. Foi encaminhado para o DOI-CODI e, após uma acareação com o colega Sebastião de Almeida, integrante do PCB, admitiu que recebia do outro interrogado, mensalmente, oito exemplares do jornal *A Voz do Operário*. Segundo o relatório oficial, após a acareação, Manoel foi levado de volta à cela e, às 13h, o carcereiro "tomou ciência" de que o prisioneiro "suicidara-se no xadrez, utilizando-se de suas meias, que atou ao pescoço, estrangulando-se". A entrega do corpo só foi permitida com a condição de que os parentes o sepultassem rapidamente e não falassem nada sobre sua morte.

As consequências, no entanto, seriam bem diversas das ocorridas após a morte de Vannucchi e Herzog. O caso Fiel Filho foi visto como uma provocação dos órgãos de segurança à política de distensão que o presidente preconizava. Em um claro recado à linha-dura, Geisel demitiu sumariamente o general Ednardo D'Ávila Mello do comando do II Exército, sem nem sequer comunicar o superior imediato do oficial, o ministro do Exército, general Sylvio Frota. E nomeou o general Dilermando Gomes Monteiro para o posto. Em protesto pelas mortes no órgão, o então secretário de Cultura do Estado, José Mindlin, entregou o cargo ao governador Paulo Egydio Martins.

Ednardo Mello foi removido para a chefia do Departamento de Ensino e Pesquisa do Exército, em Brasília, mas preferiu não assumir o cargo, tendo solicitado a transferência para a reserva, imediatamente concedida. No dia seguinte à sua demissão, numa coletiva à imprensa, declarou: "Infelizmente, vou para a história como um torturador, como um homem de maus sentimentos, em virtude do que houve durante o meu comando". Em sua defesa, invocou o testemunho de seus colegas de farda: "Eles sabem que sou incapaz de qualquer violência". No parecer do IPM instaurado em seguida para apurar o episódio, o procurador militar Darcy de Araújo Rebello pediu o arquivamento do processo, alegando que "as provas apuradas são suficientes e robustas para nos convencer da hipótese do suicídio de Fiel Filho".

Como as questões da tortura e dos desaparecimentos começavam a ser amplamente divulgadas no exterior e a mobilizar de maneira mais sistemática as famílias envolvidas, o tema explodiu para o debate público. Até mesmo parte dos que haviam pedido rigor no combate ao terrorismo de esquerda assustavam-se com os efeitos diretos e indiretos da repressão, a vigilância generalizada e a censura. Em agosto de 1974, dom Paulo Evaristo Arns enviou ao governo Geisel uma relação de 27 desaparecidos, 21 deles ocorridos a partir da posse do novo presidente que prometia distensão. O ministro da Justiça, Armando Falcão, que se notabilizara por responder nas entrevistas com um seco "Nada a declarar", foi incumbido de ir à TV para falar pelo governo. Disse que, dos 27 nomes cobrados, constavam

6 foragidos, 7 colocados em liberdade, 5 com destino ignorado, 1 morto na Bolívia, 1 banido, 2 na clandestinidade e 1 refugiado na Tchecoslováquia. Não foi encontrada qualquer explicação, ainda que fantasiosa, para 4 citados da lista. Na sequência, a oposição ameaçou convocar o ministro para depor no Congresso sobre o paradeiro dessas vítimas do regime.

Entre os detidos com destino ignorado, estava um ex-membro do Legislativo, o deputado Rubens Paiva, cassado em abril de 1964 e brevemente exilado na Iugoslávia e na França. Em 1969, voltara ao Brasil depois de uma passagem por Santiago do Chile. Os agentes suspeitavam que Rubens Paiva fosse o contato de Adriano, codinome de seu amigo Carlos Alberto Muniz, militante do MR-8, com Carlos Lamarca. Em 20 de janeiro de 1971, seis homens que disseram pertencer à Aeronáutica, armados com metralhadoras, invadiram a casa de Paiva no Rio de Janeiro, para prendê-lo, sem apresentar um mandado de prisão. O ex-deputado foi levado para o quartel do Galeão e acareado com duas senhoras que haviam ido visitar os filhos no Chile e foram presas ao desembarcar de volta ao Rio. Uma era a mãe de Almino Affonso, a outra, a de Helena Bocayuva, com quem ele havia estado em Santiago. Uma delas passou mal. Paiva amparou-a e foi então golpeado por um oficial. Depois de responder com um palavrão, foi surrado até ficar estendido no chão. Entre o dia de sua prisão e o seguinte, Rubens Paiva foi transferido da Zona Aérea para o DOI-CODI, na rua Barão de Mesquita, zona norte, onde teria sido novamente torturado. "Ele era briguento, enfrentava as pessoas e deve ter discutido com os caras, exigido seus direitos. Daí é que bateram mesmo", relatou sua filha Eliana, que, aos quinze anos, foi detida no mesmo dia, juntamente com sua mãe, Eunice, e submetida a diversos abusos no local. À noite outros prisioneiros ouviram seu pai pedir água a um carcereiro. A essa altura, a jovem já estava passando pelo segundo interrogatório, encapuzada, em uma sala com um torturador identificado como Cirurgião. Em dado momento, o homem recebeu um chamado. "Me mandaram para o corredor e eu fiquei ali, encapuzada, ouvindo a tortura nas outras salas", recordou Eliana quatro décadas depois. "Ouvia berros:

'Parem, pelo amor de Deus!', gritavam. Para mim, foi um horror ouvir aquilo. Ouvir tortura, vendada num corredor, foi a coisa mais enlouquecedora do mundo. Depois, fui a outro interrogatório. Acho que, nessa hora, meu pai já estava agonizando, porque amainou o tom; eles deviam estar assustados."

De madrugada, o médico do DOI-CODI, Amílcar Lobo, foi chamado ao quartel, encontrou Rubens Paiva nu, deitado numa cela no fundo do corredor, com os olhos fechados, o corpo marcado de pancadas e sinais de hemorragia interna. O médico aconselhou que o levassem ao hospital, mas o major que comandava o interrogatório achou melhor retê-lo. Em fevereiro de 2014, o coronel da reserva Armando Avólio Filho contou à CNV ter visto o tenente Antônio Fernando Hughes, codinome Alan, que morreu em 2005, pulando sobre o corpo de Paiva na carceragem do DOI. Segundo Eliana, a família recebeu todo tipo de versões das autoridades para o desaparecimento de seu pai: "Andaram contando umas histórias de que o corpo foi jogado ao mar. Para mim, é tudo fantasia. Acho que colocaram o corpo numa vala qualquer e esqueceram". À Comissão Nacional da Verdade, em 2012, o tenente-coronel Paulo Malhães admitiu ter participado da ocultação do corpo do deputado. Em depoimento posterior, de 2014, negou a participação. Logo depois do segundo comparecimento à CNV, Malhães teria seu sítio em Nova Iguaçu invadido por encapuzados e seria morto por estrangulamento.

Mesmo após a posse do general Dilermando Monteiro no II Exército, os desmandos em São Paulo prosseguiram. Em 16 de dezembro de 1976, os dirigentes do PCdoB Ângelo Arroyo e Pedro Pomar foram mortos depois de um ataque conjunto de agentes do DOPS e forças do Exército a uma reunião do Comitê Central do partido, no episódio que ficou conhecido como Chacina da Lapa. Um terceiro dirigente, João Batista Franco Drummond, preso horas antes, morreu na sede do DOI-CODI. Segundo Erasmo Dias, secretário de Segurança na época, João Drummond foi vítima de um acidente, ao tentar fugir, caindo de cabeça do alto de um muro: "Isso criou um problemão, porque já tinha acontecido o caso do Fiel Filho e ia parecer que nós é que tínhamos dado fim no sujeito, o que não houve". Outros quatro líderes que haviam deixado a casa durante a madrugada foram presos e torturados. Entre eles estava Elza Monnerat, que havia atuado no Araguaia. No período em que esteve detida, já então com mais de sessenta anos, ela fez greve de fome. A ação da Lapa foi comandada pelo delegado Sérgio Fleury e pelo tenente-coronel Rufino Ferreira Neves, que teria espalhado armas junto aos corpos para simular um confronto. Três anos depois, o PCdoB acusou o dirigente Manoel Jover Telles, que havia sido preso dias antes da Chacina, de ter denunciado o encontro à repressão. Telles acabou expulso do partido. Em 2010, em entrevista ao programa *Dossiê Globo News*, o general Leônidas Pires Gonçalves, chefe do DOI-CODI no Rio entre 1974 e 1977, e ministro do Exército do governo Sarney, afirmou que Jover Telles se vendeu aos militares. O general assumiu ter autorizado pessoalmente o suborno: "A ideia foi minha. Fui adido militar na Colômbia. Aprendi que lá eles compravam todos os subversivos com dinheiro", declarou. Segundo Leônidas, "Telles deu o dia e a hora da reunião por 150 mil cruzeiros, entregues à filha dele, em Porto Alegre". O suposto informante viveria na clandestinidade até 1990, quando reapareceu no município gaúcho de Arroio dos Ratos, onde se filiou ao Partido do Povo Brasileiro (PPB). Negando ter delatado companheiros, Telles disse que teria se matado "se não tivesse a consciência tranquila".

Na série de entrevistas que concedeu à cientista política Maria Celina D'Araújo e ao cientista social Celso Castro, no começo dos anos 1990, para a Fundação Getulio Vargas, o ex-presidente Ernesto Geisel disse que seu governo "empenhou-se sinceramente" em controlar a repressão. "Mas a dificuldade era enorme", ressalvou. Segundo ele, o Centro de Inteligência do Exército omitia informações do SNI, prejudicando as apurações: "A descentralização permitia que as ações particulares ou isoladas desenvolvidas por esses órgãos fugissem ao controle da Presidência".

Insatisfeitos com a explicação, Maria Celina e Celso pediram que Geisel se aprofundasse um pouco mais na questão:

— Era sempre uma omissão, uma falta de controle do comandante? — perguntaram.

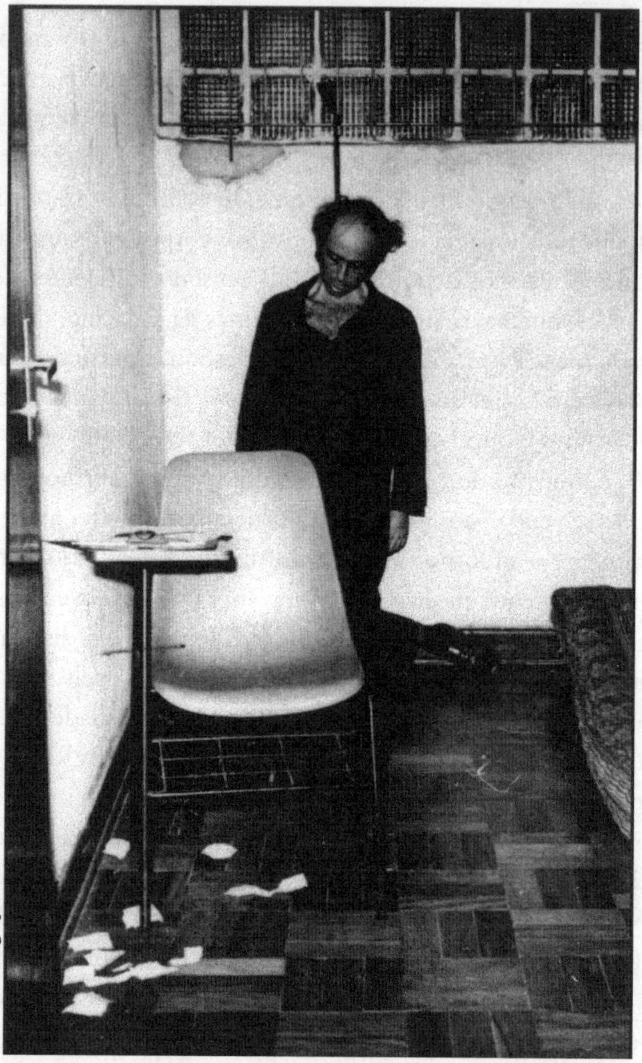

Acervo Iconographia

A morte de Vladimir Herzog teve repercussão internacional e impulsionou a luta pela redemocratização

— Nem sempre. Acho que a tortura em certos casos torna-se necessária, para obter confissões — argumentou o ex-presidente. — O inglês, no seu serviço secreto, a realiza com discrição. E o nosso pessoal, inexperiente e extrovertido, faz abertamente. Não justifico a tortura, mas reconheço que há circunstâncias em que o indivíduo é impelido a praticá-la, para obter determinadas confissões e, assim, evitar um mal maior.

Em sua obra *Combate nas trevas*, o historiador Jacob Gorender interpretou essa fala do ex-presidente como de certa aprovação às práticas: "Com sua franqueza, Geisel revela que não destituiu o general Ednardo para que cessasse a tortura do DOI-CODI em São Paulo, porém, para que se fizesse sem escândalo".

Geisel governara tendo como pano de fundo um continente que estava dominado em grande parte por ditaduras militares. Naquele momento, esses regimes estabeleceriam uma rede de cooperação contra as mobilizações armadas e cidadãos civis na região. A Operação Condor foi instituída em reunião no Chile a 26 de novembro de 1975, da qual participaram representantes dos governos do Brasil, da Argentina, do Paraguai, do Uruguai, da Bolívia e do Chile. Seu símbolo era o abutre típico dos Andes, que se alimenta de carniça. Com o apoio logístico, tecnológico e financeiro dos Estados Unidos, a operação tinha três componentes: o primeiro era a troca de informações de pessoas e organizações consideradas subversivas entre todos os membros; para a utilização compartilhada desses recursos, criou-se um sistema de comunicação por telex, chamado Condortel. O segundo era a colaboração de todos os exércitos membros nas capturas e nas torturas; os prisioneiros podiam ser interrogados por oficiais de vários países e trasladados de um país a outro. O terceiro era a ruptura das redes de apoio dos que eram considerados subversivos em qualquer parte do mundo, incluindo a possibilidade de captura e o assassinato em países fora da área.

Em novembro de 1978, um episódio demonstrou a colaboração entre as ditaduras do Uruguai e do Brasil. Nessa ocasião, oficiais do Exército do país vizinho viajaram a Porto Alegre, capital do Rio Grande do Sul, e ali sequestraram um casal de militantes da oposição uruguaia, Universindo Rodríguez Díaz e Lilián Celiberti, junto com seus dois filhos. A operação ilegal foi exposta quando dois jornalistas da revista *Veja*, o repórter Luiz Cláudio Cunha e o fotógrafo João Batista Scalco, alertados por um telefonema anônimo, foram ao apartamento onde vivia o casal. Ali, foram recebidos por oficiais armados que mantinham Lilián presa. Universindo e os filhos de Lilián já haviam sido levados ao Uruguai clandestinamente. A inesperada chegada dos jornalistas quebrou o sigilo da operação, mas ainda assim os militares levaram Lilián para Montevidéu. A cobertura da imprensa garantiu que Lilián e Universindo não "desaparecessem", mas não impediu que fossem torturados e ficassem presos por anos no Uruguai.

Estima-se que os órgãos de repressão no Cone Sul tenham eliminado aproximadamente 40 mil pessoas, das quais 30 mil apenas na Argentina e a maioria na ditadura do general Jorge Rafael Videla. O pianista brasileiro Francisco Tenório Júnior, que acompanhava os artistas Toquinho e Vinicius Moraes em shows em Buenos Aires, desapareceu na madrugada de 18 de março de 1976, depois de deixar no hotel um bilhete no qual dizia: "Vou sair para comer um sanduíche e comprar um remédio". Dez anos depois, Claudio Vallejos, ex-integrante do Serviço de Informação Naval, o serviço secreto da Marinha argentina, revelou à revista *Senhor* que Tenório havia sido preso por uma patrulha militar e torturado na Escola de Mecânica da Armada (ESMA). E que, após ter ficado claro que o pianista não tinha envolvimento em atividades políticas, ele teria sido morto com um tiro na cabeça. Vallejos apresentou como comprovação um documento de 25 de março de 1976, assinado pelo capitão de corveta Jorge Acosta e dirigido ao embaixador brasileiro naquele país, em nome do chefe da Armada Argentina. Nele era comunicada oficialmente a morte do músico, e se admitia que ele estivera detido "à disposição do Poder Executivo Nacional". Informava ainda que o cadáver encontrava-se "na morgue judicial da cidade de Buenos Aires". O governo brasileiro não tomou qualquer iniciativa, nem procurou se comunicar com os familiares de Tenório, que jamais receberam seus restos mortais.

As mortes de três das maiores figuras políticas brasileiras da época, Juscelino Kubitschek, Carlos Lacerda e João Goulart, em um curto espaço de tempo e envoltas em questionamentos, costumam ser atribuídas a ramificações da Operação Condor. Em 22 de agosto de 1976, o automóvel em que JK viajava, um Chevrolet Opala, colidira violentamente com uma carreta carregada de gesso, tendo também morrido no acidente seu motorista Geraldo Ribeiro. Mais de 300 mil pessoas acompanharam o funeral do ex-presidente em Brasília, onde a multidão cantou a música que o identificava: "Peixe vivo". Em 1996, seu corpo foi exumado, para se esclarecer a causa de sua morte, levantando-se novamente a polêmica sobre o caso. Mas o laudo oficial não trouxe novidades. E até mesmo a Comissão Nacional da Verdade, em 2014, concluiu que a morte havia sido acidental.

João Vicente Goulart sempre acreditou que o pai, morto no exílio, em Mercedes, na Argentina, em 6 de dezembro de 1976, teria sido vítima de uma alteração criminosa de medicamentos de uso contínuo. "Em um encontro que tiveram em Genebra, Miguel Arraes disse ao meu pai ter sabido que seu nome era o quarto de uma lista de políticos marcados para morrer pela Operação Condor", afirmou. Já a viúva do ex-presidente, Maria Thereza, que estava com o marido na noite em que ele teve a parada cardíaca, sempre acreditou que as causas da morte foram naturais – para ela, um dos muitos episódios por que ele passou como cardiopata. Carlos Lacerda viria a falecer em 21 de maio de 1977 de maneira semelhante: ele sofreu um infarto em sua casa no Rio e, internado na clínica São Vicente, na Gávea, não resistiu.

Rumores à parte, o fato inegável é que, com o desaparecimento dessas lideranças, o regime ficava livre de alguns dos mais fortes postulantes a candidaturas em uma eventual eleição direta a ser realizada adiante. Essas baixas no lado oposicionista, no entanto, não seriam suficientes para trazer alguma estabilidade ao governo Geisel: com a posse do democrata Jimmy Carter como 39º presidente norte-americano, a configuração das peças no xadrez mundial iria se alterar mais uma vez.

XXIX

A SOMBRA DO RETROCESSO

Dezenas de jovens acotovelavam-se em frente ao número 22 da rua Visconde de Pirajá, a principal do bairro de Ipanema, no dia 20 de maio de 1976. Entre a desordem de motos e Ford Mavericks estacionados ao longo da via e pelas calçadas, todos convergiam para o longo toldo que levava até uma acanhada passagem para o interior do prédio, à espera da hora de entrada. No local onde antes funcionara o teatro Santa Rosa, seria inaugurada naquela noite a New York City Discotheque, destinada a ser um dos locais mais agitados da vida noturna brasileira pelos três anos seguintes. Quando as portas se abriram e o salão foi iluminado ao som de "The best disco in town", gravação da The Ritchie Family, uma nova era de diversão e comportamento começava no país. Depois de períodos de intenso engajamento político da juventude e da atmosfera *hippie* que se seguiu, quando a aparência importava menos que as causas a defender, a era disco trazia consigo uma valorização da individualidade, um apuro no vestir e uma atitude voltada ao hedonismo e à diversão descompromissada.

Noite após noite, a pista era tomada por garotas de cabelos longos repartidos de lado, calças boca de sino ou vestidos e saias na altura do joelho, assim como rapazes de camisas justas de manga longa, lisas ou listradas, e calças de tecido ou veludo, com cintos largos, cabelos nunca muito longos, encaracolados ou afro sem grande volume. Jeans podiam fazer parte da indumentária da turma bem-comportada, desde que novos, e nunca desbotados. No espaço banhado por luzes estroboscópicas e reflexos provindos dos globos espelhados, distribuíam-se placas indicativas de pontos famosos de Manhattan, como a Park Avenue. No comando das *pickups* estava o DJ Ricardo Lamounier, desfilando sucessos de Van McCoy, Bee Gees, KC & the Sunshine Band, ABBA, Chic e Donna Summer, celebrizada por hits sussurrantes e sensuais, como "Love to Love You, Baby". O lugar atrairia de protagonistas de novelas a celebridades internacionais, como a atriz Brooke Shields e o estilista Halston. O baterista dos Rolling Stones, Charlie Watts, seria "barrado" ao tentar entrar ali sem pagar ingresso.

A música *disco* tivera suas raízes nos arredores das cidades de Nova York e da Filadélfia, com influências que incluíam o *funk*, a música latina e a *soul music*, a introdução de arranjos orquestrais, linhas de baixo elétrico e, não raro, vozes em falsete. O fenômeno sofreria críticas da esquerda, por seu público burguês; dos defensores da MPB, por seu aspecto americanizado; e pelos instrumentistas em geral, por reduzir o espaço das casas de música ao vivo. Com a cultura *disco*, logo cresceria no país uma onda que vicejava igualmente no nova-iorquino Studio 54: o intenso consumo de cocaína, droga identificada àquele estilo de vida noturna, que abriu caminho para uma poderosa e espraiada indústria do tráfico no país. A vítima mais famosa dessa onda seria Cláudia Lessin Rodrigues, morta por overdose no apartamento do milionário suíço Michel Frank, que, com a ajuda do amigo Georges Kour, jogou o corpo em uma praia do Rio.

A New York City não havia sido a primeira iniciativa no gênero em terras brasileiras. O sempre antenado empresário da noite Ricardo Amaral já havia fundado o Hippopotamus no mesmo bairro, dois anos antes, para um público mais adulto. Em agosto de 1976, o jornalista e produtor musical Nelson Motta inauguraria a Frenetic Dancing' Days, na zona sul do Rio. Em suas primeiras semanas, tinham como garçonetes as integrantes do emergente grupo musical Frenéticas, que, de quando em quando, interrompiam o serviço e subiam ao palco para cantar composições de seu repertório dançante. O sucesso da casa, somado ao impacto do filme *Os embalos de sábado à noite* (1977), com John Travolta, foram tamanhos que a TV Globo tomou o nome emprestado para uma de suas novelas mais populares, por tratar justamente da febre das discotecas. Com texto de Gilberto Braga, era estrelada por uma Sônia Braga no auge da fama.

Esse ambiente mais festivo não refletia o que se passava na capital da República, onde o governo Geisel viveria naquele ano um verdadeiro inferno astral, acuado por maus resultados na economia, que o obrigaram a anunciar medidas de "arrocho", para a redução da inflação e do endividamento externo, pela artilharia da oposição, que começava a recuperar musculatura, por pressões do novo governo norte-americano, que lhe cobrava respeito aos direitos humanos, e até – talvez principalmente – pelos inimigos internos, desembaraçados de quaisquer pudores.

Por ser um anticomunista extremo e maior representante da linha-dura do regime militar naquele momento, o ministro do Exército Sylvio Frota realizava articulações do que poderia ser considerada uma trama para mais um golpe dentro do golpe, a exemplo do que ocorrera na transição entre Costa e Silva e Médici. Nascido na zona norte do Rio, Frota cursara a escola militar de Realengo, fora campeão de saltos em concursos hípicos. Em 1955 e 1961, posicionara-se contra as posses de JK e Jango, respectivamente. E chegara ao Ministério do Exército em maio de 1974, após a morte do titular da pasta, general Dale Coutinho. No início de 1977, já liderava um grupo que desaprovava as decisões de Geisel, considerado pelo grupo um militar de esquerda.

Em reuniões com o seu círculo, o ministro elencava como evidências dessa orientação o restabelecimento de relações com a República Popular da China, o voto de abstenção quanto ao ingresso de Cuba na OEA – que, a seu ver, escondia "a simpatia a um país comunista, exportador de subversão" –, o estatismo e o que considerava "investidas para destruir ou tornar inócua a estrutura da segurança nacional".

"Há uma complacência criminosa com a infiltração comunista e a propaganda esquerdista", pregava às suas hostes. "Caracteriza-se, entre nós, uma estatização clara, inadmissível num regime democrático de liberdade responsável e de estrutura econômica de livre iniciativa, o que nos coloca mais no quadro do Leste Europeu."

Tendo como ajudante de ordens o capitão Augusto Heleno, futuro ministro do Gabinete de Segurança Institucional (GSI) de Jair Bolsonaro, que sempre o acompanhava nas conversas com políticos, Frota trabalhava nos meios militares para chegar ao Palácio do Planalto, e não necessariamente ao término do mandato de Geisel. Este, porém, já dava indícios de que escolheria o general Figueiredo, chefe do SNI, como sucessor.

O afastamento do general Ednardo Mello do II Exército, em 19 de janeiro de 1976, marcara o primeiro atrito mais sério entre Sylvio Frota e o presidente. Dias depois da medida, o ministro convocou a Brasília os catorze generais de quatro estrelas que integravam o Alto-Comando para uma tensa reunião. A maioria atacou a decisão de Geisel, ensaiando uma insubordinação. Coube ao comandante do I Exército, Reynaldo Mello de Almeida, com o apoio de outros quatro generais, contemporizar e cobrar respeito à disciplina. Uma semana depois, Geisel fez mais um gesto de demonstração de força exonerando o general de brigada Confúcio Danton Avelino da chefia do CIE, o serviço secreto da corporação.

Os ânimos nos quartéis continuariam alterados no ano seguinte. Em 31 de março de 1977, na ordem do dia alusiva ao 13º aniversário do golpe de 1964, Frota afirmou que o Exército, "em íntima comunhão com os companheiros da Marinha e da Aeronáutica", saberia lutar "pela concretização definitiva dos objetivos revolucionários". Frota não falava apenas por si, mas agia como porta-voz dos setores duros e da comunidade de informações, por meio da qual pretendia galgar o posto máximo do país. Suas movimentações nesse sentido eram cada vez mais ostensivas, com crescente presença em coquetéis e reuniões de caráter social, numa evidente postura de candidato. Com efeito, nas semanas subsequentes, sua "campanha" começou a ser ventilada de forma aberta por congressistas da Arena, que já se apresentavam como componentes do grupo "frotista". O general Médici identificava-se com esse núcleo e, em privado, se dizia "amargamente arrependido" da escolha do sucessor. Geisel, entretanto, seguia afirmando que só trataria da sucessão a partir do ano seguinte.

Além da situação econômica, Geisel estava preocupado com as eleições de 1978, principalmente para governador, que, segundo estipulava a Constituição em vigor, deveriam ser diretas. Chegou a cogitar a votação de uma emenda constitucional, tornando-as indiretas, mas a Arena, o partido do governo, não tinha os dois terços de votos necessários para garantir a mudança. A saída para o impasse, com mão pesada, veio do "bruxo" Golbery, da Casa Civil, famoso por sua capacidade de formular estratégias políticas: aconselhado pelo ministro, o presidente tirou da gaveta o AI-5, que não era usado desde 1969, e no dia 1º de abril de 1977 o Brasil acordou sem Congresso.

Na ocasião, Geisel anunciou o que ficaria conhecido como Pacote de Abril, composto por uma emenda constitucional e seis decretos. O objetivo principal do elenco de medidas era devolver a maioria à Arena. Isso seria feito com o aumento, na Câmara, das bancadas do Norte e do Nordeste, onde estavam os estados em que o partido do governo costumava obter bons resultados eleitorais. Também se definia a eleição indireta de um terço dos senadores, a serem escolhidos por um colégio eleitoral. Criava-se, assim, a figura do senador "biônico", referência a uma série de TV popular da época, *O homem de seis milhões de dólares*, em que Lee Majors interpretava um agente cujo corpo ganhava capacidades especiais, ao ser reconstruído com implantes após um acidente.

O Pacote de Abril também alterava o quórum de dois terços para maioria simples para a votação de emendas constitucionais, ampliava o mandato presidencial de cinco para seis anos, tornava indiretas as eleições para governador e estendia às eleições estaduais e federais os efeitos da chamada Lei Falcão, que restringia a propaganda eleitoral no rádio e na televisão, e fora criada para garantir a vitória governista nas eleições municipais de 1976. Segundo essa norma, um locutor apresentava os políticos em disputa, e eles não podiam mostrar suas propostas. Havia a simples menção de nome, número, legenda, profissão e o retrato de cada candidato, quando na TV. O ministro Armando Falcão argumentava que o intento era "reduzir desigualdades" entre municípios grandes, com acesso amplo à televisão e ao rádio, e pequenos, onde esses recursos ainda não haviam chegado a contento. O senador Roberto Saturnino Braga (MDB-RJ) apontou que a restrição representava "um baque" nas condições de competição:

— O uso da televisão foi o único instrumento capaz de reduzir substancialmente a influência do poder econômico nas eleições. Na medida em que esse instrumento nos é cortado, isso significa uma volta a essa era — protestou.

— Campanha política é para dialogar com o povo — rebateu o senador Petrônio Portella (Arena-PI). — O importante nos pleitos municipais é o contato direto do candidato com os maiores interessados pelos problemas brasileiros.

O senador paulista Franco Montoro, líder do MDB, respondeu com ironia:

— Então, por que o governo, quando quer noticiar as suas obras, o faz através da televisão, com programas coloridos, e não manda representantes de casa em casa?

Petrônio Portella fazia parte do grupo que montou o pacote, os "Constituintes do Riacho Fundo", referência ao nome da granja onde morava Golbery, em Brasília. A ex-secretária-geral da Mesa do Senado, Sarah Abrahão, revelou no livro *Memórias do Senado* que o Pacote de Abril teria sido ainda mais duro, não fosse a intervenção de Portella. Segundo ela, a intenção inicial dos militares era "acabar com o Congresso".

Reaberto o Legislativo duas semanas depois, o MDB ocupou a tribuna do Senado com sucessivos discursos contra o regime. Coube a Paulo Brossard, conhecido por sua oratória trovejante, fechar a série. Ele destacou a singularidade do regime no Brasil, que misturava instrumentos autoritários com o funcionamento parcial de instituições democráticas, a seu ver "modelo único entre as ditaduras latino-americanas".

Por discursos como esses, os integrante do MDB correram risco de cassação. Foi o que acabou acontecendo em junho de 1977, após um programa na TV, obtido por medida judicial, em que o presidente da legenda, Ulysses Guimarães, dois outros dirigentes,

Franco Montoro e o deputado Alceu Collares (RS), criticaram o AI-5, o alto custo de vida, o arrocho salarial e a conjuntura política. O líder do MDB na Câmara, Alencar Furtado, foi além, denunciando em linguagem metafórica o "desaparecimento" de oposicionistas sabidamente mortos por agentes da repressão. Furtado rendeu homenagem a parlamentares cassados, presos e exilados, e lembrou que o programa do MDB defendia a inviolabilidade dos direitos da pessoa humana "para que não haja lares em prantos; filhos órfãos de pais vivos, quem sabe mortos, talvez. Órfãos do talvez ou do quem sabe. Para que não haja esposas que enviuvem com maridos vivos, talvez; ou mortos, quem sabe? Viúvas do quem sabe ou do talvez".

O tema da tortura e dos desaparecimentos estava em momento sensível para o governo, sendo levado ao grande público pela primeira vez desde a decretação do AI-5. Semanas antes, a primeira-dama dos Estados Unidos, Rosalynn Carter, havia passado pelo Brasil e deixara o general Geisel bastante irritado, ao lhe fazer uma cobrança, sem muitos rodeios, sobre as violações dos direitos humanos em seu governo. Reforçando essa pressão, ela tratou do assunto com dom Paulo Evaristo Arns, em São Paulo. Em todo o alto escalão, a visita da esposa de Jimmy Carter foi considerada "impertinente" e de "intromissão inaceitável nos assuntos internos do país".

Em 30 de junho, três dias após a transmissão do MDB, voltando a recorrer ao AI-5, Geisel cassou o mandato e suspendeu por dez anos os direitos políticos de Alencar Furtado. Além disso, determinou a abertura de processo contra Ulysses Guimarães com base na Lei de Segurança Nacional – o presidente do MDB acabaria absolvido pelo STF. Furtado era o oitavo parlamentar cassado pelo AI-5 desde o início da "distensão".

As tentativas de retomada do Movimento Estudantil no período também foram duramente reprimidas. Em 22 de setembro de 1977, uma assembleia na Pontifícia Universidade Católica de São Paulo decidia as medidas a serem tomadas em protesto pelos cercos policiais à Universidade de São Paulo (USP), à Fundação Getulio Vargas (FGV) e à própria PUC. Por volta das 21h, sob o comando do secretário de Segurança, coronel Erasmo Dias, policiais entraram na sede da universidade, no bairro de Perdizes, e atacaram os alunos com bombas de gás e golpes de cassetete. Vários estudantes foram pisoteados e quatro moças foram hospitalizadas com graves queimaduras. Diante das quase mil pessoas arrancadas de suas atividades universitárias e acuadas em um estacionamento em frente à Reitoria, o coronel berrava: "É proibido falar! Só quem fala aqui sou eu!". Os detidos foram conduzidos em ônibus da prefeitura ao batalhão Tobias de Aguiar ou levados ao DOPS. Foram confiscados arquivos e até um cofre da instituição de ensino, que estava vazio. O então estudante secundarista José Eduardo Montechi Valladares estava presente e recebeu voz de prisão de um colega do cursinho Pré-médico, que naquela noite se revelou um policial civil infiltrado. Anos depois, em tempos mais amenos, e fiel à sua militância anarquista, Valladares e alguns amigos adentraram o gabinete do então deputado Erasmo Dias na Assembleia Legislativa e entregaram a ele uma caixa de bombas – de chocolate –, em comemoração ao aniversário da invasão. O coronel chegaria a sacar o revólver para o grupo, mas acabou embarcando na brincadeira e comendo os doces com o grupo.

Na semana anterior ao Dia do Soldado, 25 de agosto, havia circulado em Brasília a informação de que Sylvio Frota daria conteúdo político à ordem do dia alusiva à data. Numa atitude sem precedentes, Geisel pediu-lhe para ver o texto antes que fosse divulgado, ao que o ministro reagiu negativamente, afirmando que a solicitação contrariava a tradição e revelava "uma desconfiança inadmissível". O gatilho da crise foi a movimentação do general da reserva Jaime Portela, ex-chefe do Gabinete Militar, no final de setembro, para aproximar militares da reserva e da ativa com o Legislativo, visando reforçar a candidatura Frota. As reuniões com os deputados se sucederam e, em poucos dias, já eram cerca de noventa os parlamentares "frotistas" dispostos a exercer pressão contra o processo de distensão conduzido pelo senador Petrônio Portella. Geisel decidiu que era hora de eliminar o foco do problema pela raiz.

No dia 10 de outubro, o presidente deu conhecimento aos generais Golbery, da Casa Civil, e Hugo Abreu, do Gabinete Militar, da sua decisão de exonerar o ministro do Exército dois dias depois.

Sendo a data um feriado, a repercussão do caso diminuiria, já que as repartições públicas, inclusive as militares e do Congresso, estariam fechadas. A direção do *Diário Oficial* foi avisada de que o jornal precisaria circular no dia 13 com a notícia da demissão. O general Heitor Arnizaut de Matos, comandante militar do Planalto, foi instado a colocar sua tropa de prontidão, para enfrentar uma possível resistência de Frota e seus aliados.

Na manhã de 12 de outubro, uma quarta-feira, o ministro foi acordado com um chamado do presidente, determinando sua presença no Palácio do Planalto. Geisel o recebeu no gabinete, onde se encontravam Hugo Abreu e Golbery:

— Sylvio, não estamos nos acertando. É preciso pôr um ponto final nesse estado de coisas.

Frota ficou rubro:

— Presidente, nunca lhe faltei com minha lealdade, posso lhe assegurar. Sempre segui à risca suas orientações.

— Não duvido de sua lealdade — prosseguiu Geisel. — Mas devo discordar do que se refere à sua obediência. Tenho relatórios sobre suas críticas acerbas ao governo.

— Presidente, com todo o respeito, se algo houve neste sentido, passou despercebido — esquivou-se Frota. — O que dizem esses relatórios?

— Não cabe agora descrevê-los — atalhou Geisel. — Estamos incompatibilizados e é preciso que solicite sua demissão.

— Sinto muito, Excelência. Não me julgo incompatibilizado com o cargo e não pretendo me demitir.

— Mas o cargo é meu — reagiu o presidente.

— Por isto, cabe ao senhor demitir-me, pois não pedi para ocupá-lo.

— É o que farei — encerrou Geisel. — Boa sorte, general.

O presidente notificou ainda, por telefone, por meio de uma explicação sumária dos acontecimentos, os ministros da Marinha e da Aeronáutica, dos quais recebeu apoio imediato. Avisou também aos ministros civis e aos membros do Alto-Comando do Exército que daria posse no ministério ao general Fernando Belfort Bethlem, comandante do III Exército. Horas depois, Sylvio Frota divulgaria um manifesto em que explicitava os ataques à condução do país por Geisel. A extensão do documento – oito páginas – indicava que ele já vinha sendo preparado dias antes.

Ao tomar conhecimento de que Frota tentava coordenar um contragolpe no "Forte Apache", sede do Alto-Comando, o presidente convocou os oficiais que integravam a instância a se dirigirem ao Palácio do Planalto. Logo que desembarcaram em Brasília, ao se depararem com dois emissários à sua espera – um enviado por Frota e outro por Geisel –, os generais colocaram-se do lado do presidente. Desconhecendo o fato de que sua proclamação não chegara aos quartéis, Frota permaneceu à espera de manifestações de solidariedade, que não chegaram a ocorrer. Assim, às 18h30, só lhe restou transmitir a chefia do cargo ao general Bethlem, tornando-se o primeiro ministro do Exército exonerado desde 1964.

"Geisel nunca foi homem de 64", avaliou o ex-líder estudantil de direita e membro da Academia Militar da Defesa, Aristóteles Drummond. "Foi estatizante e inventou a tal abertura, que foi prematura. Afastou a influência positiva dos militares. O que ele fez com o general Frota marca até hoje os militares. Idem com o general Ednardo, que nada teve com algum excesso na repressão, em meio a uma guerra chamada pelos próprios comunistas de 'luta armada'. Além disso, 'exilou' os notáveis economistas Roberto Campos, em Londres, e Delfim Netto, em Paris, para estatizar à vontade."

Apesar de toda a intriga e tensão no Planalto, o restante do país tinha suas atenções voltadas para questões mais próximas de sua realidade. No dia seguinte a esses fatos perturbadores, o time do Corinthians conquistava o Campeonato Paulista para o delírio de sua fiel torcida. Com um gol aos 36 minutos do segundo tempo, Basílio libertou a massa corintiana e pôs fim ao jejum de títulos que durou exatos 22 anos, oito meses e uma semana. Enlouquecidos, 86.677 torcedores explodiram em um Morumbi tomado por preto e branco, como narrou, eufórico, o locutor Osmar Santos: "É a festa do Brasil! Você enche de lágrimas os olhos desse povo, você enche de felicidade o coração dessa gente, Corinthians! O grito sufocado de um povo! O grito do fundo do coração de um torcedor! 22, 23, duas dezenas de anos na cabeça desse povo!".

Dois meses após ser demitido, Sylvio Frota foi homenageado por amigos em uma reunião realizada no Clube Federal, no Rio de Janeiro. Dela participou o general Adyr Fiúza de Castro, chefe da 6ª Região Militar e ex-comandante do CODI do I Exército, onde teve uma gestão marcada por denúncias de torturas. Dias depois, Fiúza de Castro seria exonerado, sendo substituído pelo general Otávio Costa. Transferido para a reserva, a pedido, justificou-se dizendo que a sua permanência no Exército seria "insuportável", desde que "pelo menos seis generais do Alto-Comando" o julgaram com deméritos para a promoção a general de divisão. Quanto às denúncias de torturas que lhe foram feitas, declarou: "As biografias se escrevem cada uma à sua maneira".

No final de dezembro, Geisel anunciava sua indicação do general João Figueiredo como candidato à Presidência. A notícia provocou a renúncia do chefe do Gabinete Militar, Hugo Abreu, que, a partir daí, faria duras críticas à distensão pretendida pelo governo e seria punido com seguidas prisões disciplinares. A caserna permanecia inquieta.

XXX

ENTRE ATENTADOS E BOMBAS, A ANISTIA

Em 1978, a cantora Elis Regina havia lançado um disco que, embora não chegasse a ser o seu maior sucesso, sintetizava o espírito do país a partir do próprio título: *Transversal do tempo*. A sociedade brasileira se encontrava em uma espécie de limbo, o período mais duro do regime militar começava a se dissipar, sendo possível vislumbrar alguma esperança de abertura no horizonte e, ao mesmo tempo, persistiam as incógnitas sobre quando chegariam de fato o fim da censura, a anistia aos punidos por razões políticas e, sobretudo, eleições livres, diretas.

Sob os olhos atentos da mídia, o presidente norte-americano Jimmy Carter chegava ao Brasil, em março de 1978. Depois da visita da primeira-dama dos Estados Unidos, menos de um ano antes, havia a expectativa de que ele demonstrasse uma posição igualmente incômoda diante das violações aos direitos humanos cometidas pelo regime militar. Dessa vez, porém, o democrata, ex-missionário, ainda que dono de uma retórica pacifista e de uma posição reprovadora dos métodos repressivos, optou pelo caminho da *realpolitik*. Aconselhado por seu assessor direto, Zbigniew Brzezinski, adotou uma abordagem conciliadora e chegou a alertar o Congresso dos Estados Unidos que vetaria qualquer retaliação ao Brasil, preferindo estimular os esforços de distensão política do governo Geisel.

Outra visita internacional na mesma época repercutiu, ainda que por motivos mais mundanos. Ao ser recepcionado no Rio por integrantes da escola de samba Beija-Flor, tendo o célebre carnavalesco Joãosinho Trinta à frente, o príncipe Charles, primeiro na linha de sucessão ao trono britânico, encantou-se com a passista Pinah, mulata alta, de cabeça raspada, biquíni e adereços brancos, e com ela arriscou frenéticos passos de dança. A princípio, a sambista pensou ser o jovem de *smoking* apenas um segurança da comitiva. "No dia seguinte é que fui saber que tinha dançado com o futuro rei da Inglaterra", admitiu ela anos mais tarde.

Aquele ano marcaria cisões em meio à própria esquerda no plano da cultura. No centro das discussões se veria o cineasta Cacá Diegues, que, apesar de ter presidido o CPC anos antes e de ter atuado em oposição ao regime, vinha sendo cobrado por se esquivar de uma arte explicitamente militante. Já criticado pela *intelligentsia* quando lançou *Xica da Silva*, visão picaresca da escrava que se tornou "rainha" em Diamantina no século XVIII, ele receberia a pecha de "alienado" por *Chuvas de verão*, drama sobre o amor na terceira idade. O diretor respondeu às críticas denunciando o que chamou de "patrulhas ideológicas", um termo que pegou, dali em diante, para definir correntes intelectuais sempre prontas a detratar produtos culturais não alinhados a um cânone político.

Na virada para 1979, sóbrio como assumiu, Ernesto Geisel instituiu uma emenda constitucional que acabou com o AI-5 e restaurou o *habeas corpus*. Após tantos avanços e retrocessos, a decisão abria um caminho realmente palpável para a volta da democracia. Cinco meses antes de receber do antecessor a faixa presidencial, o general João Figueiredo, ex-chefe do SNI, com seu estilo rude e intimidador respondeu a um repórter que lhe perguntara:

— É para abrir mesmo, general?

— Claro que é para abrir. E quem não quiser que abra, eu prendo, arrebento!

Os repórteres deram risos nervosos de incredulidade. Aquele não parecia exatamente o perfil de um paladino das liberdades civis. Mas, apesar da aparência truculenta do mandatário, sua gestão traria avanços. O primeiro ano de seu mandato, por exemplo, seria o primeiro sem desaparecidos políticos em mais de uma década.

Figueiredo, então com 61 anos, havia sido eleito pelo Colégio Eleitoral em 15 de outubro de 1978 como candidato da Arena, por 355 votos contra 266 dados a outro general, Euler Bentes Monteiro, do MDB. Vitorioso, prometeu a "mão estendida em conciliação" jurando fazer "deste país uma democracia". Primeiro aluno do curso de oficiais da Escola Militar de Realengo, na formatura de 1937, dias após a implantação do Estado Novo, Figueiredo havia recebido o espadim do próprio Getúlio Vargas, que perguntou a um dos de seus assessores quem era o notável estudante. "É o filho do Euclydes", disseram.

O pai do formando havia sido o idealizador militar do movimento de 1932, que tentara depor Getúlio e abrir caminho para a normalização democrática do país, que se vira sem Constituição e sem Legislativo desde a Revolução de 1930. Ao fim do levante, foi preso e exilado em Portugal. O ditador foi afagar o jovem:

— Sei que és um grande aluno. Espero que sejas tão competente e brilhante quanto seu pai.

— Espero que não, senão acabo preso — respondeu, de pronto, o rapaz, que já se revelava sem papas na língua.

Getúlio riu:

— Este menino vai longe.

O quinto general-presidente optara por utilizar como residência oficial – ao menos nos fins de semana – a Granja do Torto, onde desfrutava da paz e tranquilidade que o lugar oferecia para montar seus cavalos de raça, lembrando-se dos longos anos em que praticou equitação no Exército. Ele gostava tanto daqueles animais que numa de suas visitas a São Paulo chegaria a declarar que preferia "o cheiro do cavalo ao cheiro do povo". Foi numa manhã ensolarada em que saíra para cavalgar nos arredores de Brasília que ele se viu surpreendido pelo repórter de um grande veículo. O profissional de imprensa aproveitou seu raro bom humor para perguntar se ele já estava escolhido como sucessor do presidente Ernesto Geisel, informação que todo o país esperava. Figueiredo, surpreendentemente, respondeu que sim. A notícia, portanto, saiu de uma baia. Literalmente, uma "informação de cocheira", consagrando o jargão jornalístico.

No 1º de maio, uma terça-feira, em um prenúncio de novos tempos, o delegado Sérgio Fleury morreu afogado em Ilhabela, no litoral paulista, onde emendava o fim de semana com o feriado do Trabalhador, ao lado da família. Seu corpo foi sepultado sem ter sido necropsiado, o que gerou comentários de que ele teria sido assassinado pela esquerda, como vingança, ou por seus antigos colaboradores na ditadura, como "queima de arquivo". Em 1973, após ser investigado por seu envolvimento com o tráfico de drogas e por ter metralhado o traficante Domiciano Antunes, a serviço de um rival dele, Sérgio Fleury havia tido prisão preventiva decretada. No entanto, foi beneficiado por uma alteração no Código de Processo Penal determinada pelo então presidente Médici, que facultava a liberdade aos réus primários e com residência fixa. A norma passou a ser conhecida como Lei Fleury. Quando a morte do delegado foi anunciada pelo jornalista Juca Kfouri no comício pelo Dia do Trabalhador, em São Bernardo, a notícia foi comemorada com euforia pelos 100 mil presentes.

O desaparecimento de uma figura fortemente identificada com a repressão, como Fleury, coincidia com o clamor popular por uma anistia abrangente, despertado em meados dos anos 1970, ao ser criado o Movimento Feminino pela Anistia, liderado por Therezinha Zerbini. Um dos momentos mais comoventes da campanha ocorrera em 1979, quando o jornalista e autor teatral Nelson Rodrigues, convidado do programa *Flávio Cavalcanti*, da TV Tupi, em lágrimas, falou sobre a prisão de seu filho Nelsinho, integrante do MR-8, ocorrida sete anos antes. Autoproclamado reacionário, apoiador do regime militar e um crítico da esquerda que sempre havia negado a existência da tortura no país, ele fora obrigado a tomar conhecimento dessa realidade ao ver essa situação atingir um membro de sua própria família. Nelson Filho havia se envolvido em ações de guerrilha urbana, sendo a mais grave um assalto a um carro-forte, em que um guarda foi morto e outros três ficaram feridos. Preso no Batalhão do DOPS-RJ, foi autorizado a receber a visita da família quando foi identificado como filho do dramaturgo. Nelsinho relataria mais tarde:

Arquivo Nacional, Rio de Janeiro

Atos públicos pela Anistia Ampla e Irrestrita

"Ele me perguntou: 'Você foi torturado?'. Eu disse: 'Barbaramente'. Aí caiu a ficha. A partir do momento em que ele soube, não deixou de escrever a favor da ditadura, mas mudou em ênfase".

No mesmo 1979, a servidora pública Iramaya Queiroz Benjamin, mãe dos guerrilheiros Cid e César Benjamin, criou no Rio o Comitê Brasileiro pela Anistia, com sede na Associação Brasileira de Imprensa (ABI). A causa logo foi encampada por estudantes, jornalistas e políticos de oposição. No Brasil e no exterior formaram-se grupos que reuniam parentes e amigos de presos políticos na defesa do perdão aos brasileiros exilados. Em seus jogos, a equipe corinthiana passou a entrar com faixas com os dizeres "Anistia, Ampla, Geral e Irrestrita" ou "Eu quero votar para presidente". A iniciativa era parte do que o publicitário Washington Olivetto batizou como Democracia Corinthiana, uma experiência em que a gestão do clube era compartilhada entre jogadores e cartolas. O movimento irritou os militares, que pediram moderação ao clube.

A campanha pela anistia ganhou impulso e, em junho de 1979, o governo Figueiredo encaminhou ao Congresso um projeto que atendia apenas parte das demandas, porque excluía os condenados por atentados terroristas e assassinatos. Favorecia também os responsáveis pelas práticas de tortura, que ficariam livres de qualquer processo ou punição. Essas ressalvas foram consideradas condições inegociáveis pela linha-dura para que a proposta pudesse ir adiante. Batalhador incansável pela causa, o senador alagoano Teotônio Vilela, que deixara a Arena pelo MDB, presidiu a comissão mista encarregada de estudar o projeto. "Como alguém imaginaria que um fazendeiro de cana iria se tornar um ícone da democracia, figura-chave nos depoimentos sobre as prisões e em outros momentos da abertura?", lembrou o diplomata e cientista político Paulo Sérgio Pinheiro, ministro de Direitos Humanos do governo Fernando Henrique.

No dia seguinte à promulgação da lei, 28 de agosto de 1979, seriam libertados todos os presos políticos do país. No dia 31, já desembarcava de volta ao Brasil a primeira exilada, Dulce Maia. Em 1º de setembro, foi a vez dos jornalistas Fernando Gabeira e Chico Nelson, festejados por amigos, familiares e militantes políticos. Depois, entre muitos outros, de Miguel Arraes, Luís Carlos Prestes, Gregório Bezerra, Francisco Julião, Vladimir Palmeira e Herbert de Souza, o irmão do cartunista Henfil citado na canção "O bêbado e a equilibrista", de Aldir Blanc e João Bosco. Nessa primeira etapa já seriam beneficiadas cerca de 2.500 pessoas, das quais setecentas condenadas por participarem de ações armadas.

Semanas depois, em um dia de muito calor carioca, a imagem mais emblemática daquele momento em que o país voltava a respirar ares de liberdade foi a aparição de Fernando Gabeira no Posto 9 de Ipanema, vestindo uma tanga de crochê lilás. Por não ter um traje de banho, ele emprestara-o da prima Leda Nagle, com quem havia se hospedado na cidade. Praticamente um tapa-sexo, a minúscula peça tornava-se uma espécie de estandarte de rendição da luta armada e o começo do que se convencionaria chamar de "política do corpo" – que nos tempos futuros se expressaria por meio da exibição de *topless* nas mesmas areias à aceitação das mais diversas manifestações da sexualidade. O corpo, que havia se recolhido em recato ou usado como meio de se obter confissões pela violência nos anos de chumbo, agora seria instrumento de mudança social. "Essa política era uma ruptura, mostrando que o corpo era o espaço onde havia repressão e onde novas coisas também aconteciam", analisou Gabeira quarenta anos depois.

Leonel Brizola optou por chegar de volta ao país no dia 7 de setembro, em meio às comemorações da Independência. Seus últimos anos de exílio haviam sido complicados. Depois das seguidas mortes de Kubitscheck, Goulart e Lacerda, o ex-governador temera um plano entre os países para eliminá-lo. Notificado de que sua condição de asilado no Uruguai seria suspensa, ele procurou ajuda justamente junto ao governo que tanto havia combatido – o dos Estados Unidos, então caracterizado pela política de Direitos Humanos de Jimmy Carter. Na embaixada daquele país em Montevidéu, apelou ao conselheiro John Youle e recebeu dele um visto de trânsito. Em seguida, protegidos por agentes da CIA, Brizola e sua família foram levados a Buenos Aires, onde embarcaram em um voo sem escalas para Nova York. Mais tarde, o gaúcho transferiu-se para Portugal, onde se tornou próximo do líder do Partido Socialista Mário Soares.

Uma vez livre, Nelson Rodrigues Filho se manteria longe da política e abriria o restaurante Barbas – referência à longa barba que cultivara na prisão –, onde promoveria rodas de música e poesia. Já o ex-militante da ALN Alex Polari se distanciaria definitivamente da vida urbana para fundar, no Vale das Flores, em Visconde de Mauá (RJ), a primeira comunidade Santo Daime fora do Acre, de onde se originara a doutrina que em seus ritos utiliza-se de chás alucinógenos feitos dos cipós jagube e ayahuasca.

Deportado para o México em 1969, o ex-líder estudantil José Dirceu exilou-se em Cuba, onde estudou, trabalhou e recebeu treinamento militar. Tendo retornado clandestinamente ao Brasil em 1971, transitou pela capital paulista e por cidades de Pernambuco, combinando infiltrações nos meios estudantis com o planejamento de ações armadas, como assaltos a bancos. Voltou a Cuba outras duas vezes, em 1972 e 1973, e, nesta última passagem, submeteu-se a cirurgias plásticas que alteraram sua aparência. Apesar dos apelos do regime de Fidel para que se mantivesse na ilha, decidiu que seus dias de exílio haviam chegado ao fim. "Fiz todo tipo de treinamento em Cuba e estudei muito sobre o Brasil, mas não admitia ser banido do meu país", afirmou mais tarde. Em 1975, com um novo rosto e a identidade falsa de Carlos Henrique Gouveia de Mello, começou vida nova em Cruzeiro do Oeste, a 527 km da capital paranaense. Em um ano e meio, abriu sua própria confecção para comercializar calças masculinas da marca Bang, o que lhe garantiu um bom padrão de vida. Por essa época, conheceu Clara Becker, dona de três butiques na cidade. Depois de um breve namoro, casaram-se em 1976 e tiveram um filho, o futuro deputado Zeca Dirceu. Mas, no dia da assinatura da Lei da Anistia, decidiu revelar à mulher sua verdadeira identidade. "Foi um choque tremendo. Eu disse para ele não aparecer mais na minha frente", relatou Clara. "Depois, voltei atrás, por causa do meu filho." O casamento não se sustentou, e ele, voltando a São Paulo, passou a exercer abertamente atividade política, sendo um dos iniciadores do Partido dos Trabalhadores: "Assinei a ata de fundação com o sentimento de que acabava de readquirir meus direitos políticos e a nacionalidade que a ditadura roubara", afirmou Dirceu. "O PT entrou em minha vida para não mais sair."

Para Paulo de Tarso Venceslau, ex-integrante da ALN que participara de ações como o sequestro do embaixador Charles Burke Elbrick e diversas outras ações armadas, a anistia chegou quando já havia cumprido sua pena, entre 1969 e 1974. Também filiado e identificado ao PT desde a primeira época – internamente ele era chamado pelas primeiras iniciais, as mesmas do partido –, ele se tornaria secretário de Finanças da prefeitura de Campinas e assessor da de São José dos Campos, mas iria gradualmente se incompatibilizando com práticas que reprovava. Depois de fazer denúncias sobre as gestões municipais petistas e sobre o advogado e compadre de Lula, Roberto Teixeira, seria expulso do partido em março de 1998. Ainda assim, continuaria apoiando candidatos da legenda em momentos como a eleição de 2018, quando disse não ter havido outra opção senão votar em Fernando Haddad contra Jair Bolsonaro.

Para muitos que viveram as utopias dos anos rebeldes, a redemocratização representou a oportunidade de reinvenção. Outros, porém, tiveram dificuldades de encontrar seu lugar em uma realidade que lhes pareceu estranha e deslocada. Ao voltar ao Brasil, o ex-líder estudantil Marcos Medeiros, convertido em homem de cinema, aproximou-se de Brizola, que lhe permitiu um desafogo profissional na Fundação Rio. Mas as feridas psicológicas deixadas pelas prisões e o banimento caracterizariam sua volta pelo excesso de álcool, drogas e... loucura. Tendo gradualmente perdido contato com o mundo exterior, ele passaria os últimos tempos de vida internado no hospital psiquiátrico Philippe Pinel, no Rio de Janeiro, onde morreria em 1997, aos 51 anos.

Gustavo Buarque Schiller, um dos setenta militantes banidos e enviados ao Chile em troca da liberdade do embaixador suíço Giovanni Bucher, nunca se livrou das crises depressivas, em consequência da intensidade das torturas sofridas no período em que esteve preso. De família rica e sobrinho de Ana Capriglione, amante de Ademar de Barros, ele integrara a organização VAR-Palmares, à qual indicara a forma de roubar o famoso cofre do político. Exilado em Paris, onde conheceu a esposa Lúcia, cursou filosofia, sociologia e economia na Sorbonne. Anistiado em 1979, foi morar na ilha de Marajó, onde nasceu sua filha. Mas suas crises se intensificaram. Em 1985, começou a trabalhar no estaleiro Mauá, no Rio de Janeiro. Na madrugada de 22 de setembro, porém, cometeria suicídio, jogando-se da janela de seu apartamento. Destino semelhante teve Maria Auxiliadora Lara Barcellos, que, entre outros tormentos passados em detenções, foi seviciada por agentes diante dos companheiros de VAR-Palmares, e obrigada a participar com eles de atos degradantes. Incapaz de suportar as sequelas deixadas pelo período, matou-se sob um trem de metrô em Berlim Ocidental, em 1976.

Um beneficiado pela anistia que não precisou ser libertado ou retornar ao país foi o ex-integrante da AP e da luta armada no Araguaia José Genoino. Depois de cumprir sua pena até 1977, ele fora lecionar história em um cursinho na capital paulista. Por quase dois anos, sua antiga militância manteve-se desconhecida de estudantes e funcionários. Mas uma série de depoimentos seus sobre a guerrilha, concedidos a Fernando Portela para o *Jornal da Tarde*, trouxeram sua participação no conflito à luz. "Meus alunos ficaram aterrorizados

Acervo Iconographia

Contra o movimento de abertura, a linha dura militar contra-atacava. Tentou provocar uma chacina durante um show no dia do trabalhador. Deu tudo errado, e aumentou ainda mais a pressão popular

quando a história saiu", recordou Genoino em 2019. "Logo depois de a reportagem vir a público, ao chegarem para a aula, alguns deles tremiam de medo e tinham as mãos geladas ao me cumprimentar. Tive de explicar em que contexto aquelas coisas haviam acontecido. E que tudo era parte do passado."

O processo de distensão política não se daria sem retaliações da linha-dura. Entre 1979 e 1981, grupos de militares e paramilitares radicais praticaram dezenas de atentados, com o intuito de intimidar a sociedade e barrar a abertura democrática. Em todo o país, deu-se uma escalada de alarmes falsos e verdadeiros de bombas, que obrigavam a evacuação de prédios inteiros. Os ataques a redações, livrarias e bancas de jornal no início do governo Figueiredo expunham a falta de controle do poder federal diante de setores dos órgãos de inteligência, a chamada "comunidade de informações".

Na manhã de 27 de agosto de 1980, chegou à sede da Ordem dos Advogados do Brasil (OAB), no centro do Rio de Janeiro, um pacote endereçado ao presidente da entidade, Seabra Fagundes. Como estava acostumada a fazer, sua secretária, dona Lyda Monteiro da Silva, de 59 anos, abriu a correspondência e, ao fazê-lo, detonou o explosivo ali contido, que a matou instantaneamente. No mesmo dia, Barbosa Lima Sobrinho, presidente da Associação Brasileira de Imprensa (ABI), recebeu uma ligação de alguém que se apresentou como membro do CCC, informando que havia uma bomba no prédio da entidade prestes a explodir. De fato, o explosivo foi encontrado no oitavo andar. No mesmo dia 27, outro artefato foi deixado no gabinete de um vereador da Câmara do Rio de Janeiro. Na explosão, o assessor José Ribamar perdeu um braço e ficou cego.

Figueiredo reagiu em tom de desafio. Reafirmou o compromisso com a restauração democrática, "a despeito de quatro, vinte ou mil bombas", e acrescentou: "Peço a esses facínoras que desviem suas mãos criminosas sobre minha pessoa, e deixem de matar inocentes". O chefe do Gabinete Civil, Golbery do Couto e Silva, alertou para o risco de incidentes ainda mais graves, caso não se descobrissem os autores em prazo curto.

Os temores de Golbery não tardaram a se concretizar. Na noite de 30 de abril de 1981, ocorria no Riocentro, polo de eventos em Jacarepaguá, zona oeste do Rio, um evento comemorativo do Dia do Trabalhador. Organizado pelo Centro Brasil Democrático, ligado ao PCB e presidido por Oscar Niemeyer, o Show do Trabalhador contava com a coordenação de Chico Buarque e tinha como homenageado o Rei do Baião, Luiz Gonzaga. Enquanto o cantor Alceu Valença se apresentava, na área do estacionamento o sargento Guilherme Pereira do Rosário e o capitão Wilson Luiz Dias Machado, ambos do I Exército, preparavam dentro de um automóvel Puma GTE uma bomba que pretendiam colocar sob o palco, a fim de provocar uma chacina. O artefato, no entanto, acabou explodindo no colo do sargento Rosário, que morreu na hora. O capitão ficou gravemente ferido. Mauro César Pimentel, que na época prestava o serviço militar, estava próximo e socorreu Machado: "Eu o tirei de dentro do carro, com os olhos esbugalhados, o braço chamuscado e o abdome sangrando muito. Como não consegui falar com ele, peguei sua carteira e vi que era capitão do Exército. Eu era militar e tentei salvar um militar". Mauro relatou que, antes da explosão, ao passar pelo Puma, havia visto dois cilindros no banco de trás e um no colo do sargento, que se irritou ao vê-lo olhar para dentro do veículo. Como tinha esquecido algo em seu carro, parado perto, voltou e, ao passar novamente pelos militares, foi hostilizado: "Sai daqui agora, seu fdp!", disse um deles. Ao se afastar, ouviu o estrondo.

Além da explosão no Puma, ocorreu uma segunda detonação, na estação elétrica responsável pelo fornecimento de energia do centro de convenções. Essa bomba fora jogada por cima do muro da estação, mas explodiu no pátio e a eletricidade do pavilhão não chegou a ser interrompida. "A ditadura ia matar todos nós, artistas. A maioria da música popular brasileira estava lá, e mais de 20 mil pessoas assistindo a gente", disse a cantora Beth Carvalho em depoimento à emissora Globo News, em 2011.

O Exército jamais assumiu a autoria do atentado, e tentou colocar a responsabilidade pelo atentado nas organizações de esquerda, que àquela altura não agiam mais na clandestinidade. O relatório do primeiro IPM sobre o caso, aberto em 1981, apresentou os autores diretos da explosão apenas como vítimas. A apuração concluiu que a ação fora orquestrada por "comunistas não identificados", que teriam "colocado uma bolsa com a bomba no carro". O capitão Machado acabou promovido.

Entre avanços e retrocessos, antigos exilados e perseguidos políticos voltavam à cena, ligando-se aos novos partidos fundados de novembro de 1979 em diante, após aprovada a legislação que extinguiu a Arena e o MDB e restabeleceu o pluripartidarismo. Surgiriam, nesse contexto, entre outros, o Partido do Movimento Democrático Brasileiro (PMDB) e o Partido Trabalhista Brasileiro (PTB). O espólio getulista representado por esta última sigla chegara a ser disputado por Leonel Brizola e Ivete Vargas, sobrinha de Getúlio, cassada em 1969. A Justiça Eleitoral daria ganho de causa à ex-deputada, que conseguiu atrair para a legenda nomes como o do ex-presidente Jânio Quadros. Brizola partiu então para a criação do Partido Democrático Trabalhista (PDT), cuja orientação, na prática, tinha mais afinidade com o petebismo original. Os governistas manteriam sua força na nova ordem, ao rumar em bloco para uma única agremiação – o Partido Democrático Social (PDS). Nesse rearranjo, benesses, como o auxílio-moradia e outras vantagens aos parlamentares, se tornaram mais generosas.

Apesar da conciliação política em curso, o governo enfrentaria um cenário extremamente adverso no campo econômico. Seu antecessor recebera o país com um PIB que atingira a máxima histórica de 14% de crescimento e entregara essa taxa a 5%. O índice desabaria a -4,3% em 1981. Ao longo da gestão Geisel, a inflação saltara de 15,54% para 40,81%. Em 1980, com Figueiredo, bateria a casa dos 100%. A economia abalada minava a paciência dos brasileiros, ocasionando uma pressão para que a abertura política permitisse logo a escolha livre dos novos governantes. "Estava ocorrendo um nítido esgotamento do ciclo militar", analisou o doutor em comunicação e analista político Gaudêncio Torquato em 2019. "A anistia havia servido como um amortecimento das tensões, mas não era o suficiente."

Como mais uma tentativa de resposta oficial a essa mudança de humor, as medidas do Pacote de Abril de 1977 começaram a cair em 1980, quando o Congresso aprovou emenda restabelecendo as eleições diretas para governador e acabando com a escolha indireta de senadores. Até mesmo nos costumes, tabus significativos vinham sendo quebrados: em 28 de junho de 1977, o divórcio foi instituído oficialmente, com a Emenda Constitucional nº 9, uma antiga luta do senador Nelson Carneiro.

Entre as demonstrações de que estava em curso uma onda liberalizante, destacava-se o fenômeno *Trate-me leão*, criação coletiva do grupo carioca Asdrúbal Trouxe o Trombone, que abordava abertamente quase todos os temas que haviam sido tabus na década anterior. Uso de drogas, sexo livre, atuação política, religião, vida em comunidade e repressão policial eram endereçados sob o ponto de vista da juventude, com uma narrativa não linear, em episódios. A trupe havia se formado três anos antes, arregimentada pelo diretor

Hamilton Vaz Pereira, e incluía nomes que em breve se tornariam conhecidos nacionalmente, como Regina Casé, Evandro Mesquita, Luiz Fernando Guimarães e Perfeito Fortuna, este um dos futuros criadores do Circo Voador. Ao final da temporada, era liberado o último texto de Oduvaldo Vianna Filho, morto de câncer quatro anos antes. Protagonizada por Raul Côrtez, a peça *Rasga coração* tinha como personagem central Maguary Pistolão, um ex-militante político, acomodado a uma vida burguesa, que recorda momentos de seu passado de ativismo. A cena mais forte da montagem apresentava uma sessão de tortura de forma explícita.

Em 1978, a campeã de bilheteria no cinema tinha o sexo como tema central, e se baseava em conto de Nelson Rodrigues. Era *A dama do lotação*, em que Sônia Braga interpretava uma mulher que se recusava a ter relações com o marido, mas fazia viagens de ônibus pela cidade em busca de experiências eróticas. Dois anos depois, o diretor da produção, Neville D'Almeida, faria outra adaptação do dramaturgo, *Os sete gatinhos*, cujo mote, à moda do noticiário sensacionalista, era "Transformaram o lar num bordel".

A proliferação de bordéis e bares no coração do Pará, a partir do final de 1979, não seria uma consequência do momento mais liberal, mas da descoberta de pepitas de ouro nos arredores da fazenda Três Barras, em Serra Pelada, sudeste do estado, fato que atraiu ao local uma legião de garimpeiros vindos de todas as partes. Do momento em que os primeiros vestígios do metal foram encontrados até meados do ano seguinte, 30 mil homens estabeleceram ali o maior garimpo a céu aberto do mundo, que logo passaria a ser controlado pelo governo militar. Embora todos fossem obrigados a vender o ouro para os cofres federais, a riqueza encontrada não reverteu em benefícios às populações locais. Ao contrário, as regiões próximas sofreram significativa degradação. Para conferir controle à atividade, o comando das operações foi entregue a Sebastião Rodrigues de Moura, o Major Curió, o caçador de guerrilheiros no Araguaia de anos antes. Em 1982, o militar se tornaria deputado federal e, em 1988, seu nome seria homenageado ao se batizar o município ali criado como Curionópolis. Passado o auge da extração, a mina foi fechada em 1992 e seria parcialmente reaberta dez anos depois.

Nem a extração do ouro nem a de outros recursos naturais, como o petróleo, foram capazes de amenizar a crise econômica que assolava o Brasil, em meio a um cenário mundial igualmente negativo. Em 1981, os bancos internacionais interromperam o fluxo de financiamentos e o Brasil passou de uma década em que recebia recursos do exterior, complementando a poupança doméstica, para uma situação de remessas para fora, com uma drástica redução da capacidade de investimento.

Se os adultos não se atreviam a confrontar o presidente e sua equipe, as crianças se mostravam mais desenvoltas. Em 9 de outubro de 1979, João Figueiredo foi abordado por alunos de escolas das cidades-satélites de Brasília, que tinham ido conhecer o Planalto. Quando a professora se afastou um pouco do grupo, um menino de dez anos perguntou ao governante: "Como o senhor se sentiria se fosse criança e seu pai ganhasse salário mínimo?". Figueiredo reagiu no seu estilo bate-pronto: "Eu dava um tiro no coco". Na época, o mínimo era de Cr$ 2.268,00 (US$ 76). Em seguida, agitando o corpo, como era de hábito quando se sentia acuado por perguntas embaraçosas, tentou amenizar: "Eu trabalharia para ajudar o meu pai". Um mês antes, a menina Rachel Clemens Coelho, de cinco anos, recusara o cumprimento do general durante um evento em Belo Horizonte, em imagem celebrizada pelo fotógrafo Guinaldo Nicolaevsky.

No decênio iniciado em 1979, a renda per capita no país registraria, na média, o menor crescimento da história, 0,7%. As taxas de juros internacionais, elevadas por um segundo choque do petróleo, a disparada da inflação e da dívida externa, levariam o país ao FMI e a uma encruzilhada, que poria em xeque tanto as conquistas obtidas no plano institucional quanto o próprio regime militar.

XXXI

UM PARTIDO PARA OS TRABALHADORES

Na manhã do dia 12 de maio de 1978, os operários da filial paulista do grupo sueco Saab-Scania, fabricante de caminhões pesados, ônibus e motores a diesel, chegaram à sede da indústria, em São Bernardo do Campo, para render a equipe que havia cumprido o turno da noite. Nenhum dos trabalhadores, porém, ligou as máquinas. Em poucos minutos, corria a notícia de que, a partir de uma decisão consensual, eles haviam decidido parar a produção até receberem um reajuste de 20% que completasse os 39% de uma perda salarial que remontava a cinco anos. O próprio Sindicato dos Metalúrgicos de São Bernardo foi apanhado de surpresa, e rapidamente entrou nas negociações com a empresa. Fundado em 1933, o sindicato havia sido o segundo da região a se organizar pelas normas instituídas na Era Vargas – o primeiro fora o dos marceneiros. E desde 1975 o representante da entidade era um ex-torneiro mecânico chamado Luiz Inácio da Silva, mais conhecido naquele meio como Lula. Sétimo dos oito filhos de Aristides Inácio da Silva e Eurídice Ferreira de Melo, um casal de lavradores iletrados, Luiz Inácio nascera em Caetés, distrito do município pernambucano de Garanhuns, em 27 de outubro de 1945. Lula ainda não havia completado um ano quando seu pai decidiu tentar a vida como estivador em Santos, levando consigo Valdomira Ferreira de Góis, uma prima de Eurídice, com quem formaria uma segunda família. Em dezembro de 1952, a mãe e os filhos decidiram se reunir a Aristides no litoral paulista e, após treze dias de viagem, chegaram ao distrito de Vicente de Carvalho, no litoral paulista, onde se viram na situação de dividir a convivência de Aristides com sua outra família. Apesar da falta de incentivo do pai, para quem os filhos deveriam apenas trabalhar, Lula foi alfabetizado no grupo escolar Marcílio Dias. O comportamento difícil do marido levou Eurídice a se mudar para a capital, onde foi viver em um cômodo atrás de um bar na zona sul da cidade. Lula e seu irmão José Ferreira de Melo – o Frei Chico – ficariam com Aristides até 1956, quando também foram para São Paulo. Após a separação, eles praticamente perderam o contato com o pai, que morreu em 1978, enterrado como indigente.

Lula começou a trabalhar aos doze anos, em uma tinturaria. Aos catorze, conseguiu emprego nos Armazéns Gerais Colúmbia, onde teve a carteira de trabalho assinada pela primeira vez. Em 1961, matriculou-se no curso de tornearia mecânica do SENAI, no bairro do Ipiranga. Segundo diria anos depois, ali ele conquistou seu direito à cidadania. Aos dezessete, foi trabalhar em uma siderúrgica que produzia parafusos. Em 1964, esmagou seu dedo mínimo da mão esquerda em um torno mecânico, tendo esperado horas até que o dono da fábrica chegasse e o levasse ao médico, que optou por cortar o resto do dedo. Devido ao acidente, ganhou uma indenização de 350 mil cruzeiros, que utilizou para comprar um terreno para sua mãe. Em 1966, foi admitido na Villares, grande metalúrgica de São Bernardo. Apesar de não ter prática sindical, atraiu atenções pelo espírito de liderança e carisma. Mas relutava em filiar-se e candidatar-se a alguma posição na categoria, pois à época tinha uma visão negativa das entidades trabalhistas – e seu grande lazer era jogar o futebol. Em 1969, porém, sob a influência do Frei Chico, militante do PCB, candidatou-se e foi eleito para a diretoria do Sindicato dos Metalúrgicos, iniciando ali uma atuação que o projetaria nacionalmente.

Naquele maio de 1978, após quatro dias de discussões, e sob pressão de outros setores da indústria automobilística, que temiam a repetição da primavera operária de uma década antes, a Scania acabou concedendo um reajuste de 6,5% aos seus operários. No dia 13 de março de 1979, porém, às vésperas da posse do general Figueiredo na Presidência, os metalúrgicos voltaram a entrar em greve. Diferentemente das mobilizações mais recentes, dessa vez a paralisação seria geral. Cerca de 25 mil operários fizeram uma manifestação em frente ao Paço Municipal e houve embates com a polícia. A Matriz local tornou-se o centro de reuniões dos dirigentes sindicais e da comissão de salários, evidenciando o apoio da Igreja – em especial, da Pastoral Operária, dirigida pelo bispo Cláudio Hummes – ao movimento operário do ABC, região formada pelos municípios Santo André, São Bernardo e São Caetano do Sul. Em 1º de maio, Dia do Trabalhador, São Bernardo sediou um ato público, com a presença de 130 mil operários, em que houve um chamado à greve. No dia 13, o patronato celebrou um acordo com os metalúrgicos, prevendo um aumento de 63% para aqueles que recebiam até dez salários mínimos. Para os demais índices, seriam aplicados os mesmos do acordo realizado para os sindicatos do interior. Haveria, também, desconto de 50% dos dias paralisados.

A sequência de greves na região do ABC marcou o surgimento de um novo tipo de atuação da classe trabalhadora, que estabelecia conexões com o Movimento Estudantil, as Comunidades Eclesiais de Base (CEBs) católicas, com um cunho social, as associações comunitárias e a própria elite intelectual. Em 1980, integrantes do PMDB também se viram compelidos a apoiar as paralisações de maneira explícita. No curso dos acontecimentos, o Sindicato dos Metalúrgicos de São Bernardo sofreu uma intervenção aprovada por Murilo Macedo, então ministro do Trabalho de Figueiredo, que mandou prender líderes grevistas e outros representantes de associações, entre eles o advogado José Carlos Dias, da Comissão de Justiça e Paz, Dalmo Dallari, jurista, e Ricardo Zarattini, ex-integrante do PCBR, recém-anistiado. Lula ficaria detido por um mês nas instalações do DOPS paulista e seria condenado a três anos e meio por incitação à desordem. Após recurso, foi absolvido no ano seguinte.

A simbiose entre o trabalhismo e representação política estava em alta no mundo desde a criação do sindicato polonês Solidariedade, tendo à frente o líder Lech Walesa, opositor do governo comunista de Wojciech Jaruzelski. No Brasil, a Central Única dos Trabalhadores (CUT) era considerada a mais autêntica, em contraponto a um sindicalismo controlado pelo Estado, expresso na CGT, que reunia líderes conservadores como Joaquinzão e Luiz Antônio Medeiros. A vertente aberta pela CUT e a rejeição da influência de partidos de esquerda tradicionais sobre o movimento sindical fizeram com que os trabalhadores do ABC buscassem sua identidade na criação de uma legenda própria. O Partido dos Trabalhadores (PT) surgiu, assim, rejeitando as lideranças do sindicalismo tradicional e pautando-se por uma forma de socialismo democrático, recusando modelos já questionados, como o soviético e o chinês.

O manifesto de fundação do PT foi lançado no dia 10 de fevereiro de 1980, no colégio Sion em São Paulo, e publicado no *Diário Oficial da União* em 21 de outubro daquele mesmo ano. A ficha de filiação número 1 foi assinada por Apolônio de Carvalho, combatente das brigadas anti-Franco na Guerra Civil Espanhola, da Resistência Francesa na Segunda Guerra e fundador do PCBR. Foi seguido pelo crítico literário Antonio Candido, pelo historiador Sérgio Buarque de Holanda e por Lula.

Uma das características distintivas do PT foi sua atuação sobre os movimentos sociais, primeiramente por meio das centrais sindicais, depois adotando o Movimento dos Trabalhadores Rurais Sem Terra (MST) e outras expressões, como as lutas das mulheres, dos povos indígenas, das questões ambientais e a extensão da sindicalização no campo e no setor público. A integração com esses segmentos se deu por meio de núcleos de base, onde seus militantes debatiam e planejavam a intervenção nas comunidades e em cada área setorial de atuação, para chegar aos processos de deliberação. Era um partido que penetrava nos segmentos mais profundos da sociedade, muitos até então não representados. A adesão que os grupos clandestinos não haviam conseguido por meio da força se realizou a partir das bases sociais, enfim organizadas.

Inicialmente, o PT caracterizou-se como uma frente legal no interior da qual foi possível reaglutinar diversas forças clandestinas

Arquivo Público do Estado de São Paulo, São Paulo

O nascimento do Partido dos Trabalhadores, o PT, em 1980

de esquerda, como parcela da AP. A corrente Articulação foi majoritária desde o começo da história do partido. Surgida do documento Manifesto dos 113, reuniu militantes atuantes em CEBs e sindicatos – como o próprio Lula, além de ex-integrantes da ALN. Outra tendência, a Convergência Socialista (CS), trotskista, representou uma tentativa de aglutinar os marxistas brasileiros e, mais tarde, formaria o Partido Socialista dos Trabalhadores Unificado (PSTU). Também relevante era a O Trabalho, que editava o jornal de mesmo nome. Grande parte de sua força derivava de suas ligações com a corrente estudantil Liberdade e Luta, conhecida como Libelu, uma das primeiras organizações a levantar publicamente a palavra de ordem "Abaixo a ditadura". A Democracia Socialista (DS) se tornaria uma das maiores forças de oposição às correntes majoritárias do PT. Já o Movimento pela Emancipação do Proletariado (MEP) participou desde a primeira hora na formação do PT. Fundado em 1976, por iniciativa de um grupo preexistente denominado Fração Bolchevique, surgira em 1970 como dissidência da Polop.

O PT estendeu rapidamente sua influência aos pontos mais distantes do Brasil. Chegou a ter ramificações no Norte do país, onde, em 1980, o líder sindical dos seringueiros, Chico Mendes, ajudou a fundar uma seção do partido no Acre. Mendes havia aprendido a ler aos dezenove anos, já que na maioria dos seringais não havia escolas, e iniciou a vida sindical em 1975. A partir daí, participou ativamente das lutas dos seringueiros para impedir o desmatamento. Em outubro de 1985, liderou o encontro do qual saiu a proposta de criar a União dos Povos da Floresta, que buscava unir os interesses de indígenas, seringueiros, castanheiros, pescadores, quebradeiras de coco e populações ribeirinhas, por meio da criação de reservas extrativistas, além de promover a reforma agrária. Em 1982, concorreu a deputado estadual pelo PT, mas não conseguiu se eleger. Entre seus companheiros de chapa estava Marina Silva, candidata à Câmara Federal, que também não foi eleita. No ano seguinte, recebeu a visita de membros da ONU em Xapuri. Denunciou-lhes que projetos financiados por bancos estrangeiros estavam levando à devastação da floresta e à expulsão dos seringueiros. Levou as denúncias ao Senado dos Estados Unidos e à reunião de um dos financiadores dos projetos, o Banco Interamericano de Desenvolvimento (BID). Os recursos acabaram suspensos e Mendes foi acusado por fazendeiros e políticos locais de prejudicar o progresso. Após a desapropriação do seringal Cachoeira, de Darly Alves da Silva, agravaram-se as ameaças de morte contra Chico Mendes. Por várias vezes, ele avisou as autoridades policiais e governamentais que vinha sendo ameaçado de morte, mas seus alertas foram subestimados. Em 22 de dezembro de 1988, uma semana após completar 44 anos, ele seria assassinado por pistoleiros, com tiros de escopeta no peito, na porta de sua casa.

Em paralelo à expansão do PT, ganhavam força movimentos camponeses pelo interior do país, amparados pelas pastorais da terra e outras ações ligadas à Igreja Católica. Em 18 de agosto de 1981, treze posseiros do Baixo Araguaia foram presos após um confronto com membros do Grupo Executivo de Terras Araguaia/ Tocantins (GETAT), órgão governamental, em que o capataz de uma fazenda acabou morto e outros funcionários ficaram feridos.

Mais de quarenta agentes da Polícia Federal foram enviados à região e, nos dias seguintes, os lavradores passaram a ser torturados para fornecer informações sobre os padres franceses Aristides Camio e Francisco Gouriou, missionários da diocese de Conceição do Araguaia, que supostamente teriam insuflado o ataque. No dia 31 de agosto, os dois religiosos foram presos. Eles seriam sumariamente julgados e condenados a quinze anos de prisão, com base na Lei de Segurança Nacional.

O episódio ganharia contornos políticos agudos a partir de 19 de setembro do mesmo 1981, quando o general-presidente João Figueiredo foi internado às pressas no Hospital dos Servidores, no Rio, onde recebeu o diagnóstico de infarto do miocárdio. Menos de 24 horas depois, numa reunião com o chefe do Gabinete Civil, Leitão de Abreu, e os ministros militares, o vice-presidente Aureliano Chaves foi autorizado a substituir o titular temporariamente afastado. Mesmo tendo se tornado o primeiro civil a assumir o comando da República em dezessete anos e oito meses, a instabilidade provocada pelo afastamento forçado de um presidente voltava a atemorizar o país. As conspirações, dessa vez, se davam no campo civil, envolvendo palacianos, políticos e lideranças empresariais de São Paulo, visando colocar Aureliano no lugar do general, que lhes abria pouco diálogo e se mostrara incapaz de desfazer o nó econômico. Durante a interinidade de 49 dias, Aureliano recusou-se a banir os padres Camio e Goriou, como queriam os ministros militares. Figueiredo reassumiria o cargo em 12 de novembro, depois de passar por exames em Cleveland, nos Estados Unidos. Após esse retorno, as relações entre o presidente e seu vice ficaram irremediavelmente estremecidas.

Em meio à crise com os missionários, que acabariam soltos em 1983, a Igreja vivia uma fase de rearranjo, especialmente nas relações com o poder na América Latina. Se os reflexos de Medellín em 1968 haviam levado a instituição a uma atuação social mais intensa no continente, a Conferência de Puebla, no México, em princípios de 1979, promoveria uma nítida retomada do aspecto espiritual e da evangelização como meio de salvação. Sem deixar de endereçar a questão da pobreza na região, o papa João Paulo II enfatizou na época: "Vos congregais aqui não como um simpósio de peritos, não como um parlamento de políticos, não como um congresso de cientistas ou técnicos, mas como um fraterno encontro de pastores". Oriundo de uma Polônia assolada pelo nazismo na II Guerra e do regime socialista autoritário que se sucedeu, Karol Wojtyla enviava um claro recado pela despolitização da doutrina. Em 1980, ele faria uma visita ao Brasil, a primeira de um pontífice católico ao país.

Ao meio-dia de 30 de junho, João Paulo II desembarcou em Brasília, beijando o chão do aeroporto antes de ser recebido pelo general Figueiredo. O pontífice percorreria treze cidades em doze dias, cobrindo um total de 14 mil km de norte a sul. O líder católico defendeu a justiça social, a liberdade sindical, a reforma agrária, os direitos humanos e a educação sexual. Mas também condenou a Teologia da Libertação e o aborto. Em sua passagem, destacou-se o hino "A bênção, João de Deus", composto para a ocasião por Péricles de Barros. Ele voltaria ao Brasil outras duas vezes.

Nem o contato com o santo padre foi capaz de aliviar o estado de espírito do governante brasileiro, que parecia exercer a função que lhe fora designada a contragosto. Como agravante do mau humor crônico, Figueiredo era atormentado por dores cada vez mais agudas na coluna, que limitavam suas cavalgadas. E queixava-se do abandono por parte de aliados. Até mesmo o superministro do regime militar, Delfim Netto, estava na berlinda sob sua gestão. Inicialmente, Delfim havia sido encarregado da pasta da Agricultura, uma escolha que se revelou inadequada e produziu pouco menos que o *slogan* "Plante que o João garante", bolado pela verve do economista. Em programa de TV, o comediante Jô Soares o satirizava com um personagem que se atrapalhava com os vegetais, sem distinguir uma salsaparrilha de um inhame, e dizia: "O meu negócio é números...". Transferido para o Planejamento, tentou conter os reajustes salariais e foi alvo de furiosos protestos, com bordões como "Estamos a fim da cabeça do Delfim!". A turbulência econômica na América Latina também não dava trégua: em 20 de agosto o México havia declarado moratória. A dívida externa brasileira, que batera a marca dos US$ 70 bilhões, levou o governo ao FMI em 1982. A tentativa de conter a queda nas reservas e o estouro do déficit público com os US$ 6,5 bilhões obtidos em um "empréstimo-jumbo" foi comprometida por dívidas bancárias e comerciais no exterior.

Na esperança de reforçar sua agenda positiva, o governo passou a custear um boletim no programa dominical mais popular da época, apresentado pelo animador de auditório Silvio Santos. Com o título *A semana do presidente*, era aberto com uma vinheta mostrando uma bandeira tremulante, tendo ao fundo o Palácio do Planalto, e exaltava os feitos oficiais, com a narração do locutor Luís Lombardi Neto. Mesmo se constituindo em matéria paga, o agrado representava uma retribuição do empresário a Figueiredo, que lhe garantira a esperada concessão de um canal de TV – a TVS, depois SBT.

Em 25 de outubro de 1982, um crime jogou no colo do governo uma nova crise envolvendo a comunidade de informações. Naquela manhã, o corpo de um homem com ferimento a bala no abdome e dois na cabeça apareceu boiando na praia da Macumba, zona oeste do Rio. No bolso da bermuda estavam os documentos do jornalista Alexandre von Baumgarten, desaparecido havia doze dias. Ele fora visto pela última vez na manhã de 13 de outubro, ao sair com sua mulher, Jeanette Hansen, para uma pescaria. Em fevereiro de 1983, o episódio voltou ao noticiário. Uma reportagem da revista *Veja* publicou um dossiê deixado por Baumgarten, em que ele denunciava a existência de um esquema de lavagem de dinheiro envolvendo empresas privadas, o SNI e a revista *O Cruzeiro*, de que fora sócio e que então funcionara como uma mídia de apoio ao governo com uma promessa de financiamentos federais que não se cumpriu inteiramente. No documento, Baumgarten dizia ter sido jurado de morte e acusava diretamente o general Newton Cruz, então chefe da Agência Central do SNI, de ser o autor da sentença. O caso só passou a ser tratado com seriedade quando o delegado Ivan Vasques, da Divisão de Homicídios da Polícia Civil, assumiu o processo em 1985. Ele indiciou três militares pela morte do casal, mas ninguém foi punido.

O ex-delegado do DOPS Cláudio Guerra, em seu livro *Memórias de uma guerra suja*, revelou ter sido encarregado inicialmente do assassinato de Baumgarten. O plano, segundo ele, era simular uma

Dívida externa brasileira: 1960 a 1981

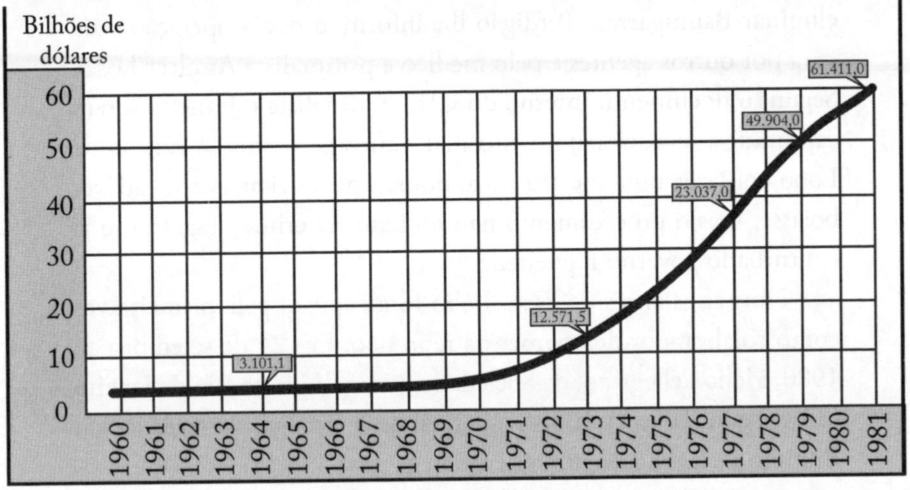

Fonte: Maria Helena M. Alves, *Estado e oposição no Brasil (1964-1984)*,p322.

(Apud Flavio de Campos, *Oficina de História do Brasil*)

Herança do período militar: a explosão da dívida externa

morte natural, aplicando no jornalista uma injeção letal. No relato, o policial reforçava a afirmação de que a ordem teria partido do SNI de Newton Cruz e que fora escalado para a tarefa por seus chefes diretos, o coronel Freddie Perdigão Pereira, do SNI, e o comandante Antônio Vieira, do Cenimar. Perdigão esteve associado a episódios-chaves do regime militar, como o cerco ao Palácio Laranjeiras, contra Jango, em 1964; a eliminação de jovens integrantes da ALN; e o suposto assassinato da estilista Zuzu Angel. Seria também um dos integrantes da "Casa da Morte", na cidade de Petrópolis, como torturador. Em 2015, a Comissão da Verdade do Rio de Janeiro o identificou como o responsável pela carta-bomba enviada à OAB, que matou dona Lyda Monteiro em agosto de 1980. Teria ainda tomado parte no atentado do Riocentro, atirando a bomba que explodiu na casa de força. Depois de passar para a reserva, Perdigão prestou serviços ao bicheiro e ex-militar Aílton Guimarães Jorge, o Capitão Guimarães, que presidiu a Liga Independente das Escolas de Samba (Liesa). Segundo Cláudio Guerra, depois de duas tentativas malsucedidas de eliminar Baumgarten, Perdigão lhe informou que a operação seria feita por outros agentes e pelo médico e psicanalista Amílcar Lobo. Segundo documento interno do CIE, o jornalista e Jeanette foram capturados, levados para o alto-mar e mortos a tiros. A função de Lobo era fazer uma incisão no abdômen para evitar que o cadáver boiasse, mas o procedimento não foi feito. O crime desgastou o já conturbado governo Figueiredo.

Dois anos antes do caso, Lobo fora exposto pela primeira vez como colaborador dos porões da repressão. Em 24 de setembro de 1980, Hélio Pellegrino, da Sociedade Psicanalítica do Rio de Janeiro (SPRJ), coordenava um simpósio quando foi interpelado pelo jovem Rômulo Noronha de Albuquerque:

— Hélio, o que você faria se soubesse que um de seus colegas psicanalistas é médico de um centro militar de torturas?

Pellegrino reagiu:

— Faria tudo o que estivesse em meu alcance para que ele fosse punido.

— Então informo a você que Amílcar Lobo estava em minhas sessões de tortura, como nas de meus amigos — afirmou Rômulo.

— Você acaba de fazer publicamente uma denúncia de extrema gravidade — reagiu Pellegrino.

— E você fez uma declaração que me enche de esperança — retrucou o rapaz.

Como prometido, Pellegrino levou adiante a denúncia em carta endereçada à presidência da SPRJ. Levantou-se que Amílcar Lobo havia servido de 1970 a 1974 como segundo-tenente médico no quartel da rua Barão de Mesquita, na Tijuca, onde funcionava o DOI-CODI. Em sua defesa, Lobo chegou a mencionar uma declaração assinada pelo general Sylvio Frota, quando este ainda era comandante do I Exército, atestando seus "procedimentos dignos e humanos". No início de outubro de 1980, Lobo foi informado de sua exclusão do Instituto de Ensino da Psicanálise da SPRJ. Porém, Pellegrino e o colega Eduardo Mascarenhas, que apoiara a iniciativa, também foram expulsos, por causa da repercussão que deram ao caso na imprensa. A medida levou a protestos dos membros da própria SPRJ e teve sua reversão anunciada em reunião do dia 21, com a condição de que Pellegrino e Mascarenhas se retratassem, o que ambos se negaram a fazer, sendo, assim, mantida sua expulsão.

Em fevereiro de 1981, a ex-presa política Inês Etienne Romeu, única sobrevivente da "Casa da Morte" em Petrópolis, reconheceria Amílcar Lobo no próprio consultório dele, como integrante do grupo que a torturou. A revista *IstoÉ* registrou esse reencontro entre Inês e Lobo que, por sinistra ironia, adotava o codinome de Dr. Carneiro na equipe de tortura. A reportagem motivou a expulsão do profissional dos quadros da SPRJ. E os conselhos Estadual e Federal de Medicina revogariam seu direito de exercer a profissão.

Esgotado pelas pressões e pelo estado de saúde precário, João Figueiredo seguiu em julho de 1983 para Cleveland, nos Estados Unidos, a fim de implantar duas pontes de safena aorto-coronárias. Foram dias de tensão, por se especular que a vida do general que prometera a reabertura política e devolver ao país à normalidade democrática corria risco. Dias depois da cirurgia, aconselhado pelo seu porta-voz, ministro Carlos Átila, o presidente saiu para exibir sua boa recuperação com uma caminhada pelos jardins, em trajes esportivos e ao lado da primeira-dama, Dulce. Cercado por repórteres, ele ouviu de Merval Pereira, então a serviço da revista *Veja*, a inevitável pergunta:

— Como está se sentindo, presidente?

No seu melhor estilo, franco, direto e desconcertante, Figueiredo respondeu:

— Como um peru de Natal, com o peito todo costurado.

XXXII

DIRETAS JÁ!

No fim da tarde de 23 de junho de 1983, uma quinta-feira, a avenida Atlântica, na beira-mar do Rio de Janeiro, estava congestionada por centenas de automóveis que rumavam para a entrada do Copacabana Palace. Poucas semanas antes de seu 60º aniversário de funcionamento, o hotel servia de cenário para a recepção intitulada "30 anos de caviar", oferecida por Ibrahim Sued, o mais famoso colunista social do Brasil, em comemoração às suas três décadas de atuação no jornal *O Globo*.

Entre os mais de 1.500 convidados que consumiram 600 garrafas de champanhe, 300 litros de vinho tinto francês, 120 quilos de camarão, 60 quilos de lagosta, 10 quilos de *foie gras*, 210 patos, além de copiosa variedade de frutas e saladas, passou um cortejo de sobrenomes como Marcondes Ferraz, Mayrink Veiga, Souza Campos, Catão e, claro, Guinle, a família que ainda detinha o controle administrativo do lugar. Também compareceram personalidades como a ex-miss Marta Rocha, o magnata da imprensa Roberto Marinho, o ex-presidente Emílio Garrastazu Médici e a então primeira-dama Dulce Figueiredo.

Filho de imigrantes árabes, Ibrahim havia ascendido de uma juventude pobre para uma vida adulta bem-sucedida graças à sua capacidade de estabelecer relacionamentos com os mais variados segmentos da elite brasileira. Ainda na década de 1940, fora companheiro de boemia de personalidades como Carlos Niemeyer, Sérgio

Porto, o príncipe dom João Maria de Orléans e Bragança, Vadinho Dolabella, Jorginho Guinle, Mariozinho de Oliveira, Fernando Aguinaga, Francisco Matarazzo Pignatari e Heleno de Freitas, com quem fundou o divertido Clube dos Cafajestes. De pequenas notícias na seção "Vozes da Cidade", da *Tribuna da Imprensa* de Carlos Lacerda, passou a comandar uma coluna em *O Globo*, causando polêmicas com as suas listas das dez mais e criando bordões como "Sorry, periferia", "Ademã, que eu vou em frente", "Os cães ladram e a caravana passa" e "Olho vivo, que cavalo não desce escada".

Apesar de toda a feérica agitação em torno da piscina e pelos salões do "Copa", quando a noite se encerrou com um desfile de passistas de escolas de samba e a queima de fogos de artifício no calçadão em frente, a atmosfera transparecia o ocaso de uma era para a alta sociedade nacional. Fosse pelo declínio das grandes empresas, fosse por novos tempos que viriam, com a exigência de mais responsabilidade social – em que a exteriorização ostensiva da riqueza começaria a ser malvista –, fosse por certa decadência nos hábitos, os tempos à frente seriam outros. "Está cada vez mais *down* o *high society*", detectou Rita Lee em uma composição da época.

Em Copacabana, as *socialites* em longos de grifes e seus acompanhantes em impecáveis smokings dariam lugar a novas tribos urbanas, como a dos *darks*. Vestida predominantemente com roupas na cor preta, com rostos pálidos, essa pequena – porém marcante – legião vicejou no Brasil sob a influência de bandas estrangeiras de rock gótico e embalava suas noites, em boates próprias, como o Crepúsculo de Cubatão. Localizada na rua Barata Ribeiro, a casa noturna chegou a ter como um dos sócios o inglês Ronald Biggs, famoso por ter cometido o assalto ao trem postal britânico, em 1963. Os DJs regulares da casa eram Wilson Power e Edinho, mas o ex-comissário da Varig, José Roberto Mahr, habituado a importar as tendências, fazia participações especiais, mantendo trânsito entre rock *indie* e música eletrônica.

O movimento *dark* era fruto de uma conjuntura mundial marcada pela ameaça nuclear, de um Leste Europeu separado do Ocidente por um extenso e deprimente muro e da devastação ambiental, que se tornara uma preocupação crescente à medida que a militância clandestina por causas estritamente político-ideológicas declinava. O bem sacado nome da casa fazia referência à cidade da Baixada Santista, com um parque industrial instalado, que atingira graus alarmantes de poluição. No começo da década de 1980, Cubatão chegara a ser considerada pelas Nações Unidas como a cidade mais poluída do mundo. Felizmente, nos anos seguintes, após um trabalho conjunto de indústrias, comunidade e governo, conseguiria controlar 98% do nível de poluentes no ar e em 1992 receberia da ONU o título de "Cidade-símbolo da recuperação ambiental".

Frequentar o Crepúsculo não era algo acessível a todos, e não por uma questão de poder aquisitivo. Essa liberdade só era garantida aos eleitos que passavam pelo severo crivo de uma funcionária, a quem era dado o poder para decidir quem podia ou não adentrar o lugar. Ladeada por seguranças, ela analisava a aparência dos visitantes e decretava seu veredito. Usar preto já era meio caminho andado para conseguir um passe aos poucos metros quadrados da casa, assim como ter cabelos escuros, por vezes cuidadosamente despenteados. Um ar melancólico, com olheiras adquiridas em noites insones de leituras depressivas, era um passaporte seguro ao pequeno salão. Entre bebidas exóticas como Kamikaze e Natal nas Minas de Carvão, pessoas "diferentes" do convencional dançavam no subsolo da boate, nem sempre interagindo, geralmente restritos aos seus quadrados – o piso da pista de dança tinha a aparência de um tabuleiro de xadrez.

O fato de a onda *dark* ter obtido aceitação no Brasil não deixa de ser algo surpreendente, especialmente no Rio de Janeiro, de eterno verão, e ainda mais em um reduto de Copacabana onde as areias e as ondas da praia estavam praticamente ao alcance da vista e onde adeptos da onda da malhação circulavam em trajes ultracoloridos. Manter-se pálido, evitando a luz do sol e a vida diurna naquelas redondezas, frequentemente calçando coturnos e vestindo sobretudos pesados, não deixava de representar um ato extremo de rebeldia e negação social. Curioso também era o fato de em uma mesma família se encontrar os mais diversos membros de tribos urbanas. O vocalista e guitarrista Herbert Vianna, da banda Os Paralamas do Sucesso, por exemplo, havia iniciado sua trilha em Brasília e curtia fins de semana com amigos em seu sítio no interior fluminense; seu irmão caçula, Helder, fazia mais o tipo esportivo, praiano. O do meio, Hermano, antropólogo, pesquisador da cultura urbana e futuro redator de programas televisivos, era um *habitué* do Crepúsculo. Em São Paulo, em um estilo parecido, porém mais eclético, o Madame Satã, situado na Bela Vista, abrira meses antes, e teria vida mais longa, fechando as portas em 2009. A convivência pacífica entre pessoas de classe social, etnia, sexualidade e ideologias diferentes, presentes no lugar, era regra na época. Ali fizeram algumas de suas primeiras apresentações bandas que ganhariam projeção nacional, como Ira!, Titãs e RPM.

O momento também era de explosão de bailes na periferia do Rio, onde jovens se reuniam nos fins de semana para dançar ao som do *funk* comandado por equipes de DJs. "O Orgulho (Importado) de ser Negro no Brasil" foi o título de uma reportagem do *Jornal do Brasil* de julho de 1976, onde se afirmava serem esses bailes não apenas festas de diversão, mas eventos conscientizadores do movimento negro e valorizadores da vida na periferia. A partir dos anos 1980, os bailes começaram a incorporar a batida eletrônica, em detrimento dos metais e baixos dos outros tempos, e a enfatizar as temáticas sexuais.

A primeira metade da década viu surgir grupos extremos, como divisões de gangues *skinheads*, que em sua versão mais radical inspiravam-se nos neonazistas europeus, e que no ABC Paulista, dada a origem predominante de seus membros, aceitavam negros e nordestinos. Essas facções tinham em comum um ideário anticomunista e de defesa do uso da violência contra o que denominavam "setores podres da sociedade", como gays e judeus. A escalada de ações dos carecas atingiria o ápice no ano 2000, quando membros de uma facção chocaram o país, ao espancar até a morte o adestrador de cães Edson Neri da Silva, de 35 anos, na praça da República, em um ataque de motivação homofóbica. Do outro lado da contestação estava o movimento punk local, nascido como uma crítica ao regime militar, à censura e à repressão aplicadas pelo governo. Várias de suas bandas eram divulgadas em publicações alternativas denominadas *fanzines*. Houve também o surgimento de importantes bandas punk

Arquivo Público do Estado de São Paulo, São Paulo

O país se vestiu de verde e amarelo e foi às ruas reclamar o direito ao voto

em Brasília, como Detrito Federal e Aborto Elétrico – esta com Renato Russo, do futuro Legião Urbana, e integrantes do que seria o Capital Inicial; em São Paulo, como o Ratos de Porão e Restos de Nada; e no Rio Grande do Sul, como Replicantes.

Esse primeiro momento, mais sombrio, foi dando lugar à corrente mais leve e descompromissada, condizente com a abertura política. Dela fariam parte, além dos Paralamas do Sucesso – que estouraram nas rádios em 1983, com o single "Vital e sua moto" –, bandas de nomes exóticos como Kid Abelha e os Abóboras Selvagens, Lobão e os Ronaldos ou João Penca e seus Miquinhos Amestrados. Catapultado pelo enorme sucesso da canção "Você não soube me amar", o primeiro disco da Blitz, de 1982, tornou-se um fenômeno, vendendo mais de 300 mil cópias. A censura ainda persistia, e as duas últimas faixas do disco foram vetadas, mesmo depois da prensagem do disco – a primeira por conter palavras como "bundando". Essa onda que fazia a trilha sonora das festas adolescentes, gravadas em fitas cassete, indicava um momento mais esperançoso e divertido. Mas era combatida pelos puristas, que viam uma perda de espaço da música popular nacional. O que não era necessariamente verdade, dado o sucesso de nomes do Nordeste, como Geraldo Azevedo, Zé Ramalho, Alceu Valença e Elba Ramalho; do Sul, como os irmãos Kleiton & Kledir; passando pelos mineiros Lô Borges e Beto Guedes. A chamada Vanguarda Paulista tinha Arrigo Barnabé, Itamar Assumpção, o humor dos grupos Rumo, Língua de Trapo e do Premeditando o Breque.

A juventude urbana estava aberta a todos os gêneros, e com esse espírito descobria o jazz, que anos antes encantara alguns de seus pais. O mesmo Zuza Homem de Mello que atuara nos festivais da Record havia aberto essa vertente, ao trazer ao Brasil astros antigos e contemporâneos aos festivais de jazz de São Paulo, em 1978 e 1980. As iniciativas ampliaram o campo para a música instrumental nativa, de Egberto Gismonti, a Hélio Delmiro, Hermeto Paschoal, Nelson Ayres, Mauro Senise e Arthur Maia, que no Rio de Janeiro ocupavam casas como People, Mistura Fina e Jazzmania. Nesta última, sobre o antigo Barril 1800, em frente ao mar de Ipanema, o trumpetista Chet Baker daria uma "canja" após sua apresentação no Free Jazz Festival, e os integrantes do humorístico Casseta & Planeta fariam sua primeira apresentação, tempos antes de passar à TV. A inauguração do parque da Catacumba, em 1979, propiciou a criação não apenas de uma exposição permanente de esculturas a céu aberto, mas também de um inusitado espaço para a música instrumental. No início dos anos 1980, multidões rumavam para o local no fim das tardes de domingo – boa parte após a praia – a fim de assistir, ao ar livre, a apresentações gratuitas de atrações nacionais e internacionais.

O interesse pelo cinema estava igualmente renovado, especialmente no circuito alternativo, que exibia raridades seguidas de debates, como era o caso do Cineclube Macunaíma, com sessões aos sábados na sede da ABI, no Rio. Durante o regime militar, sua programação ia de clássicos franceses a filmes soviéticos – em plena Guerra Fria. Em São Paulo, o Cineclube Bixiga surgiu em 1981, com a proposta de privilegiar o filme brasileiro e o mercado alternativo. Uma cisão resultou na criação do Cineclube Oscarito. Um dos programadores do Bixiga, Adhemar Oliveira, foi também um dos responsáveis pela transformação do circuito exibidor de filmes de arte. Em 1985 seria um dos fundadores do Cineclube Estação Botafogo, no Rio, que, com uma seleção heterogênea e de alta qualidade, formou uma nova geração de cinéfilos.

A pergunta "Como vai você, Geração 80?", em tom casual, deu título a uma grande exposição realizada na Escola de Artes Visuais do Parque Lage, no Jardim Botânico, Rio de Janeiro, em julho de 1984, que influenciaria as artes plásticas brasileiras nas décadas seguintes. Espécie de balanço realizado no calor da hora, a exposição reuniu 123 artistas de formações distintas como Luiz Aquila, Alex Vallauri, Daniel Senise, Luiz Pizarro, Beatriz Milhazes e Leda Catunda. As grandes dimensões dos trabalhos, quase sempre livres de chassis e molduras, as referências pop, o uso de cores tradicionalmente incompatíveis, a pesquisa de novos materiais e o acabamento bruto eram alguns dos elementos a aproximar parte significativa da produção da década. A mostra seria um marco, chegando a ganhar uma reedição comemorativa em 2004, no Centro Cultural Banco do Brasil (CCBB) do Rio.

A efervescência sociocultural do começo da década foi acompanhada de iniciativas concretas em prol de uma efetiva abertura política. Eleito pelo PMDB em 1982, o jovem deputado federal Dante de Oliveira, que havia integrado o MR-8, empenhou-se em levar adiante um projeto visando restabelecer as eleições presidenciais diretas no país. Tendo obtido 170 assinaturas de deputados e 23 de senadores, apresentou, em 2 de março de 1983, a Proposta de Emenda Constitucional (PEC) nº 5, que trazia um texto sucinto, porém de amplo potencial transformador:

> Art. 74 – O presidente e vice-presidente da República serão eleitos, simultaneamente, entre os brasileiros maiores de trinta e cinco anos e no exercício dos direitos políticos, por sufrágio universal e voto direto e secreto, por um período de cinco anos.
> Art. 148 – O sufrágio é universal e o voto é direto e secreto; os partidos políticos terão representação proporcional, total ou parcial, na forma que a lei estabelecer.

Coube ao estado de Pernambuco, palco de violenta repressão nos primeiros momentos do golpe, acender, em 31 de março de 1983, a primeira fagulha pública pelas eleições diretas. A manifestação nem se deu no centro da capital, Recife, mas na pequena Abreu e Lima, em sua região metropolitana. E, com certa boa vontade, reuniu, no máximo, cem pessoas. Em meio à população, houve quem desejasse comparecer, mas preferiu ficar em casa pelo temor de represálias policiais ou militares. Quase três meses se passaram sem outros eventos, até que 5 mil pessoas se aglomeraram na Praça Cívica de Goiânia para reivindicar o direito de votar para presidente. Os protestos foram se multiplicando e, em 27 de novembro, o centro de São Paulo já reunia 15 mil, em ato que também prestou homenagem ao senador Teotônio Vilela (PMDB-AL), falecido naquela data, após uma peregrinação pelo país em prol da anistia e da redemocratização que lhe valeu o apelido de Menestrel das Alagoas. Em 12 de janeiro, Curitiba juntou 40 mil pela causa, seguida por Salvador, Vitória, Camboriú e Campinas. A onda ganhou força decisiva quando mais de 300 mil pessoas acorreram à praça da Sé para declarar apoio ao movimento no dia 25 daquele mês. No palanque, discursaram o governador Montoro, Fernando Henrique Cardoso, Lula, José Serra, Orestes Quércia e Almino Affonso. A Rede Globo, ainda hesitante em romper com o alinhamento ao regime, noticiou o evento como se fosse a simples celebração do aniversário da cidade, que ocorria naquela data, e eliminou da edição qualquer faixa ou palavra de ordem pelas eleições.

Inegavelmente expressivo foi o comício de 10 de abril de 1984, na Candelária (RJ), que reuniu 1 milhão de pessoas. O evento foi a tal ponto impactante e bem-sucedido, que o próprio presidente Figueiredo, ao final do dia, assistindo ao que não podia mais ser disfarçado nos noticiários, declarou que, se pudesse, ele teria sido um participante a mais na manifestação. Embora o general não tivesse aparecido, em meio à multidão circularam agentes da polícia civil e do próprio SNI, com o objetivo de identificar militantes. Sob o comando do locutor esportivo Osmar Santos, foram se sucedendo no palanque Ulysses Guimarães, Franco Montoro, Leonel Brizola e, em momento único, três futuros presidentes do Brasil: Tancredo Neves, Fernando Henrique Cardoso e Lula. A cantora Fafá de Belém entoou "O menestrel das Alagoas", de Milton Nascimento, que estava presente, e Fernando Brant. O ponto alto foi o pronunciamento do advogado Sobral Pinto, aos noventa anos: "Todo o poder emana do povo e em seu nome deve ser exercido", afirmou, sendo ovacionado. No dia 16 de abril, pouco mais de uma semana antes da votação no Congresso, uma passeata saiu da praça da Sé até o vale do Anhangabaú, na capital paulista, onde ocorreu um comício para 1,5 milhão de pessoas, mostrando que a maré política se agigantava.

Na semana que antecedeu a votação da Emenda Dante de Oliveira, a área institucional de Brasília foi isolada pelas forças federais de segurança, a fim de evitar as pressões em favor das diretas sobre os congressistas. Na segunda-feira, 23, a pretexto de comemorar o aniversário do Comando Militar do Planalto, que estava chefiando, o truculento general Newton Cruz desfilou pela Esplanada dos Ministérios montado em um cavalo branco, à frente de carros de combate e 6 mil soldados. No dia seguinte, a população de Brasília promoveria um buzinaço e o general reagiria chutando e chicoteando automóveis que passavam pela avenida. "Buzina agora, seu filho da puta!", gritava.

Na manhã do dia 25, milhares de estudantes ocuparam o gramado em frente ao Congresso Nacional. Deitados sobre a grama, escreveram com seus corpos a palavra de ordem "Diretas Já". No final da tarde, um blecaute derrubou a energia nas regiões Sul e Sudeste, causando apreensão na população. Em algumas capitais, houve panelaços, os primeiros a ocorrer no país desde o começo do regime militar.

A emenda precisava de 320 votos (dois terços dos deputados) para ser aprovada. Dentro do prédio, o processo se prolongou até as 2h do dia 26, sem que o país pudesse acompanhar os discursos e os votos pelo rádio ou pela TV. As informações saíam apenas por telefone e por telex para as sedes de sindicatos e outras entidades em diversos pontos do Brasil. Na madrugada, o resultado foi anunciado, causando grande frustração à maioria dos brasileiros, que haviam mantido a esperança de escolher o presidente seguinte pela via direta.

Eu quero votar pra Presidente.
VENHA EXIGIR SEU DIREITO NO
GRANDE COMÍCIO DAS DIRETAS
DIA 25 - PRAÇA DA SÉ - 16 HORAS

Centro de Documentação e Memória da UNESP, São Paulo

O comício pelas Diretas na praça da Sé, em São Paulo, reuniu 1,5 milhão de pessoas

A proposta obtivera 298 votos, incluindo 54 de deputados do PDS. Houve 113 ausências, quase todas de parlamentares do partido do governo, que demonstraram vergonha de se posicionar contra as diretas. Apenas 65 votaram "não". No plenário, diante do painel que mostrava a derrota por uma diferença de 22 votos, até os jornalistas que faziam a cobertura tinham os olhos marejados.

O Brasil começava a ficar para trás em relação aos seus vizinhos no processo de redemocratização. Mesmo a ditadura Argentina, a mais sanguinária do continente, havia realizado eleições livres no final de 1983, e empossado o civil Raúl Alfonsín, da União Cívica Radical, o partido de classe média mais antigo das Américas. Após a guerra contra o Reino Unido pela posse das ilhas Malvinas, em 1982, de trágicos resultados para os argentinos, o governo comandado pelo general Leopoldo Galtieri entrara em colapso e os militares viram-se obrigados a abrir mão do poder exercido desde sete anos antes. Nos estertores do regime haviam surgido organizações como Mães da Praça de Maio, que buscavam os corpos de seus filhos torturados e mortos, e Avós da Praça de Maio, que tentavam localizar seus netos, desaparecidos como os pais. A última ditadura na Bolívia – e foram várias no século XX – terminaria em 1982. No Uruguai, de 174 mortos e 100 desaparecidos na repressão, o governo retornaria aos civis com a posse de Julio María Sanguinetti, do Partido Colorado, em 1º de março de 1985. No Paraguai, os 35 anos sob o mando do general Alfredo Stroessner terminariam em 1989. E em 1990, no Chile, o fim do regime de Pinochet, que fizera 3 mil mortos, serviria para levar a América do Sul ao fim do século na inteira normalidade democrática.

Apesar da frustração de ter de esperar mais cinco anos para escolher o presidente de forma livre, o clamor das ruas brasileiras em 1984 deixou claro para a cúpula militar que o próximo presidente teria de ser um civil, mesmo que indiretamente eleito.

XXXIII

DE TANCREDO PARA SARNEY

Quando a emenda constitucional que propunha eleições diretas para presidente foi rejeitada pelo Congresso, um dos líderes do movimento que se alastrara pelo país em defesa do voto livre passou a ser visto como uma alternativa real à sucessão. Com meio século de atividade no cenário nacional, o mineiro Tancredo Neves ganhara entre alguns pares o apelido de "cipreste", referência à árvore que cresce à beira de túmulos, pelos memoráveis discursos feitos nos enterros de Getúlio, Juscelino, Jango, governantes com quem conviveu de perto. Além de grande orador, Tancredo era um mestre na arte de tecer acordos. Nascido na cidade histórica de São João del-Rei em 1910, e formado em direito, fora vereador, deputado estadual, deputado federal, ministro, primeiro-ministro, senador e governador, tendo passado incólume por todas as crises de seu tempo. A capacidade de negociar foi fundamental para habilitá-lo à disputa no Colégio Eleitoral pelo PMDB, ao qual o seu Partido Popular se incorporou, formando a Aliança Democrática, após ter concorrido à indicação com o "autêntico" Ulysses Guimarães.

O PDS também celebrou uma espécie de eleição primária para definir seu postulante à Presidência nas eleições indiretas de 1985. Duas pré-candidaturas surgiram: a do ex-governador de São Paulo e então deputado federal Paulo Maluf, com o colega cearense Flávio Marcílio como vice, e a do coronel gaúcho Mário Andreazza, ex-ministro dos Transportes do governo Médici, em chapa com o ex-governador de Alagoas, Divaldo Suruagy. Maluf derrotou Andreazza por 493 votos a 350 na Convenção, contando com o apoio do ideólogo do regime militar, o general Golbery do Couto e Silva. Mas encontrou a oposição de caciques nordestinos, notadamente Antonio Carlos Magalhães, Hugo Napoleão, Marco Maciel e Roberto Magalhães. Descontentes com a vitória de Maluf na primária, eles saíram do partido e formaram a chamada Frente Liberal. O vice Aureliano Chaves e o catarinense Jorge Bornhausen tomaram o mesmo caminho.

Como alternativa ao Colégio Eleitoral, Leonel Brizola chegou a sugerir que se prolongasse o mandato do general Figueiredo por dois anos, seguido de eleições diretas. Brizola nitidamente advogava em causa própria, pois em 1987 estaria encerrando seu período como governador do Rio, livre para concorrer e com realizações a mostrar. Mas a ideia não prosperou no Legislativo. Depois da derrota de seu candidato, Andreazza, na Convenção, Figueiredo ainda alimentava a esperança de deixar um sucessor alinhado ao regime e que não promovesse grandes alterações na correlação de forças vigente. "Tancredo never", costumava repetir nas reuniões, como uma criança que arranca risos de aprovação ao fazer uma graça. No entanto, a Aliança Democrática ganharia uma adesão de peso com a migração para o PMDB do ex-presidente do PDS, o maranhense José Sarney, a quem foi oferecida a vaga para concorrer à Vice-Presidência.

Formado em direito e ex-integrante da UDN "bossa-nova", o camaleônico Sarney fora eleito governador do Maranhão em 1966 e chegara ao Senado em 1971. Sua gestão à frente do estado teve méritos. A oferta de energia elétrica, que era de 7.500 kW, menor que a do edifício Avenida Central, no Rio, passou para 237.500 kW. As estradas passaram de 13 km pavimentados para centenas, incluindo a BR-135, São Luís-Teresina. Foi aberto o porto do Itaqui e o programa de educação João de Barro prometia a criação de "uma escola por dia, um ginásio por mês, uma faculdade por ano", meta irrealizável, mas perseguida. Com a combinação de adaptações do método Paulo Freire com a introdução de uma TV educativa – a primeira do Brasil –, foi possível formar professores e monitores, estendendo a educação a todo o estado, que antes só tinha um ginásio. Foi ainda instalada a Universidade Federal do Maranhão. Na área da saúde, construiu o Hospital Geral, na capital, e criou postos médicos no interior.

Mesmo disputando uma eleição indireta, a Aliança mobilizou a população em dezenas de comícios em todo o país. Ao final da campanha, um apoio surpreendente seria também decisivo: o ex-presidente Ernesto Geisel, hostil a Maluf, que julgava improbo, declarou-se favorável à candidatura de Tancredo. Sua decisão eliminou parte das resistências militares ao oposicionista e pavimentou o caminho da mudança para o pleito de 15 de janeiro de 1985. O Colégio Eleitoral, formado por deputados federais, senadores e delegados das Assembleias Legislativas dos estados, se compunha de PDS, com 361 votos; PMDB, com 273; PDT, com 30; PTB, com 14; e PT, com 8.

Tancredo Neves recebeu votos de todos os partidos, inclusive 3 do PT, vindos de Bete Mendes, Airton Soares e José Eudes, que seriam expulsos da legenda por não seguir a orientação de votar nulo. Dois deputados da oposição, um do PDT e outro do PTB, votaram em Paulo Maluf. Tancredo venceu por 480 votos (72,4%) contra 180 (27,3%) para Maluf. Assim que foram anunciados os resultados, discursou: "Não vamos nos dispersar. Continuemos reunidos, como nas praças públicas, com a mesma emoção, a mesma dignidade e a mesma decisão. Se todos quisermos, dizia-nos, há quase duzentos anos, Tiradentes, aquele herói enlouquecido de esperança, podemos fazer deste país uma grande nação. Vamos fazê-la!".

A eleição de Tancredo foi bem recebida pela maioria da população, que naquele momento dividia o entusiasmo de mais uma página virada do antigo regime com o maior evento musical ocorrido até então em terras brasileiras – o Rock in Rio, idealizado pelo publicitário carioca Roberto Medina. O festival levou multidões à Cidade do Rock, em Jacarepaguá, durante dez dias. Na noite de abertura, o vocalista Fred Mercury, do Queen, arrebatou a plateia e, em certo momento, "regeu" as milhares de vozes que cantaram, ao som da guitarra de Brian May, a balada "Love of my life". No dia seguinte,

Arquivo Público do Estado de São Paulo, São Paulo

Tancredo Neves disputou com Ulysses Guimarães a indicação de candidato do PMDB ao colégio eleitoral. Ganhou e formou a Aliança Democrática

o cantor e compositor James Taylor não conteve as lágrimas pela acolhida do público, que o ovacionou canção após canção. Até o dia 20 de janeiro se sucederiam apresentações de Rod Stewart, da *punk* alemã Nina Hagen, de outra lenda do *metal* – o grupo AC/DC – e do progressivo Yes, entremeados a artistas brasileiros.

A transição política corria serenamente, e o país festejava a perspectiva de ter o primeiro presidente civil depois de mais de vinte anos. Contudo, às vésperas da posse, prevista para 15 de março, as coisas começaram a sair do rumo imaginado. Para Tancredo Neves, o preço da intensa costura política foi o descaso com a própria saúde. Sabendo que estava doente, com uma suspeita de apendicite, temia que o cargo não fosse transmitido a Sarney se estivesse afastado para tratamento antes de assumir o poder. A seu ver, o processo democrático poderia sofrer um retrocesso. Resolveu aguentar firme até a posse. "Depois disso, façam de mim o que quiserem", dizia aos médicos, que insistiam em sua internação. No entanto, jamais chegaria a assumir o governo. No dia 14 de março, foi internado, com dores abdominais, no Hospital de Base, em Brasília. Operado às pressas, verificou-se que um tumor se rompera em seu abdome. Era o início de um pesadelo que exigiria outras seis intervenções cirúrgicas.

Nomeado ministro do Exército, o general Leônidas Pires Gonçalves encontrava-se naquela noite na Academia de Tênis, em Brasília, onde transcorria um jantar em sua homenagem. Chamado ao telefone pelo general Ivan de Souza Mendes, do Alto-Comando, ouviu que Tancredo estava hospitalizado e não teria condições de assumir. "Meu Deus! Nem Nelson Rodrigues imaginaria uma cena assim!", reagiu. Saindo imediatamente para uma reunião com o presidente do Congresso, senador José Fragelli, Ulysses Guimarães e o vice eleito José Sarney, encontrou o grupo hesitante sobre que decisão tomar a respeito da cerimônia prevista para o dia seguinte. O general foi categórico: "O vice assume. O artigo 77 da Constituição de 1969 é bem claro a esse respeito. Quem assume é o Sarney". Os três políticos se entreolharam. O fato é que, apesar de o artigo indicar que ao presidente, "no caso de impedimento, suceder-lhe-á o vice-presidente", havia uma brecha possível: nem Tancredo nem Sarney haviam tomado posse, o que permitia a interpretação de que se o eleito nem sequer tivesse sido empossado, caberia ao presidente da Câmara – cargo ocupado por Ulysses – o comando da nação. O deputado contemporizou, não sem certa ironia com Leônidas: "Diante do exposto pelo nosso jurisconsulto aqui, o cargo então é mesmo de Sarney". Mais tarde, Ulysses admitiria ter aceitado a imposição "para evitar uma crise com os militares".

No dia 15 de março daquele 1985, em meio a um clima tenso, José Sarney assumiu a Presidência interinamente. Mesmo sem ter simpatias por Tancredo, o general Figueiredo deixou claro que não iria passar a faixa a Sarney, por considerá-lo um traidor. Na ocasião, ele teria dito aos mais próximos: "O doutor Ulysses é quem deveria ter assumido". Contrariado, saiu pelos fundos do Palácio do Planalto para não ter de encarar o desafeto, sem lhe transmitir oficialmente o cargo. Perguntado sobre o que desejava dali para a frente, em uma de suas últimas entrevistas ao deixar o poder, disse: "Quero que me esqueçam. Digam que eu morri, que eu enfartei", bradou irritado o já ex-presidente, que só seria notícia novamente por três vezes:

quando passou por uma cirurgia na coluna, em 1985; quando teve de vender seus cavalos para pagar dívidas; e ao morrer, em casa, na véspera do Natal de 1999.

Apesar de seu jeito grosseirão e cheio de rompantes, a impressão do general sobre o sucessor não era desprovida de fundamento. Presidente da República entre 1985 e 1990, Sarney não devolveria a cortesia de Ulysses e ainda acusaria o peemedebista de causar problemas ao seu governo. Em um diário, chegou a anotar sobre o "Senhor Diretas", que lhe cedera o posto: "Não tem grandeza nem espírito público. É um político menor".

Por mais de um mês, alongou-se a agonia de Tancredo, atingido por uma infecção que foi se tornando generalizada. Era difícil compreender como as coisas haviam chegado àquele ponto, até por causa de uma fotografia distribuída pouco depois da internação, em que o político aparecia sorridente e cercado pela equipe médica, imagem que posteriormente daria margem a muita discussão – inclusive especulações de que seria fruto de uma montagem. A cada boletim divulgado em rede nacional por seu assessor de imprensa, o jornalista Antônio Britto, a nação se mostrava mais compungida. A esposa, Risoleta Neves, na TV, pedia correntes de orações e vigílias pelo político. Após quase quarenta dias de comoção geral, Tancredo Neves morreu em um 21 de abril, feriado de Tiradentes, a data mais solene para a sua Minas Gerais.

O desfecho do episódio teve imenso impacto sobre os brasileiros, que depositavam muitas esperanças no político calvo e um tanto franzino, de ar benevolente e paternal. Antes do sepultamento, na São João del-Rei natal, o caixão com o corpo de Tancredo foi levado por vários pontos do Brasil, em procissões que eram transmitidas pela televisão ao som de uma versão instrumental de "Coração de estudante".

A doença e a morte de Tancredo Neves produziram o nascimento de uma nova liderança política de Minas Gerais – seu neto e secretário particular Aécio, com quem começara a ser visto publicamente desde o início da campanha para o Colégio Eleitoral, e que seria o principal beneficiário de seu espólio político. O substituto de Tancredo, José

CPDOC - Fundação Getulio Vargas, Rio de Janeiro

Mestre na arte de tecer acordos, Tancredo Neves articulou acordos com atores tão diferentes quanto o ex-presidente Ernesto Geisel e José Sarney, que seria o seu vice e acabaria assumindo seu lugar

Sarney, também faria de dois de seus três filhos – Roseana e Zequinha Sarney – herdeiros na vida pública, no plano estadual e nacional. A prática de incluir parentes nos círculos de poder e nos redutos regionais não era nova, mas expandiu-se como nunca a partir desse período, formando verdadeiras dinastias por todo o território e em diversas instâncias, independentemente de ideologia, corrente partidária ou mesmo da legitimidade na conquista dos cargos. É o caso dos Magalhães na Bahia, dos Andradas em Minas Gerais, dos Alves e dos Maias no Rio Grande do Norte, dos Calheiros, dos Collor, dos Mello em Alagoas, dos Arraes e dos Campos em Pernambuco, dos Cunha Lima na Paraíba, dos Amin em Santa Catarina, dos Barbalho no Pará, dos Richa no Paraná, dos Covas e dos Tatto em São Paulo, dos Gomes e dos Jereissati no Ceará, dos Siqueira Campos no Tocantins, dos Garotinho e do clã Bolsonaro no Rio de Janeiro. No panorama fluminense, um caso tem aspectos especialmente peculiares. Eleito presidente da Câmara em 14 de julho de 2016, Rodrigo Maia é primo do ex-governador do Rio Grande do Norte, José Agripino

Maia, filho do ex-prefeito do Rio e ex-senador Cesar Maia, e genro de Clara Vasconcelos Torres, a segunda esposa do ex-governador do Rio e ex-ministro Wellington Moreira Franco. Este, por sua vez, fora casado com Celina Vargas do Amaral Peixoto, tendo sido genro de Ernâni do Amaral Peixoto, que governou o Rio, e de Alzira Vargas, filha de Getúlio.

De todo modo, Sarney cumpriria os pontos da proposta defendida pela Aliança Democrática, a começar pelas eleições diretas para todos os cargos, inclusive com o voto dos analfabetos, passando pela legalização dos partidos comunistas e a convocação de uma Assembleia Nacional Constituinte. Num ato público que reuniu mais de setecentos artistas em 29 de julho de 1985, no Rio, o ministro da Justiça Fernando Lyra, empunhando um simbólico "tesourão", declarou: "Está extinta a censura no Brasil!".

Naquele governo improvável e acidental, apesar do intenso aprofundamento da crise econômica, seria finalizada a transição para a plena liberdade política no Brasil.

XXXIV

O DESTINO DA DEMOCRACIA

O perdão equânime para guerrilheiros e agentes da repressão, em 1979, abriu uma discussão que seria travada ao longo dos anos por juristas e entidades, sem nunca ter sido inteiramente resolvida. A anistia "de mão dupla" não seria adotada, por exemplo, na Argentina, que promoveu um acerto de contas com os responsáveis por promover torturas, desaparecimentos e sequestros. No caso brasileiro, os que praticaram a tortura e a eliminação de prisioneiros desenvolveram narrativas para justificar suas práticas, alegando que sua ação evitou o pior – uma hipotética implantação da ditadura do proletariado. A realidade construída após a volta da democracia também ficou aquém dos sonhos de mudança que muitos dos resistentes ao regime militar esperavam. Ex-integrante da AP, exilado político, filiado de primeira hora do PT, assessor de Dilma Rousseff e Fernando Haddad e, finalmente, desiludido com o partido e desfiliado em 2016, Ricardo de Azevedo sentenciou: "Me sinto como o coronel Aureliano Buendía, do *Cem anos de solidão* de García Márquez, que fez 32 rebeliões e perdeu todas".

Policial que atuou com Sérgio Fleury na repressão à guerrilha pelo DOPS, Carlos Alberto Augusto, o Carteira Preta, é um dos personagens da direita que ainda têm queixas sobre o que seguiu à abertura. "Considero, por exemplo, que o que se instalou em 2012 não foi a Comissão da Verdade, mas a Omissão da Verdade. Fui acusado por seus integrantes sem o direito de dar a minha versão dos fatos. Até hoje me sinto um perseguido político." Para Augusto, o que ocorreu no Brasil dos anos 1960 e 1970 foi "uma luta do bem contra o mal", em que as forças do Estado agiram corretamente: "O policial é um justiceiro. Sou espírita kardecista e creio que pessoas que vêm à Terra para fazer maldade não podem ser tratadas como seres humanos".

A Comissão Nacional da Verdade, de que falou o delegado, foi um colegiado instituído em 16 de maio de 2012 para investigar as violações de direitos humanos no abrangente período entre janeiro de 1946 – início do governo Dutra – e outubro de 1988 – quando foi promulgada a Constituição pós-regime militar. A comissão tinha sete dirigentes nomeados pela então presidente Dilma Rousseff, e teve representações nos diversos estados. "A cerimônia de instalação, no Congresso, foi uma cena emocionante, com todos os presidentes, do Sarney até Dilma", recordou em 2019 o ex-ministro dos Direitos Humanos, Paulo Sérgio Pinheiro.

> Esses governos prestavam contas sobre o passado recente, e o Brasil passou a ser percebido como um negociador confiável, respeitadíssimo, não só em Genebra, mas também no Terceiro Comitê de Direitos Humanos, em Nova York. Saiu do isolacionismo e ratificou todas as convenções sobre o tema. Foi um longo processo, que começou pelo dossiê *Brasil: nunca mais*, criado em 1985 sob o patrocínio do cardeal Arns e do pastor Jaime Wright, com uma equipe de advogados, que pegava os processos no STM e transformava aqueles dados num banco de denúncias. O presidente Collor foi o primeiro a receber as organizações não governamentais humanitárias e, ao discursar na ONU, disse a frase icônica de que soberania nacional não pode ser escudo contra investigações sobre direitos humanos. Depois, no governo FHC, vieram os dois programas que eu coordenei.

Em 2006, já no governo Lula, a lei nº 11.354/2006 atribuiu ao Executivo a responsabilidade de indenizar anistiados políticos. João Vicente Goulart, filho do presidente deposto em 1964, recebeu um valor único de R$ 100 mil, o mesmo concedido a João Vicente Brizola, filho do ex-governador, e a José Genoino, torturado por ter atuado na Guerrilha do Araguaia. Ele voltaria à prisão por um breve tempo, por ter presidido o PT durante o episódio do Mensalão, e receberia indulto de Natal em 2014. José Dirceu obteve R$ 66 mil "por ter sido obrigado a abandonar o país por onze anos durante o regime militar". A ex-presidente Dilma requereu indenizações junto às comissões de quatro estados: Minas Gerais, Rio de Janeiro, São Paulo e Rio Grande do Sul. Em Minas, obteve um pagamento de R$ 30 mil. No Rio, de R$ 20 mil. Em São Paulo, de R$ 22 mil. Ela pleiteou ainda a reintegração na Fundação de Economia e Estatística do governo do Rio Grande do Sul, onde trabalhara até 1977 e teria sido "compelida a pedir demissão por razões políticas", porque seu nome constava de uma Lista Nacional de Subversivos. Segundo o pedido, ela teria direito a uma pensão de R$ 10,7 mil mensais.

Em julho de 2007, a portaria de anistia a Carlos Lamarca concedeu à viúva Maria Pavan, além de pensão mensal equivalente ao salário de um general de brigada (R$ 11.444,40), outros R$ 902.715,97, referentes à diferença entre a data de seu pedido, em 1988, e a da concessão do benefício. A viúva e seus dois filhos, Cláudia e César, ainda receberam, cada um, indenização de R$ 100 mil, correspondente a trinta salários mínimos por ano de perseguição política. Antes da decisão, Maria Lamarca já recebia mensalmente R$ 7.728,50 por decisão da Justiça Federal de São Paulo de 1993. Em 2015, porém, os atos da comissão que determinaram os pagamentos foram anulados em decisão de primeira instância, pela Justiça Federal do Rio de Janeiro, com ordem de ressarcimento ao Erário dos valores pagos à família, corrigidos. A demanda prossegue.

Ao término do seu governo, em 2010, o presidente Luiz Inácio Lula da Silva autorizou o pagamento de R$ 44,6 milhões à União Nacional dos Estudantes (UNE), como reparação pelos danos causados à entidade pela ditadura. A primeira parcela, de R$ 30 milhões, foi depositada pela Comissão da Anistia na mesma semana. Os R$ 14,6 milhões restantes entraram no orçamento seguinte. O dinheiro deveria ser integralmente aplicado na construção da nova sede, projetada por Oscar Niemeyer, com treze andares, a ser erguida no mesmo terreno, na praia do Flamengo, onde o antigo prédio fora metralhado e incendiado em 1964. A obra, porém, parou após a construção de cinco pisos e até o final de 2019 não havia sido retomada.

Entre pagamentos únicos e 4.300 pensões reparatórias até o início de 2019, a União desembolsou R$ 9,9 bilhões para cerca de 30 mil beneficiados, dos quais cerca de 3 mil eram integrantes das Forças Armadas. Segundo o relatório final da CNV, de 2014, 6.591 militares foram punidos pelo regime iniciado em 1964. A lista inclui pessoas das mais variadas patentes, perseguidas e torturadas por ligações com organizações de esquerda. "Os militares, enquanto categoria social, foram os mais atingidos comparativamente", aponta o professor da Universidade Estadual Paulista (Unesp) Paulo Ribeiro da Cunha, que trabalhou como consultor na CNV. "Isso surpreende muita gente que acha que eles eram um bloco monolítico."

Em 10 de dezembro de 2014, a CNV apresentou seu relatório final. Foram identificados 434 casos de mortes e desaparecimentos de pessoas sob a responsabilidade do Estado brasileiro durante o período 1946-1988, além de catalogados 20 mil casos de tortura. A comissão responsabilizou 377 agentes públicos envolvidos direta ou indiretamente em violações de direitos humanos. Dentre as medidas e políticas públicas recomendadas para prevenir novos abusos e promover o aprofundamento do Estado de Direito, a CNV listou a necessidade de reconhecimento pelas Forças Armadas de sua responsabilidade institucional pela ocorrência de crimes contra a pessoa e a determinação, pelos órgãos competentes, da responsabilidade jurídica, criminal, civil e administrativa dos agentes públicos que deram causa às violações, não os contemplando com a Lei da Anistia.

A Ordem dos Advogados do Brasil (OAB) já havia entrado com uma ação no STF para que os torturadores não fossem anistiados. A demanda foi votada no STF em 2010, mas perdeu por sete votos a dois. Apesar disso, começaram a surgir brechas desde a condenação do coronel Brilhante Ustra, em 2008. Em agosto de 2019, a Justiça também acolheu a denúncia da tortura infligida a Inês Etienne Romeu durante o regime militar, tornando réu o sargento reformado do Exército

Antônio Waneir Pinheiro de Lima, acusado de sequestro, cárcere privado e estupro da presa política na chamada "Casa da Morte", em Petrópolis (RJ). O Ministério Público Federal se opôs ao entendimento da Justiça Federal de que os crimes teriam sido anistiados ou estariam prescritos desde 1983, argumentando que os delitos teriam sido de lesa-humanidade, segundo o Estatuto de Roma, ratificado pelo Brasil, o que os tornavam imprescritíveis e não sujeitos a anistia. A mesma lógica foi seguida pela Justiça Federal em Campos (RJ), que em outubro de 2019 abriu processo contra o ex-delegado Cláudio Guerra, pela ocultação e destruição dos corpos de doze militantes mortos entre 1973 e 1975.

Em 2019, a jornalista Hildegard Angel recebeu da Comissão Especial sobre Mortos e Desaparecidos do Ministério da Justiça as certidões de óbito do irmão, Stuart Angel, e da mãe, Zuzu Angel, reconhecidos como mortos pela repressão na década de 1970. Nos documentos, consta a observação de "morte não natural, violenta, causada pelo Estado brasileiro, no contexto da perseguição sistemática e generalizada a população identificada como opositora política ao regime ditatorial de 1964 a 1985". A declaração foi emitida sob a gestão da procuradora Eugênia Gonzaga na presidência do órgão. Ela foi afastada pelo presidente Jair Bolsonaro logo depois de oficializar a medida.

"Penso que as ações dos grupos armados – inclusive alguns crimes – foram contraproducentes e contribuíram para prorrogar e radicalizar a ditadura", avalia Alfredo Sirkis, ex-VPR que tornou-se parlamentar e foi secretário de Meio Ambiente do Rio. "Pessoalmente, não me orgulho nem me arrependo; é um dado na minha biografia", declarou em 2019. "As torturas e os desaparecimentos foram atos de outra natureza, e em outros países, como Chile e Argentina, foram – em parte – punidos. Na África do Sul de Mandela e na Espanha do pós-franquismo optou-se por não fazê-lo. Não há uma regra geral." Para Sirkis, as partes envolvidas nos embates da época deveriam voltar-se para o futuro. A seu ver, a anistia recíproca foi uma solução satisfatória, que não deveria ser contestada por nenhum dos lados:

> Foi resultado da correlação de forças que havia em 1979, incorporada à Constituição e confirmada no STF. As tentativas,

décadas depois, de tentar revê-la – com todo respeito à dor das vítimas e familiares – foram um erro político crasso, que já critiquei publicamente. Só serviram para reagrupar, dar palco e projetores à narrativa que foi politicamente derrotada nos anos 1980 depois de ter sido militarmente vitoriosa nos 70: a dos repressores. Os anos de chumbo foram uma guerra equivocada, filhote da Guerra Fria, de cinquenta anos atrás. Reviver suas polarizações e seus ódios, interessa principalmente ao neofascismo e a uma esquerda que nada apreendeu.

Outros ex-integrantes de organizações clandestinas também deixaram o radicalismo para trás e se dedicaram a trabalhar por políticas públicas avançadas. Foi o caso de Betinho, fundador do Instituto Brasileiro de Análises Sociais e Econômicas (Ibase), ponta de lança da Ação da Cidadania contra a Fome, a Miséria e pela Vida, mutirão voltado a garantir a segurança alimentar de 44 milhões de brasileiros, que daria origem ao programa Fome Zero, instituído no governo Itamar Franco.

Como outros personagens da resistência de 1968, o ex-presidente da UNE Jean Marc von der Weid agregou novas questões à sua militância: "Hoje eu vivo com a preocupação social e ambiental colada uma na outra", afirmou. Outros retornados ao país recuperaram a projeção na vida política. Foram casos como o de Waldir Pires, que se tornou ministro da Previdência de Sarney e da Defesa de Lula, e de José Serra, que se elegeu senador, foi ministro da Saúde de Fernando Henrique Cardoso e candidatou-se à Presidência em 2010. Leonel Brizola governou o estado do Rio de Janeiro por duas vezes e foi terceiro colocado nas eleições presidenciais de 1989. José Dirceu foi ministro-chefe da Casa Civil de Lula, mas, envolvido no chamado escândalo do Mensalão, acabou condenado a diversas penas de prisão. Com o afastamento de Dirceu, a ex-guerrilheira Dilma Rousseff, transferida ao PT após anos no PDT de Brizola, sucedeu Lula, de quem havia sido ministra das Minas e Energia e da Casa Civil. Porém, no segundo mandato, foi alvo de processo de *impeachment*. Se Fernando Collor escapou de ser impedido, em 1992, por ter renunciado antes da votação final, e ainda assim perdeu os direitos políticos por oito anos, Dilma foi afastada em agosto de 2016 mas não teve os direitos políticos cassados, graças a uma intervenção de última hora do ministro Ricardo Lewandowski, do STF, que presidiu seu julgamento. Tendo concorrido ao Senado em 2018, não se elegeu, ficando em quarto lugar na disputa.

Ex-combatentes da guerrilha como José Genoino levaram suas lutas para a vida parlamentar, passando a dosar sua atuação política com a reflexão sobre os anos de chumbo. Entre seus projetos, um espaço especial foi dado a registrar suas impressões sobre esse período à luz do distanciamento no tempo: "A gente precisa ter a preocupação de recuperar a memória, não no sentido do saudosismo, mas para evoluir, fazendo uma relação com o presente. É como se estivesse dirigindo um carro, olhando o caminho à frente e, ao mesmo tempo, observando o retrovisor. Não se pode negar a memória nem achar que ela é um nicho que você adora na parede", diz.

Mesmo após a redemocratização, o cabo Anselmo permaneceu em semiclandestinidade, hostilizado pela esquerda e pela direita. Sem carteira de identidade desde o período final como agente duplo, infiltrado, ele teve recusado o pedido de identificação que fez à Marinha do Brasil, em cujos arquivos estão guardadas suas impressões datiloscópicas. Ao solicitar ao cartório de sua Itaporanga d'Ajuda (SE) natal uma cópia de sua certidão de nascimento, recebeu como resposta a declaração de que nenhum José Anselmo dos Santos nascido em 1942 foi registrado ali. Sem aposentadoria e sem documentos, ele teme que, nessa condição de "não pessoa", venha a ser sepultado como indigente, tendo sua existência apagada definitivamente: "A anistia me foi negada", declarou em 2019.

Em 21 de novembro de 2013, o Congresso Nacional aprovou o projeto de resolução dos senadores Pedro Simon (PMDB-RS) e Randolfe Rodrigues (PSol-AP), anulando a sessão do Congresso de 2 de abril de 1964, que declarou vaga a Presidência no mandato de João Goulart, mesmo depois de ser enviado aos parlamentares um documento dizendo que Jango estava no país e no exercício do cargo. Para Randolfe, a nova resolução retirou o "ar de legalidade" do golpe de 1964. De acordo com Pedro Simon, a votação permitiu

José Cruz/Agência Brasil

Dilma Rousseff, a ex-guerrilheira que foi torturada e acabou sendo eleita presidente do Brasil, recebe o relatório final da Comissão Nacional da Verdade sobre as violações aos direitos humanos ocorridos entre 1946 e 1988

uma nova interpretação da história: "Não vamos reconstituir os fatos. A história apenas dirá que, naquele dia, o presidente do Congresso usurpou de maneira estúpida e ridícula a vontade popular, depondo o presidente da República". O relator do projeto, deputado Domingos Sávio (PMDB-MG), disse que, com a resolução, o Congresso pode impedir que a mesma situação ocorra novamente. "Aquela desastrada decisão foi uma das muitas razões para tudo o que padeceram aqueles que viveram esse período sombrio." O então deputado Jair Bolsonaro (PP-RJ) foi voz dissonante sobre a iniciativa de se anular a sessão de 1964: "Querem apagar um fato histórico de modo infantil. Isso é mais do que stalinismo, quando se apagavam fotografias", protestou o político de direita, também ferrenho opositor do Foro de São Paulo, organização que agrega mais de cem partidos e entidades de esquerda da América Latina.

Diferentemente do que se costuma imaginar, um regime ditatorial não assegura a implantação de um estado de ordem. Sob a aparente tranquilidade, sob o ilusório controle, costumam se instaurar a deterioração institucional, a perda das garantias individuais e as atividades subterrâneas, que, no limite, afetam não apenas os adversários do regime vigente, mas a comunidade como um todo. Cedo ou tarde, todos terminam por sofrer algum efeito danoso – social, político ou econômico. Foi o que se viveu nos chamados anos de chumbo, em que o movimento para os extremos produziu uma situação de prejuízo legal, agentes públicos fora de controle e violência exacerbada, que deixou feridas não cicatrizadas tempo afora. E cuja repetição deverá ser prevenida e evitada, tanto pelo próprio Brasil quanto por países vizinhos.

Se o Brasil não viveu a experiência de um Estado totalitário absoluto, tampouco conheceu um período institucional duradouro. A experiência republicana nacional colecionou crises de representação, processos políticos atropelados, mandatos presidenciais interrompidos, espasmos golpistas e surtos ditatoriais. Nesse sentido, o doutor em comunicação e cientista político Gaudêncio Torquato aponta alguns aspectos que explicam por que, desde o Império, o país costuma alternar ciclos democráticos com outros autoritários. "A democracia brasileira é impregnada de mazelas, como o coronelismo, o familismo, o nepotismo, o mandonismo e o cartorialismo, que emperram o nosso desenvolvimento. Os políticos consideram que os mandatos pertencem a eles e não ao povo", ressalta. "Há tempos lutamos com partidos que perderam densidade, que são massas insossas, amorfas. Com o descrédito da representação, a sociedade tende a buscar novos polos de poder. Passa a atuar por meio de associações, sindicatos, movimentos, núcleos. Essa é a teia organizativa em que passamos a viver desde o início do século XXI: a ascensão da micropolítica, dos setores, centrada nas pequenas coisas."

A construção do Estado democrático costuma ser penosa, carente de constantes aperfeiçoamentos diante dos desafios que os regimes liberais e socialmente responsáveis impõem. Porém, é sob o arcabouço constitucional, com o necessário espaço para o contraditório e para a formação de consensos, que se constroem as bases para o progresso, para a evolução. O caminho da polarização, das aventuras populistas e da busca de soluções fáceis para problemas complexos costuma ser mau conselheiro, como testemunha a história. Embora prossigam, séculos depois, os debates que opõem a luta de classes preconizada pelo marxismo à mão invisível do mercado smithiana, caminha-se para a conclusão de que sem uma combinação de liberdade com justiça social não há salvação. E de que processos revolucionários representam uma alternativa equivocada, ou nem sequer uma alternativa. O cenário verificado na Guerra Fria não terá mais condições de se repetir em uma sociedade globalizada e informatizada. Qualquer nação que pretenda se isolar dessa conjuntura estará fadada ao atraso e à segregação.

Mais do que a ameaça de novos regimes ditatoriais, o que o mundo do século XXI tem a temer são as aventuras populistas, de direita e esquerda, calcadas na tentação de atender a segmentos que não consideram o real interesse comum. São ambientes em que tende a florescer o personalismo, a tendência de se depositar as esperanças e os destinos da nação em um só indivíduo, em detrimento das instituições constituídas, com os freios e contrapesos que as caracterizam e a oxigenadora alternância de poder. Norberto Bobbio alerta em *O futuro da democracia* que os regimes democráticos não têm cumprido as promessas de combater o poder das "máfias" e garantir benefícios a todos, o que cria um descrédito da política. "Isso dá margem ao Estado do espetáculo, onde você vê a emergência de tipos salvacionistas, que se apresentam como enviados de Deus, com uma estética e uma retórica chamativa", diz Torquato. Esse terreno, no médio ou no longo prazo, costuma mostrar-se fértil para práticas corruptas, seja como meio de enriquecimento pessoal, de um núcleo, ou como forma de eternização no comando.

Se há alguma certeza após os períodos conturbados vividos pelos brasileiros, é a de que somente com a estabilidade das normas e a vivência democrática de longo prazo com base em partidos orgânicos; a solidificação dos mecanismos legais, pelos quais a garantia dos direitos não seja privilégio de alguns; a atuação transparente dos organismos oficiais; o respeito às diferenças; a justa distribuição dos frutos da riqueza produzida e uma relação saudável com as demais nações, é que poderemos nos conduzir a uma trilha de desenvolvimento e bem-estar. Que seja possível, a partir de algum momento, triunfar por esse caminho.

BIBLIOGRAFIA CONSULTADA

AQUINO, Maria Aparecida de et al. *O DEOPS/SP em busca do crime político*: família 50. São Paulo: Arquivo do Estado; Imprensa Oficial, 2002. (Coleção Dossiês DEOPS/SP: Radiografia do Autoritarismo Republicano Brasileiro, v. 4)

AQUINO, Maria Aparecida et al. *A constância do olhar vigilante*: a preocupação com o crime político: famílias 10 e 20. São Paulo: Arquivo do Estado; Imprensa Oficial, 2002. (Coleção Dossiê DEOPS/SP: Radiografias do Autoritarismo Republicano Brasileiro, v. 2)

ARNS, Paulo Evaristo (prefácio). *Brasil: nunca mais.* 35. ed. Petrópolis, RJ: Vozes, 2007.

D'ARAÚJO, Maria Celina; CASTRO, Celso (Org.). *Ernesto Geisel.* Rio de Janeiro: FGV Ed., 1997.

DANTAS, Audálio. *As duas guerras de Vlado Herzog*: da perseguição nazista na Europa à morte sob tortura no Brasil. Rio de Janeiro: Civilização Brasileira, 2012.

DUARTE-PLON, Leneide. *A tortura como arma de guerra:* da Argélia ao Brasil: como os militares franceses exportaram os esquadrões da morte e o terrorismo de Estado. Rio de Janeiro: Civilização Brasileira, 2016.

ESTERCI, Neide. *Conflito no Araguaia*: peões e posseiros contra a grande empresa. Petrópolis, RJ: Vozes, 1987.

FROTA, Sylvio. *Ideais traídos*: a mais grave crise dos governos militares narrada por um de seus protagonistas. Rio de Janeiro: Zahar, 2006.

GABEIRA, Fernando. *O que é isso, companheiro?* Rio de Janeiro: Codecri, 1981.

GASPARI, Elio. *A ditadura derrotada.* São Paulo: Companhia das Letras, 2003.

__________. *A ditadura encurralada.* São Paulo: Companhia das Letras, 2004.

__________. *A ditadura envergonhada.* São Paulo: Companhia das Letras, 2002.

__________. *A ditadura escancarada.* São Paulo: Companhia das Letras, 2002.

GHIRELLI, Antonio. *Tiranos*: de Hitler a Pol Pot: os homens que ensanguentaram o século 20. Trad. de Giuseppe d'Angelo e Maria Helena Kühner. Rio de Janeiro: Difel, 2003.

GODOY, Marcelo. *A Casa da Vovó*: uma biografia do DOI-Codi (1969--1991), o centro de sequestro, tortura e morte da ditadura militar. São Paulo: Alameda, 2014.

GORENDER, JACOB. *Combate nas trevas, a esquerda brasileira*: das ilusões perdidas à luta armada. São Paulo: Ática, 1987.

GUERRA, Cláudio. *Memórias de uma guerra suja.* Organização de Marcelo Netto e Rogério Medeiros. Rio de Janeiro: Topbooks, 2012.

JORDÃO, Fernando P. *Dossiê Herzog*: prisão, tortura e morte no Brasil. 6. ed. rev. e ampl. São Paulo: Global, 2005.

KOTSCHO, Ricardo. *Do golpe ao planalto*: uma vida de repórter. São Paulo: Companhia das Letras, 2006.

MARKUN, Paulo (Org.). *Vlado*: retrato da morte de um homem e de uma época. São Paulo: Brasiliense, 1985.

MORAIS, Taís; SILVA, Eumano. *Operação Araguaia*: os arquivos secretos da guerrilha. São Paulo: Geração Editorial, 2005.

SOUZA, Percival de. *Autópsia do medo*: vida e morte do delegado Sérgio Paranhos Fleury. São Paulo: Globo, 2000.

TAVARES, Flávio. *Memórias do esquecimento*: os segredos dos porões da ditadura. Porto Alegre: L&PM, 2012.

AGRADECIMENTOS ESPECIAIS

Aida Veiga, Alfredo Sirkis, Antonio Augusto, Aristóteles Drummond, Carlos Alberto Augusto, Carlos Lyra, Cassiano Elek Machado, Cecilia Dale, Cecília Thompson *(in memoriam)*, Claudia Lima Piereck de Sá, Claudia Wallin, Denise Assis, Djinani Lima, Eduardo Montechi Valladares, Eduardo Reina, Gaudêncio Torquato, Giovanni Pasquato Lima, Guilherme Noronha Dale, Ivo Herzog, Jorge Gomes Guimarães, José Anselmo dos Santos, José Genoino, José Maria Calvin Lechuga, Kassandra Geromel, Luiz Gonzaga Bertelli, Magda Botafogo, Marcia Pavan de Andrade, Mário Magalhães, Moa Assumpção, Moisés Rabinovici, Mônica Rache de Andrade, Paulo de Tarso Venceslau, Paulo Sérgio Pinheiro, Pedro Venceslau, Ricardo de Azevedo, Roberto Tonin Epy, Vinicius Bocaiuva, Tiago Souza, Walter Falceta Jr.

Acreditamos nos livros

Este livro foi composto em Adobe Garamond Pro e impresso pela Geográfica para a Editora Planeta do Brasil em março de 2020.